MW01413678

The Economist

The Economist

EL FUTURO DE LA TECNOLOGÍA

Copyright © 2008 The Economist
Copyright © 2008 de la edición en español,
Cuatro Media Inc.
www.cuatro-media.com
Reservados todos los derechos

Título original: : *The Future of Technology*
Published by Profile Books

ISBN: 978-987-1456-26-0 (Obra completa)
ISBN: 978-987-1456-15-4

Primera edición en español, 2008
Impreso en los talleres de la Empresa Editora El Comercio S.A., Juan del Mar y Bernedo 1318 Chacraríos Sur, Lima 1

Hecho el depósito legal en la biblioteca Nacional del Perú: 2008-03428

Las opiniones expresadas en cada volumen corresponden a sus respectivos autores y no coinciden necesariamente con la de los editores.

Prohibida la reproducción total o parcial de esta obra, en cualquier forma y por cualquier medio, sin la expresa autorización de los editores.

Se ha puesto el máximo cuidado para compilar esta obra. Cualquier error es completamente involuntario.

Tom Standage
    El futuro de la tecnología - 1a ed. - Buenos Aires :
    Cuatro Media, 2008.
    368 p. ; 20x14 cm. - (Finanzas; 5)

ISBN 978-987-1456-15-4

1. Finanzas. I. Título
CDD 332

Impreso en Perú.

Índice

	Autores	7
	Prólogo	9
	Parte 1: La tecnología informática crece	13
1	Madurez	15
2	Asegurando la nube	51
3	Háganlo fácil	85
4	Un mundo de trabajo	121
	Parte 2: El cambio hacia la electrónica de consumo	157
5	Teléfonos móviles	159
6	Videojuegos	195
7	El hogar digital	209
	Parte 3: En busca de la próxima gran novedad	237
8	Subiendo la escalera helicoidal	239
9	Energía	273
10	Pequeñas maravillas	305
11	Robots e inteligencia artificial	331
	Índice temático	341

Autores

Tom Standage es editor de tecnología para *The Economist* y autor de varios libros sobre la historia de la ciencia y la tecnología, incluidos *The Victorian Internet*, *The Turk* y *A History of the World in Six Glasses*.

Tamzin Booth es corresponsal de *The Economist*.

Geoffrey Carr es editor de ciencias de *The Economist*.

Ben Edwards es editor de negocios estadounidenses para *The Economist* en Nueva York.

Andreas Kluth es corresponsal de tecnología de *The Economist* en San Francisco.

Natasha Loder es corresponsal de ciencias de *The Economist*.

Ludwig Siegele es corresponsal de *The Economist* en Berlín. Era antes corresponsal de tecnología en San Francisco.

Vijay Vaitheeswaran es corresponsal de energía y medio ambiente de *The Economist* y autor de *Power to the People: How the Comino Energy Revolution Will Transform an Industry, Change Our Lives, and Maybe Even Save the Planet*.

Se agradece también a Anne Schukat y Chip Walter, periodistas independientes que colaboraron con algunas de las notas que forman parte de esta obra.

Prólogo

Para comprender el futuro de la tecnología, se debe comenzar por mirar su pasado. Desde la Revolución Industrial hasta la época de los ferrocarriles, durante la era de la electrificación, ante el advenimiento de la producción en serie y finalmente en la era informática se repite el mismo patrón. Una fase emocionante y vibrante de innovación y especulación financiera seguida de un crack; luego, un período más prolongado y parsimonioso durante el cual la tecnología se utiliza en forma generalizada. Hay que tener en cuenta la manía por los ferrocarriles durante el siglo XIX, la tecnología puntocom de aquellos tiempos. Pese a sus ciclos económicos, los ferrocarriles más tarde demostraron ser una tecnología verdaderamente importante, y se los sigue usando hoy en día; aunque la mayor parte de la gente ya no los considere tecnología, sino tan sólo una parte normal de su vida cotidiana.

Al haber salido de su propio ciclo económico, la industria de la tecnología informática está en los inicios de su etapa de larga utilización.

Según Irving Wladawsky-Berger, un gurú de la tecnología de IBM, la industria ha entrado en su período "postecnológico". Su argumento no es que la tecnología ya no tiene importancia, sino que el cómo se la aplica es más importante ahora que la tecnología misma. Toda tecnología exitosa se desvanece en algún momento y pasa al segundo plano de la vida cotidiana, como lo hicieran los ferrocarriles y la electricidad, para así volverse más importante y menos visible. Esto es lo que ahora sucede con la informática. La historia de la tecnología nos brinda así pistas sobre su futuro.

Sin duda alguna, la industria de la tecnología informática resulta ambivalente en cuanto a su creciente madurez. Por un lado, esto significa que los debates que tuvieron lugar en la última década —ya sea si las empresas tienen otra alternativa que no sea adoptar Internet, por ejemplo, o si es posible ganar dinero *online*— han sido resueltos a favor de los técnicos. Todo el sensacionalismo del *boom* de Internet tenía un elemento de verdad, si bien emplear esta nueva tecnología resultó ser más difícil y lleva más tiempo que lo que anticiparon los animadores de la industria de la década de los 90. Ésta es la naturaleza de las revoluciones: rara vez son tan rápidas y limpias como lo esperan los revolucionarios.

Por otro lado, sin embargo, esto implica que las ideas revolucionarias de hace unos años ahora se han convertido en sabiduría popular. Luego de convencer al mundo de los negocios acerca de las ventajas de la tecnología, esta industria ha perdido gran parte de su fervor iconoclasta. La adopción por parte de empresas de esta tecnología se ha vuelto efectivamente tan anticuada que Nicholas Carr, editor de la publicación *Harvard Business Review*, incluso publicó una nota en 2003 con el título "Ya no importa". Varios técnicos se enfurecieron, pero Carr tenía razón en algo: si bien ciertas áreas de la tecnología aún otorgan una ventaja competitiva, su adopción generalizada significa que marca menos una diferencia que antes.

Este giro tiene varias implicaciones para el futuro de la tecnología, que se examinan en la primera parte de esta obra. Para empezar, la industria necesita ajustar su imagen de sí misma a medida que pasa de la exuberancia juvenil al pragmatismo de mediana edad. También debe poner más énfasis en la seguridad y la confiabilidad, al ser las computadoras tan esenciales en tantos aspectos de la vida empresarial y personal, desde el *e-mail* hasta las compras y las operaciones bancarias en la red. Tal vez arreglar fallas de seguridad sea menos excitante que imaginar nuevas tecnologías geniales, pero hay que hacerlo.

Otro problema es que si bien la tecnología informática puede lograr una serie de resultados inteligentes, sigue siendo demasiado complicada en muchos sentidos, y hace un hincapié innecesario en los requerimientos de sus usuarios. Esto puede ser comprensible en el comienzo, cuando lo principal es lograr que funcionen las nuevas tecnologías, pero acaba por obstaculizar su difusión y limitar su potencial. Por último, las empresas aprovechan cada vez más los costos de informática y comunicaciones que caen en picada para hacer más flexibles y eficientes sus procesos internos, en particular a través de la tercerización. Esto ha puesto la tecnología informática (IT) en el centro de la batalla por la globalización y el desarrollo, lo cual es territorio desconocido para la mayoría de los técnicos, que en general prefieren evitar la política.

¿Acaso quiere decir esto que la tecnología ha perdido por completo su brillo y se ha convertido en un negocio insulso y tedioso? Todo lo contrario: más bien, a medida que la computación empresarial maduraba, el foco innovador de la industria de la tecnología se fue desplazando hacia la electrónica de consumo. Solía suceder que las tecnologías más avanzadas de computación y comunicaciones se hallaban encerradas en centros de datos de empresas; pero las nuevas tecnologías ahora aparecen primero en los artilugios de consumo, de los cuales se fabrican millones. Los teléfonos móviles, de los que se usan casi 2.000 millones por todo el mundo, se han convertido en la manifestación más omnipresente de tecnología informática del planeta Tierra, mientras que las consolas de videojuegos se han vuelto las más avanzadas, con una capacidad informática mucho mayor que las PC.

La ubicuidad creciente y la sofisticación de los dispositivos electrónicos de consumo conforman el tema de la segunda parte de este libro. Las firmas de productos electrónicos para consumo están aprovechando los frutos del auge informático y empleándolos no sólo en sistemas para empresas, donde empezaron, sino en cada aspecto posible de la vida diaria. Esto es una consecuencia lógica de dicho auge, que se dio a fines del siglo XX.

Los primeros discos duros, por ejemplo, se incorporaban a las *mainframes* (computadoras centrales en grandes empresas), y ahora pueden encontrarse en el living de una casa, en videograbadoras o incluso en su bolsillo, dentro de un reproductor de música iPod.

Junto con los teléfonos móviles y las consolas de videojuegos, los dos sectores en lo que más se evidencia el rápido ritmo de innovación, se advierte una iniciativa a nivel industrial para interconectar los dispositivos electrónicos de consumo de todo tipo de manera fluida, a fin de crear un "estilo de vida digital" dentro de un "hogar digital". Sigue siendo más una visión que una realidad, pero las piedras angulares a partir de las cuales se construirá el hogar digital se vuelven evidentes: las nuevas y singulares tecnologías inalámbricas, el almacenamiento de bajo costo, el acceso de banda ancha a Internet y las grandes pantallas planas. Gracias a todo esto debería poder accederse a la música, las fotos, las películas y los videojuegos con una facilidad sin precedentes —en algún momento—. Pero primero hay obstáculos técnicos que deben superarse, nuevos modelos comerciales que deben idearse y problemas legales, sobre todo de derechos de autor, que deben resolverse; porque las industrias musical y fílmica sospechan institucionalmente de las nuevas tecnologías, a pesar del hecho de que, una y otra vez, las nuevas tecnologías que en un principio eran vistas como amenazas luego ayudaron a expandir sus negocios.

Sin embargo, en un aspecto, el auge actual de la tecnología de consumo no es más que una secuela del *boom* de la IT en lugar de una fase totalmente nueva del desarrollo tecnológico. ¿Qué sigue, entonces? Una vez que esta tecnología se haya difundido hacia todo, desde anteojos de sol inalámbricos que hacen las veces de audífonos hasta paquetes de cereal con radio incorporada, ¿qué tecnología nueva encabezará la próxima etapa de transformación, desestabilización y creatividad?

En la tercera parte de este libro se analizan algunos de los contendientes más destacados. El primero es la biotecnología, que promete nuevos tratamientos médicos adaptados a cada paciente, nuevos cultivos y procedimientos industriales novedosos. Efectivamente, los usos industriales que se hagan de la manipulación genética podrían resultar ser más significativos que sus más conocidas (y por demás polémicas) aplicaciones agropecuarias. Un segundo adversario es la tecnología de la energía. Se han dado revoluciones energéticas en el pasado, en especial el lanzamiento de la energía de vapor, que dio lugar a la Revolución Industrial, y el advenimiento de la electrificación, la cual propició una mayor transformación industrial. A medida que el consumo mundial de energía crezca, las reservas de combustibles fósiles disminuyan y el cambio climático se acelere, es probable que aumente la necesidad de tecnologías energéticas mejores y más limpias.

Un tercer candidato es la nanotecnología, la explotación de los fenómenos inusuales que se manifiestan a escala nanométrica (un nanómetro equivale a una milmillonésima parte de un metro). Este campo emergente ha sido objeto de especulación y polémica durante unos años, pero ahora se traslada del reino de la ciencia ficción al mercado. Finalmente, reflexionamos sobre dos tecnologías que han sido vendidas como "la próxima gran novedad" en el pasado y que ahora son consideradas fracasos. No obstante, puede afirmarse que se adoptaron ambas ampliamente, lo cual indica que evaluar el éxito de las nuevas tecnologías es más difícil de lo que parece.

Las tres partes de esta obra comprenden estudios y notas publicadas en *The Economist* entre 2002 y 2005. Cada nota o estudio refleja el punto de vista de su autor en su respectiva época, pero si bien algunos fueron editados levemente, no se los reescribió en sus partes esenciales, y son tan válidos el día de hoy como lo fueron en su fecha de publicación. En su conjunto, ilustran cómo la industria de la tecnología está cambiando, cómo la tecnología sigue afectando varios aspectos de la vida cotidiana y, también, mirando hacia adelante, cómo los investigadores de varios campos prometedores desarrollan las innovaciones que muy probablemente constituyan el futuro de la tecnología.

PARTE 1

LA TECNOLOGÍA INFORMÁTICA CRECE

La Parte 1 está compuesta por cuatro estudios. "Madurez" es una investigación sobre la tecnología informática, una mirada sobre la creciente madurez de la industria a medida que se traslada de una adolescencia iconoclasta a la pragmática mediana edad. "Asegurando la nube" es un estudio sobre la seguridad digital que analiza la importancia de la seguridad mientras la confianza en la tecnología digital aumenta. "Háganlo fácil" es otro estudio sobre la tecnología informática, explica cómo la habilidad de la industria para inventar nuevas tecnologías ha dejado de lado su habilidad para explicárselas a sus clientes, y analiza qué es lo que se puede hacer al respecto. Por último, "Un mundo de trabajo" se trata de un análisis sobre terciarización que analiza las cuestiones técnicas y políticas del mercado que surgieron por el uso de la tecnología para trabajar en el exterior.

1
MADUREZ

El Paraíso perdido

Hasta el momento, la tecnología informática ha incrementando sus exponenciales. Ahora debe bajar a la tierra.

Cierre sus ojos y piense en la tecnología informática (IT). Probablemente se imagine que su PC se cuelga una vez más y recuerde que se suponía que su hijo adolescente la iba a arreglar. Eso a su vez le hace acordar al *hacker* de 12 años que el otro día entró ilegalmente al sistema de un banco, lo que a su vez evoca a los niños genios que se la pasan en un garaje tratando de crear el próximo gran invento que los convierta en los multimillonarios más jóvenes que jamás hayan existido.

En la IT, la juventud pareciera ser eterna. Pero piénselo de nuevo: la verdadera estrella de la industria de la alta tecnología es de hecho un septuagenario de canas. Allá por 1965, Gordon Moore, cofundador de Intel, el mayor fabricante de chips del mundo, tuvo probablemente la predicción más famosa en el ámbito de la informática: que la cantidad de transistores que pueden ponerse en un solo chip informático se duplicaría cada 18 meses (lo que en realidad predijo Moore es que la cifra se duplicaría cada año, más adelante cambió su pronóstico a cada dos años, y el promedio entre ambos es lo que se ha establecido como su "ley").

Este pronóstico, que implica un similar aumento en la capacidad de procesamiento y la reducción en el costo, ha demostrado ser ampliamente acertado: entre 1971 y 2001, la densidad del transistor se ha duplicado cada 1,96 año (ver Cuadro 1.1). De todos modos, este ritmo de desarrollo no se encuentra impuesto por ninguna ley de física. En cambio, resulta ser que el mismo ritmo natural de la industria se ha convertido en una profecía autocumplida. Las empresas y clientes de la IT querían que la predicción se cumpliera y estaban dispuestos a aportar el dinero para lograrlo.

Lo que es aun más importante, la Ley de Moore otorgó a la industria de la IT una base sólida para su optimismo. En alta tecnología, según el mantra, todo crece exponencialmente. Este tipo de pensamiento alcanzó la cima durante el *boom* de Internet a fines de la década de los 90. De pronto, parecía que todo se duplicaba en períodos de tiempo cada vez más cortos: cantidad de usuarios, cotizaciones, capital de riesgo, ancho de banda, conexiones de red. La manía por Internet comenzó a parecerse a un movimiento religioso mundial. Surgieron omnipresentes cibergurús, adornados por presentaciones coloridas hechas en PowerPoint que remiten a vitreauxs, profetizaron una tierra digital en la que el crecimiento sería ilimitado, el comercio armónico y la democracia directa. Los escépticos fueron ridiculizados como payasos que "simplemente no lo entienden".

Hoy en día, todos hemos crecido y somos más astutos. Dado el desplome posterior al auge de gastar dinero en IT, se ha ido abandonando discretamente la idea de un universo digital paralelo en el cual las leyes de la gravedad económica no se aplican. Lo que todavía queda por asimilar es que esta baja es algo más que el fondo de otro ciclo en la industria tecnológica. Más bien, el sector está atravesando profundos cambios estructurales que sugieren que está creciendo, o incluso madurando, lo cual sería horroroso. El Silicon Valley, en particular, todavía no ha logrado comprender la realidad, declara Larry Ellison, presidente de Oracle, un gigante de base de datos (quien, poco después de cumplir 60, todavía luce un peinado juvenil). "Existe una extraña creencia de que seremos jóvenes para siempre", afirma.

No es que la Ley de Moore haya dejado de ser aplicable. De hecho, Moore tiene buenos argumentos para plantear que Intel puede continuar duplicando la densidad de transistores cada 18 meses durante otra década. La verdadera cuestión es saber si esto todavía importa. "La industria ha entrado en su periodo postecnológico, en el cual ya no es la tecnología misma lo central, sino el valor que le agrega a la industria y a los consumidores", dice Irving Wladawsky-Berger, directivo de IBM y otro señor con canas de la industria.

Moore, más o menos 1.1
Transistores por microprocesador

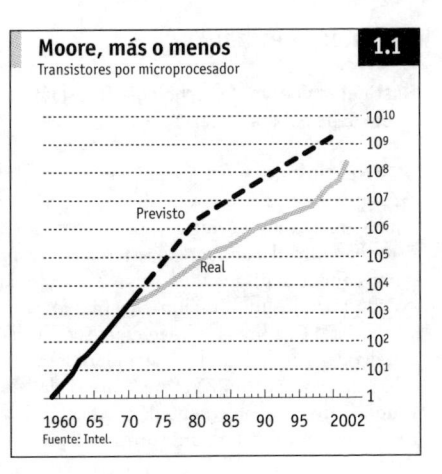

10^{10}, 10^9, 10^8, 10^7, 10^6, 10^5, 10^4, 10^3, 10^2, 10^1, 1

Previsto / Real

1960 65 70 75 80 85 90 95 2002
Fuente: Intel.

Los expertos en historia económica no están sorprendidos. Ya sea con el vapor o los ferrocarriles, la electricidad o el acero, la producción masiva o los automotores, todas las revoluciones tecnológicas han atravesado similares ciclos extensos y finalmente han alcanzado su mayor desarrollo, según declara Carlota Perez, una investigadora de la Universidad Británica de Sussex, en su libro *Technological Revolutions and Financial Capital: The Dynamics of Bubbles and Golden Ages*[1].

En su modelo (ver Cuadro 1.2), las revoluciones tecnológicas tienen dos períodos consecutivos. El primero, llamado "período de instalación", es de exploración y exuberancia. Tanto ingenieros como empresarios e inversores intentan hallar las mejores oportunidades que crea el big bang de la tecnología, tales como el modelo "T" de Ford de 1908 o el microprocesador de Intel de 1971. Los extraordinarios éxitos financieros atraen cada vez más capital, lo cual provoca una burbuja. Esta es la "era dorada" de cualquier tecnología, "un gran aumento repentino de tecnología", como Perez llama a las revoluciones tecnológicas.

El segundo, o "período de despliegue", es una cuestión mucho más aburrida. Ya se ha obtenido todo el dinero fácil, por lo cual los inversores prefieren colocar el suyo en la economía real. Las empresas más importantes de la nueva economía adquieren mayor magnitud y lentitud. El énfasis ya no se encuentra en la tecnología cruda, sino en cómo hacerla fácil de utilizar, confiable y segura. De todos modos, este período también es la "edad de oro" de una tecnología, que actualmente se inserta en todos los sectores de la sociedad.

Los dos períodos de una revolución tecnológica mencionados están separados por lo que Perez ha dado en llamar "punto de inflexión", un momento crucial para tomar las decisiones que determinarán si una revolución tecnológica logrará sus cometidos. En su libro, se concentra primordialmente en las decisiones sociales y normativas necesarias para permitir el despliegue a gran escala de nueva tecnología. Pero el mismo argumento se aplica a los vendedores de tecnología y también a sus clientes. Para acceder a su "edad de oro" tienen que abandonar sus excesos juveniles y crecer.

Una tonalidad de dorado más grisácea
En este capítulo se analiza cuántas canas ha peinado ya la industria de la IT (como así también quienes trabajan en ella). Los tres primeros trabajos tratan los cambios tec-

El futuro de la tecnología

La duración y los períodos de una tecnología
Fases recurrentes de cada gran aumento

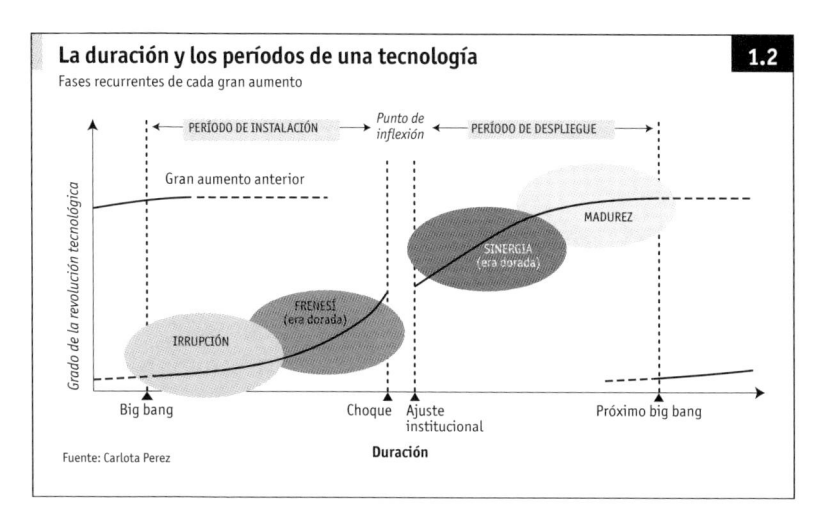

1.2

Diagrama: eje vertical "Grado de la revolución tecnológica", eje horizontal "Duración". Período de instalación (Irrupción, Frenesí – era dorada) → Punto de inflexión → Período de despliegue (Sinergia – era dorada, Madurez). Hitos: Big bang, Choque, Ajuste institucional, Próximo big bang. Gran aumento anterior indicado como línea punteada.

Fuente: Carlota Perez

nológicos y cómo el valor está mutando de la tecnología misma a cómo se la aplica.

Muchos de los objetos que lograron las fortunas de la industria de la IT en el período de instalación se están convirtiendo en *commodities*. Para superar este problema, los vendedores de *hardware* están desarrollando nuevos *softwares* que permiten a las redes actuar como una sola, lo que efectivamente convierte la informática en un servicio público. Pero la capa más rentable de la industria de la IT será la de los servicios de todo tipo, como el reparto de *software online*, o incluso consultoría.

La segunda mitad de este capítulo dará vista al aprendizaje institucional, el que ha provocado que el valor creado por la industria de la IT captara cada vez más la atención de sus clientes. Por primera vez en su historia, la IT está adoptando, de manera extensa, estándares abiertos. De igual importancia es el hecho de que los compradores estén empezando a gastar con mayor prudencia. Mientras tanto, la relación de la industria con el gobierno se está haciendo más íntima.

Todo esto indica que a la IT ya le han salido algunas canas en las sienes desde que explotó el globo, y parece que se va a volver más canosa todavía. Tarde o temprano el sector va a entrar en su "edad de oro", como lo hicieran los ferrocarriles. Cuando la manía británica por éstos se desplomó en 1847, las acciones de ferrocarriles decayeron un 85%, y miles de empresas se fueron a pique. Sin embargo, la circulación de trenes en Gran Bretaña se enderezó en un corto plazo, y en las décadas siguientes creció un 400%.

Entonces, ¿están por venir los mejores días de la industria de la informática? Todavía hay muchas oportunidades, pero si el ejemplo de los ferrocarriles es algo en que basarse, la mayoría de las empresas informáticas tendrán que arreglárselas con una porción más pequeña de la torta. Tal como lo observó este periódico en 1857 (en aquel momento llamado *The Economist, Weekly Commercial Times, Bankers' Gazette, and Railway Monitor*): "Indiscutiblemente, es muy triste que los ferrocarriles, que mecánicamente han tenido éxito más allá de la expectativa y que son maravillosos por su utilidad y conveniencia, hayan fallado comercialmente".

Brad DeLong, profesor de Economía de la Universidad de California en Berkeley, es, de alguna manera, un poco más conciso: "Soy optimista en cuanto a la tecnología, pero no en cuanto a las ganancias".

Notas

[1] Perez, C., *Technological Revolutions and Financial Capital: The Dynamics of Bubbles and Golden Ages*, Edward Elgar, 2002.

Cambio en la Ley de Moore

Muchas de las innovaciones que lograron las fortunas de la industria de la informática se están convirtiendo en *commodities* rápidamente, incluido el poderoso transistor.

Si Google diera de baja su popular servicio de búsqueda en la web el día de mañana, se lo extrañaría mucho. A los ciudadanos chinos se les complicaría escalar la gran muralla informática (*firewall*). Los posibles amantes ya no podrían hacer un estudio de antecedentes de su próxima cita, y los profesores de universidad necesitarían una nueva herramienta para averiguar si un estudiante ha plagiado un trabajo de Internet.

De todos modos, muchas empresas informáticas no estarían disconformes si Google desapareciera. A ellas ciertamente les desagrada el mensaje de la empresa al mundo: no se necesita lo último y lo mejor de la tecnología para ofrecer servicios excepcionales. Según Marc Andreessen, de Netscape fame, actualmente presidente de Opsware, un emprendimiento nuevo dedicado al *software*: "Salvo por las aplicaciones y los servicios, todo en informática pronto se convertirá en *commodity*".

El significado exacto de "commoditización"* depende de con quién se hable. Se aplica comúnmente en el ámbito de la PC. Aunque las computadoras de escritorio (*desktops*) y las *laptops* no son realmente *commodities* intercambiables, como el petróleo crudo, hace años ya que el logo en una máquina no es muy importante. La compañía más exitosa del ámbito, Dell, no es conocida por sus innovaciones tecnológicas, sino por la eficiencia de su cadena de suministros.

Como lo indica el término, "commoditización" no es un estado, sino una dinámica. Nuevos *hardwares* o *softwares* normalmente comienzan su existencia en la cima del ciclo de la informática, donde pueden generar ganancias. A medida que la tecnología alcanza mayor difusión, es mejor entendida y se estandariza, su valor decae. Finalmente, se une al "sedimento", el reino de los últimos en la lista para abastecerse, con metabolismos hipereficientes que compiten mayormente por costo.

Obsolescencia incorporada

Dicha sedimentación no es exclusiva del mercado de la IT. El aire acondicionado y la transmisión automática, que alguna vez fueron características esenciales para la venta de autos lujosos, son actualmente rasgos de *commodities*. Pero en la informática, el movimiento descendente es mucho más rápido que en cualquier otro ambiente, y se encuentra en proceso de aceleración, mayormente gracias a la Ley de Moore y actualmente por la carencia de una nueva aplicación sorprendente. "La industria es simplemente demasiado eficiente", señala Eric Schmidt, presidente de Google (a quien parece que le han salido bastantes canas durante el curso de su anterior trabajo, que implicaba múltiples tareas, como director de Novell, una firma de *software*).

La IT también difiere de otros sectores de la tecnología en que sus objetos pierden valor a medida que mejoran, y pasan de "*undershooting*" a "*overshooting*", según los términos acuñados por Clayton Christensen, profesor de la Harvard Business School. Una tecnología se encuentra en período de "*undershoot*" cuando no es lo suficientemente buena para la mayoría de los clientes, por lo que están dispuestos a pagar más por algo un poco mejor aunque no perfecto. Su contrapartida, el período de creciente demanda ("*overshoot*"), significa que la tecnología es más que suficiente para la mayoría de los usuarios, y los márgenes caen más.

Las PC rápidamente se convirtieron en un *commodity*, en mayor medida debido a que IBM tercerizó los piezas para su primer emprendimiento destinado a desarrollarse en este mercado al principio de los 80, lo que dio paso a que otros clonaran las máquinas. Los servidores han demostrado que son más resistentes, en parte porque estas poderosas computadoras suministradoras de datos son bestias complicadas, y en parte porque el auge de Internet creó demanda adicional de computadoras de alta calidad que ejecuten el sistema operativo Unix.

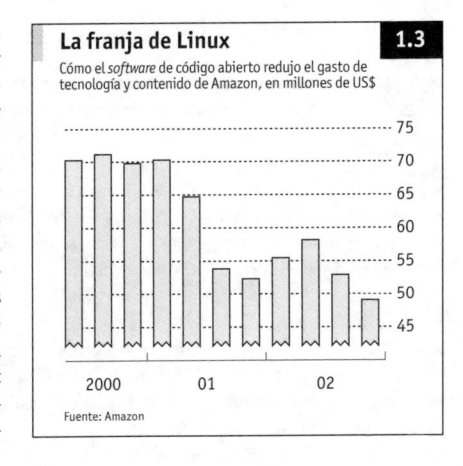

La franja de Linux 1.3

Cómo el *software* de código abierto redujo el gasto de tecnología y contenido de Amazon, en millones de US$

[Gráfico de barras con valores aproximados de 75 a 45, años 2000, 01, 02]

Fuente: Amazon

Pero aunque los sistemas Unix son caros, el punto fuerte de Sun Microsystems es —y probablemente lo siga siendo por un tiempo— su necesidad absoluta de aplicaciones en caso de misiones críticas, los servidores son rápidamente convertidos en *commodities*. Con los presupuestos de IT actualmente ajustados, las empresas están incrementando cada vez más su compra de computadoras basadas en la tecnología de la PC. "¿Para qué pagar US$ 300.000 por un servidor Unix, si se pueden adquirir diez máquinas Dell por US$ 3.000 cada una, con un mejor rendimiento?", se pregunta Andreessen.

Google va más allá. Una visita por uno de los centros de datos de la empresa en Silicon Valley supone un viaje de vuelta al futuro. De la misma manera en que los miembros del legendario Club Homebrew Computer, armaron las primeras PC utilizando partes que se encontraban en *stock* a principios de los años 70, Google ha creado un inmenso sistema de computadoras con partes de *commodities* electrónicos.

Modernos imitadores de Heath Robinson

Cuando los dos desertores de la Universidad de Stanford que fundaron Google, Sergey Brin y Larry Page, iniciaron la compañía en 1998, se dirigieron a Fry's, un *outlet* de productos electrónicos en el que los aficionados a ultranza de las computadoras, residentes de Silicon Valley, siempre han adquirido sus pertrechos. Incluso hoy en día, los servidores de centros de datos parecen ser el resultado del trabajo de juguetones: las placas de circuitos flaquean frente a los procesadores y discos rígidos y las piezas se adjuntan mediante cierres de velcro. Uno de los motivos del inusual diseño es que las partes pueden ser fácilmente intercambiables cuando se rompen. Pero también permite que los servidores de Google se hagan más potentes sin tener que reemplazarlos por completo.

Lo que le hace más fácil a Google intercambiar piezas en *stock* es que la mayoría de su *software* también es un bien de la misma clase. Sus servidores utilizan Linux, el cada vez más popular sistema operativo de código abierto desarrollado por una comunidad global de programadores (voluntarios), y Apache, otro programa de código abierto que sirve a páginas web.

Como Google siempre ha utilizado *hardware* y *software* de consumo masivo, no es fácil calcular cuánto dinero lleva ahorrado. Pero otras empresas que recientemente se han salido de la marca patentada dicen que han reducido sus cuentas considerablemente. Amazon.com, el centro de compras más importante en Internet, por ejemplo, se las arregló para reducir casi en 20 millones de dólares su gasto trimestral en tecnología (ver Cuadro 1.3). La característica más interesante del centro de datos de Google, sin embargo, es que sus servidores no son impulsados por chips de alta calidad, y probablemente no contengan Itanium, el procesador más poderoso de Intel, hasta dentro de un buen tiempo, si alguna vez sucede. Esto aleja a Google de los nuevos emprendimientos promisorios del Silicon Valley cuyos planes comerciales están mayormente basados en aprovechar al máximo el crecimiento exponencial del poder de la informática y el similar aumento de la demanda de tecnología.

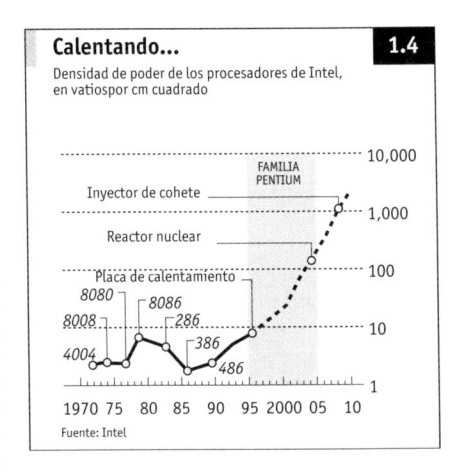

"Olvídense de la Ley de Moore", anunciaba efusivamente el título de un artículo sobre Google publicado en Red Herring, una revista tecnológica que ya no se edita. La propuesta probablemente sea pretenciosa, pero la decisión de Google de descartar Itanium por el momento indica que los microprocesadores mismos están cada vez más en "*overshooting*", incluso para los servidores —y que la carrera de treinta años de la industria tratando de fabricar chips cada vez más potentes con transistores más y más pequeños está llegando a su fin—.

En cambio, otras "leyes" del sector de semiconductores están cobrando importancia, y es probable que modifiquen su economía subyacente. Una es el hecho de que los costos de reducción de tamaño de transistores también siguen una curva exponencial ascendente. Esto no presentaba ningún problema mientras la industria de la informática se guardara nuevos chips, para así ayudar a repartir gastos, manifiesta Nick Tredennick, editor del *Gilder Technology Report*, un boletín informativo. Pero actualmente, sostiene Tredennick, la mayor parte de la demanda puede ser satisfecha con "transistores de valor" que ofrezcan un rendimiento adecuado para una aplicación al menor costo posible, de la misma manera que lo hace Google. "La industria se ha centrado en la Ley de Moore porque el transistor no era lo suficientemente bueno", observa. "En el futuro, lo que hagan los ingenieros con los transistores va a ser más importante que lo pequeños que sean".

No es nada nuevo, según Paul Otellini, presidente de Intel, quien explica que a medida que los chips son hechos lo suficientemente buenos para determinadas aplicaciones, van apareciendo nuevas aplicaciones, lo que requiere cada vez más capacidad informática: una vez que Google comience a ofrecer búsquedas de videos, por ejemplo, se tendrán que inventar máquinas más grandes. Pero en los últimos años, Intel misma ha trasladado su énfasis de producir chips más poderosos a agregarle nuevas características, de hecho convirtiendo sus procesadores en plataformas.

En 2003 lanzó Centrino, un conjunto de chips que incluye tecnología inalámbrica. Los chips Centrino tratan de lidiar con otro factor menos conocido de limitación a la producción de chips: cuanto más pequeños sean los procesadores, más energía necesitarán y más calor emitirán (ver Cuadro 1.4). Esto se debe a un fenómeno llamado fuga, en el que la corriente se escapa del sistema de circuitos electrónicos. La temperatura resultante puede ser una mera molestia para los usuarios de *laptops* de alta calidad, quienes están expuestos a quemarse las manos o las piernas, pero es un inconveniente serio para los artefactos inalámbricos, en los que se disminuye la duración de la batería, y también cada vez más para los centros de datos, como lo demuestra Google nuevamente.

Chips muy *cool*
Los servidores de la empresa se compactan con densidad para ahorrar espacio y permitirles comunicarse rápidamente. El último diseño es una estantería de casi 2,5 metros de alto con 80 máquinas, cuatro en cada estante. Para evitar que este centro de máquinas se sobrecaliente, se le proporciona ventilación que absorbe el aire mediante un hueco en el centro. De alguna manera, Google le está haciendo a los servidores lo que Intel le hizo a los transistores: compactarlos con cada vez mayor densidad. No son las "entrañas" de las máquinas lo que cuenta, sino cómo se ensamblan.

Por consiguiente, Google ha creado una nueva plataforma informática, una hazaña que actualmente está siendo copiada de manera más generalizada. Geoffrey Moore (ninguna relación con el de la Ley), presidente de la consultora Chasm Group y socio en Mohr, Davidow Ventures, una empresa de capital de riesgo de Silicon Valley, lo explica de esta manera: la informática es como un juego de Tetris, el clásico de los juegos de computadora; una vez que todas las partes están ubicadas en su lugar y los problemas serios han sido resueltos, se abre un nuevo campo de juego para que otros construyan en él.

---

* N. del T.: concepto utilizado para describir un bien o producto que se ha convertido en genérico, básico y sin mayor diferenciación entre sus variedades.

Escalando estantes

El sistema de redes se está convirtiendo en lo que define a la computadora; y la industria de la informática, en su plataforma dominante.

Se supone que la informática debería sea la máxima expresión de la automatización, pero los centros de datos de la actualidad pueden estar sorprendentemente atestados de usuarios. Cuando se actualiza una aplicación o cuando a un sitio web lo visita más gente de lo esperado, los administradores de sistemas generalmente tienen que instalar programas nuevos o configurar nuevos servidores a mano. Esto puede llevar semanas y habitualmente termina siendo más complicado de lo que se suponía.

Los centros de datos de Google, sin embargo, parecen estar vacíos la mayor parte del tiempo, con sólo cerca de 30 empleados que manejan un total de 54.000 servidores, según algunos cálculos. Esto se debe en parte a que las máquinas que realizan búsquedas necesitan menos cuidado que las que se ocupan de aplicaciones empresariales sofisticadas; pero, lo que es aún más importante, los programadores de la empresa han creado códigos que automatizan la mayoría de lo que hacen los administradores de sistemas. Esto puede convertir rápidamente una computadora que realiza búsquedas por páginas web en un servidor que entrega resultados de búsquedas. Sin el programa, Google tendría que emplear mucha más gente.

Esto demuestra que otra ley informática, anunciada por Gordon Bell, otra leyenda con canas de la industria, todavía resulta cierta: en la informática, la plataforma dominante muta cada diez años aproximadamente. Es probable que hoy en día a las *mainframes*, las minicomputadoras, las PC y los servidores les siga una grilla de computadoras, ya sea dentro de un centro de datos o como una colección dispar de máquinas conectadas. La red finalmente será la computadora, parafraseando un eslogan acuñado por Sun Microsystems. Las máquinas ya no se adjuntarán a la red; en cambio, ésta les permitirá actuar como una.

Sin embargo, esta nueva plataforma, la cual a los expertos en informática les gusta llamar "computación distribuida", no se trata tanto de reemplazar vieja tecnología sino de ingeniárselas con la marcha actual: otra señal de que la informática está madurando. Steve Milunovich, de Merrill Lynch, uno de los analistas de *hardware* más destacados de Wall Street, manifiesta que la IT ha entrado en la era de "informática dirigida". Forrester Research, una consultora de alta tecnología, ha acuñado el término "informática orgánica", una infraestructura informática que no sólo está compuesta por piezas de chip, sino que también es igual de adaptable que un organismo vivo.

Cualquiera que sea la designación con que la industria se conforme, la carrera por liderar en el próximo *round* de la informática ya comenzó. La nueva plataforma proporciona a aquellos amenazados por la "commoditización" una oportunidad para diferenciarse escalando estantes tecnológicos hacia alturas más lucrativas.

Existen todo tipo de incentivos para HP, IBM, Microsoft y Sun, como también para un sinfín de emprendimientos principiantes que alientan este cambio, pero también hay una gran necesidad de una nueva plataforma. La informática se ha vuelto verdaderamente más rápida, inteligente y económica, pero también más intrincada. Desde los organizados días de la *mainframe*, que permitía controlarla más estrechamente, los sistemas de computadoras se han distribuido cada vez más y se han vuelto más heterogéneos y difíciles de manejar.

Complejidad en el manejo
A fines de la década de los 80, las PC y otras tecnologías nuevas, como redes de área local (LAN, por sus siglas en inglés), permitieron a unidades comerciales construir sus propios sistemas, por lo que los sectores centralizados de informática perdieron el control. A fines de los 90, Internet y el surgimiento del comercio electrónico "hicieron el grueso de la informática", sostiene Forrester. La integración de sistemas incompatibles, particularmente, se ha vuelto un gran dolor de cabeza.

> **El mundo cabeza abajo** 1.5
> Gasto en almacenamiento informático
>
> 1984: 67 Hardware / 33 Administración de base de datos
> 2000: 17 Hardware / 83 Administración de base de datos
>
> Fuente: IBM

Un indicador de su ascendente complejidad es el rápido crecimiento en la industria de servicios de IT. Según algunos cálculos, dentro de una década se van a necesitar 200 millones de empleados de sistemas para proveer soporte a mil millones de personas y empresas conectadas vía Internet. El manejo de un sistema de almacenamiento ya cuesta cinco veces más que comprar el sistema mismo, mientras que hace menos de 20 años el costo del manejo del sistema llegaba a sólo un tercio del total (ver Cuadro 1.5).

Asimismo, muchos de los sistemas informáticos actuales son un mosaico que es esencialmente ineficiente; por lo tanto, las empresas gastan entre un 70 y un 90% de sus presupuestos simplemente para que los sistemas sigan funcionando. Y dado que esos sistemas no se adaptan rápidamente a los cambios en la demanda, las empresas invierten de más. Actualmente, gastan casi 50.000 millones de dólares en servidores al año, pero el promedio de utilización de estas computadoras es usualmente menor al 30%.

Además, la complejidad seguramente aumentará, predice Greg Papadopoulos, director de tecnología de Sun. Hoy en día, los sistemas electrónicos para conectar cualquier dispositivo a la red cuestan alrededor de un dólar. Dentro de diez años, el precio va a llegar a un centavo de dólar. En consecuencia, explica, la cantidad de cosas conectadas va a explotar, como así también las posibles aplicaciones. Por ejemplo, se va a volver práctico rastrear artículos tales como hojas de afeitar (10% de las cuales aparentemente desaparece en el camino de la fábrica al local).

Cuando las cosas se complican demasiado, los ingenieros usualmente agregan una contraseña como cobertura para ocultar el caos. De alguna manera, la actual mutación en computación es equivalente a lo que ocurrió cuando los autos comenzaron a ser de fácil uso y los conductores sólo tenían que girar la llave en vez de tener que arrancar el motor con manivela. En el lenguaje de los fanáticos de la informática, agregar un nuevo dispositivo es conocido como "aumento del nivel de abstracción". Esto ocurrió la primera vez que los sistemas operativos de PC ocultaron lo esencial de estas computadoras y les dieron la interfaz de un usuario común, y sucede hoy en día con la plataforma, a la cual ya se la está comparando con un sistema operativo para centros de datos o computación distribuida.

Al igual que el programa de administración de Google, este *software* de computación distribuida (llamado "*griddleware*"* por un grupo reducido de personas un tanto en broma) automatiza mucho el trabajo de los administradores de sistemas. Pero también se supone que cumple con un propósito mayor: la "virtualización".

Dicho de manera más simple, esto significa crear aglomeraciones de potencia de procesamiento, de capacidad de almacenamiento y de red de ancho de banda. De este modo, un centro de datos, o un compendio de máquinas en una red, se convierte en una computadora virtual cuyos recursos pueden ser distribuidos según se necesite. El objetivo final es que la informática dirigida se parezca a pilotear un jet: los que trabajan en informática le dirán al sistema qué tipo de aplicación debe operar, para luego sólo lidiar con las excepciones.

Aunque los rivales en este campo se encuentran más o menos en el mismo sendero tecnológico, sus estrategias son distintas. Algunos de los numerosos emprendimientos principiantes ya tienen productos para el trabajo —y ninguna agenda escondida, aclara Andreessen, de Opsware, un ascendente jugador nuevo: "No necesitamos presionar a nuestros clientes a que además nos compren otras cosas"—. Los empleados, por otro lado, también quieren que la nueva cobertura de *software* proteja sus antiguos modelos comerciales. Se supone que la iniciativa del Centro de Datos de Utilidades de HP (UDC, según sus siglas en inglés) y el plan número 1 de Sun ayudarán a estas empresas a vender su *hardware* rentable. El esfuerzo de IBM por la "informática autonómica" se encuentra íntimamente relacionado con el comercio de servicios de la informática de Big Blue. Y la Iniciativa de Sistemas Dinámicos de Microsoft (DSI) está fuertemente ligada a su sistema operativo Windows.

A pesar de tal persuasión, es difícil que los clientes apuesten solamente a los emprendimientos nuevos. Sólo los vendedores más grandes podrán realmente tener la capacidad para distribuir informática dirigida, sostiene Shane Robinson, director de tecnología de HP, quien hace rato cabalga por la nueva plataforma. De acuerdo con la consultora Gartner Group, HP está a la cabeza de la virtualización, y visualiza el *software* de gestión como su gran oportunidad.

Una cosa está clara: una vez que todos los desafíos técnicos de la computación distribuida hayan sido superados, el *hardware* se habrá convertido en un *commodity*. Las máquinas, los dispositivos de almacenamiento y las redes perderán su identidad y desembocarán en aglomeraciones de recursos que podrán ser aprovechadas según sea necesario. Esta licuación del *hardware*, a su debido tiempo, le permitirá a la informática convertirse en un servicio público, y al *software* en un servicio de transmisión *online*.

---

* N. del T.: término que se refiere a la computación distribuida, que reparte un único problema en múltiples computadoras y recoge los resultados.

Técnicas, no tecnología

Las empresas informáticas esperan convertir la ciencia sombría (la economía) en un negocio rentable.

Para la mayoría de la gente el planeta Tierra es redondo, pero los fanáticos de las computadoras generalmente lo ven como un apilamiento de capas. En la computación empresarial, la informática comienza con el *hardware*, sobre el que se encuentra el sistema operativo, luego la base de datos, las aplicaciones y finalmente los servicios informáticos. Cuando su capa empieza a "commoditizarse", las compañías tecnológicas tienden a aumentar el apilamiento, con el que pueden ganar más dinero.

En su búsqueda de nuevos horizontes, las empresas informáticas han alcanzado nuevas alturas con el traslado a una economía vanguardista. Tanto HP como IBM abrieron laboratorios para llevar a cabo investigaciones sobre el tema, con la esperanza de que esto les ayude a ofrecer a sus clientes servicios más sofisticados.

Sin duda, desde hace años la economía tiene su lugar en la industria informática. HP, por ejemplo, ya utiliza *software* que estimula a los mercados a optimizar los sistemas de aire acondicionado en sus centros de datos de utilidades. Además, el Instituto para el Comercio Avanzado de IBM ha estudiado el comportamiento de los agentes de oferta, con la esperanza de poder diseñarlos de tal manera que no caigan en interminables guerras de precios.

Actualmente, HP procura llegar aun más arriba, con la ayuda de la economía experimental. Como su nombre lo indica, los investigadores en este campo montan experimentos controlados con gente y dinero reales para probar si las teorías económicas realmente funcionan. Tal vez resulte sorprendente, pero parece que es así, según lo demuestra el trabajo de Vernon Smith, de la Universidad George Mason de Virginia. (A Smith se lo considera el padre fundador de este campo. Ganó el Premio Nobel de Economía en el año 2002).

Agente secreto

HP va más allá. El equipo de la compañía de cinco investigadores no prueba las teorías económicas, sino que intenta crear "mecanismos novedosos para mejorar la fluidez de interacciones en la economía de la información", explica Bernardo Huberman, líder del grupo. En lenguaje cotidiano, los investigadores están trabajando en herramientas más listas para hacer más fácil la negociación *online*, establecer reputaciones y emitir pronósticos.

El grupo de Huberman ya tiene algo para mostrar como fruto de su esfuerzo.

Ha desarrollado una metodología para predecir eventos inciertos mediante la utilización de un grupo pequeño de individuos. En primer lugar, averiguan sobre las actitudes de sus sujetos para con el riesgo y su habilidad para pronosticar un resultado dado. Luego utilizan esta información para medir y acumular sus predicciones de eventos, lo que resulta en pronósticos bastante acertados.

Estas herramientas serán usadas primeramente dentro de la compañía. La dirección principal de una de las filiales de HP ya está probando la metodología para predecir sus ingresos. Pero, en última instancia, la compañía pretende encontrar clientes externos para los resultados de sus investigaciones. Agencias de inteligencia estadounidense, como la CIA, han demostrado su interés. Necesitan mejores herramientas para poner en la balanza la opinión de aquéllos que analizan información entrante.

Entonces, ¿en qué momento compañías como IBM y HP habrán escalado estratos lo suficientemente altos como para dejar de ser vendedores tradicionales de sistemas y convertirse en proveedores de servicios o consultoras? La mayoría de los analistas está de acuerdo en que esta metamorfosis todavía está muy lejos. Pero ya parece cierto que en el futuro las empresas informáticas se van a dedicar cada vez más a la industria de las técnicas que a la de la tecnología.

A sus órdenes

A pesar de fallas iniciales, la informática finalmente se va a convertir en un servicio público.

Marc Benioff (sin canas a la vista) no tiene miedo de mezclar la religión con los negocios. En febrero de 2003, el seguidor del budismo y director de Salesforce.com, un emprendimiento nuevo de San Francisco, invitó a 200 clientes y amigos a un concierto a beneficio en el que tocaba David Bowie y cuyas ganancias estaban destinadas al Tibet House, un centro cultural de Nueva York cuyo mecenas es el mismo Dalai Lama. Pero Benioff también utilizó el evento para difundir el mensaje de su firma: "Independencia del *software*".

La mezcla inusual produjo asombro, pero de alguna manera la tecnología de Benioff realmente prescinde del *software*. Los clientes pueden acceder a los servicios de la empresa mediante un navegador de la web, el cual les ahorra tener la instalación de un complicado programa de gestión de relaciones con el cliente (CRM, por sus siglas en inglés) en sus propias computadoras. Alrededor de 6.300 clientes en 110 países ya se han alistado para obtenerlo, lo que generó 52 millones de dólares en el ejercicio económico 2002/03, sostiene Benioff.

Los escépticos arguyen que Salesforce.com no es tanto el líder de una nueva moda sino un sobreviviente solitario de otros tiempos. Miles de empresas proveedoras de servicios de aplicación (ASP, según sus siglas en inglés) fueron lanzadas a tiempo en el *boom* de las puntocom, pero pocas tuvieron éxito. Esto se debe mayormente a que, dada la tecnología actual, es difícil ganar dinero con un servicio de *software* de alta calidad.

Aunque no por mucho tiempo. Gracias a las modas tecnológicas mencionadas en las páginas 21-27, la informática se está convirtiendo en un servicio público y el *software* en uno privado. Esto va a cambiar radicalmente la economía de la industria de IT. "Internet marca la muerte del modelo industrial de *software* tradicional," predice Benioff.

Irving Wladawsky-Berger, de IBM, expresa que la idea no es tan descabellada como suena. A medida que otras tecnologías maduraban, se les daba a los clientes más opciones en lo relativo a cómo adquirirlas. En los primeros tiempos de la electricidad, por ejemplo, la mayoría de las firmas tenían que contar con generadores propios. Hoy en día, la mayoría puede obtener su energía de la red. De la misma manera, declara, extrañaría que en 20 años la mayoría de la informática no se tercerizara.

Tradicionalmente, las compañías interesadas en invertir en sistemas informáticos no tenían mucha alternativa: debían construirlos y operarlos ellas mismas. Para ser exactos, podían tercerizar el trabajo de compañías tales como IBM Global Services y EDS, aunque en sentido técnico la situación no ha variado demasiado, porque dichas compañías normalmente operan sistemas informáticos consagrados a cada cliente.

Tiene que haber una manera mejor

Cuando se trata de *software* empresarial, en particular, esta manera de brindar tecnología crea un círculo económico un tanto perverso. El *software*, en el fondo, es un servicio, si bien uno automatizado, pero se lo vende casi como un bien de producción. Los clientes tienen que pagar grandes sumas de dinero por anticipado, soportar casi todo el riesgo de que un programa no funcione como fue prometido y no poder cambiar de vendedor fácilmente.

Las compañías informáticas, por su parte, tienen que gastar muchos de sus recursos en *marketing* y distribución, en vez de concentrarse en desarrollar *software* que funcione bien y que sea fácil de usar. Tanto Wall Street como los efectos de red empeoran el asunto. En muchos mercados es una gran ventaja ser el primero, por lo que los vendedores se ven tentados a poner programas en circulación, aun estando plagados de fallas. Y dado que los analistas bursátiles consideran acertadamente a las empresas de *software* una inversión riesgosa, tales empresas deben crecer de manera rápida para justificar sus relativamente altas cotizaciones en bolsa, lo que las impulsa a vender más programas de los que los clientes necesitan.

Todo esto explica varias de las peculiaridades de la industria del *software*. Una de ellas es el hecho de que muchas de las licencias vendidas nunca se usan, un fenómeno conocido como "*software* de estantería". Lo que es más importante, muchas compañías de *software* han crecido tan rápido, normalmente hipotecando el futuro, que se desploman cuando alcanzan los 1.000 millones de dólares en ventas anuales, algunas veces para luego nunca recuperarse. Luego se les viene el apuro de cierre de trimestre, lo que presiona a las compañías a hacer lo que sea para cerrar tratos y alcanzar las expectativas de los analistas.

La necesidad de crecer rápido también explica por qué los líderes de la industria de la informática son un "verdadero elenco excepcional", en palabras de Louis Gerstner, presidente de IBM por ocho años. "Hacen observaciones escandalosas, se atacan públicamente unos a otros con gran deleite", escribe en su libro *Who Says Elephants Can't Dance?*[1]. Los directivos de compañías de *software*, en particular, deben demostrar que buscan el crecimiento casi a cualquier precio; lo que explica por qué usualmente se los junta con directores financieros canosos, como su contrapeso tranquilizador.

Gerstner, quien se mantuvo al margen de la industria informática durante la mayor parte de su carrera, no acusa a nadie, pero no es difícil encontrar ejemplos de "prácticas extrañas", según sus palabras, en la industria. El más obvio es el de Oracle, un gigante de la base de datos que casi se desploma en 1991 luego de cerrar contratos imprudentes para alcanzar las expectativas. Es también conocida por haber lanzado *software* en forma prematura. La dirigen Larry Ellison, quizás el jefe más colorido de la industria, y Jeff Henley, el arquetipo de un director financiero que es abuelo. Para ser justos, debe decirse que la compañía ha madurado muchísimo en los últimos años.

En el futuro, la tecnología misma podría conducir a un mejor equilibrio en el sector en su conjunto. Internet hizo posibles las direcciones de ASP, como Salesforce.com, pero también permitió a los fabricantes de *hardware* monitorear los servidores y cobrar a los clientes sobre la base aproximada del promedio de uso por mes. Éste el tipo de accionar que lleva a cabo HP con sus máquinas Superdome de vanguardia.

A medida que los centros de datos se automaticen, la informática se va a convertir cada vez más en un verdadero servicio público. Con el *software* de manejo que se describe entre las páginas 25-27, las compañías pueden compartir recursos informáticos, lo que significa que siempre tienen lo suficiente, pero pagan por lo que realmente utilizan. Ya no necesitan operar sus propias máquinas especializadas, ni dirigir sus propias plantas energéticas.

A la espera de servicios web

Sin embargo, para que un *software* realmente se convierta en un servicio, algo más tiene que suceder: tiene que haber un amplio despliegue de servicios web. Éstos no son, como tal vez lo sugiera el término, ofertas basadas en las web, como Salesforce.com, sino una manera estándar para que las aplicaciones de *software* puedan trabajar juntas en Internet. Google, por ejemplo, también ofrece su motor de búsqueda como un servicio web para usar en otras ofertas de la red, como Googlefight, un sitio en el que los que navegan con tiempo de sobra pueden averiguar, entre dos palabras clave relacionadas, cuál produce más resultados de búsqueda.

Al final, según predicciones de expertos, las aplicaciones ya no serán un segmento del *software* que funciona en una computadora, sino una combinación de servicios web; y la plataforma para la cual los creadores escriben sus programas ya no será el sistema operativo, sino los servidores de aplicaciones. Éstas son esencialmente porciones del *software* que ofrecen todos los ingredientes necesarios para preparar y entregar un servicio web, o un servicio basado en la web, como Salesforce.com.

Al igual que los *softwares* de manejo para centros de datos, los vendedores ya han entrado en una batalla por la dominación. En un lado del cuadrilátero se encuentra Microsoft con su plataforma .net (aunque recientemente ha disminuido el uso de tal nombre). Del otro lado se encuentran BEA, IBM, Oracle y Sun, con diferentes versiones de tecnología basadas en el lenguaje de programación Java.

Es probable que ambos bandos coexistan, pero la economía de servicios de *software* será diferente. Lo más importante es que los vendedores van a estar mucho más motivados que antes para cumplir sus promesas. "En el viejo mundo, no nos importaba si usted estaba satisfecho, lo único que nos importaba eran los números", dice Benioff, quien dio sus primeros pasos profesionales en Oracle. "Actualmente, sólo me pagan si mis clientes están satisfechos".

Un tipo distinto de canas

El traspaso del riesgo de implementación a los vendedores producirá un cambio profundo en la naturaleza de la industria del software. Wall Street tendrá que ver a las empresas de *software* más como servicios públicos, los cuales tienden a crecer de manera un tanto lenta pero firme. O incluso —¡Dios nos libre!— los directivos de *software* pueden volverse más aburridos. El tono en la industria tal vez ya no sea el establecido por gente como Ellison, sino por ejecutivos más prudentes y cerebrales como Henning Kagermann, de SAP.

A los directivos actuales no les resultará sencillo lidiar con esta transición: tendrán que destetarse de la heroína llamada "crecimiento". De los pesos pesados de la industria, Oracle tal vez haya recorrido el camino más largo, dado que puso la mayoría de sus programas *online* ya en 1998. Hasta el momento, esta porción de la industria contribuye con sólo una pequeña parte del total de ingresos, pero Ellison tiene la expectativa de que crezca rápidamente. También reconoce que el tiempo de los líderes visionarios como él podría tranquilamente haber terminado: "Se va a tratar mayormente sobre ejecución".

Con respecto a la visión, sin embargo, IBM recientemente ha superado a Ellison. En octubre de 2002, Samuel Palmisano, el presidente de la compañía, anunció que IBM estaba apostando 10.000 millones de dólares a lo que él llama "informática a pedido" —esencialmente un esfuerzo por cambiarla de un costo fijo a uno variable—. American Express ya ha firmado un contrato de siete años por 4.000 millones de dólares con IBM que le permite a la compañía de la tarjeta de crédito pagar sólo por los recursos informáticos que necesita.

Sin embargo, el contrato de American Express todavía se parece más a un trato de tercerización clásico con precios flexibles. Si la computación realmente va a ser por encargo, todavía falta mucho por hacer, aclara Wladawsky-Berger, quien encabeza la iniciativa de IBM. Hacer funcionar bien la tecnología es probablemente la parte fácil. El problema más difícil es persuadir a la industria para que establezca estándares abiertos.

Notas

1   Gerstner, L., *Who Says Elephants Can't Dance?*, Harper Business, 2002.

La maravilla de los estándares

Por primera vez, la industria informática está adoptando estándares abiertos en forma generalizada, gracias a Internet.

Hoy en día es fácil comprar un tornillo, si uno sabe cuál es el tipo que quiere. Pero en los Estados Unidos a mediados del siglo XIX, tal compra podía tornarse un tanto complicada. La mayoría de los tornillos y las tuercas se hacían por encargo, y los productos de diferentes talleres eran generalmente incompatibles. Al artesano que los fabricaba le gustaba que se hiciera de esta manera, porque muchos de sus clientes quedaban, de hecho, atrapados.

Sin embargo, fue uno de estos líderes artesanos el que puso la industria de las máquinas y herramientas estadounidense en el camino a la estandarización. En 1864, William Sellers propuso un "sistema uniforme de roscas de tornillos", el que más adelante fue ampliamente adoptado. Sin tornillos estandarizados fáciles de hacer, decía Sellers, no podía haber partes intercambiables, y, por consiguiente, tampoco producción en serie.

No todos los sectores de la tecnología tuvieron líderes tan visionarios. Pero los ferrocarriles, la electricidad, los automotores y las telecomunicaciones aprendieron a querer los estándares a medida que maduraban. En algún punto de su historia, quedó claro que en vez de sólo pelear para conseguir la porción más grande de la torta, las empresas dentro de un sector necesitaban trabajar conjuntamente para agrandar esa torta.

Sin estándares, la tecnología no puede convertirse en omnipresente, particularmente cuando es parte de una red más extensa. El ancho de las vías, los niveles de voltaje, las funciones del pedal, los sistemas de señalización; para todos estos ejemplos se tuvieron que acordar convenciones técnicas antes que los ferrocarriles, la electricidad, los automotores y los teléfonos estuvieran listos para la consumición masiva. Los estándares también le permiten a una tecnología automatizarse, haciéndola así mucho mas confiable y fácil de usar.

Hoy en día, la industria de la informática finalmente comprende este culto por los estándares. De hecho, éstos siempre han jugado un papel importante en la alta tecnología, pero normalmente eran de propiedad exclusiva. "Por primera vez, son estándares que realmente permiten la interoperatividad: estándares de derecho no controlados por un vendedor", destaca Steve Milunovich, analista de Merrill Lynch.

Esto no es simplemente una cuestión de protocolos e interfaces. Hay *softwares* enteros que se están convirtiendo en estándares abiertos de cierto tipo. A los sistemas operativos, por ejemplo, técnicamente se los entiende tan bien que pueden ser desarrollados por comunidades virtuales mundiales de programadores voluntarios, como es el caso de Linux, el *software* de código abierto más popular.

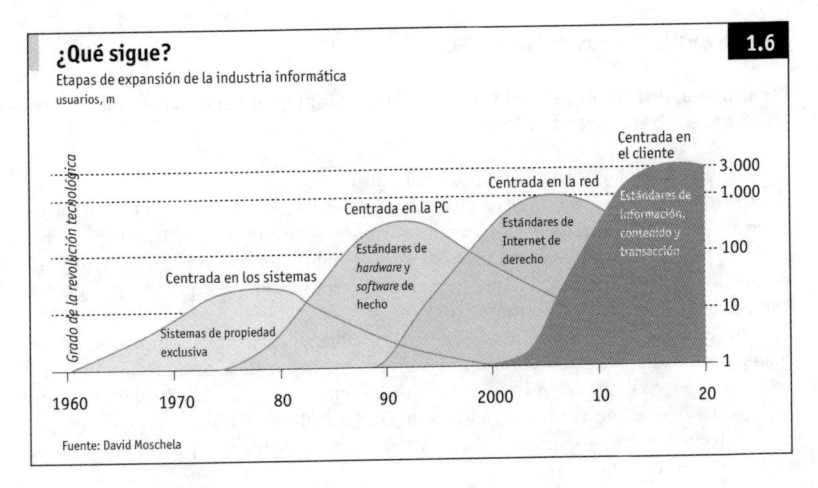

> **¿Qué sigue?** 1.6
> Etapas de expansión de la industria informática
> usuarios, m

Gráfico: Grado de la revolución tecnológica vs. años (1960–20), mostrando las etapas: Sistemas de propiedad exclusiva, Centrada en los sistemas, Centrada en la PC (Estándares de hardware y software de hecho), Centrada en la red (Estándares de Internet de derecho), Centrada en el cliente (Estándares de información, contenido y transacción). Escala: 1, 10, 100, 1.000, 3.000.

Fuente: David Moschela

El tornillo domado

Sería difícil sobreestimar la importancia de este cambio. Hasta el momento, como en los primeros días del tornillo, el juego en la informática ha consistido en acorralar a los clientes, haciéndoles costoso reemplazar una marca de tecnología por otra. De alguna manera, aunque las firmas de informática son la cúspide de la producción masiva, cuando se trata de estándares todavía se encuentran estancadas en la era de los artesanos, lo que explica en gran parte por qué han resultado ser tan increíblemente rentables.

Los efectos de la red hacen que controlar una tecnología sea incluso más atractivo, sostienen Carl Shapiro y Hal Varian, dos profesores de economía, en *Information Rules*[1], que sigue siendo la mejor lectura sobre la economía de red. Si el valor de una tecnología no sólo depende de su calidad, sino también de la cantidad de usuarios, el *feedback* positivo puede ayudar a una compañía a dominar el mercado. Por ejemplo, cuanta más gente haya ya conectada con una red de datos usando un estándar particular de transmisión, más gente va a entender el motivo para acoplarse.

Estos efectos de la red también explican por qué la industria en los 80 ya comenzaba a alejarse completamente de la tecnología de propiedad exclusiva, el sello de la era de la *mainframe*. Microsoft, en particular, descifró cómo fortalecer los ciclos de *feedback* motivando a otras firmas de *software* a desarrollar aplicaciones para su sistema operativo. Este tipo de apertura hizo de Windows un estándar, pero los usuarios todavía estaban atrapados.

Actualmente, parece que, gracias a Internet, la industria informática ha entrado en un ciclo positivo de *feedback* a favor de estándares abiertos. Cuando miren retrospectivamente, dice Wladawsky-Berger, los historiadores dirán que el único aporte de Internet fue producir estándares abiertos factibles, tales como TCP/IP, su protocolo de comunicación, o HTML, el lenguaje en que están escritas las páginas web. Internet también ha hecho más fácil el desarrollo de estándares. La mayor parte del trabajo realizado en el Grupo de Trabajo de Ingeniería de Internet (IETF, por sus siglas en inglés) y el Consorcio de la World Wide Web (W3C), las entidades principales de estándares de Internet, se hace en la red. Las comunidades de tercerización global pueden operar debido a que sus miembros tienen la posibilidad de comunicarse a casi ningún costo utilizando el *e-mail* u otras herramientas *online*.

El éxito de estos grupos también ha inspirado a las empresas tradicionales de informática a que creen sus propios grupos de tercerización. Sun, por ejemplo, lanzó el Proceso de la Comunidad Java (JCP, según sus siglas en inglés), para desarrollar su tecnología Java. Pero dado que Sun está preocupada por que sus estándares puedan hacerse astillas, tal como lo hizo el sistema operativo de Unix, la compañía se ha instalado como el dictador benevolente del JCP.

Sun no es la única empresa que aprendió que crear estándares puede ser bueno para la industria; por ejemplo convertir en *commodity* un bien complementario o prevenir que una sola firma controle una tecnología importante. Si los sistemas operativos automáticos se convierten en mayor medida en un *commodity*, según reflexionan IBM y otros que apoyan a Linux, esto hará que los clientes gasten más dinero en otros productos y que Microsoft y Sun se debiliten.

Un nuevo incentivo
El surgimiento de servicios en la web ha logrado, maravillosamente, que las mentes se concentren en el desarrollo de estándares. Exhibiendo un grado de cooperación sin precedentes, la industria de las computadoras desarrolla un dispositivo de lineamientos técnicos público que define este nuevo tipo de servicios *online*. Por eso, la proliferación de nuevas siglas relacionadas con la informática, como XML, SOAP, UDDI, WSDL, entre otras.

Sin duda, la estandarización de servicios web no siempre es fácil. A medida que ésta se traslada a áreas más complejas, como la seguridad o la coordinación de distintas ofertas, el consenso parece más difícil de alcanzar. Las empresas establecidas, en particular, han empezado a jugar juegos para agregarle a sus herramientas una ventaja. También están tratando de atrapar a sus clientes sumando extensiones exclusivas a la combinación de estándares.

Sin embargo, la posibilidad de que las firmas de *software* tengan que pagar si implementan estándares de servicios web es más preocupante. La mayoría de las entidades de estándares le permiten a las empresas poseer la propiedad intelectual que aportan, siempre y cuando no cobren por ella. Pero cuanto más se involucren los estándares activamente, mayor será la presión de que las compañías deberían poder cobrar por el uso de las patentes en las que han invertido.

Ciertas compañías de servicios web más pequeñas ya han sonado la alarma. Eric Newcomer, director de tecnología de Iona Technologies, sostiene que la industria informática está en una encrucijada. Un camino lleva a un mundo verdaderamente estandarizado en el que las compañías tienen la capacidad de cosechar todos los beneficios de los servicios web. El otro camino "lleva de vuelta a antaño, donde los sistemas de propiedad exclusiva lideraban".

La polémica apunta a un problema más general con los estándares de la tecnología: dónde encontrar el límite entre lo público de la informática y las áreas en que las empresas deberían competir con tecnología patentada. Si el área pública es demasiado extensa, tal vez no haya suficiente incentivo para innovar. Si es demasiado pequeña, las incompatibilidades podrían impedir que los servicios web se conviertan en una forma estándar para que los sistemas de computadoras se comuniquen.

Esta línea divisoria es flexible, particularmente cuando se trata de algo tan maleable como el *software*. Pero a la larga, sostiene Ken Krechmer, experto en estándares de telecomunicaciones, la IT misma va a ayudar a reconciliar estandarización con innovación, porque hará, cada vez más, que los estándares sean "de etiqueta".

Los sistemas como los ferrocarriles o la electricidad y las redes telefónicas, argumenta Krechmer, necesitan estándares de "compatibilidad": especificaciones claras sobre cómo se pueden interoperar. Pero la IT es "adaptable", lo que significa que a medida que los dispositivos se hacen más inteligentes, pueden negociar qué estándar quieren utilizar para comunicarse. Lo que se necesita es un "meta-protocolo" que regule la ida y la vuelta.

Las máquinas de fax ya funcionan de esta manera. Antes de transmitir algo, negocian la velocidad a la que quieren comunicar. El lenguaje de marcado extensible (XML, por sus siglas en inglés), la lengua franca subyacente a la mayoría de los estándares de los servicios web, también permite la protocolización. Si los sistemas informáticos de dos compañías desean intercambiar los documentos XML por una orden, pueden primeramente llegar a un acuerdo mutuo sobre qué significa la información del archivo. Los protocolos, por lo tanto, permiten la innovación patentada, mientras que aseguran compatibilidad, sostiene Krechmer.

El cliente siempre tiene razón

Al final, sin embargo, cuán exclusiva o cuán abierta sea probablemente la industria informática dependerá de sus clientes, quienes parecen cada vez más interesados en los estándares abiertos. "Los vendedores ya no atrapan a los clientes", explica Robert Gingell, de Sun. "Ahora son los clientes lo que acorralan a los vendedores, al decirles qué estándares tienen que apoyar".

Asimismo, los clientes mismos se están haciendo escuchar con más claridad en el proceso de establecimiento de estándares. La Alianza Liberty, un grupo de la industria que desarrolla especificaciones sobre cómo lidiar con identidades e información personal *online*, fue lanzada originalmente por Sun como contrapeso del servicio de Microsoft Passport, pero ahora la operan muchísimos usuarios, como United Airlines, American Express y General Motors.

Además, los clientes no sólo se involucran porque odian estar atrapados. William Guttman, profesor de Economía de la Universidad Carnegie Mellon, expone que los estándares tienen que comprender, cada vez más, temas de políticas públicas, como la privacidad. Sin la contribución de los usuarios, el gobierno y los académicos, como así también de las empresas de informática y sus clientes, existe el riesgo de que las especificaciones se vuelvan irrelevantes, sostiene Guttman. Él mismo ha lanzado un grupo inclusivo llamado Sustainable Computing Consortium (SCC), que entre otras cosas busca maneras de mediar la calidad del *software*.

Básicamente, los clientes se están sofisticando en cada vez mayor medida, pero más aún cuando se trata de invertir en informática.

Notas

1   Shapiro, C. y Varian, H., *Information Rules*, Harvard Business School Press, 1998.

Aplicación matadora a sangre fría

Los clientes de la IT están reclamando más ruido por menos plata.

La burbuja de Internet y los posteriores escándalos contables tuvieron por lo menos un mérito: la mayoría de la gente hoy en día sabe lo que hacen los directores de información y los directores de finanzas. En años venideros, se tendrán que acostumbrar a una combinación de los dos trabajos: el director de finanzas de informática.

Pero por ahora, casi nadie ha oído hablar de tal cosa. Marvin Balliet, quien tiene el título oficial de "director de finanzas, tecnología global y servicios" en Merrill Lynch, señala que incluso internamente tiene mucho que explicar. En términos más simples, su trabajo consiste en asegurarse de que el presupuesto anual en informática del banco de más de 2.000 millones de dólares sea gastado sabiamente. Esto significa unir dos mundos: la gente de la informática por un lado y unidades de negocios por otro. La gente que viene del lado de los negocios necesita saber qué es técnicamente posible, y el entorno de la informática, qué es financieramente factible.

Balliet, junto con la creciente cantidad de gerentes con puestos similares, es la prueba viviente de que los compradores de tecnología también están en una curva empinada de aprendizaje. Las compañías que invirtieron con imprudencia durante los años de la burbuja y frenaron cuando explotó están, finalmente, listos para tomar decisiones tecnológicas más racionales. "El capitalismo ha entrado en la informática", afirma Chris Gardner, cofundador de la consultora iValue y autor de *The Valuation of Information Technology*[1].

Sin embargo, ésta no es sólo una reacción predecible al ciclo de auge y caída. Hay mucho dinero en juego. Luego de casi 40 años de informática empresarial, la inversión tecnológica en general supone más de la mitad de las inversiones. Como expone John O'Neil, presidente de Business Engine, una compañía de gestión de proyectos: "La informática no se puede seguir escondiendo".

¿Por qué se querría esconder la informática? Parte del motivo es que los proyectos de informática son usualmente asuntos altamente complejos que cambian de manera constante y tienden a salirse de control. "Tradicionalmente, manejar tecnología era algo mágico, con calidad y performance entregada sólo mediante las cualidades especiales de gente altamente calificada", explica Bobby Cameron, quien dio sus primeros pasos profesionales en los días de la tarjeta perforada y ahora es analista en Forrester Research.

Incluso hoy en día, los departamentos de sistemas, particularmente en Estados Unidos, son usualmente reinos mágicos llenos de magos tecnológicos, en los que las reglas básicas de los negocios no parecen ser aplicables. Las decisiones en cuanto a las inversiones generalmente están guiadas por intuición y por los últimos trucos, en vez de por la estrategia comercial general de la empresa y análisis financieros acertados.

Esto no es sólo culpa de aquéllos que trabajan en informática, quienes aprecian sus roles como gurús solitarios, sino también de sus jefes, los cuales usualmente les ceden responsabilidad a los tecnólogos y no establecen reglas claras sobre cómo tomar decisiones. Las unidades comerciales, por su parte, generalmente emprenden demasiados proyectos y no se hacen responsables ni de los éxitos ni de los fracasos. Después de todo, en la mayoría de las compañías, los costos de la informática no son asignados directamente a los que incurrieron en ellos.

¿Quién está a cargo? Este montaje crea una tensión permanente entre los departamentos de informática y las unidades de negocios, lo cual es la razón por la que la mayoría de los gerentes de servicios de información o "CIO" no sobreviven en sus trabajos más de dos años. También es el principal motivo por el que muchos proyectos exceden el presupuesto y superan el tiempo previsto. Y cuando están listos finalmente, suelen terminar siendo ya obsoletos; o los primeros no se acostumbran porque no entienden cómo los empleados realmente hacen su trabajo.

¿Trae beneficios la informática? 1.7
Porcentaje de ganancias gastado en informática según desempeño financiero*
Por cuartil, marzo de 2002

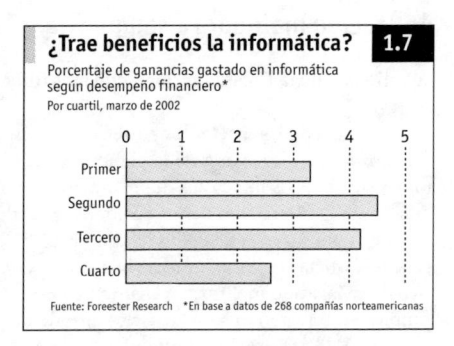

Cuartil	0	1	2	3	4	5
Primer						
Segundo						
Tercero						
Cuarto						

Fuente: Foreester Research   *En base a datos de 268 compañías norteamericanas

Las consultoras de alta tecnología estiman que más de la mitad de todos los proyectos salen mal. Tal vez tengan un incentivo para exagerar la tasa de fracaso (cuanto más problemas haya, mayor será la aparente necesidad de una consultora), pero no hay duda de que mucho de lo que se invierte se pierde. Para hacerlo más complicado, parece que las empresas difieren ampliamente en formas de inversión. Echando un vistazo a la relación entre los presupuestos en tecnología y los resultados financieros de 268 compañías estadounidenses, Forrester descubrió que las que gastan más no son necesariamente las que mejor se desempeñan (ver Cuadro 1.7).

Estas estadísticas, junto con sus propias experiencias infortunadas, han llevado a las empresas a repensar la manera en que invierten su dinero. Mediante la utilización de métodos de valuación complejos, tratan de averiguar de antemano si es probable que se recupere la inversión en los proyectos. "Actualmente, tienen que competir por capital con otras formas de gasto", aclara Chris Lofgren, presidente de Schneider National, una compañía de transporte y logística estadounidense.

La tendencia ya ha generado una industria artesanal para desarrollar herramientas que puedan calcular el rendimiento de la inversión y medidas financieras similares. Una de las más sofisticadas de este tipo la ofrece iValue. Este emprendimiento evalúa todos los posibles efectos de un proyecto en informática —desde la lealtad del cliente y las tasas probables de adopción hasta las cotización de la compañía en bolsa— mediante la creación de simulaciones económicas complejas para sus clientes, lo que incluye la rama de Títulos Valores de Citibank y Baan, una empresa de *software*.

Otras herramientas le permiten a las empresas presupuestar proyectos, seguirlos y distribuir los costos. Business Engine opera un servicio basado en la web que junta toda la información sobre un proyecto y les permite colaborar a todos los involucrados. O'Neil, de Business Engine, explica que una de las razones por las que en el pasado no había un diálogo real entre las empresas y los equipos de sistemas era la falta de buena información.

La compañía, cuyos orígenes se remontan a la industria de la defensa, también ayuda a empresas con una técnica en la vanguardia de la gestión de tecnología: hacer el balance de proyectos de la misma manera en que muchos inversores optimizan sus porfolios. Como con los distintos tipos de activos financieros, los proyectos de informática se pueden clasificar de acuerdo con el riesgo y los retornos potenciales, lo que les permite a las empresas escoger una selección que encuadre con su estrategia de negocios particular.

Peter Weill, profesor de la Sloan School of Management del MIT, sugiere que las compañías dividan sus proyectos entre cuatro presupuestos que representan distintos objetivos administrativos: reducción de costos, mejor información, infraestructura compartida y ventaja competitiva. Las compañías conservadoras con respecto al riesgo y las que cuidan sus costos deberían tener más proyectos en las dos primeras categorías, mientras que las que premian la agilidad y no tienen miedo al fracaso deberían medir su porfolio a favor de las otras dos categorías.

¿Quién es el que manda?

Sin embargo, todo este trabajo elegante, según Weill, no vale mucho sin la dirección efectiva del departamento de sistemas, sin reglas que especifiquen quién toma las decisiones y quién es responsable. Si este estudio de 265 compañías en 23 países es representativo, la mayoría de las decisiones sobre sistemas —y no sólo aquéllas sobre temas de los expertos, como la elección de infraestructura o arquitectura de la informática— son tomadas actualmente por tecnólogos.

Algunas empresas ya han empezado a reequilibrar su administración. Merrill Lynch, por ejemplo, le ha encargado su porfolio tecnológico a gente con un perfil de negocios. Uno de los pasos para que el proyecto esté aprobado es calcular los costos por un lustro, para lo cual tienen un gran incentivo de hacerlo bien, porque estos costos se cobran retroactivamente a los patrocinadores del proyecto. También tienen que reevaluar cada trimestre si sigue siendo viable. Los mercados financieros cambian muy rápidamente, por lo que un proyecto que comenzó en el 2000 para aumentar la capacidad para procesar órdenes en el Nasdaq, por ejemplo, ya no tiene mucho sentido hoy en día.

Schneider National va todavía más lejos. Tiene un comité para la dirección de sistemas que actúa como una compañía de capital de riesgo, que examina todos los proyectos propuestos y elige aquéllos con los mejores planes de negocios. Sin embargo, los emprendedores internos de la empresa hacen más que producir buenas cifras relacionadas con la rentabilidad de las inversiones. También destacan los cambios necesarios en procesos de negocios y organización para asegurarse de que los empleados estén dispuestos a usar nuevos sistemas. "La gente puede desacreditar cualquier tecnología", señala Lofgren.

Dado el enfriamiento en la industria, no sorprende que las empresas estén racionalizando su infraestructura actual de sistemas y controlando más los gastos. General Motors, por ejemplo, redujo la cantidad de sistemas de computadoras de 3.000 a 1.300 mediante la consolidación de aplicaciones y servidores. Merrill Lynch redujo su presupuesto anual de 3.000 millones a 2.000 millones de dólares, mayormente a través de lo que UBS Warburg, otro banco de inversión, llama "tecnologías frías": el tipo que no produce ingresos nuevos para las empresas de informática, sino que generalmente reduce el gasto. Una de ellas es Linux, un sistema operativo gratuito de código abierto. Otra es la de servicios web, que le permite a las compañías integrar los ajustes existentes a bajo costo, brindándoles así una nueva vida a viejos sistemas "legados", como las *mainframes*.

Tampoco es de extrañar que las compañías gasten sus fondos para informática de manera diferente de como lo hacían antes. Los vendedores de *software*, en particular, ya no pueden depender de operaciones multimillonarias rápidas, sino que deben trabajar para conseguir contratos mucho más pequeños. Los clientes quieren proyectos pequeños con ingresos rápidos y, cada vez más, otorgan fondos sólo si resultan exitosos.

John Hagel, un destacado consultor de informática, comenta que el peligro de este nuevo patrón de compra es que las compañías tal vez se pierdan de inversiones "arquitectónicas" importantes a largo plazo. Si los vendedores quieren que el gasto en informática suba nuevamente, tendrán que centrar una parte mayor de sus esfuerzos en la venta al empresariado, en lugar de a los tecnólogos. Sin embargo, se queja, todavía muchas firmas están "estancadas en el viejo mundo".

Afortunadamente para las empresas informáticas, hay un cliente que está gastando más actualmente de lo que lo hacía durante la burbuja de Internet: el gobierno. Y ese es sólo uno de los motivos por los cuales la industria informática tiene una mayor presencia en Washington, D. C.

Notas

1   Gardner, C., *The Valuation of Information Technology*, John Wiley, 2000.

Regulando a los rebeldes

A pesar de su ideología liberal, la industria de la tecnología se está involucrando cada vez más en la maquinaria del gobierno.

Entre la multitud generalmente liberal de Silicon Valley, T. J. Rodgers sobresale. Al principio del año 2000, cuando todos entraban en tropel en la siguiente y candente IPO (oferta pública inicial), el presidente de Cypress Semiconductor, un fabricante de chips, declaró que sería inapropiado para la industria de la alta tecnología normalizar sus relaciones con el gobierno. "La escena política en Washington es antiética respecto de los valores fundamentales que conducen nuestro éxito en el mercado internacional y arriesgan en convertir a nuestros emprendedores en hombres de negocios estatizantes", escribió en un manifiesto publicado por el Instituto Cato, un *think tank*.

Ciertamente es un sentimiento admirable, pero en la vida real las cosas son un poco más complicadas. De alguna manera, Silicon Valley es una creación del gobierno. Sin todo el dinero del *establishment* militar, la región aledaña a San José probablemente todavía estaría cubierta de huertos de frutas. En todo caso, los peores temores de Rodgers parecen estar haciéndose realidad. La industria tecnológica estadounidense está cada vez más entrelazada con el gobierno. Se dio cuenta de que la maquinaria del gobierno en Washington puede influenciar fuertemente su crecimiento y rentabilidad, y cada vez se interesa más en hacer *lobby*. En cambio, el gobierno está tomando conciencia, con entusiasmo, de su esencial importancia para el bienestar de la nación, intensificado por el nuevo énfasis en la seguridad interior.

Esto no debería extrañar a nadie, argumenta Debora Spar, profesora de la Harvard Business School. "Cuando las tecnologías aparecen por primera vez, hay un alejamiento rápido del gobierno y un aumento del individualismo. Sin embargo, con el tiempo estos rebeldes tienden a volver a recurrir al Estado", escribe en su libro *Ruling the Waves*[1]. Y si los rebeldes se hacen demasiado poderosos, el Estado trata de frenarlos.

Se puede considerar el desarrollo del telégrafo, en el que el gobierno jugó un papel importante aunque fue básicamente conducido por compañías privadas. Al principio, el Estado protegía las patentes de Samuel Morse (quien en un principio quería que el gobierno financiara y controlara la tecnología que había inventado en 1835 porque, opinaba, este modo de comunicación instantánea debía, inevitablemente, convertirse en un instrumento de inmenso poder"). Más tarde, el Congreso de los Estados Unidos sancionó muchas leyes que regulaban a Western Union, la compañía que había monopolizado la telegrafía.

La razón por la cual la normativa pública usualmente se puede aplicar a una tecnología, señala Spar, es que el gobierno tiene la facultad de proteger los derechos de propiedad y restituir el orden. Pero también pasa cuando una tecnología es ampliamente utilizada. "No podemos decir que Internet tendrá una inmensa influencia en la vida cotidiana y decir a la vez: 'Washington, mantente alejado'", afirma Les Vadasz, directivo de Intel (quien se jubiló en 2003).

Descubriendo la conciencia

La mencionada empresa fabricante de chips nunca tuvo ningún escrúpulo ideológico acerca de la cooperación con el gobierno. En ese sentido, siempre ha sido una empresa madura. Intel recibió beneficios monetarios del gobierno en los 80, cuando comenzó a ser presionada por la competencia de los fabricantes japoneses. Otras firmas de Silicon Valley también le deben mucho al Estado. Oracle, por ejemplo, nació de un trabajo de consultoría para la CIA, y el contribuyente aporta más de la quinta parte de sus negocios. Sin embargo, Silicon Valley en su conjunto no desarrolló una conciencia política hasta 1996, cuando montó una campaña exitosa contra una iniciativa popular de votación en California que hubiera facilitado mucho las demandas de los accionistas. Esto alertó a los líderes de la región sobre la necesidad de involucrarse más para defender sus intereses, llevando a la creación de grupos como TechNet, una entidad de *lobby*.

Software, dinero voluble   **1.8**

Donaciones de la industria informática/electrónica, en millones de US$

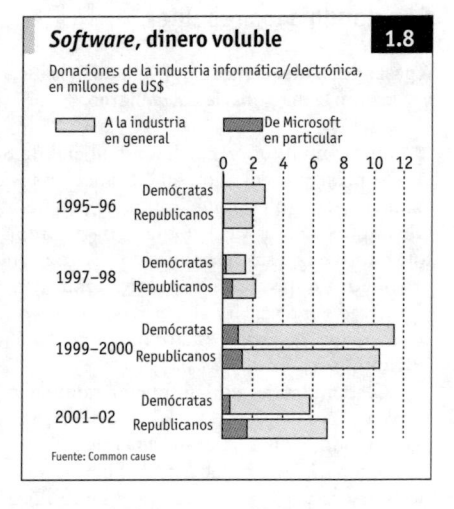

Fuente: Common cause

Este contexto también contribuyó como tierra fértil para probar algo en Microsoft. La causa antimonopólica contra la compañía tal vez nunca habría sido interpuesta si sus competidores no hubiesen provocado a los oficiales de Defensa de la Competencia. El juicio mismo llevó a una actividad de *lobby* masificada por ambos lados, como también a un aumento en aportes para la financiación de la campaña. De hecho, Microsoft se ha convertido en una de las entidades que más donan al Partido Republicano (ver Cuadro 1.8).

Ahora que el crecimiento de la industria de la informática se ha desacelerado, las cuestiones han cambiado. La alta tecnología descubrió la apropiación de partidas públicas de Washington para campañas politicas, lo que el Instituto Cato llama "El Nuevo Pacto Digital". A la cabeza de la lista de deseos está conseguir más acceso a Internet de alta velocidad o la banda ancha. La cantidad de conexiones ha crecido más rápido de lo esperado, pero compañías como Intel y Microsoft todavía piensan que el gobierno debería hacer algo para impulsar la banda ancha, lo que aumentaría la demanda de bienes y servicios de alta tecnología. La seguridad y la privacidad también son asuntos de alta prioridad.

Sin embargo, la batalla política más importante del sector será sobre los derechos de propiedad. Dos conferencias en 2003, una en Silicon Valley y una cerca de allí, resaltaron los temas. "La ley y la tecnología de manejo digital de derechos" fue el tema del evento en la Universidad de California en Berkeley. "Política del espectro: ¿propiedad privada o pública?", preguntaron los organizadores en la Universidad de Stanford.

Sin dudas, en términos técnicos la propiedad intelectual y el radio espectro son cuestiones totalmente diferentes, pero postulan desafíos de políticas similares. En ambos casos, la tecnología esta desestabilizando el *statu quo*: el equilibrio en los derechos de autor y la distribución burocrática de frecuencias. Y en ambos casos la cuestión principal actualmente es cómo organizar los mercados para maximizar la innovación y la inversión.

Que los intereses de empresas en Washington den batalla naturalmente da una visión menos elevada. Hollywood quiere nada menos que sistemas antipiratería incorporados en cada dispositivo electrónico, y está amenazando con usar su formidable poder de *lobby* para obtener la legislación si la industria de la informática no cumple de manera voluntaria. Silicon Valley, preocupado porque deberá incluir tecnología dictada por el gobierno en su marcha, ha lanzado una inmensa campaña de *lobby*.

Batalla por la supervivencia
El resultado de esta batalla, según la opinión de muchos expertos de la industria, determinará ampliamente la rapidez con que crecerá la industria informática. Sin una solución equilibrada, es improbable que los medios *online* y otros servicios de banda ancha avanzados alguna vez despeguen. Si su propiedad no está lo suficientemente protegida *online*, Hollywood no los va a facilitar. Y si a los dispositivos electrónicos se los pone en un chaleco de fuerza tecnológico, los consumidores no los van a usar.

La disputa en torno a la asignación de frecuencias, provocada por el éxito del acceso inalámbrico a Internet, conocido como Wi-Fi, tal vez termine siendo aún más importante. Quienes actualmente son dueños de extensas franjas del espectro de la radio, tales como emisoras de televisión y señales de celular, se pelearán a muerte para defender el *statu quo*. Silicon Valley, por su parte, está presionando para que más del espectro se vuelva algo de uso común, que es lo que pasa con la Wi-Fi.

Todo esto tal vez suene como el trabajo habitual en Washington, pero el gobierno estadounidense ha adquirido definitivamente un nuevo interés por la alta tecnología. Incluso antes de los ataques terroristas del 11 de septiembre de 2001, la informática ha identificado a Internet como parte crítica de la infraestructura de la nación con necesidad de una mejor protección. Actualmente, la informática juega un papel central en la guerra contra el terrorismo y en la seguridad nacional, tanto como un medio para recopilar información como para mejorar las conexiones entre los distintos organismos gubernamentales.

Poco después del 11 de septiembre, el Congreso sancionó la Ley Patriota (*Patriot Act*), que le da nuevos poderes de vigilancia a las autoridades del orden público, como el monitoreo del tráfico de Internet sin una orden judicial. Más adelante, el gobierno de Bush lanzó su iniciativa de Acceso a la Información sobre el Terrorismo (*Total Information Awareness*, TIA), un sistema muy controvertido desarrollado por el Pentágono para investigar las transacciones electrónicas de millones de personas para detectar actividades sospechosas.

Todo esto convierte al gobierno en un cliente clave más que en un gran comprador. La mayoría de las empresas de *software* han lanzado iniciativas de "seguridad nacional" con la esperanza de que le provean al gobierno federal tecnología para integrar sus bases de datos disparejas para que la informática identifique a posibles terroristas.

Las empresas vendedoras también han puesto a disposición como consultores a sus mejores ingenieros e investigadores, y están adaptando sus planes para reflejar el hecho de que la seguridad se ha vuelto la principal prioridad. Algunos en Silicon Valley actualmente comparan el clima con el de fines de los 70, cuando los contratistas gubernamentales y militares emplearon más del 20% de la fuerza de trabajo de la región.

¿Se entrelazará alguna vez la industria de la informática con el gobierno tanto como los sectores de los automotores y de los medios? Nadie lo sabe; pero si lo hace, de acuerdo con Eric Schmidt, de Google, la alta tecnología perderá su chispa innovadora y, al igual que otros sectores, se abocará a la búsqueda de rentabilidad.

Notas

[1] Spar, D., *Ruling the Waves*, Harcourt, 2001.

Déjà vu

Si la historia sirve de guía, el futuro de la industria informática estará relacionado con los servicios y el poder de los clientes.

Uno esperaría que Eric Schmidt, una de las estrellas de Silicon Valley, sea un fanático gigante de la computación. Pero por estos días, se parece más a un historiador reprimido. Disfruta hablar, por ejemplo, de cómo el ferrocarril transcontinental estadounidense en la década de 1860 fue construido en base a una deuda, una burbuja especulativa y escándalos. Otro tema favorito es la colocación del primer cable transatlántico de ese período, una misión que parecía imposible.

Para Schmidt, leer y pensar sobre historia es una suerte de redención, para él como para la industria de la alta tecnología: "Creíamos que la burbuja nunca se terminaría. Nos encontrábamos envueltos en un estado de hibris". Pero por supuesto, dice, era un déjà vu: "La gente en la alta tecnología no tomó ninguna clase de Historia".

Si la historia nos sirve de guía, ¿qué nos dice sobre la forma en que la industria de la IT evolucionará? A medida que una revolución tecnológica madura, su centro de gravedad tiende a desplazarse de productos a servicios. En los ferrocarriles, por ejemplo, los fabricantes de equipos y operadores de trenes tuvieron problemas, pero las compañías que usaban la infraestructura de los ferrocarriles para ofrecer nuevos tipos de servicios ganaron mucho dinero, explica Brad DeLong, de la Universidad de California en Berkeley. Un ejemplo fue Sears, Roebuck & Co, que llevó bienes urbanos a las áreas rurales a través del correo, ofreciendo una alternativa más económica a las caras tiendas rurales. De la misma manera, después de la burbuja de la radio, no fueron los mercados del *hardware* los que más se beneficiaron con el nuevo medio, sino las difusoras, como CBS.

Un desplazamiento similar está destinado a ocurrir en la industria informática, según predice Geoffrey Moore, del Grupo Chasm. Dice que los modelos tradicionales de negocios del sector ya pasaron su apogeo. Las compañías de *software*, por ejemplo, ganaron mucho dinero por productos y plataformas enlatadas, como los sistemas operativos y las bases de datos. Cada vez más, la venta de servicios de todo tipo va a ser un mejor negocio en el que participar.

Pero no son sólo las compañías informáticas las que se están convirtiendo en proveedoras de servicios, escribe David Moschella en su reciente libro, *Customer-Driven IT*[1]. Los clientes mismos están siguiendo esta dirección. En vez de comprar sistemas de computación para ser más eficientes en sus propios negocios, según él, van a usar la informática cada vez más para crear servicios para sus clientes; de hecho, esto se va a convertir en parte de la cadena de suministros del sector.

Los ejemplos obvios son las empresas de Internet, como Amazon, e*Trade y eBay. Pero es cada vez más útil, afirma Moschella, pensar en empresas más tradicionales, como bancos, aseguradoras y editoriales, como si fueran un nuevo tipo de proveedor: "Todos los mencionados están actualmente involucrados en el negocio de crear valor de la IT para sus usuarios sistemáticamente, muy parecido a lo que las compañías de *software* y servicios han hecho en el pasado". Desde el punto de vista del usuario, no hay mucha diferencia entre la banca por Internet y el servicio de Hotmail de Microsoft.

Al estar en la cima de la cadena de valor, explica Moschella, el cliente será cada vez más la fuerza conductora de la industria. Los estimula a que se unan y que juntos desarrollen nuevas aplicaciones, plataformas y estándares de la misma manera en que la industria financiera ha creado tarjetas de crédito o redes de cajeros automáticos. Tales esfuerzos pueden generar "sistemas operativos industriales", un término acuñado por Tom Berquist, un analista de Smith Barney: inmensos distribuidores que se apoderarán de muchas de las funciones comunes a las empresas en un sector particular.

Todo esto indica que los clientes de la informática capturarán más de la renta del sector. Pero

Las mejores apuestas 1.9
% de participación en las ganancias de la industria, por sector

	1999	2000	2005	Tendencia
Consultoría empresarial	10	13	17	▲
Servicios y *software*	30	29	41	▲
Hardware: Servidor/almacenamiento	18	20	12	▼
Clientes	13	9	6	▼
Tecnología	29	29	24	▼

Fuente: IBM

incluso si las cosas salen de otra manera, es probable que el equilibrio del poder se traslade de los vendedores a los compradores. Habiendo aprendido las dolorosas lecciones sobre inversión durante el *boom*, ya no se permitirán quedarse encerrados en la tecnología patentada.

Más ágiles que las aerolíneas

¿Entonces, las empresas de IT van a terminar, en el peor caso planteado por Schmidt, "como las aerolíneas de hoy en día", que siempre parecen estar a punto de quebrar? Afortunadamente para los accionistas, probablemente no lo hagan, por lo menos en un futuro inmediato, por la simple razón de que aunarán esfuerzos para prevenir tal calamidad. De hecho, los vendedores ya están cambiando los modelos comerciales, mayormente porque que elevan el "techo" de la tecnología. Sun, que hizo una masacre durante el *boom* de las puntocom vendiendo servidores de punta, está tratando de ser más una compañía de *software* y una constructora de plantas energéticas para servicios informáticos. Y gran parte de la iniciativa .net de Microsoft se enfoca en el *software* como un servicio.

Sin embargo, es IBM quien apuesta a la predicción de que la industria de IT seguirá patrones históricos de evolución. Big Blue espera sacar ganancias para desplazarse a *software* y servicios (ver Cuadro 1.9), y está administrando los productos de su porfolio en consecuencia. Por ejemplo, ha vendido su negocio de discos rígidos y adquirido la rama de consultoría de PricewaterhouseCoopers, una empresa de servicios contables. En forma lenta pero segura, IBM está mutando de ser un vendedor de tecnología con una rama poderosa de servicios de informática a ser una empresa de consultoría empresarial que también vende *software* y *hardware*.

Más grande y mejor

La industria ya ha empezado también a consolidarse, en respuesta al cambiante equilibrio de poder. La fusión de Compaq y HP se ve mucho más profética hoy en día que cuando fue anunciada en septiembre de 2001. Las futuras uniones empresariales no serán necesariamente tan grandes, pero habrá muchas. Ellison, de Oracle, dice que hay por lo menos 1.000 compañías de Silicon Valley que se tienen que declarar en quiebra.

Tal éxodo masivo, una vez más, no se dará sin un precedente histórico. La mayor parte de las industrias han visto las crisis económicas en etapa de crecimiento, declara Steven Klepper, un historiador económico de la Universidad Carnegie Mellon. En la industria automotriz estadounidense, por ejemplo, la cantidad de

El futuro de la tecnología

productores llegó a un pico de 274 en 1909. Para 1918, había decaído a 121. Para 1955, sólo quedaban siete.

La industria automotriz también nos enseña que gran parte de su producción fue terciarizada. De la misma manera, predicen George Gilbert y Rahul Sood, dos analistas de la industria del *software*, las empresas de *software* ahora desarrollarán algo que nunca tuvieron antes: una cadena de suministros. De alguna manera, el código abierto es una encarnación temprana de esto: un auténtico ejército de programadores voluntarios que contribuyen con partes de *software*, como Linux. En el futuro, predicen Gilbert y Sood, una parte importante del desarrollo de *software* será "desterrada" a países como la India y China, los que ya están generando muchos códigos (y no sólo los fáciles). Esto implicará que los grandes vendedores de *software* serán más como intermediarios. Por lo menos uno de ellos, SAP, está intentando exactamente eso. Quiere proveedores para desarrollar aplicaciones, comúnmente llamadas "xApps", y ensamblarlas con sus propios componentes para hacer un paquete integrado de programas.

Pero tal vez la mejor noticia para la industria es que todavía hay muchas oportunidades en el nuevo mundo informático. "Si seguimos al mercado y ayudamos a nuestros clientes a darse cuenta del valor negociable de la informática, entonces podemos tener un buen negocio", dice Wladawsky-Berger, de IBM. En principio, toda esa experimentación durante el *boom* de las puntocom en realidad produjo algunos resultados útiles. Las cosas que fueron probadas durante una burbuja tecnológica tienden a regresar. El primer cable transatlántico, por ejemplo, fue un desastre, pero movió a otros a intentarlo de nuevo.

La mayoría de los mercados "Business to Business" o "B2B" fallaron tristemente, debido a que estas empresas emergentes pensaban que la tecnología iba a derrocar a las estructuras de poder existentes en forma rápida, explica Moore. Pero estas empresas tuvieron razón en una cosa: hay muchos bienes atrapados en cadenas de suministros ineficientes. Las instituciones establecidas actualmente están adoptando estas tecnologías de manera pragmática; por ejemplo, en forma de intercambios privados controlados por compradores.

Y todavía quedan muchas más cosas nuevas que probar, que es donde la informática, podría decirse, difiere mayormente de las revoluciones anteriores. Ya se trate de los ferrocarriles, los automotores, o incluso la electricidad, todas son tecnologías relativamente limitadas en comparación con la informática, que con el tiempo es probable que abarque la totalidad de la industria y la sociedad.

Actualmente, las tecnologías inalámbricas son el último grito de la moda, aunque, de nuevo, nadie sabe cuánto dinero habrá en el sector para los vendedores y los transportadores. Los optimistas esperan que los navegadores pronto puedan deambular libremente y permanecer continuamente conectados a Internet. Los pequeños chips de radio llamados etiquetas de RFID posibilitarán el rastreo de cualquier cosa, prometiendo hacer más eficientes las cadenas de suministros. Pero es poco probable que haya una nueva aplicación matadora que traiga de vuelta los buenos tiempos. "Luego de un choque, gran parte del *glamour* de la nueva tecnología se pierde", escribe Brian Arthur, economista del Instituto Santa Fe. Los años siguientes a la manía del ferrocarril británico, por ejemplo, fueron "años de construcción más que de innovación, años de confianza y crecimiento continuo, años de organización".

Este tipo de "nueva normalidad", en las palabras de Accenture, otra consultora de sistemas, probablemente sea difícil de asimilar para un sector que siempre se ha enorgullecido de ser diferente. Pero para sus clientes, una industria de informática más madura es algo muy bueno: así como la mejor tecnología es invisible, la mejor industria de informática es aquella que se ha mezclado con la corriente dominante. Nutrirse de exponenciales fue por cierto divertido. Pero hasta el Paraíso puede tornarse aburrido después de un tiempo.

NOTA
Desde que este capítulo fue publicado en 2003, la industria informática ha continuado madurando y consolidándose. Han habido una serie de fusiones y adquisiciones, incluidas la compra de PeopleSoft por parte de Oracle, el vínculo entre Veritas y Symantec, la compra de Macromedia de la mano de Adobe y la venta de la división de PC de IBM a Lenovo, una firma china. Larry Ellison, de Oracle, alentó la idea de que la industria nunca recuperará las glorias de su juventud. "Ya no va a volver", dijo en una entrevista en 2003. "La industria está madurando. Silicon Valley nunca será lo que fue".

Notas

[1] Moschella, D., *Customer-Driven IT*, Harvard Business School Press, 2003.

2
ASEGURANDO LA NUBE

Asegurando la nube

La seguridad digital, alguna vez territorio de los expertos en computadoras, es actualmente la preocupación de todos. Pero el problema –o la solución– es más complicado que la mera tecnología.

Cuando el hombre más rico del mundo decide que es hora de que su empresa cambie de rumbo, vale la pena preguntar por qué. Sólo de vez en cuando Bill Gates le manda un memorándum por *e-mail* a miles de empleados de Microsoft, la compañía de *software* más grande del mundo, que él preside. Como se sabe, envió uno en diciembre de 1995, en el que anunció que Microsoft tenía que ponerse más "rígida" con respecto a Internet. En enero de 2002, Gates envió otra carta en cadena. El asunto: la importancia de la seguridad informática.

Hasta hace poco, la mayoría de la gente o no era conciente de la seguridad informática o no la consideraba importante. Eso era por lo general cierto, salvo en algunas áreas especializadas —aplicaciones bancarias, aeroespaciales y militares— que dependen de computadoras y redes a las que no se puede ingresar ilegalmente, y que no dejan de funcionar. Pero ahora los consumidores, las compañías y los gobiernos del mundo están reaccionando y dándose cuenta de la situación. ¿Por qué?

La respuesta obvia parece ser que los ataques terroristas del 2001 en los Estados Unidos intensificaron la conciencia por la seguridad en todas sus formas. Pero la razón más profunda es que un cambio cultural a largo plazo está en camino. La seguridad digital creció en importancia, mientras que más y más aspectos empresariales y de la vida personal han empezado a depender de las computadoras. La informática, en poco tiempo, está en el medio de una transición de ser una herramienta opcional a un servicio público omnipresente. Y la gente espera que los servicios públicos sean confiables. Una definición de servicio público, de hecho, dice que es un servicio tan confiable que la gente sólo lo nota cuando no funciona. Todos los suministros de servicio telefónico (o líneas fijas, por lo menos), de electricidad, de gas y de agua encuadran en esta definición. La informática claramente no, por lo menos todavía no.

Uno de los tantos prerrequisitos para que la informática sea un servicio público es la seguridad adecuada. Es peligroso encomendar a una empresa información personal o incluso la vida a un sistema que está lleno de baches de seguridad. Como resultado, el problema de asegurar las computadoras y las redes, lo que solía sólo importarle a un puñado de administradores de sistemas, se ha vuelto, lejos, una preocupación más grande.

Cada vez se depende más de las computadoras; ellas también están cada vez más conectadas entre sí, gracias a Internet. Unir millones de computadoras en una sola red global parecida a una nube trae aparejados grandes beneficios de costos y conveniencia. Las puntocom tal vez hayan venido y se hayan ido, pero el correo electrónico se ha vuelto una herramienta vital de negocios para mucha gente y una importante herramienta social para un grupo incluso más amplio. Tener la posibilidad de acceder al correo electrónico personal desde cualquier buscador de la web del planeta es muy útil y liberador, como lo atestiguan tanto viajantes de negocios como turistas mochileros. Los sistemas de facturación, de nómina de sueldos y de rastreo de inventarios se brindan como servicios accesibles mediante buscadores de la web. Las tiendas *online* hacen que comprar productos del otro lado del mundo sea rápido y conveniente.

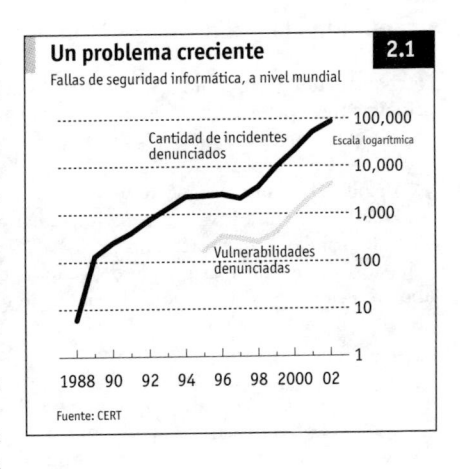

El precio de la apertura

La otra cara de la conexión simple y el acceso remoto, sin embargo, es el riesgo elevado de una falla de seguridad. Bruce Schneier, experto en seguridad, señala que al abrir un local en la calle, pueden entrar tanto clientes como ladrones. "No existe uno sin el otro", expresa. "Es lo mismo con Internet". Y así como la música, las películas, las declaraciones de impuestos, las fotos y los llamados telefónicos de manera rutinaria actualmente aparecen en forma digital, el cambio de los formatos tradicionales a los digitales ha alcanzado un punto crítico, según Whitfield Diffie, un gurú de la seguridad de Sun Microsystems: "Ya no podemos continuar con este desplazamiento sin la seguridad básica".

Un problema creciente 2.1
Fallas de seguridad informática, a nivel mundial
Cantidad de incidentes denunciados
Vulnerabilidades denunciadas
Escala logarítmica
100,000 / 10,000 / 1,000 / 100 / 10 / 1
1988 90 92 94 96 98 2000 02
Fuente: CERT

Los ataques del 11 de septiembre, en su momento, reforzaron una tendencia existente. Los funcionarios del gobierno, liderados por Richard Clarke, el zar estadounidense de la seguridad cibernética, advirtió sobre la posibilidad de que los terroristas tal vez monten un ataque a lo "Pearl Harbor electrónico", entrando ilegalmente a los sistemas que controlan infraestructura crítica de telecomunicaciones, de electricidad y de servicios públicos y paralizando a los Estados Unidos desde lejos con un par de clics del *mouse*. La mayoría de los expertos son escépticos, pero después de perder años tratando de que la gente considere la seguridad seriamente, están dispuestos a seguirles la corriente. Scott Charney, antiguo jefe de delitos informáticos del Departamento de Justicia y actualmente estratega de seguridad de Microsoft, dice que el alarmismo de Clarke "no siempre ayuda, pero ha generado conciencia".

Los ataques terroristas, por cierto, han impulsado a las compañías a reconocer la dependencia (y la vulnerabilidad) de sus redes y han enfatizado la importancia de los sistemas de respaldo y de recuperación ante desastres. En un estudio sobre los administradores de sistemas y sobre los jefes de los servicios de información, llevado a cabo por Morgan Stanley después de los ataques, se descubrió que el *software* de seguridad había saltado de ser la quinta prioridad (o aun más baja) a ser la primera. "Se ha trasladado a la cima de la lista", señala Tony Scott, responsable de tecnología de General Motors. "Se encuentra en el radar de todos, actualmente".

El creciente hincapié en la seguridad se ha visto impulsado por una combinación de factores, y se ha manifestado de distintas maneras. Chris Byrnes, analista del Grupo Meta, una consultora, nota que la proporción de sus clientes (mayormente grandes empresas multinacionales) con equipos especializados de seguridad informática subió del 20% al 40% entre los años 2000 y 2002. Anteriormente, añade, eran las compañías de servicios financieros las más serias con respecto a la seguridad, pero ahora las firmas fabricantes, minoristas y de otras áreas siguen el ejemplo.

Otro factor importante es la reglamentación. Byrnes apunta a los cambios realizados a los parámetros de auditoría estadounidense en 1999, solicitando que las empresas cuenten con la seguridad adecuada. Esto ha sido interpretado en forma amplia, con el respaldo de la Oficina de Seguridad de Infraestructura Crítica de la

Casa Blanca, lo cual significa que la red entera de la compañía debe ser segura.

De manera similar, la fecha límite de abril de 2003 para proteger la información médica de los pacientes conforme con la Ley de Transferibilidad y Responsabilidad del Seguro Médico (*Health Insurance Portability and Accountability Act*, HIPAA) impulsó a los proveedores de servicios de salud, compañías farmacéuticas y aseguradoras a reevaluar y reacondicionar la seguridad de sus computadoras y redes. En un caso, Eli Lilly, fabricante de medicamentos, fue acusada de violar su propia política *online* de privacidad luego de que accidentalmente revelara direcciones de *e-mail* de 669 pacientes que estaban tomando Prozac, un antidepresivo. La compañía llegó a un acuerdo extrajudicial con la Comisión Federal de Comercio y se comprometió a mejorar sus procedimientos de seguridad. Pero una vez que las regulaciones de la HIPAA sobre privacidad entren en vigencia, las empresas que no cumplan con las normas deberán enfrentar severas sanciones financieras. El mismo tipo de situación se está dando con los servicios financieros, en los cuales se está reforzando la seguridad antes de la entrada en vigencia de las normas Basilea II que regulan el capital que deben tener los bancos.

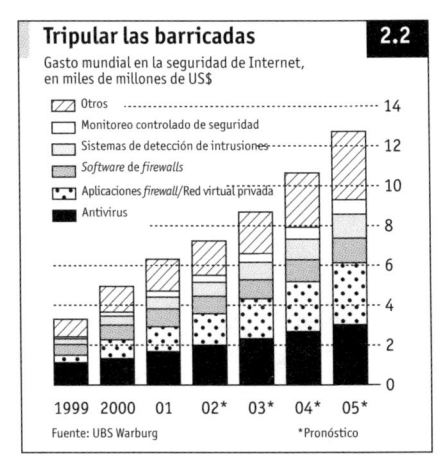

El aumento de las notables fallas de seguridad ha puesto de relieve también la necesidad de mejorarla. La cantidad de incidentes denunciados al equipo de respuestas de emergencias informáticas de Carnegie Mellon (CERT), incluidas epidemias de virus e intrusiones no autorizadas al sistema, aumentó en los últimos años (ver Cuadro 2.1) a medida que Internet ha crecido. El Love Bug, un virus que se expande enviando copias de sí mismo vía *e-mail* a todos los que están en una lista infectada de direcciones de correo electrónico, estuvo en la tapa de las noticias cuado atacó en mayo del 2000. Muchas compañías, e incluso el Parlamento británico, cerraron sus servidores de correo para prevenir que se expandiera.

Desde entonces ha habido una cantidad de virus cada vez más potentes, incluidos Sircam, Code Red y Nimda, que afectaron a cientos de miles de máquinas. Los virus son sólo una de las clases más visibles de problemas de seguridad, pero dado el desbaratamiento que pueden causar, y la extensa cobertura de los medios que generan, dicha epidemia induce a la gente a tomar la seguridad con más seriedad.

Miedo, sexo, y café
El gasto en tecnología de seguridad subió un 28% en 2001 comparado con el año anterior, según Jordan Klein, analista de UBS Warburg. Klein predijo que el gasto continuaría trepando fuertemente, de alrededor de 6.000 millones de dólares en 2001 a 13.000 millones en 2005 (ver Cuadro 2.2). Un estudio realizado por el Grupo Meta en agosto de 2002 descubrió que aunque sólo el 24% de las empresas han aumentado sus presupuestos de tecnología en 2002, el 73% había aumentado

su gasto en seguridad, por lo que éste está aumentando a costa de otro gasto en tecnología. Esto lo convierte en una luz poco frecuente en la oscuridad de la industria de la tecnología.

Steven Hofmeyr, de la Compañía 51, una nueva empresa de seguridad con sede en Silicon Valley, afirma que su compañía está abriendo una puerta completamente abierta: no es necesario convencer a nadie sobre la necesidad de tecnología de seguridad. De hecho, Nick Sturiale, de Sevin Rosen, un fondo de capital de riesgo, sugiere que la seguridad es un sector que ya está superpoblado y financiado en exceso. "La seguridad es actualmente la palabra pavloviana por la que se desesperan los inversores en compañías nuevas", comenta. Las empresas vendedoras de seguridad están realmente vendiendo miedo, dice, y el miedo y el sexo son "los dos grandes argumentos de venta que hacen que la gente compre irracionalmente".

Entonces, ¿estamos ante un período de bonanza para las compañías de seguridad tecnológica? No necesariamente. El interés repentino no siempre se traduce en apoyo de los directivos y presupuestos más grandes. Un informe reciente de la consultora Vista Research predice: "A pesar de que la necesidad de proteger los bienes digitales esté bien establecida, las compañías no apoyarán la necesidad de invertir en esta área y darán vueltas antes de gastar en seguridad".

Incluso en empresas en donde se incrementa el gasto en seguridad, se parte de una base muy baja. El estudio del Grupo Meta descubrió que la mayoría de las compañías gastan menos del 3% de sus presupuestos de tecnología en seguridad. Estos presupuestos, a su vez, están por lo general establecidos en alrededor del 3% de los ingresos. Dado que el 3% de 3% es 0,09%, la mayoría de las compañías gastan más en café que en seguridad informática, de acuerdo con una estadística popular de la industria. Sólo se sueltan las riendas del gasto cuando sufren una falla seria de seguridad, ven a uno de sus rivales atacar o los auditores les dicen que poca seguridad podría significar que están comprometiendo la debida diligencia.

Trabajos en bandeja
Byrnes nota otro factor que está impidiendo el crecimiento del mercado de seguridad: una disminución de especialistas con experiencia. Durante la mayor parte de 2002, según él, "hubo más presupuesto para la seguridad que habilidad para gastarlo". John Schwarz, presidente de Symantec, una compañía de seguridad, estima la cantidad de puestos vacantes de seguridad en 75.000, sólo en los Estados Unidos.

Dado el interés por la seguridad, las empresas tecnológicas establecidas, que vieron las ganancias desplomarse a medida que las firmas recortaban el gasto tecnológico en otra área, tienen un interés comprensible en saltar al carro triunfador junto con los vendedores de seguridad especializados. Las publicidades de Sun alardean: "Hacemos segura la red". Oracle, la segunda empresa de *software* en importancia del mundo, ha lanzado una campaña de alto perfil promulgando (y riéndose a carcajadas de los expertos en seguridad) que su base de datos de software es "irrompible". Sea cierto o no esto, Oracle claramente considera la seguridad algo conveniente para apalear a su rival más grande, Microsoft, cuyos productos son notoriamente inseguros; por eso el memorando de Gates.

A los vendedores les viene bien que presenten la seguridad como un problema tecnológico que se puede arreglar fácilmente con más tecnología —preferentemente la suya—. Pero esperar que sólo la tecnología extravagante resuelva el problema es una de las tres peligrosas malas interpretaciones sobre la seguridad digital. Mejorar la seguridad significa no sólo comprar *hardware* y *software* inteligente, sino también implementar políticas apropiadas, remover incentivos perversos y manejar los riesgos. No existen soluciones rápidas. La seguridad digital depende tanto —si no más— de los factores de la cultura humana como de la tecnología. La implementación de seguridad es tanto una gestión como un problema técnico. La tecnología es necesaria, pero no suficiente.

Una segunda mala interpretación relacionada es que la seguridad puede ser dejada en manos de los especialistas del departamento de sistemas. No puede ser así. Requiere la cooperación y el apoyo de los directivos. Decidir qué activos necesitan mayor protección y determinar el equilibrio apropiado entre costo y riesgo son decisiones estratégicas que sólo los directivos deberían tomar. Asimismo, la seguridad casi inevitablemente acarrea inconveniencias. Sin una señal clara de los de arriba, los usuarios tienden a considerar las medidas de seguridad como molestias que les impiden hacer sus trabajos, y encuentran maneras para deshacerse de ellas.

Desafortunadamente, señala Charney, a los altos directivos generalmente les parece que la seguridad informática es muy compleja. "Comprenden lo que es un incendio", explica, porque tienen experiencia personal directa y saben que tienen que contratar un seguro e instalar sensores y rociadores de agua. La seguridad informática es distinta. Los directivos no entienden las amenazas de la tecnología. "Les parece mágica", dice Charney. Para peor, es un blanco cambiante, haciendo que la realización del presupuesto sea difícil.

Una tercera mala interpretación común tiene que ver con la naturaleza de la amenaza. Incluso los directivos que están al tanto del problema tienden a preocuparse por las cuestiones equivocadas, tales como epidemias de virus y *hackers* malignos. Pasan por alto los problemas más grandes relacionados con la seguridad interna, antiguos empleados descontentos, vínculos con redes de supuestos clientes y proveedores confiables, robo de *laptops* o computadoras portátiles y puntos inseguros de acceso inalámbrico instalados por empleados. Esto no es ninguna sorpresa: los virus y los *hackers* tienden a obtener mucha publicidad, mientras que las fallas de seguridad interna se ocultan y las amenazas relacionadas con las nuevas tecnologías generalmente son ignoradas. Pero esto establece las prioridades equivocadas.

Historias de detectives
Una mala interpretación final y secundaria es que la seguridad informática es terriblemente aburrida. Por el contrario, resulta ser uno de los aspectos más interesantes de la industria tecnológica. Las historias de guerra contadas por consultores de seguridad y especialistas en delitos informáticos son mucho más fascinantes que la discusión de los pros y los contras de los sistemas de manejo de la relación con el cliente. Por lo tanto, realmente no hay excusa para evitar el tema.

Cualquiera que todavía no lo haya hecho debería interesarse por la seguridad informática. Desafortunadamente, no existe una sola respuesta correcta para el problema. Lo que resulta apropiado para un banco, por ejemplo, sería un exceso para una pequeña empresa. La tecnología es sólo una parte de la respuesta, pero juega un papel importante.

Herramientas del oficio

Cómo una caja de trucos tecnológicos puede mejorar (aunque no garantizar) la seguridad.

Pregúntele a un lego sobre la seguridad informática, y probablemente le mencionará los virus y los ataques de *hackers* malignos, sólo porque son mucho más visibles que otros problemas de seguridad. Tomemos los virus primero. Al igual que sus equivalentes biológicos, los virus informáticos están compuestos por hebras desagradables de códigos que explotan a sus equipos huésped para hacer réplicas de sí mismos y causar problemas. Hasta hace algunos años, los virus sólo infectaban archivos en una sola computadora. Finalmente, un archivo infectado sería trasladado, típicamente en un disquete, a otra máquina en la que el virus se podía expandir. Los virus modernos, sin embargo, son mucho más engañosos, debido a que pueden saltar de una computadora a otra a través de Internet, comúnmente por correo electrónico. (Dado que a los programas "autopropagadores" técnicamente se los conoce como *worms* o gusanos, algunas veces a dichos virus se los llama híbridos entre *worms* y virus).

Ejemplos destacados incluyen a Sircam, el cual atacó en julio de 2001 y generó muchos comentarios porque, además de enviar por correo electrónico copias de sí mismo a todos los incluidos en la lista infectada de direcciones de una PC, como virus anteriores, también adjuntó a cada mensaje documentos tomados aleatoriamente del disco rígido infectado de una máquina. Por consiguiente, los usuarios, de manera involuntaria, enviaban guiones a medio terminar, cartas no enviadas y anotaciones en diarios privados, ambas en relación con amigos, algunas veces con resultados vergonzosos. Code Red, que también atacó en ese mes, era un *worm* que se aprovechó de la vulnerabilidad en la seguridad de un *software* de un servidor web de Microsoft para expandirse de un servidor a otro. Los servidores infectados fueron programados para inundar con tráfico el sitio web de la Casa Blanca por una semana.

Reparación

La debilidad de la que se aprovechó Code Red había sido descubierta en junio, y Microsoft había lanzado un "parche" de *software* para corregirlo. Pero estos parches se expiden todo el tiempo, y mantenerse a la par de los nuevos y decidir cuál instalar es demasiado para muchos de los administradores de sistemas. A la semana de la aparición de Code Red, 300.000 computadoras fueron infectadas por el virus. Algunas veces desconfiguraba los servidores web con el mensaje "¡Hackeado por los chinos!", lo que indicaba una motivación política, pero las identidades y los motivos de los creadores de virus rara vez se pueden determinar con certeza. De manera similar, se presumió inicialmente que Nimda, un virus/*worm* muy vigoroso que atacó el 18 de septiembre de 2001, tenía alguna relación con los ataques terroristas de la semana anterior, aunque ahora esto parece poco probable.

Los virus son extremadamente propensos a expandirse, que es más de lo que se puede decir sobre las estadísticas significativas acerca de ellos. El estudio anual realizado por el Instituto de Seguridad Informática (CSI, por sus siglas en inglés) de San Francisco, en conjunto con el equipo del FBI local de intrusiones en computadoras, generalmente es considerado como una de las fuentes con más autoridad sobre información acerca de seguridad informática. Según un informe realizado por el CSI y el FBI publicado en abril de 2002, el 85% de los demandados (principalmente grandes compañías estadounidenses y organismos gubernamentales) se toparon con virus informáticos durante 2001 (ver Cuadro 2.3). Cuantificar el daño producido por los virus, sin embargo, es extremadamente difícil. Desde ya que cortar las conexiones al correo electrónico o a Internet puede obstaculizar seriamente la capacidad para hacer negocios de una empresa. En casos severos, es probable que cada una de las computadoras de una oficina o de una escuela necesite ser desinfectada, lo que puede llevar días.

Sin embargo, adjudicar costos a las epidemias es una conjetura en el peor de los casos. La consultora Computer Economics calculó los costos mundiales que acarrearon los virus en 2001 en 13.200 millones de dólares. Pero pocos vendedores fuera de los departamentos de *marketing* de *software* antivirus toman en serio dichas cifras. Las críticas señalan que si la mayoría de las compañías no pueden cuantificar el costo de limpiar virus en sus sistemas, es difícil ver que otro pueda. Es mucho más fácil cuantificar la oleada de ventas de *software* antivirus que le sigue a cada epidemia. Luego de los ataques de Code Red y Nimda, por ejemplo, las ventas de antivirus de Symantec, una firma líder en *software* de seguridad, superaron en el último trimestre de 2001 las del año anterior en un 53%.

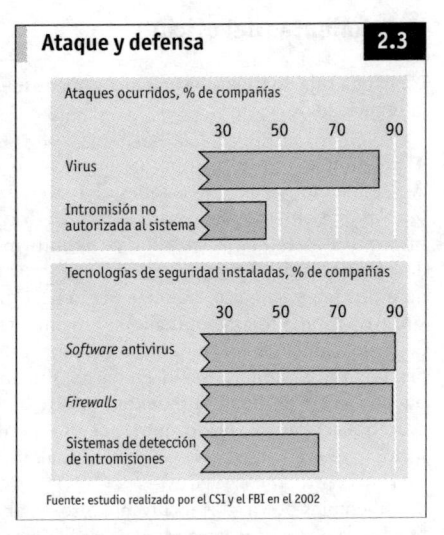

El *software* antivirus funciona analizando archivos, mensajes de *e-mail* y tráfico de sistema de redes para encontrar características distintivas, o "firmas" de virus conocidos. No hay una forma general de distinguir a los virus de un segmento de códigos benignos. Los dos son, después de todo, sólo programas informáticos, y si un programa particular es maligno o no es generalmente una cuestión de opinión. Es por esto que hasta que un virus haya infectado a sus primeras víctimas y se haya empezado a propagar, su firma no puede ser determinada por analistas humanos, y las otras máquinas no pueden ser inmunizadas contra ella mediante la actualización de su base de datos de firmas. En forma inevitable, el resultado es una carrera armamentista entre la persona misteriosa que programa los virus (mayormente por diversión, parece, y para ganar los elogios de sus pares) y los fabricantes de *software* antivirus. Algunos virus, incluido uno llamado Klez, procuran incluso inhabilitar *software* antivirus en las máquinas que infectan, o expandirse actuando como actualizaciones de antivirus.

Los virus son una molestia, pero la cobertura que reciben es desproporcionada en relación con el peligro que representan. Algunos vendedores de *software* antivirus, particularmente los más pequeños, incentivan la histeria enviando advertencias cargadas de lenguaje técnico por *e-mail* cada vez que pueden. Desde un punto de vista técnico, proteger una computadora o una red de los virus es tedioso pero relativamente simple; sin embargo, incluye instalar el *software* antivirus en máquinas individuales y mantenerlo actualizado. El *software* que analiza buscando virus que se encuentran en los servidores de correo y que también analiza mensajes de *e-mail* antes de que se envíen puede proveer una capa defensiva extra.

Lidiar con intromisiones de *hackers* malignos es un problema más complejo (la palabra "*hacker*" sólo se refiere a un programador astuto, pero es comúnmente usada para aludir a aquéllos que utilizan sus capacidades con fines malignos). Las computadoras son sistemas tan complejos que hay infinitas maneras para que usuarios no autorizados intenten obtener acceso. Los atacantes por lo general usan las mismas fallas de seguridad de las que se aprovechan los *worms* y los virus; los cuales pueden ser vistos como una forma automatizada de hackear con malicia.

Una vez obtenido el acceso a una máquina, un atacante puede destrozar páginas web (si la máquina es un servidor web), copiar información (si la máquina almacena información del usuario, información contable u otros documentos), usar la máquina como base desde la cual atacar otras máquinas, o instalar un *software* "troyano" para facilitar acceso en el futuro o para permitir que la máquina sea controlada a distancia por Internet. Los atacantes habilidosos cubren sus huellas utilizando un *software* especial conocido como "*root kit*", el cual oculta la prueba de sus actividades y hace que el uso no autorizado sea difícil de detectar.

Como con los virus, es difícil encontrar cifras significativas de intromisiones no autorizadas. Muchos ataques pasan sin ser notados o reportados. Pero el estudio del CSI y el FBI es una muestra de la escala del problema. De las 503 grandes compañías y organismos gubernamentales que participaron en el estudio, el 40% detectó intromisiones en el sistema durante 2001, y el 20% denunció robo de información patentada. De las compañías que fueron atacadas, el 70% reportó vandalismo de sus sitios web. Pero es peligroso juntar todos los ataques. Así como hay una diferencia entre el grafiti juvenil y el genio criminal, hay un mundo de diferencia entre el vandalismo a una página web y el fraude financiero a gran escala o el robo de propiedad intelectual.

La herramienta principal para mantener a los intrusos no deseados fuera de las computadoras o redes es el *firewall*. Como lo indica su nombre, un *firewall* (cortafuegos) es un dispositivo que se encuentra entre una red (típicamente Internet) y otra (como una red empresarial cerrada), imponiendo un conjunto de normas sobre lo que puede viajar a lo largo y a lo ancho. Por ejemplo, a las páginas web tal vez se les permita entrar al *firewall*, pero es probable que a los archivos no se les permita salir.

Las paredes oyen

Sin embargo, los firewalls no son una panacea, y pueden infundir a los usuarios un falso sentido de seguridad. Para ser efectivos, deben estar correctamente configurados y ser actualizados con regularidad a medida que se descubren nuevas amenazas y vulnerabilidades. "No importa tanto qué tipo de firewall se tiene, sino cómo uno lo configura", señala Bill Murray, de TruSecure, una consultora de seguridad. Hay docenas de productos firewall que compiten en el mercado, pero la mayoría viene en dos formas básicas: como software, que se puede instalar en una máquina para regular el tráfico, y como hardware, en forma de dispositivos que se conectan entre dos redes y regulan el flujo de tráfico entre ellas.

El líder en este campo es Check Point Software, de Ramat Gan, Israel. En 1998, cuenta Jerry Ungerman, el presidente de la empresa, la gente pensaba que el mercado de *firewalls* estaba casi saturado, porque la mayoría de las firmas tenía uno, pero el mercado siguió creciendo. La noción de que cada compañía necesita simplemente un *firewall*, entre su red interna e Internet, resulta anticuada actualmente. Las compañías generalmente tienen muchas conexiones a Internet separadas, quieren independizar sus redes internas las unas de las otras, u optan por instalar el *firewall* en cada servidor. Algunos de los clientes de Check Point, según Ungerman, tienen más de 1.000 *firewalls* instalados. El advenimiento de conexiones de banda ancha fija significa que los usuarios en los hogares, quienes habitualmente dejan la computadora prendida todo el día, ahora también necesitan *firewalls* si van a proteger sus computadoras contra intrusos. Incluso los teléfonos celulares y las computadoras portátiles, predice, tendrán *firewalls* incluidos en ellos.

Los *firewalls* tienen su utilidad, pero hay muchos tipos de ataques que no pueden prevenir. Un atacante puede eludir el *firewall*, o aprovecharse de una vulnerabilidad enviando tráfico que el *firewall* considera legítimo. Muchos ataques incluyen el enviado de pedidos astutamente realizados a los servidores web, provocando que hagan cosas que normalmente no les serían permitidas, explica Geoff Davies, de i-Sec, una consultora británica de seguridad. Para demostrar cómo esto puede hacerse fácilmente, escribe una cadena de comandos en el campo de búsqueda de un agente de viajes *online* y, en vez de un cuadro con las partidas y las llegadas de los vuelos, el sitio web muestra un cuadro con información de sus usuarios (Davies llevó a cabo esta demostración, llamada un ataque de "inserción SQL", en un servidor "títere" especialmente preparado para esto, pero es una vulnerabilidad extendida a sitios web reales). Al *firewall*, tal ataque le parecerá un uso legítimo del servidor web.

¡Alto! ¿Quién anda ahí?
Una alternativa es el "sistema de detección de intrusos" (IDS, por sus siglas en inglés), que monitorea patrones de comportamiento en una red o en una computadora individual y hace sonar una alarma si algo parece sospechoso. Algunos tipos de sistemas de detección monitorean el tráfico de redes, en busca de actividades inusuales, como ser mensajes que pasan desde y hacia un troyano en una red; otros están instalados en las computadoras y buscan patrones de acceso inusuales, como intentos por obtener archivos protegidos por contraseñas.

Comparados con los *softwares* antivirus y los *firewalls*, la de detección es una tecnología relativamente inmadura, y mucha gente piensa que trae más problemas que los que vale. La dificultad está en ajustar bien un IDS, de modo que detecte comportamientos dañinos de manera confiable sin hacer que suenen demasiadas alarmas. Un IDS tal vez termine como el pastorcito mentiroso que gritaba que venía el lobo: cuando ocurra un ataque genuino después de tantas falsas alarmas, nadie le va a prestar atención. Pero incluso cuando esté correctamente ajustado, la gente tal vez no sepa cómo frenar el problema cuando un IDS haga sonar una alarma. Con suma frecuencia, la respuesta es: "Fuimos hackeados, ¿qué hacemos?", comenta Chris King del Meta Group.

Otros instrumentos en la caja de herramientas de seguridad incluyen la encriptación, la codificación matemática de información de manera tal que sólo el receptor designado la pueda leer y la técnica relacionada de autenticación criptográfica para verificar que la gente es quien dice ser. Estas herramientas pueden ser integradas al sistema de correo electrónico utilizando la encriptación para asegurarse de que los mensajes no puedan ser leídos en tránsito y la autenticación para asegurarse de que cada mensaje realmente provenga de su supuesto emisor. Las mismas técnicas también pueden utilizarse para enviar información (como detalles de la factura de tarjeta de crédito) desde sitios web y hacia ellos de manera segura.

Otro uso popular de la encriptación y de la autenticación es la "red virtual privada" (VPN, según sus siglas en inglés), que permite a los usuarios identificados establecer canales seguros de comunicaciones en Internet en una red cerrada. Las VPN son ampliamente utilizadas para montar las redes de una compañía en diferentes partes del mundo de manera segura a lo ancho de Internet, y para permitirles a los empleados que viajan obtener acceso seguro a la red de la compañía desde donde se encuentren.

Todavía hay muchísimo lugar para la innovación en la tecnología de la seguridad, y hay docenas de emprendimientos principiantes trabajando en este campo. Company 51, de San Mateo, California, ha confeccionado un "sistema de prevención de intrusos" basado en el funcionamiento del sistema inmunológico humano. Cuando se detecta un ataque, el atacante es inmediatamente desconectado. Cenzic, también con sede en el Silicon Valley, ha inventado un novedoso método para probar la seguridad llamado "inyección de fallas". Greg Hoglund, el cofundador de la compañía, explica que la mayoría de las pruebas de *software* de seguridad son semejantes a la prueba de manejo de un auto en la cual se lo conduce por una calle recta y lisa. Así como a los autos se les realiza una prueba de colisión, el *software* de Cenzic, llamado Hailstorm, pone a prueba el estrés del *software* bombardeándolo con ataques.

Culpemos a los gusanos

Una típica red, por consiguiente, es asegurada utilizando una combinación de tecnologías de seguridad de múltiples capas. Pero estas medidas de lujo sólo tratan los efectos de escasa seguridad. Se está haciendo un esfuerzo paralelo para lidiar con una de sus principales causas: el *software* mal programado. Según @Stake, una consultora de seguridad con sede en Cambridge, Massachusetts, el 70% de los defectos en la seguridad se deben a fallas en el diseño del *software*. Code Red, por ejemplo, aprovechó un *bug*, o error en los códigos, en el modo en que el *software* para servidores web de Microsoft maneja los caracteres no romanos. El *software* con muchas fallas tiende a ser inseguro. Es por esto que, mediante la adopción de una posición más firme contra los *bugs* y haciendo sus programas más confiables, las compañías de *software* también pueden mejorar la seguridad.

Microsoft actualmente está haciendo un esfuerzo especial para mejorar su reputación con respecto a la seguridad de mala calidad. Cada semana se encuentran nuevos *bugs* y vulnerabilidades en sus productos. Esto no significa necesariamente que el *software* de Microsoft esté particularmente mal programado, pero tiene mucho que ver con su ubicuidad. Después de todo, Microsoft tiene un monopolio en sistemas operativos para *desktops*, y casi un monopolio en buscadores web y *software* para la productividad de las oficinas. Si encuentra un bache en el Internet Explorer, el buscador web de Microsoft, por ejemplo, podrá atacar la gran mayoría de las PC del mundo. Si encuentra un bache en el buscador web rival de Netscape, que es mucho menos usado a escala global, podrá atacar a menos del 10% de ellas.

Ahora que la amenaza de desmembramiento de Microsoft por parte del Departamento de Justicia estadounidense ha desaparecido, la reputación pobre de la compañía en relación con la seguridad parece ser su único problema importante. En el año 2001, siguiendo los brotes de Code Red y Nimda, que se aprovecharon de las fallas de seguridad en productos de Microsoft, John Pescatore, de Gartner, una consultora influyente, sugirió que las compañías que querían evitar más problemas con la seguridad debían dejar de usar el *software* de Microsoft. Bill Gates respondió emitiendo un memorando a todo el plantel de la empresa en enero de 2002 sobre "informática confiable".

Microsoft está retirando todos los obstáculos para reducir la cantidad de vulnerabilidades en la seguridad de sus productos. "Hubo un cambio radical en la manera de pensar de nuestros clientes", señala Pierre de Vries, director de desarrollo de productos avanzados. La compañía, declara, se dio cuenta de que tenía un "problema importante" incluso antes del informe de Pescatore. En 2002, se les proporcionó nueva capacitación sobre seguridad a los 8.500 programadores de la división de Windows de la compañía. Luego de esta capacitación, se pasaron dos meses combinando sus códigos en caso de posibles vulnerabilidades. Las herramientas creadas por la división de investigación de la compañía, llamadas "Prefix" y "Prefast", son utilizadas para buscar posibles problemas. Y cuando se encuentran errores, no sólo se los arregla, sino que ahora también se hace el esfuerzo para descifrar cómo entraron a la red.

Microsoft también ha hecho más estricta la seguridad de otras maneras. Su *software* para servidores web, por ejemplo, actualmente llega con la mayoría de las opciones que se apagan por fallas. Los clientes tienen que decidir qué opciones quieren usar, y elegir conscientemente prenderlas. Esto reduce su exposición a los problemas en partes del *software* que no estaban utilizando. Pero algunos clientes se quejaron por tener que descifrar cuáles opciones necesitaban y cuáles no, explica De Vries. Uno de ellos incluso pidió un botón para prender todo. Parece que el costo de la seguridad mejorada es generalmente una reducción en el confort.

Esto se contrapone con Microsoft. Tradicionalmente, sus productos han tenido todos los sonidos (tales como el infame sujetapapeles parlante) prendidos a causa de una falla, para que los usuarios descubrieran y utilizaran nuevas características. Microsoft es también conocido por alentar a los usuarios a que cambien algunos componentes por otros más nuevos. Pero las prioridades han cambiado, como escribió Gates a sus empleados: "Cuando nos enfrentamos a la elección entre agregar características y resolver problemas de seguridad, tenemos que elegir la seguridad".

La política de Microsoft de ajustar la integración entre sus productos, que realza la facilidad en el uso y desalienta el uso de productos rivales de fabricantes de *software*, también crea conflictos con la necesidad de seguridad. Dado que los programas de Microsoft están conectados, una falla en uno de ellos puede ser utilizada para obtener acceso a otros. Muchos virus, por ejemplo, aprovechan los baches en el correo o en el *software* de búsqueda de Microsoft para infectar el sistema operativo subyacente, Windows.

Muchos observadores creen que la preocupación reciente de Microsoft por la seguridad no es más que una fachada. El sistema operativo Windows es el *software* programando más grande de todos los tiempos, por lo que implementar seguridad retrospectivamente es una tarea abrumadora. Mary Ann Davidson, directora de seguridad de Oracle, sostiene que los organismos federales estadounidenses están "realmente enojados" con Microsoft por el tema de la inseguridad de sus productos. Oracle, cuyo *software* de base de datos representativo nació de un contrato de asesoramiento para la CIA, tiene muchos "profesionales paranoicos" de inteligencia entre sus clientes, por lo que la compañía tiene una conciencia sobre la seguridad mucho más profundamente arraigada en su cultura empresarial, según la ejecutiva. Pero ¿qué hay de las publicidades que afirman que su propio *software* es "irrompible"? La seguridad perfecta es imposible, admite; la campaña "se trata de ser fanático sobre la seguridad".

Necesidad de saber
Un examen clave sobre el compromiso de la compañía con la seguridad es la velocidad con que responde a las vulnerabilidades. La dificultad, dice Steve Lipner, director

de garantía de seguridad de Microsoft, es que cuando una nueva vulnerabilidad es descubierta, los clientes la quieren "emparchar" inmediatamente, pero también quieren que el parche esté probado apropiadamente, lo cual lleva su tiempo. Asimismo, sacar un parche individual para cada vulnerabilidad les hace la vida más difícil a los administradores de sistemas, por lo que Microsoft ahora prefiere agrupar muchos parches. Pero eso da lugar al cargo de que no está respondiendo lo suficientemente rápido. Una vez que una vulnerabilidad ha sido anunciada, los atacantes empiezan a intentar aprovecharse de ella inmediatamente. Según Davies, algunos sitios web grandes son atacados sólo 40 minutos después de la publicación de una nueva vulnerabilidad. Pero el parche tal vez no esté disponible sino hasta después de unas semanas.

Lipner dice que él preferiría investigadores que encontraran fallas para reportarlas a Microsoft, pero que no lo hicieran hasta que haya un parche disponible. El problema es que los fabricantes de *software* tienen poco incentivo para preparar parches sobre los que nadie sabe nada, por lo que muchos investigadores de seguridad recomiendan hacer públicas las vulnerabilidades tan rápido como son encontradas. Cabe reconocer que esto alerta a potenciales atacantes, quienes probablemente ya tengan conocimiento de ellas de todos modos. Los que proponen este enfoque de "completa divulgación" sostienen que sus beneficios pesan más que los riesgos. "Sunlight es el mejor desinfectante", afirma Diffie, de Sun Microsystems.

¿Podrán alguna vez los fabricantes de *software* elaborar productos libres de vulnerabilidades de seguridad? Parece poco probable, pero incluso si lo hicieran, todavía habría muchísimos sistemas sin parche o incorrectamente configurados y, por lo tanto, vulnerables a ser atacados. No importa cuán inteligente sea la tecnología, siempre hay espacio para el error humano. La seguridad es como una cadena, y el eslabón más débil es generalmente un ser humano.

El eslabón más débil

Si tan sólo la seguridad informática no tuviera que involucrar gente.

El estereotipo del *hacker* malvado es un pálido hombre joven, encorvado frente al teclado en un cuarto oscuro, que prefiere la compañía de las computadoras a la de la gente. Pero los atacantes más exitosos son tipos locuaces que pueden usar sus palabras para meterse y salir de casi cualquier situación. Según Schneier, un gurú de la seguridad, "los amateurs *hackean* sistemas, los profesionales *hackean* gente". Kevin Mitnick, tal vez el *hacker* más reconocido de los últimos tiempos, confió fuertemente en las vulnerabilidades humanas para meterse en los sistemas informáticos de los organismos gubernamentales estadounidenses y de las compañías tecnológicas, incluyendo a Fujitsu, Motorola y Sun Microsystems. Mitnick explicó, mientras testificaba ante un panel del Senado sobre la seguridad informática del gobierno en el 2000, luego de pasar casi cinco años en prisión:

> *Cuando intentaba entrar en estos sistemas, la primera manera de actuar era lo que llamo un ataque de ingeniería social, lo que realmente significa tratar de manipular a alguien en el teléfono mediante engaños. Era tan exitoso en esa manera de actuar que rara vez tenía que seguir con un ataque técnico. El lado humano de la seguridad informática es fácil de aprovechar y constantemente ignorado. Las compañías gastan millones de dólares en firewalls, encriptación y dispositivos de acceso seguro, y es plata perdida, porque ninguna de esas medidas se encarga de la conexión más débil de la cadena de seguridad.*

Las fallas humanas, en otras palabras, pueden derrumbar incluso hasta las medidas de seguridad más inteligentes. En un estudio realizado por PentaSafe Security en la estación londinense Victoria, dos tercios de los empleados que debían viajar al trabajo no tenían problema en revelar la contraseña de su computadora a cambio de un bolígrafo. Otro estudio develó que casi la mitad de los oficinistas británicos utilizaban su propio nombre, el de un miembro de la familia o el de una mascota como contraseña. Otras fallas comunes incluyen anotar contraseñas en papelitos y pegarlas en el monitor de la computadora, o en pizarras blancas cercanas; dejar las máquinas conectadas durante la hora del almuerzo y dejar laptops que contengan información confidencial sin mecanismo de seguridad en lugares públicos.

A menos que estos errores básicos se eviten, los mismos empleados de una compañía pueden representar el riesgo más grande para la seguridad. Ni siquiera el personal técnico, que debería ser el que más sabe, se encuentra inmune a la ingeniería social. Según el Meta Group, la manera más común de que los intrusos obtengan acceso a los sistemas de una compañía no es técnica, sino que simplemente implica descifrar el nombre completo de un empleado y su nombre de usuario (fácilmente deducible de un mensaje de *e-mail*), llamar al soporte técnico haciéndose pasar por aquél y fingir haberse olvidado la contraseña.

Medidas simples, tales como alentar a los empleados a que se desconecten cuando se van a almorzar y que elijan contraseñas astutas, pueden realizar dramáticamente la seguridad a un costo muy bajo. Las contraseñas deberían ser de por lo menos seis caracteres e idealmente de un máximo de ocho y contener una mezcla de números, letras y signos de puntuación. No se deberían usar palabras del diccionario o información personal como contraseñas. Los usuarios deberían tener una diferente en cada sistema, y nunca deberían revelárselas a nadie, ni siquiera a los administradores de sistemas.

Sin embargo, en un artículo fundamental publicado en 1979, escrito por Ken Thomson y Robert Morris, se reveló que casi un quinto de los usuarios eligen contraseñas que consisten en no más de tres caracteres, y que un tercio usaba palabras del diccionario (Robert Morris, principal científico del Centro Nacional de Seguridad Informática estadounidense, fue posteriormente eclipsado por su hijo, también llamado Robert, quien disparó el primer *worm* a Internet en 1988 e hizo caer miles de computadoras; irónicamente, el *worm* se aprovechó de contraseñas mal elegidas). Pero volviendo a 1979, sólo una pequeña fracción de los empleados de una compañía utilizaba computadoras a diario. Ahora que todos las usan, el potencial de problemas es mayor.

El enemigo interno   **2.4**
Fallas de seguridad ocurridas, % de compañías

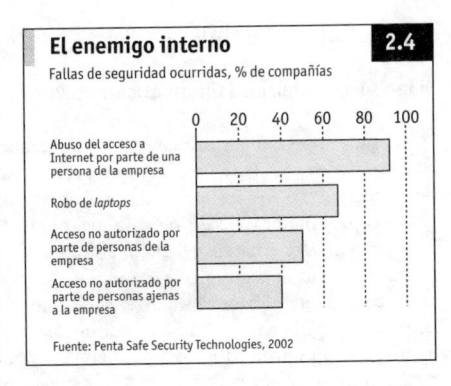

	0	20	40	60	80	100
Abuso del acceso a Internet por parte de una persona de la empresa						
Robo de *laptops*						
Acceso no autorizado por parte de personas de la empresa						
Acceso no autorizado por parte de personas ajenas a la empresa						

Fuente: Penta Safe Security Technologies, 2002

Algunas precauciones también ayudan mucho a frenar la expansión de los virus. Muchos de éstos viajan en los mensajes de *e-mail*, pero necesitan que el usuario haga doble clic para que se empiecen a propagar, por lo que fingen ser juegos, actualizaciones de antivirus o incluso fotos de desnudos de tenistas de renombre. El usuario curioso hace doble clic, parece que no pasara nada, pero el virus ha comenzado a expandirse. Educar a los usuarios a que no hagan doble clic en documentos adjuntos sospechosos es una simple pero efectiva contramedida contra los virus.

Si se lo maneja correctamente, un enfoque sobre la seguridad basado en la administración, más que en la tecnología, puede resultar muy provechoso. El peligro, según Peter Horst, de TruSecure, es que "la gente compra tecnología brillante, se seca el sudor de la frente y dice: 'Genial, ya lo solucioné', cuando podría haber hecho mejor ahorrando dinero y haciendo algo simple en términos de política y procedimiento". Probablemente el mejor ejemplo de cómo la costosa y *glamorosa* tecnología de la seguridad puede ser fácilmente debilitada por procedimientos pobres sean los sistemas biométricos (ver página 73).

Por lo tanto, un enfoque inteligente y equilibrado incluye no sólo a la tecnología de la seguridad, sino un conjunto bien definido de políticas que los usuarios puedan entender y seguir. A este enfoque lo promueve el Human *Firewall* Council, un grupo que sostiene que los mismos usuarios tienen un rol importante que cumplir en la conservación de la seguridad. Steve Kahan, su presidente, hace una analogía con los programas de vigilancia vecinal contra delitos locales. La idea, dice, es "hacer de la seguridad un asunto de todos" y tener una política de seguridad que regule lo que está permitido y lo que no. Esta política debería ser implementada tanto guiando el comportamiento de los usuarios como configurando de manera correcta los *firewalls*, *software* antivirus y otros, de la misma manera que una combinación de vigilancia vecinal, alarmas y cerraduras se usa para combatir los robos en las casas en el mundo real. Pero, señala Kahan, los estudios muestran que la mitad de los oficinistas nunca reciben ningún tipo de capacitación sobre seguridad.

Una manera de propagar y hacer cumplir la política de seguridad es agregar otra capa más de *software* de seguridad, según lo demuestra PentaSafe Security, una de las partidarias del Human *Firewall* Council. Su *software* puede asegurarle que los usuarios están familiarizados con la política de seguridad de una compañía mediante mensajes y preguntas en forma de cuestionario que aparecen en la pantalla cuando inician sesión. Según las cifras de PentaSafe, el 73% de las compañías nunca exige a sus empleados que vuelvan a leer las políticas de seguridad una vez que empezaron a trabajar, y dos tercios de las compañías no están al tanto siquiera de si sus empleados las leyeron.

David Spinks, director europeo de seguridad de EDS, una compañía de servicios informáticos, dice que todos los empleados de EDS tienen que hacer unos exámenes en forma regular en la pantalla para asegurarse de que entienden la política de la compañía sobre contraseñas, virus y seguridad de la red. La elección de la tecnología, dice, no importa tanto como el buen manejo tanto de la tecnología como de los usuarios: "La clave de tener un *firewall* no es el *firewall*, sino cómo las políticas están establecidas, monitoreadas, administradas y actualizadas". Dos compañías pueden usar el mismo producto, advierte, y una puede ser segura mientras que la otra no lo es. Es la administración efectiva la que hace la diferencia.

La economía de la seguridad

Pero existen otras maneras más sutiles en que el *management* y la seguridad interactúan. "La seguridad de la información tiene que ver principalmente con el flujo de trabajo", explica Ross Anderson, del Laboratorio de Informática de la Universidad de Cambridge. La manera de mejorar la seguridad, explica, es pensar en la gente y en cómo actúa en vez de comprar una reluciente caja nueva. Anderson pertenece a la creciente cantidad de científicos de la informática que están aplicando ideas de la teoría económica a la seguridad de la información. La inseguridad, dice, "se debe generalmente a los perversos incentivos, más que a la falta de mecanismos adecuados de protección técnica". La persona o la compañía mejor posicionadas para proteger un sistema pueden, por ejemplo, no estar lo suficientemente incentivadas para hacerlo, dado que los costos de falla recaen en otros. A tales problemas, sostiene Anderson, se los analiza mejor desde un punto de vista económico, como externalidades, información asimétrica, selección adversa y riesgo moral.

El clásico ejemplo es el del fraude relacionado con los cajeros automáticos. Anderson investigó una serie de casos de "extracciones fantasma", que los clientes dijeron que nunca hicieron, en los bancos británicos. Concluyó que casi siempre la tecnología de la seguridad funcionaba correctamente y que la culpable del error era la mala configuración o la mala administración de las máquinas por parte de los bancos. En Gran Bretaña, son los clientes, no los bancos, los culpables cuando se hacen extracciones fantasma, por lo que los bancos tenían muy poco incentivo para mejorar el tema. En los Estados Unidos, por el contrario, son los bancos los culpables, por lo que tienen más incentivo para capacitar al personal adecuadamente e imponer medidas antifraude, como cámaras.

Ejemplos similares abundan en Internet. Supongamos que un atacante entra ilegalmente en las computadoras de la compañía A y las utiliza para sobrecargar las computadoras de la compañía B con tráfico falso, para así no permitir el acceso a usuarios legítimos. La compañía B ha sufrido, en parte, debido a la inseguridad de los sistemas de la compañía A. Pero salvo por las demandas de la compañía B, la compañía A no tiene incentivo para solucionar el problema. Algunos ejemplos de este tipo ya han comenzado a aparecer. En un caso, un juez de Texas emitió una orden de alejamiento (*restraining order*) contra tres compañías cuyas computadoras estaban siendo usadas por intrusos que atacaban los sistemas de otras empresas. Las tres compañías se vieron obligadas a desconectarse de Internet hasta que pudieran demostrar que las vulnerabilidades de las que se aprovecharon los atacantes estuvieran arregladas.

Las medidas económicas y legales desempeñarán, según las predicciones de Schneier, un rol cada vez más importante en la compensación de los incentivos perversos que fomentan la inseguridad. Así como a los gerentes financieros se les exige por ley que firmen declaraciones manifestando que las cuentas de la compañía son precisas, se especula que, al menos en algunos negocios, es probable que los directivos de seguridad tengan que firmar declaraciones sobre seguridad. De manera similar, las demandas por fallas en los productos contra las compañías de *software* cuyos artículos son inseguros convencerán a sus fabricantes de no escatimar en seguridad.

El enemigo interno
La incompetencia y la indiferencia son una cosa; la mala conducta es otra. Aunque los ataques externos atraigan más atención en los medios, un informe de la consultora Vista Research advierte que "la mayoría de los delitos relacionados con la seguridad informática sigue siendo interna". Anderson lo expone de manera diferente: las amenazas de los *hackers*, explica, son "algo que el administrador de seguridad nos señala para conseguir que el presupuesto se encargue del fraude interno". Vista estima que el 70% de las fallas de seguridad que incluyen pérdidas de más de US$ 100.000 tienen que ver con manejos internos, generalmente realizados por empleados descontentos.

Los ataques internos son potencialmente muchísimo más costosos que los externos. En un estudio realizado por el CSI en conjunto con el FBI, si bien se utilizó una muestra pequeña, se descubrió que los ataques internos a compañías grandes causaron un promedio de 2,7 millones de dólares en daños, mientras que el costo promedio de ataques externos fue de US$ 57.000. Un estudio realizado por Oracle mostró que las compañías británicas creen que los ataques internos malignos presentan una amenaza mayor que los externos.

Las defensas contra los ataques externos podrían no ser de gran utilidad contra los internos. Para empezar, es probable que éstos hayan penetrado el *firewall* (aunque las compañías están usando cada vez más los *firewalls* internos entre sectores). Y para un sistema de detección de intrusos, un ataque interno se ve muy diferente de uno externo; según un cálculo, un IDS tiene menos del 40% de probabilidades de distinguir un ataque interno del uso legítimo de la red. Una opción es usar una herramienta de análisis y visualización, como la elaborada por SilentRunner. Representa la actividad de la red en forma de gráfico para ayudar al personal de seguridad a detectar conductas inusuales, como tal vez una gran cantidad de transferencias de archivos en una sección en la que se acaban de anunciar despidos.

Un enfoque alternativo cuando se sospecha un fraude es usar "*honeypots*": servidores atractivos que engañan a los atacantes y obtienen pruebas para que se pueda identificar a la gente que actúa de manera maliciosa. En un caso citado por Recourse Technologies, una empresa de seguridad que ahora es parte de Symantec, una gran firma financiera descubrió que sus sistemas de nómina estaban comprometidos. Se instalaron dos docenas de *honeypots* con nombres como "servidor de nómina de sueldos", que atraparon al número dos de la compañía mientras intentaba manipular el registro de pagos de otro de los directivos. Esta persona confesó haber intentado cometer un fraude y renunció.

Pero la dificultad de combatir ataques internos con medios técnicos demuestra que la seguridad es principalmente un problema relacionado con la gente. De hecho, la causa de un ataque interno podría ser la mala administración. Un empleado puede resentirse cuando lo bajan de categoría o cuando es ignorado en un ascenso, o sentir que le pagan menos de lo que le corresponde, o sentirse subestimado. Para lidiar con este tipo de problemas, una mejor administración es muchísimo más prometedora que la tecnología.

La mejor manera de prevenir la actividad delictiva interna es hacerla más difícil. "Una de las prácticas clave necesarias es la separación de las tareas, de manera tal que ningún individuo maneje todo", señala Spinks. Otra medida simple es asegurarse de que todos los empleados tengan vacaciones en algún momento, para prevenir que alberguen sistemas o procedimientos impuros. Es necesario que los privilegios de acceso a los sistemas de la compañía sean congruentes con la descripción del trabajo de cada empleado para que, por ejemplo, solamente la gente del Departamento de Personal pueda acceder a los registros de los empleados. Cuando estos últimos dejan la compañía o sus roles cambian, sus privilegios de acceso deberían ser revocados o modificados inmediatamente. Y se necesitan reglas claras para asegurarse de que el personal de seguridad sepa qué hacer al detectar abusos por parte de los altos ejecutivos. Bill Murray, de TruSecure, sostiene que procedimientos internos de seguridad mejorados para lidiar con empleados de la empresa con malas intenciones también deberían ayudar para proteger contra ataques externos.

Sin embargo, una de las mayores amenazas a la seguridad podría ser el progreso mismo de la tecnología, a medida que las organizaciones adoptan nuevas tecnologías sin tener en cuenta los riesgos relacionados. Para conservar y mejorar la seguridad se necesita más que la mera combinación adecuada de tecnología, política y procedimiento. También es necesario estar alerta a medida que aparecen nuevas tecnologías y nuevas amenazas.

Hechos y ficciones de la Biometría

La tecnología para el reconocimiento del cuerpo tiene sus fallas.

Se los ha visto en películas de espías y de ciencia ficción: escáneres oculares, lectores de huellas digitales y sistemas de reconocimiento facial. Tales sistemas de reconocimiento del cuerpo, o "biométricos", que pueden asegurarse de que alguien es realmente quien dice ser, son publicitados como lo último en tecnología de la seguridad. Los sistemas protegidos por contraseñas son desbloqueados por algo que usted conoce (la contraseña) y que otros pueden descifrar. Los sistemas protegidos por llaves o por sus equivalentes en la alta tecnología, tarjetas inteligentes, se desbloquean con algo con lo que usted ya cuenta (la llave) y que otros pueden robar. Pero los sistemas protegidos por la biometría sólo pueden ser desbloqueados por una característica física (como una huella digital) que nadie le puede quitar. Su cuerpo es su contraseña.

La tecnología biométrica ocular jugó un rol muy importante en la película de ciencia ficción *Minority Report*. Su protagonista, Tom Cruise, representaba a un policía acusado de un delito que está por suceder. En la puesta futurista de la película, los reconocedores oculares son usados para asegurarse de que sólo los usuarios legítimos puedan acceder a los sistemas informáticos. Al personaje de Cruise se le ha hecho un transplante de ojos para ocultar su identidad, pero también conserva sus antiguos globos oculares para poder continuar conectándose a la red policial. Esta excursión por un futuro ficticio resalta dos problemas reales. El primero es que la tecnología no es tan segura como alegan sus partidarios. Los escáneres que leen huellas digitales, la forma de biometría más utilizada mundialmente, probaron que se pueden vencer fácilmente en el experimento realizado por Tsutomu Matsumoto, un investigador de seguridad de la Universidad Nacional de Yokohama. Matsumoto pudo engañarlos alrededor del 80% de las veces, usando dedos hechos con gelatina moldeada. También pudo sacar una foto de una huella digital latente (por ejemplo, de una copa de vino) y usarla para hacer un dedo de gelatina que también engañaba a los escáneres el 80% de las veces. Una ventaja de la gelatina es que, una vez pasados los reconocimientos de identidad, el intruso se puede comer la evidencia. El reconocimiento facial, mediante el cual una computadora analiza imágenes de una cámara digital y las compara con una "lista de búsqueda de caras conocidas", tampoco es confiable. Un estudio realizado por el Departamento de Defensa de los Estados Unidos descubrió que en vez de la aclamada tasa del 90% de precisión, tales sistemas identificaban a la gente correctamente sólo el 51% de las veces. Desde los ataques del 11 de septiembre, la tecnología ha sido probada en varios aeropuertos estadounidenses, pero en uno de los intentos se descubrió que los reconocedores faciales podían ser engañados por gente que movía un poco su cabeza. Al recalibrar el sistema para dar cabida a coincidencias falsas, se produjo un desborde de falsos positivos (donde alguien es erróneamente identificado como integrante de esa lista).

Identix, un proveedor líder de sistemas de reconocimiento facial, afirma que la tasa de precisión de su equipo puede ser del 99%. Pero Schneier, un experto en seguridad, comenta que incluso con una tasa de precisión de 99,99%, y partiendo del supuesto de que uno de cada 10 millones de viajantes es un sospechoso cuya cara está en la lista de buscados, igual seguiría habiendo 1.000 falsas alarmas por cada sospechoso identificado. Y la mayoría de los terroristas no están dentro de la lista de buscados. El reconocimiento facial puede tranquilizar a la gente y puede tener un efecto disuasivo, pero estos escasos beneficios no justifican los costos.

El segundo y más importante problema es que la tecnología biométrica, incluso cuando funciona, sólo fortalece un eslabón en la cadena de la seguridad. Su efectividad es fácilmente entorpecida por fallas de procedimiento o de política. El personaje de Tom Cruise en *Minority Report* incluso puede entrar a la red informática de la policía siendo un prófugo porque alguien se olvidó de cancelar sus privilegios de acceso. Este simple error de procedimiento es muy común en la vida real. Otra de las fallas del mundo real es el uso de los escáneres de geometría manual en los aeropuertos. Se supone que la mano de cada persona se explora de manera separada, pero a menudo la primera persona en un grupo pasa por la puerta y luego la mantiene abierta.

Resumiendo, la biométrica no es ninguna panacea. La seguridad adicional que provee rara vez justifica el costo. Y en los ambientes de alto riesgo, como bancos o prisiones, todavía se necesitan otras medidas.

Cuando la puerta está siempre abierta

Cuanto más abran e interconecten sus redes las compañías, mayor será el riesgo de problemas de seguridad.

En la cima del *boom* de las puntocom, se podía hacer un diagrama del crecimiento y la caída de las compañías observando las llamativas obras de arte, que aparecían en las paredes de los lofts en el distrito de Multimedia Gulch en San Francisco. Pero ahora, gracias a la tecnología inalámbrica, hay una manera mejor. Manejando por la ciudad en una noche calurosa, Bill Cockayne, un veterano de Silicon Valley, abre el techo de su auto. Su amigo Nathan Schmidt saca, a través del techo abierto, lo que parece un pequeño tubo fluorescente y lo enchufa a una *laptop*. "Metro/Risk", anuncia la computadora con una voz femenina entrecortada, mientras el auto entra en North Beach. "Admin network. BCG". Luego, una voz masculina y robótica dice con sonido fuerte: "Microsoft WLAN. Archangel. Whistler. Rongi".

Éstos son los nombres de redes informáticas en oficinas y casas en las que hay puntos de acceso inalámbricos, que pueden brindar acceso a Internet a usuarios dentro de un alcance cercano (normalmente, más o menos 100 metros). La computadora de Schmidt está configurada de manera tal que los puntos de acceso abiertos, que pueden generalmente ser usados por cualquiera dentro del alcance, sean nombrados por una voz femenina; y que los cerrados, para los cuales se requiere una contraseña, sean leídos por una voz masculina. La mayoría de ellos son abiertos. Cockayne se detiene a un lado del camino y Schmidt se conecta a un punto de acceso cercano y llama a la página web de *The Economist*.

Este tipo de red inalámbrica, utilizando el llamado protocolo Wi-Fi, se ha vuelto inmensamente popular (ver Cuadro 2.5). Muchas compañías e individuos dejan sus puntos de acceso abiertos adrede a fin de compartir sus conexiones a Internet con los transeúntes. Abra una *laptop* en Nueva York, San Francisco, Seattle o muchas otras grandes ciudades alrededor del mundo y podrá tranquilamente conectarse gratuitamente. Pero aunque la Wi-Fi sea liberadora para los usuarios, puede causar problemas con la seguridad.

Agregar un punto de acceso a una red cuesta menos de US$ 200 y es muy simple; tanto que, de hecho, han empezado a brotar los llamados puntos "candentes" en las redes empresariales sin el conocimiento de la administración. Un estudio realizado por *Computerworld*, una revista industrial, encontró que el 30% de las compañías estadounidenses habían identificado puntos de acceso candentes en sus redes. Y si se los deja abiertos, proveen un acceso trasero para pasar el *firewall* y entrar en la red de la compañía. Rob Clyde, director de tecnología de Symantec, señala que la mitad de los directivos en un evento de mesa redonda mencionaron la Wi-Fi como una preocupación prioritaria de seguridad.

Esto es sólo un ejemplo más de cómo una nueva tecnología puede traer seguridad consigo. Hay muchísimos otros. Algunas empresas están abriendo sus redes mediante operaciones B2B *online*, por ejemplo, en las cuales hacen una lista de lo que quieren comprar o vender e invitan a ofertar. Desde clips para papel hasta repuestos para autos, todo se vende y se compra de esta manera. Hay un acuerdo generalizado en que los "servicios web", en los que las compañías abren el núcleo de sus procedimientos empresariales directamente a otras empresas a través de Internet, serán cada vez más importantes en los próximos años. Pero mediante la apertura de sus sistemas a terceros, una compañía también podría atraer visitantes no deseados o ataques de competidores curiosos.

Los *joint ventures*, en los que dos empresas colaboran y comparten información, también pueden causar problemas. Un informe de Vista Research cita el ejemplo de una empresa estadounidense fabricante de autos que estableció un *joint venture* con una firma japonesa y abrió su red para dejar entrar a los empleados de esta última. Pero el diseño de la red de la empresa estadounidense permitió el acceso solamente a modo "todo o nada", por lo que los empleados de la empresa japonesa terminaron teniendo acceso a todo.

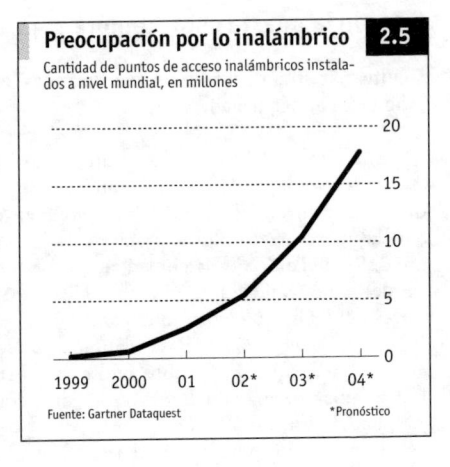

Preocupación por lo inalámbrico 2.5
Cantidad de puntos de acceso inalámbricos instalados a nivel mundial, en millones

Fuente: Gartner Dataquest   *Pronóstico

Las computadoras portátiles son otro problema. Generalmente, se las usa para almacenar información confidencial, como las contraseñas, detalles bancarios y calendarios. "El calendario es un salvaguarda fundamental", afirma Doug Dedo, de la división de dispositivos móviles, porque puede contener anotaciones que digan "reunión con la compañía X, asunto: fusión". Otro problema relacionado con las computadoras portátiles es que sus usuarios las llevan a la oficina y las conectan a sus computadoras, eludiendo sistemas de antivirus y *firewalls*. Un documento infectado con virus almacenado en una computadora portátil podría entonces empezar a expandirse. De manera similar, las redes de intercambio de archivos, como Gnutella, los servicios de mensajes instantáneos que lanzan mensajes y archivos por toda Internet, y sistemas de *e-mail* en la web, como Hotmail, proveen nuevas rutas para entrar en la red de la compañía que pueden ser aprovechadas por los atacantes.

Hay muchísimos remedios técnicos disponibles. Los escáneres portátiles pueden ser usados para rastrear puntos de acceso candentes, y los puntos de acceso legítimos pueden ser asegurados contra terceros utilizando un *software* de red virtual privada (VPN, según sus siglas en inglés). Gran parte del trabajo se hace para garantizar que los servicios web sean seguros, lo cual probablemente no incluye una iniciativa en conjunto por parte de los rivales Microsoft e IBM. Los *software* antivirus y *firewall* existen para computadoras portátiles, que también se pueden proteger con contraseña. Y los *firewalls* pueden estar configurados para prevenir el uso no autorizado de servicios para compartir archivos y de mensajes instantáneos.

Todas estas amenazas surgen de un factor común: la distinción entre las partes "públicas" de la red de una compañía (como los servidores de la red donde está su página web) y la parte privada (a la cual sólo pueden acceder los empleados) se está erosionando rápidamente. "La tendencia cultural y tecnológica se inclina hacia compañías más permeables", señala Gene Hodges, presidente de Network Associates, una compañía de gran envergadura de *software* de seguridad. A medida que las firmas se conecten con sus proveedores y clientes, "cuánto más se abran, más expuestas quedarán".

Aeropuertos, no castillos

Dentro de poco, la noción clásica de seguridad perimétrica se volverá rápidamente obsoleta. Alan Henricks, director de Cenzic, señala que el cambio se relaciona con "pasar de mantener alejada a la gente a dejarla entrar con confianza". Nand Mulchandani, cofundador de Oblix, otra empresa de seguridad, lo pinta de manera más colorida: el enfoque de los "grandes muros, fosas y cocodrilos" de los últimos años, explica, está desactualizado.

El modo de pensar más novedoso es que en vez de ver sus redes como castillos, las grandes organizaciones deberían considerarlas aeropuertos. La gente entra y sale todo el tiempo, algunas áreas son más seguras que otras, y a medida que la gente pasa de un área a otra, tiene que presentar su identificación: pasajes, tarjetas de embarque o pasaportes. Apliquen este enfoque a la seguridad informática y, en vez de un modelo "exclusivo" en el que uno intenta evitar que la gente haga cosas que no debería hacer, tendrían un modelo "inclusivo" que muestra quién puede hacer qué, y que sólo permite a ciertas personas realizar ciertas actividades.

En los viejos tiempos, según Tony Scott, jefe de tecnología de General Motors, los sistemas informáticos sólo se usaban internamente, y era simple establecer quién podía hacer qué. Pero con la reciente proliferación de sistemas, habiendo una confianza mayor en los proveedores y en la tercerización, la cantidad de usuarios que probablemente necesiten acceso a los sistemas de una compañía ha crecido rápidamente. "Además de eso, la mayoría de las compañías modernas actualmente tienen los verdaderos procesos del negocio profundamente insertados en sus sistemas", señala. De hecho, sus procedimientos comerciales son los sistemas. De acuerdo con Scott, "todas estas fuerzas trabajando conjuntamente crean un problema inmenso. ¿Quién está accediendo a estos sistemas, y cómo se puede tratar este asunto?"

Un grupo que está ofreciendo soluciones a estos problemas de control de identidad es Oblix, de Silicon Valley. Su *software* se posiciona entre los usuarios y los sistemas existentes de *software* de una compañía (cuentas, inventarios, *e-mail* y otros). Mediante el uso de una gran base de datos que incluye información sobre lo que puede hacer cada uno, se asegura de que los usuarios puedan sólo realizar las actividades que les corresponden.

Suena obvio, pero tiene dos ventajas: significa que los usuarios tienen que conectarse sólo una vez, en vez de hacerlo en muchos sistemas separados; y centraliza y simplifica la administración de privilegios de los usuarios. Por ejemplo, un administrador de sectores que contrata o despide a un empleado puede actualizar los privilegios de acceso de éste instantáneamente, en vez de tener que pedirle al departamento de sistemas que modifique varios sistemas separados.

La responsabilidad de la seguridad puede, de esta manera, ser delegada en los administradores y formar parte de sus tareas de administración diarias. La administración es de suma importancia, según Mulchandani, porque si el lector de iris identifica correctamente a un empleado despedido pero sus privilegios de acceso no han sido cancelados, existe una falla de seguridad. Al *software* de Oblix lo usa una gran cantidad de empresas, incluidas General Motors, Boeing y Pfizer. Los sistemas de control de identidad también se pueden conseguir de otros vendedores, incluidos Novell, IBM y ActivCard, cuya oferta basada en tarjetas inteligentes es utilizada por las Fuerzas Armadas de los Estados Unidos. La técnica no suprime la necesidad de medidas tradicionales de seguridad, pero brinda una nueva línea de defensa, particularmente para grandes organizaciones que tienen que lidiar con muchos usuarios.

Lo más importante es que el control de identidad es un ejemplo de cómo la tecnología se puede utilizar para alinear los procedimientos de seguridad con los procedimientos comerciales. La seguridad, consiguientemente, se vuelve el empleado de la administración. Las decisiones sobre la seguridad deben ser tomadas en última instancia por los administradores, no por el personal técnico. La gran decisión, y la más difícil de tomar, es cuánto tiempo y dinero gastar en seguridad.

Juntando todo

El gasto en seguridad es un asunto de equilibrio entre riesgos y beneficios.

La seguridad informática total es imposible. No importa cuánto dinero se gaste en tecnología lujosa, cuántos cursos de capacitación tome el personal o cuántos consultores se contrate, la vulnerabilidad persistirá en la empresa. Gastar más, y gastar sabiamente, puede reducir la exposición, pero nunca podrá eliminarlo todo. Entonces, ¿cuánto tiempo y dinero tiene sentido invertir en la seguridad? ¿Y cuál es la mejor forma de hacerlo?

No hay respuestas simples. Es una cuestión de establecer un equilibrio apropiado entre costo y riesgo; y lo que es apropiado para una organización puede que no lo sea para otra. En el fondo, la seguridad informática tiene realmente que ver con la administración del riesgo. Antes de que se puedan tomar decisiones sobre el gasto en seguridad, políticas o administración, lo primero que debe hacerse es evaluar el riesgo de manera realista.

Primeramente, intente imaginar todas las formas posibles en que se puede violar la seguridad. Esto se llama "modelo de amenaza", y es más difícil de lo que parece. Schneier, un gurú de la seguridad, ejemplifica este punto pidiéndole a la gente que imagine intentar comer en un local de panqueques sin pagar. La opción obvia es tomar los panqueques y salir corriendo, o pagar con una tarjeta de crédito falsa o falsificar efectivo. Pero un futuro ladrón podría diseñar ataques más creativos.

Podría, por ejemplo, inventar alguna historia para convencer a otro cliente que ya ha pagado por su comida de que se vaya, para luego comerse sus panqueques.

Podría imitar a un cocinero, un mozo, un gerente, una celebridad o incluso al dueño del local, personas que podrían comer panqueques gratis. Podría falsificar un cupón para obtener panqueques gratis. O podría prender la alarma contra incendios para hacerse de los panqueques en el medio del caos garantizado. Claramente, cuidar los panqueques y asegurar el sistema de pago del local no es suficiente. El modelo de amenaza pone sobre aviso respecto del abanico de posibles ataques.

El siguiente paso es determinar cuánto preocuparse por cada tipo de ataque. Esto incluye estimar la pérdida informática prevista y la cantidad estimada de incidentes por año. Deben multiplicarse las dos juntas, y el resultado será la "expectativa de pérdida anual", que indica con cuánta seriedad se debe considerar el riesgo. Algunos incidentes podrían causar pérdidas masivas, pero sería muy raro; otras serán más comunes, pero implicarán pérdidas más pequeñas.

El paso final es determinar el costo de defensa contra ese ataque. Hay muchas maneras para lidiar con el riesgo: atenuación (en forma de políticas y tecnología preventivas), tercerización (traspasar el riesgo a otro) y seguros (transferir el riesgo restante a una aseguradora).

Supongamos que se está preocupado por el riesgo de que un sitio web sea atacado. Se puede mitigar ese riesgo instalando un *firewall*. Se puede tecerizar pagándole a una empresa de alojamiento para que mantenga el sitio web en nombre de uno, incluido el cuidado de la seguridad propia. Y se puede adquirir una póliza de seguros que, en caso de ataque, otorgue una indemnización por los costos de limpieza de la máquina y que resarza el lucro cesante. Existen costos relacionados con cada una de estas acciones. Para determinar si una medida de seguridad particular es apropiada, se deben comparar las pérdidas previstas por cada ataque con el costo de defensa contra ellos.

Los *firewalls* tienen sentido para grandes sitios web de comercio electrónico, por ejemplo, porque el costo que supone comprar y mantener un *firewall* es pequeño comparado con el ingreso que se perdería si el sitio fuera bloqueado por un intruso, por más corta que fuera la suspensión. Pero instalar scanners oculares biométricos en cada torniquete de los sistemas de transporte público de una ciudad sería excesivo, porque la evasión del pago del boleto puede ser mitigada con tecnología muchísimo más económica. Por el contrario, en los ambientes de alta tecnología, como las instalaciones militares u organizaciones de inteligencia, donde una falla de seguridad tendría serias consecuencias, el uso de tecnología de seguridad costosa podría estar justificado. En algunas situaciones, sin embargo, la respuesta correcta podría ser no hacer nada en absoluto.

¿Cuánto es suficiente? 2.6
¿Qué porcentaje de su presupuesto en informática se emplea en seguridad?
Proporción de encuestados

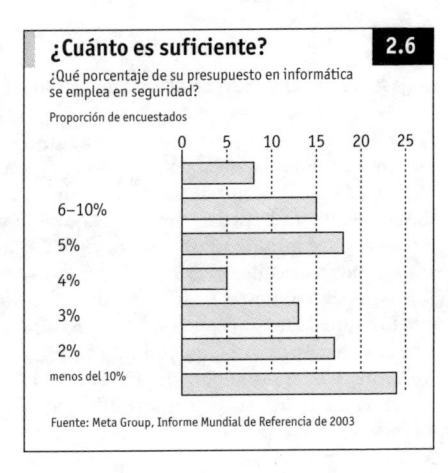

	0	5	10	15	20	25
6-10%						
5%						
4%						
3%						
2%						
menos del 10%						

Fuente: Meta Group, Informe Mundial de Referencia de 2003

Cosa de normas

La certificación ISO 17799, una norma internacional a favor de "mejores prácticas en la seguridad de la información", que fue presentada por la Organización Internacional para la Estandarización en el 2000, reconoce explícitamente que las diferentes organizaciones tienen distintas necesidades de seguridad. El análisis del riesgo es un requisito básico de la norma, como también lo es el establecimiento de una política de seguridad. Pero, según Geoff Davies, de i-Sec, una consultora británica de seguridad, "una empresa industrial y un banco con la certificación ISO 17799 tienen sistemas totalmente distintos". La norma no especifica enfoques tecnológicos o de procedimientos particulares sobre la seguridad, sino que se concentra en los fines definidos ampliamente más que en medios específicos. Sin embargo, su flexibilidad es objeto de polémica. Los críticos creen que las versiones futuras de la norma deberían ser más prescriptivas y específicas con respecto al significado de "mejores prácticas". Pero incluso en su forma actual, la ISO 17799 es mejor que nada. Muchas compañías multinacionales ya la han adoptado para demostrar su compromiso con la seguridad. Y en muchos países asiáticos, las compañías que quieren hacer negocios con el gobierno por medios electrónicos deben ajustarse a la misma.

Así como las diferentes organizaciones requieren niveles distintos de protección, también responden a los ataques de distintas maneras. A una empresa grande, por ejemplo, podría parecerle útil tener un equipo dedicado a responder acerca de la seguridad. Scott Charney, de Microsoft, comenta que cuando ocurre un ataque, una de las cosas que el equipo tiene que decidir es si darle prioridad a la reparación o a la investigación. Bloquear el ataque alertará al atacante, haciendo que la recolección de pruebas en su contra se haga difícil, pero permitiéndole continuar para poder identificarlo podría causar daños. Determinar lo más apropiado depende del contexto. En un escenario militar, rastrear al atacante es crítico; en un ataque a una puntocom por parte de un adolescente, el bloqueo tiene más sentido. Otra elección difícil, según

Charney, es llamar o no a la policía. Las investigaciones internas les permiten a las organizaciones conservar el control y mantener todo en calma, pero los organismos encargados de hacer cumplir la ley tienen poderes más extensos.

Para las pequeñas y medianas empresas, una elección inteligente podría ser el "monitoreo controlado de seguridad" (MSM, por sus siglas en inglés). Las empresas que ofrecen sus servicios instalan un *software* y máquinas "centinelas" en las redes de los clientes que confían una gran cantidad de mensajes a un centro de operaciones centrales seguras. Los operadores humanos vigilan en caso de comportamientos anormales y advierten ante la detección del sospechoso. Utilizar especialistas altamente capacitados para evitar problemas tiene la ventaja de que cada operador puede vigilar muchas redes al mismo tiempo, y puede, por consiguiente, detectar movimientos que de otra manera pasarían inadvertidos.

Los análisis del riesgo y del equilibrio entre costo y riesgo son cosas que las compañías de seguros vienen haciendo desde hace siglos. Actualmente, la industria está mostrando un creciente interés en ofrecer coberturas para los riesgos relacionados con la informática. En el pasado, éstos estaban incluidos en las pólizas de seguro contra todo riesgo, pero estaban específicamente excluidos al acercarse el año 2000 para evitar las responsabilidades por el "Y2K". Ahora, las aseguradoras están ofreciendo nuevas coberturas para proteger a las compañías contra nuevos riesgos. Debido a Internet, "el panorama ha cambiado", afirma David O'Neill, vicepresidente de e-Business Solutions de Zurich North America, quien oficia de "casamentero" entre los clientes y las aseguradoras. Y añade que mayores conexiones significan que las empresas ahora están expuestas a riesgos que nunca estuvieron contemplados en las pólizas de seguro tradicionales.

O'Neill puede conseguir un seguro contra una variedad de riesgos, incluidos el robo de información, ataques de virus o intromisiones por parte de *hackers* malignos y lucro cesante debido a una falla de seguridad o un error en la red. Las compañías también pueden contratar un seguro para no tener que afrontar los gastos en el supuesto de que se dé a conocer información confidencial financiera o médica con fines maliciosos o por accidente. Dado que no hay dos redes o negocios iguales, cada póliza se confecciona en forma individual.

Sin embargo, dicho seguro cibernético todavía se encuentra en pañales. El principal problema es que la complejidad de las redes informáticas hace que cuantificar el riesgo con precisión sea muy difícil. En comparación, deducir la probabilidad de que un fumador de 45 años tenga un ataque cardíaco en los próximos 12 meses es muy simple. Una de las razones de la carencia de información, sostiene Charney, es que la mayoría de las fallas de seguridad no son detectadas o denunciadas. Pero esto va a cambiar. "Cuando una compañía pide un millón de dólares de indemnización por daños y perjuicios luego de un ataque de virus, la aseguradora le dirá: 'Pruébelo'", explica. "Las compañías lo van a tener que demostrar, y nosotros obtendremos alguna información".

Schneier predice que las aseguradoras van a empezar a especificar qué tipos de equipos para computadoras deberían usar, o cobrar primas más bajas para asegurar sistemas operativos o *hardware* más seguros. Actualmente, las empresas que usan el servicio de monitoreo suministrado por su compañía, Counterpane Internet Security, gozan de un 20 a un 40% de descuento en sus primas de seguros cibernéticos. Pero Anderson, de la Universidad de Cambridge, opina que la necesidad de un seguro cibernético es exagerada. "Las aseguradoras la están pasando mal, por lo que están convirtiendo los riesgos electrónicos en su nueva mina de oro", señala.

El sector equivocado
La mayoría de las compañías ya tienen la destreza necesaria para manejar la seguridad informática de una manera sensata. No obstante, esta idoneidad en administrar el riesgo no suele encontrarse en el departamento de sistemas, sino en el financiero. "Los directivos de información y financieros, entre otros, ya saben cómo hacer un análisis del riesgo", afirma Davies. Sin embargo, el departamento de sistemas no lo sabe; tiende a ser seducido por canciones de sirenas acerca de reparaciones tecnológicas.

El entusiasmo por soluciones tecnológicas puede ir muy lejos. En dos áreas en particular, la tecnología de la seguridad podría terminar causando más daño que beneficio. En primer lugar, algunas medidas introducidas con el pretexto de mejorar la tecnología de la seguridad pueden tener el efecto secundario de infringir libertades civiles. Los sistemas de reconocimiento racial en los aeropuertos son un buen ejemplo. Son casi inútiles a la hora de detectar terroristas, pero los defensores de los derechos civiles se preocupan por la "mutación de la función", en la que dichos sistemas son instalados para un propósito y luego usados para otro.

De manera similar está generalmente pensada la nueva legislación que permitiría intercepciones electrónicas y de comunicaciones de Internet mucho más amplias para combatir el terrorismo. Pero ¿realmente va a mejorar la seguridad? "La amplia vigilancia es generalmente el síntoma de un sistema de seguridad mal diseñado", señala Schneier. Advierte que el no haber podido predecir los ataques del 11 de septiembre tiene que ver con una falla en el intercambio y la interpretación de la información, no de la recolección de datos. Lo que podría exacerbar el problema en realidad es que se escuchara secretamente, porque habría más información que clasificar. Sería mejor aumentar la utilización de inteligencia por parte de seres humanos.

La segunda área en la cual la tecnología de la seguridad podría hacer más daño que beneficio es el mundo de los negocios. La tecnología introducida para mejorar la seguridad a menudo parece tener el efecto secundario de afianzar el dominio del mercado por parte de las empresas que la impulsan. "Las tecnologías para la seguridad de la información son cada vez más utilizadas en las pugnas entre una compañía y otra", dice Anderson. "Los vendedores incorporan funciones que según ellos son mecanismos de seguridad, pero que en realidad están ahí por motivos anticompetitivos".

Un ejemplo altamente controvertido es el de Palladium, la tecnología propuesta por Microsoft para separar las áreas dentro de una computadora. Podría resultar muy útil para detener virus; pero también podría permitirle a Microsoft obtener el control del estándar para la distribución de música y películas digitales (ver la nota en la página 84).

La seguridad, en suma, depende del equilibrio entre costo y riesgo mediante el uso apropiado tanto de tecnología como de políticas. La parte complicada es definir qué significa "apropiado" en un contexto particular. Siempre será una cuestión de equilibrio. Demasiado poco puede ser peligroso y costoso, pero también puede serlo el exceso.

El ratón que podría rugir

El terrorismo cibernético es posible, pero poco probable.

Es una perspectiva devastadora. Los terroristas entran electrónica e ilegalmente en las computadoras que controlan el suministro de agua de una ciudad estadounidense grande, abren y cierran válvulas para contaminar el agua con residuos no depurados o químicos tóxicos y luego la liberan en una inundación catastrófica. Mientras los servicios de emergencia luchan para responder, los terroristas atacan de nuevo, apagan las redes de teléfono y de energía eléctrica con sólo un par de clics del mouse. Los negocios se paralizan, los hospitales están abrumados y los caminos están congestionados mientras la gente intenta escapar.

Los fabricantes del videojuego Doom invocan este tipo de hipótesis e insisten en que aumentar la seguridad física desde los ataques del 11 de septiembre no es suficiente. Ni los bloqueos en las rutas ni los soldados alrededor de plantas de energía pueden prevenir el terrorismo digital. "Hasta que aseguremos nuestra infraestructura cibernética, unas pocas pulsaciones de teclas y una conexión a Internet son lo único que uno necesita para desactivar la economía y poner vidas en peligro", le dijo Lamar Smith, un congresista de Texas, a un comité del poder judicial en febrero de 2002. Terminó con su latiguillo: "Un mouse puede ser tan peligroso como una bala o una bomba". ¿Estará en lo correcto?

Es verdad que las compañías de servicios públicos y otras operadoras de infraestructura esencial están cada vez más conectadas a Internet. Pero que los clientes de una compañía de electricidad puedan pagar sus cuentas *online* no necesariamente significa que los sistemas críticos de control de la compañía sean vulnerables a ataques. Los sistemas de control generalmente se mantienen completamente separados de otros sistemas, por buenas razones. Tienden a ser confusos y anticuados, y de todos modos son incompatibles con la tecnología de Internet. Incluso los usuarios autorizados necesitan conocimiento especializado para manejarlos. Y las firmas de telecomunicaciones, los hospitales y las empresas normalmente tienen planes de emergencia para lidiar con apagones o inundaciones.

Un simulacro realizado en agosto de 2002 por el Naval War College de los Estados Unidos en conjunto con la consultora Gartner concluyó que un ataque al estilo "Pearl Harbor electrónico" en la infraestructura vital estadounidense podría ciertamente causar trastornos serios, pero primero necesitaría cinco años de preparación y una financiación de 200 millones de dólares. Hay maneras muchísimo más simples y menos costosas de atacar esta infraestructura, desde llamadas telefónicas engañosas hasta camiones bomba y aviones secuestrados.

En septiembre de 2002, Richard Clarke, el zar estadounidense de la seguridad cibernética, develó el tan esperado anteproyecto de su autoría, cuyo contenido era la seguridad de la infraestructura vital contra ataques digitales. Fue en cierto modo una travesura que no dio resultado: no daba ninguna recomendación a las empresas y no proponía nueva reglamentación o legislación alguna. Pero su enfoque cobarde, de hecho, podría ser el acertado. Cuando un riesgo ha sido exagerado, la pasividad puede ser la mejor política.

Es difícil evitar comparaciones con el "Y2K" y las predicciones del caos informático mundial que surge del cambio de fecha al año 2000. Entonces, como ahora, la alarma la hicieron sonar los vendedores y consultores de tecnología, que llevaban las de ganar con el alarmismo. Pero Ross Anderson, un científico informático de la

Universidad de Cambridge, prefiere hacer una analogía con el *lobby* ambientalista. Al igual que los ecologistas, observa, aquéllos en la industria de la seguridad —ya sean los vendedores intentando aumentar las ventas, los académicos persiguiendo subvenciones o los políticos buscando mayores presupuestos— tienen un incentivo incluido para exagerar los riesgos.

NOTA
Desde que este capítulo se publicó en el año 2002, la seguridad digital siguió siendo una prioridad tanto para las compañías como para los consumidores. A medida que las defensas tecnológicas se han ido fortaleciendo contra *spam* y virus, los artistas del fraude han recurrido cada vez más a los ataques de la "ingeniería social", como el "*phishing*", en el que los usuarios de Internet son engañados con falsos *e-mails* que se supone que revelan información contable que puede ser utilizada para estafarlos. Microsoft ahora emite "parches" de seguridad para su *software* una vez al mes, lo cual les facilita a los administradores de sistemas la actualización de éstos. Pero ha diluido los planes de su tecnología Palladium, actualmente conocida como "Next Generation Secure Computing Base", como consecuencia de problemas técnicos y objeciones por parte de fabricantes de *software* y de usuarios.

3
HÁGANLO FÁCIL

Háganlo fácil

Lo nuevo en tecnología no sólo es grande, sino verdaderamente inmenso: la conquista de la complejidad.

La computadora me considera su enemigo", comenta John Maeda. "Nada de lo que toco funciona". Consideren, por ejemplo, esos aparatos para enchufar y usar (*plug-and-play*), como las impresoras y las cámaras digitales, que cualquier computadora personal (PC) supuestamente reconoce de inmediato ni bien son enchufados en un orificio llamado "puerto USB" y ubicado detrás de ésta. Cada vez que Maeda enchufa algo, dice, su PC envía un largo e incomprensible mensaje de error desde el Windows, el ubicuo sistema operativo de Microsoft. Pero él sabe, por amarga experiencia, que lo esencial del mensaje es "no".

A primera vista, los problemas de Maeda podrían no parecer muy dignos de atención. ¿Quién no ha visto el Windows caerse y reiniciarse sin provocación alguna; o descargado una lista interminable de programas antivirus para recuperar un moribundo disco rígido; o jugueteado con cables y configuraciones para conectar una impresora, y a veces sencillamente se ha dado por vencido? Sin embargo, Maeda no es tan sólo otro usuario tecnofóbico cualquiera. Posee un máster en Informática y un doctorado en Diseño de Interfaz, y actualmente es profesor de Diseño Informático en el MIT. En suma, es uno de los adictos a la informática más destacados del mundo. Maeda concluyó que si justamente él no puede dominar la tecnología necesaria para utilizar las computadoras de manera efectiva, es tiempo de declarar una crisis. Es por esto que en 2004 lanzó una nueva iniciativa de investigación llamada "Simplicidad", en el Laboratorio del MIT. Su misión consiste en buscar soluciones para los problemas actuales.

Maeda tiene muchos simpatizantes. "Es hora de que nos sublevemos y hagamos un profundo reclamo", declaró el difunto Michael Dertouzos en su libro escrito en 2001, *The Unfinished Revolution*[1]: "¡Hagan que nuestras computadoras sean más fáciles de usar!". Donald Norman, un viejo defensor de la simplicidad de diseño, está de acuerdo. "La tecnología actual es intrusiva y dominante. Nos deja sin momentos de silencio, con menos tiempo para nosotros mismos, con una sensación de menor control sobre nuestras vidas", escribe en su libro *La Computadora Invisible*[2]. "La gente es analógica, no digital; biológica, y no mecánica. Es hora de una tecnología centrada en lo humano, una tecnología humana".

Hasta la misma industria de la tecnología informática ha terminado por reconocerlo. Greg Papadopoulos, director de tecnología de Sun Microsystems, una productora de poderosas computadoras corporativas, afirma que hoy la informática está "en un estado del que deberíamos avergonzarnos; es bochornoso". Ray Lane, un capitalista de riesgo de Kleiner Perkins Caufield & Byers, uno de los más destacados financieros de la tecnología en Silicon Valley, explica: "En este momento, la complejidad está estancando nuestra industria. Mucho de lo que ya se ha adquirido y pagado no logra ser implementado por su complejidad. Éste es quizás el desafío más grande de la industria". Incluso la empresa Microsoft, a la que personas como Lane identifican como la principal culpable, pide disculpas. "Hasta el momento, la mayoría de la gente diría que la tecnología ha hecho más compleja la vida", admite Chris Capossela, el encargado de "aplicaciones para *desktop*" de Microsoft.

Los costos económicos de su complejidad no son fáciles de cuantificar, aunque probablemente sean exorbitantes. El Standish Group, una organización de investigación que sigue la información sobre compras de IT, ha descubierto que el 66% de todos los proyectos de informática fracasan o bien tardan más tiempo del esperado en instalarse a causa de su complejidad. Entre los proyectos informáticos de envergadura muy grande —aquellos que cuestan más de 10 millones de dólares cada uno—, el 98% se quedan cortos.

Gartner, otra firma de investigación, utiliza otros intermediarios para la complejidad. El promedio de las firmas de redes informáticas ha sufrido "caídas" en un nivel inesperado de 175 horas al año, calcula Gartner, causando una pérdida promedio de más de 7 millones de dólares. Aparte de eso, los empleados pierden, en promedio, una semana al año luchando con sus recalcitrantes PC. Y los empleados itinerantes, como los vendedores, incurren en un plus de US$ 4.400 al año en costos de informática, según la firma.

Tony Picardi, un técnico de IDC, otra gran firma de investigación, presenta la que probablemente sea la cifra más atemorizante. Cuando a principios de los 90 sondeó una muestra de firmas, éstas estaban gastando el 75% de su presupuesto en nuevo *hardware* y *software* y el 25% en la reparación de sistemas que ya poseían; ahora esa proporción se ha invertido: 70-80% del gasto en informática se invierte en reparaciones más que en la adquisición de nuevos sistemas. De acuerdo con Picardi, esto sugiere que sólo en 2004 la complejidad de la informática le costó a las empresas a nivel mundial cerca de 750.000 millones de dólares. Sin embargo, ni siquiera esto da cuenta del agobio al que se somete a los consumidores, ya esté aquél medido en el costo de los *call centers* y mesas de ayuda, en la cantidad de artefactos y funciones que nunca se han usado por ser demasiado bizantinos o en la pura frustración.

¿Por qué ahora?
Las quejas acerca de la tecnología compleja no son, por supuesto, nada nuevo. Podría decirse que ésta se ha vuelto más compleja en cada uno de los 45 años que han pasado desde que el circuito integrado hizo su debut. Pero en los últimos años han sucedido ciertas cosas que añaden ahora una mayor sensación de urgencia.

El cambio más evidente es el desplome de la informática que siguió al auge de las puntocom a fines de los años 90. Luego de una década de fuerte crecimiento, la industria informática comenzó repentinamente a reducirse en 2001 (ver Cuadro 3.1). A principios de 2000, la informática representaba el 35% del índice S&P 500 de los Estados Unidos; para 2004 sus acciones habían bajado a casi el 15%. "En los últimos años, la vieja fórmula de la industria tecnológica — 'constrúyelo y vendrán'— ha dejado de funcionar", sostiene Pip Coburn, un analista de la tecnología de UBS, un banco de inversión. Para los vendedores de tecnología, cree Coburn, éste es el tipo de trauma que precede a un cambio de paradigma. Los consumidores ya no exigen tecnologías "candentes", sino que desean, en cambio, tecnologías "frías", como los *softwares* de integración que puedan servirles para simplificar y coser unos con otros los extravagantes sistemas que compraron durante los años del auge.

Steven Milunovich, un analista de Merrill Lynch, otro banco, ofrece una razón adicional de por qué la simplicidad recién ahora se está convirtiendo en un gran problema. Argumenta que la industria informática progresa en olas de 15 años. En la primera ola, durante los años 70 y principios de los 80, las compañías instalaron grandes *mainframes* (computadoras centrales); en la segunda ola, introdujeron PC que estaban conectadas a computadoras ubicadas en el sótano y que funcionaban como "servidores"; y en la tercera ola, que está rompiendo en la actualidad, están comenzando a conectar cualquier aparato que los empleados puedan llegar a usar, desde computadoras de mano a teléfonos móviles e Internet.

La era de las *mainframes*, explica Milunovich, estaba dominada por tecnología patentada (sobre todo, la de IBM), utilizada más que nada para automatizar el *backoffice* de las compañías, de tal modo que la cantidad de gente que efectivamente trabajaba con informática era reducida. En la era de la PC, regían los criterios de hecho (es decir, los de Microsoft), y la tecnología era usada con el fin de que los procesadores de texto y las hojas de cálculo volvieran más productivas las oficinas dirigidas al cliente de las compañías, de modo que la cantidad de gente que utilizaba tecnología se multiplicó por diez. Y en la era de Internet, señala Milunovich, los criterios de derecho (aquellos acordados por los consorcios de la industria) están tomando el control, y se espera que cada empleado particular llegue a utilizar tecnología, teniendo como resultado otra multiplicación por diez en el incremento de sus números.

El pliegue en el medio 3.1
Gasto total en informática, en miles de millones de US$
Pronóstico, Servicios, Software, Hardware
1990 92 94 96 98 2000 02 04 06 08
Fuente: IDC

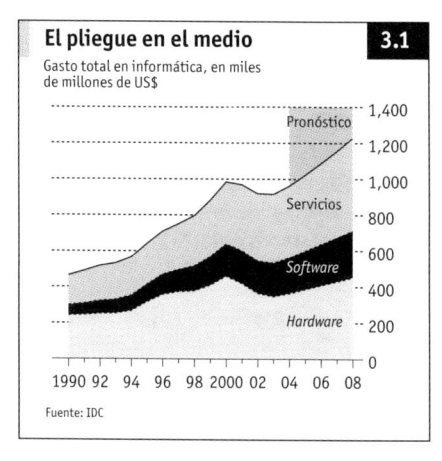

Además, las fronteras entre la oficina, el automóvil y la casa se volverán cada vez más borrosas y finalmente desaparecerán del todo. En los países ricos, se espera que prácticamente la totalidad de la población esté conectada a Internet, como empleados y como consumidores. Finalmente, esto volverá a la informática dominante y ubicua, tal y como lo fueron la electricidad y el teléfono antes que ella, de modo que el énfasis se desplazará hacia la necesidad de hacer que los aparatos y las redes sean fáciles de usar.

Coburn, de UBS, añade una observación demográfica. Hoy en día, explica, un 70% de la población mundial está formado por "analógicos" que están "aterrorizados por la tecnología" y para quienes el dolor de ésta "no consiste tan sólo en el tiempo que se tarda en entender nuevos aparatos, sino en el dolor de sentirse estúpido en cada momento de ese camino". Otro 15% está constituido por "inmigrantes digitales", típicos treintañeros que adoptaron la tecnología como jóvenes adultos; y el 15% restante está compuesto por "nativos digitales", adolescentes y jóvenes adultos que no conocieron la vida sin mensajería instantánea, ni pueden imaginarla. Pero de aquí a una década, según Coburn, prácticamente la totalidad de la población estará constituida por nativos o inmigrantes digitales, a medida que los ancianos analógicos se conviertan para evitar el aislamiento social. Una vez más, las necesidades de aquellos conversos apuntan hacia un enorme aumento en la exigencia de simplicidad.

La pregunta consiste en saber si este tipo de tecnología puede simplificarse alguna vez y, en el caso de que pueda, cómo. Este capítulo analiza las causas de la complejidad tecnológica tanto para las firmas como para los consumidores, evalúa los principales esfuerzos de simplificación que realizan actualmente los vendedores de IT y telecomunicaciones y considera lo que la creciente demanda de simplicidad significa para estas industrias. Un buen lugar para empezar es el pasado.

Notas

1 Dertouzos M., *The Unfinished Revolution*, HarperBusiness, 2001.
2 Norman, D., *The Invisible Computer*, MIT Press, 1998.

El futuro de la tecnología

Ahora lo ves, ahora no lo ves

Para ser realmente exitosa, la tecnología compleja tiene que "desaparecer".

Nunca antes ha existido algo parecido a la IT, pero ciertamente ha habido otras tecnologías complejas que debieron ser simplificadas. Joe Corn, profesor de Historia de la Universidad de Stanford, cree que el primer ejemplo de una tecnología compleja para consumidores fue el reloj, que llegó en la década de 1820. Los relojes eran vendidos con manuales de instrucciones, en los que figuraban entradas al estilo de "cómo instalar y regular su aparato". Cuando en la década de 1840 aparecieron las máquinas de coser, estaban acompañadas de manuales de 40 páginas llenas de instrucciones detalladas. De manera desalentadora, tomó más de dos generaciones hasta que una publicación comercial fuera capaz de declarar en la década de 1880: "Ahora toda mujer sabe cómo usar una".

Casi al mismo tiempo, el aumento de complejidad tecnológica ganaba velocidad. Con la electricidad llegaron nuevas aplicaciones, como el fonógrafo, inventado por Thomas Alva Edison en 1877. Según Donald Norman, un gurú del diseño informático, a pesar del genio que Edison tenía para la ingeniería, era sin embargo un idiota para el *marketing*, y su primer fonógrafo era de todo menos útil (de hecho, al principio no tenía en mente para él ningún uso específico). Durante décadas, el inventor jugueteó con su tecnología, siempre eligiendo las más impresionantes soluciones de ingeniería. Por ejemplo, escogió cilindros en lugar de discos como medio de grabación. Tomó una generación y la entrada de un nuevo rival, Emile Berliner, el poder preparar el fonógrafo para el mercado masivo al hacerlo más fácil de utilizar (mediante la introducción de discos en lugar de cilindros) y al darle el fin de tocar música. Las compañías de Edison fracasaban mientras que las de Berliner prosperaban, y los fonógrafos adquirían omnipresencia, primero como "gramófonos" o "Vitrolas", nombre del modelo de Berliner, y finalmente como "tocadiscos".

Otra tecnología compleja, con un impacto incluso mayor, fue el automóvil. Los primeros autos, a principios de la década de 1900, eran "generalmente una carga y un desafío", señala Corn. Manejar uno requería habilidad para lubricar una variedad de partes móviles, enviar manualmente aceite a la transmisión, regular la bujía, ajustar el cebador, abrir la válvula, empuñar la manivela y saber qué hacer en caso de que el auto se rompiera, lo cual sucedía en todos los casos En esa época, la gente contrataba choferes, explica Corn, principalmente porque necesitaba tener un mecánico a mano para reparar el automóvil, al igual que las firmas hoy en día necesitan personal de sistemas y los hogares necesitan adolescentes para descifrar sus computadoras.

Para la década de 1930, sin embargo, el automóvil se había vuelto más fácil de usar y estaba listo para el mercado masivo. Dos cosas en particular habían hecho esto posible. La primera fue el surgimiento, la propagación y la eventual ubicuidad de una infraestructura de apoyo para los automóviles. Esto incluía una red de calles y autopistas decentes, y de estaciones de servicio y talleres mecánicos. La segunda fue la creciente habilidad de los fabricantes para ocultarles la tecnología a los conductores. Ford demostró ser especialmente bueno en esto. Irónicamente, significaba que los automóviles se volvían enormemente más complejos en el interior, debido a que la mayoría de las tareas que antes eran llevadas a cabo por los conductores tenían que ser hechas ahora en forma automática. Esto puso a los conductores en contacto con una superficie radicalmente simplificada, o "interfaz", en la jerga de hoy en día, en la que lo único que tenían que hacer era girar la llave del encendido, poner su pie en el acelerador, freno, embrague y cambiar la marcha —y luego de 1940, cuando se introdujeron las transmisiones automáticas, incluso el cambio de marcha se volvió algo opcional—. Otra tecnología instructiva es la electricidad. En sus primeros años, aquellas empresas y hogares que podían costearlo poseían sus propios generadores. Mantenerlos andando se convirtió rápidamente en un trabajo de tiempo completo. A principios del siglo XX, escribe Nick Carr, autor de un libro titulado *Does IT Matter?*[1], la mayoría de las compañías poseían un alto puesto administrativo llamado "vicepresidente de electricidad", un equivalente aproximado de ls actuales "gerente de información" (CIO) y "gerente de tecnología" (CTO). Luego de una generación, sin embargo, los generadores y los vicepresidentes desaparecieron a medida que la electricidad se volvió accesible mediante la red de suministro, permitiéndoles a los usuarios ocuparse tan sólo de la más simple de las interfases, la toma eléctrica.

Basta de nerds
La evolución de estas tecnologías guarda algunas lecciones para la industria informática actual. La primera observación, según Norman, "es que en los primeros tiempos de toda revolución tecnológica los ingenieros tienen el control, y sus consumidores suelen ser los adoptantes precoces. Pero el mercado masivo está constituido por los adoptadores tardíos. Ésta es la razón de por qué Thomas Alva Edison, un genio de la ingeniería, fracasó miserablemente en los negocios". De modo semejante, en la informática actual, afirma Papadopoulos, de Sun Microsystems, "el problema más grande es que la mayoría de las personas que crean estos artefactos son *nerds*. Quiero ver más artistas creando estas cosas".

La "adicción informática" que predomina en los estadíos iniciales de toda nueva tecnología conduce a una grave aflicción que Paul Saffo, un visionario de la tecnología del Instituto para el Futuro, en California, llama "funcionitis" (*featuritis*). Por ejemplo, en una encuesta reciente, Microsoft halló que la mayoría de los consumidores utilizan sólo el 10% de las funciones que ofrece el Microsoft Word. En otras palabras, el 90% de este *software* es un desorden que oscurece las pocas funciones que la gente de hecho quiere. Esto viola un principio crucial del diseño. Tal y como Soetsu Yanagi escribió en *El artesano desconocido*[2], su clásico libro escrito en 1972 sobre arte popular, "el hombre es más libre cuando sus herramientas son proporcionales a sus necesidades". El problema más inmediato con la informática actualmente, como con otras tecnologías en estadíos comparables, señala Saffo, es que "nuestros aparatos son muy desproporcionados".

Una segunda lección de historia, sin embargo, es que una gran selección de funciones sería inútil. En calidad de tecnologías, la máquina de coser, el fonógrafo, el automóvil y la red de suministro eléctrico siempre se han vuelto más complejos con el tiempo. Los automóviles actuales, de hecho, son computadoras móviles que contienen docenas de microchips, sensores y otros subsistemas electrónicos que Henry Ford no reconocería. Las actuales redes de suministro eléctrico son tan complejas como invisibles en la vida cotidiana. Los consumidores las notan sólo cuando las cosas salen mal, tal y como sucedió de forma espectacular durante los cortes eléctricos en el noreste de los Estados Unidos y Canadá. "Hay que rechazar la complejidad para que el frente sea simple", afirma Marc Benioff, el director de Salesforce.com, una firma de *software* (ver páginas 101-102). En esta migración de la complejidad, dice Benioff, resuena el proceso de la civilización. Por lo tanto, cada hogar posee al principio su propio pozo y más tarde su propio generador. La civilización convierte los hogares en "nodos" de una red pública que los dueños de las casas aprovechan. Pero la "interfaz" —la canilla de agua, la cadena del baño, el interruptor eléctrico— tiene que ser "increíblemente simple". Toda la administración de la complejidad tiene lugar ahora dentro de la red, de modo que los consumidores ya ni siquiera saben cuándo sus compañías de electricidad o de agua modernizan su tecnología. Por lo tanto, desde el punto de vista del usuario, dice Benioff, "la tecnología atraviesa un proceso gradual de desaparición".

Desde el punto de vista de los vendedores sucede lo contrario. "Nuestra experiencia es que por cada clic del mouse que quitamos del hábito del usuario, veinte cosas tienen que pasar en nuestro *software* detrás de escena", expresa Brad Treat, director ejecutivo de SightSpeed, una compañía que desea hacer que las llamadas telefónicas de video sean tan fáciles para el consumidor como lo es el envío de correo electrónico. Lo mismo se aplica a los centros corporativos de datos. "Así que no esperen algún tipo de catarsis en la eliminación de capas de *software*", manifiesta Papadopoulos. "La forma en que nos deshacemos de la complejidad es mediante la creación de nuevas capas de abstracción y sedimentando lo que está debajo". Esto cobrará formas diferentes para las firmas y los consumidores. Primero, consideren las empresas.

La complejidad vista desde la mirada de un byte

Las infraestructuras informáticas de las compañías contienen una caja de Pandora llena de problemas.

Un modo de apreciar la complejidad caótica que domina las bóvedas informáticas (centros de datos) de las empresas consiste en imaginar, con un poco de licencia antropomórfica, el viaje de una modesta unidad de información digital o byte, mientras emprende su camino en una misión rutinaria a través de un laberinto de computadoras, routers, interruptores y cables. Al comienzo, el byte duerme en un disco especializado de almacenamiento. Este disco puede estar hecho por una empresa como EMC o Hitachi. Ahora suena una alarma y un mensaje muestra que un empleado de la compañía, sentado en una oficina en algún lejano lugar del mundo, ha oprimido algún botón en el *software* de su PC. El byte se despierta y es expulsado de su disco de almacenamiento. Junto con otros miles de millones de bytes, es ahora llevado a través de un túnel llamado "interruptor de almacenamiento". Éste fue fabricado probablemente por una compañía llamada Brocade o McData. Arroja el byte hacia una "tarjeta de interfaz", la cual proviene de otro vendedor, y la tarjeta dirige el byte hacia el interior de una de las tantas computadoras de las oficinas traseras del centro de datos, llamadas "servidores".

Esto provoca en el byte una confusión momentánea, debido a que el centro de datos tiene servidores que fueron montados por diferentes fabricantes, como IBM, Hewlett-Packard, Sun Microsystems o Dell. También posee algunas *mainframes* que son restos de una era antigua. Algunos de estos servidores contendrán un microprocesador fabricado por Intel, mientras que otros funcionan gracias a chips de AMD o Suns's Sparc, y las *mainframes* están usando chips de IBM. Para su sistema operativo, algunos de los servidores usan Windows; otros, Linux o Solaris o un tipo más oscuro de *software* Unix, y las *mainframes* funcionan gracias a su propio sistema patentado.

El byte es catapultado a esta mezcla heterogénea y, con suerte, encuentra el servidor apropiado. Mientras llega a esa máquina, es centrifugado por una capa de *software* de "virtualización", que posiblemente provenga de una compañía llamada Veritas. Este programa realiza sobre el byte un rápido chequeo para saber si se debe recuperar una copia de una cinta de seguridad o de otra red, probablemente bastante lejana, establecida para protegerse contra desastres, como los terremotos. Esa cinta proviene probablemente de StorageTek.

Una vez que se haya pasado por todo esto, el servidor dispara el byte hacia otra computadora y hacia el interior de un programa de base de datos. Es probable que esta base de datos sea de Oracle o IBM. El byte rebota luego hacia otro servidor que ejecuta un grupo de programas llamados "middleware", los cuales pueden haber sido programados por BEA Systems, IBM o TIBCO. El "middleware" ahora le entrega el byte al *software* de aplicación del empleado que comenzó este viaje con su clic. Ese programa de aplicación puede ser de SAP, PeopleSoft, Oracle, Siebel o de muchas otras compañías. Justo cuando el byte llega a destino, mareado y aturdido, el empleado hace clic nuevamente, y comienza otro viaje a través del laberinto.

Lenguas tergiversadas

Pero el pobre byte no sólo tiene que navegar a través de un laberinto; también tiene que lidiar con Babel. Cada vez que se mueve, tiene que superar todavía otro centinela, llamado "interfaz", contratado por quienquiera que sea el vendedor que haya sido subcontratado para construir esa intersección en particular. Estos centinelas exigen diversas contraseñas, llamadas "protocolos", y hablan diferentes lenguajes. En otras palabras, el byte tiene que viajar con una valija llena de diccionarios. Con suerte, puede hacer progresos al hablar una "lingua franca", como Java o .net, y al esgrimir contraseñas ampliamente utilizadas que constituyen, en Internet, el equivalente del apellido de soltera de la madre.

Tarde o temprano, el byte se cruza con centinelas realmente anacrónicos, sistemas tradicionales llamados "legados". Según los cálculos de *InfoWorld*, una publicación comercial, cerca de la mitad de los actuales datos de empresas aún dependen de *mainframes*, posiblemente compradas hace décadas. Y muchas compañías aún utilizan *software* diseñado a la medida, programado en los años 80 —antes de que aparecieran los *softwares* envasados en serie— por su propio personal de sistemas, el cual abandonó la compañía hace tiempo, llevándose consigo sus pequeños secretos. En otras palabras, el byte, para seguir en movimiento, tiene también que poder hablar con fluidez el latín, el arameo, el hitita y otras lenguas muertas.

A lo largo del camino, además, se encuentra con una paranoia generalizada. Cada vez que se mezcla con bytes que comenzaron su viaje en las computadoras de otro centro de datos, tiene que atravesar puestos de control, llamados "*firewalls*", que revisan sus documentos de identidad y los comparan con una lista de virus y gusanos informáticos (*worms*), así como con otros bytes nocivos, de modo parecido a como el ejército israelí podría examinar a un palestino que ingresara desde la Franja de Gaza. De hecho, el líder en el mercado de tales *firewalls* es una firma israelí llamada Check Point Software Technologies.

Ocasionalmente, el byte también se verá envuelto en varias capas selladas de encriptación y enviado a su destino como un VPN, o "red virtual privada", sólo para ser desenvuelto con cuidado en el otro extremo. A través del viaje, el byte será seguido de cerca por una especie de Departamento de Seguridad Nacional digital, llamado "sistema de detección de intrusos" (IDS, por sus siglas en inglés).

A medida que pasan los años, cada empresa adquiere un conjunto de aparatos y códigos tan únicos como una huella digital. Luego, las firmas se fusionan y alguien tiene que tratar de unir varios de estos singulares centros de datos unos con otros. Éste es el tipo de cosas que Charles De Felipe realizó en J. P. Morgan, un enorme banco global, en donde fue uno de los directivos de la parte técnica durante 25 años hasta que renunció en julio de 2004. A lo largo de su carrera en dicha entidad, De Felipe fue testigo de nueve fusiones, las cuales amalgamaron en un solo banco nombres alguna vez famosos como Chemical, Horizon, Manufacturers Hanover, Chase, H&Q, Jardine Fleming, J. P. Morgan y, el más reciente, BankOne. "Cada cuatro años, aproximadamente, el escenario entero cambia", señala De Felipe. "El primer día, se fusionan los libros; el segundo día, se realiza el papeleo regulador; y el tercer día, se comienza a hablar acerca de los sistemas". Los primeros dos, dice, son juegos de niños comparados con el tercero. En sus últimos días de trabajo, por ejemplo, se concentraba más que nada en reducir la cantidad de aplicaciones para *desktop*, de un total de 415 a cerca de 40.

Todo esto abre una caja de Pandora llena de problemas. Hay algo en el centro de datos que sale mal casi todo el tiempo. Cuando eso ocurre, los usuarios llaman a gritos al personal de sistemas, el cual tendrá que descubrir en qué lugar de esta cadena de casi infinitas permutaciones el byte se trabó o perdió. Existen *softwares* que pueden llevar a cabo algunas pruebas. Con demasiada frecuencia, sin embargo, regresan con el temible mensaje NTF ("no se encontró ningún problema" o "*no trouble found*"), afirma Kenny Gross, un investigador de Sun proveniente de la industria nuclear, "en la cual *meltdown** no es una metáfora". Esto significa que el personal de sistemas se ve obligado a cambiar los aparatos uno por uno hasta encontrar al villano, lo que puede tardar días, semanas o meses. Los actuales centros de datos son un lío catastrófico, comenta Alfred Chuang, presidente de BEA Systems, una compañía de *middleware* que ayudó a fundar hace una década (su nombre es la A de BEA), con el explícito fin de simplificar los centros de datos. La lucha entre la complejidad y la simplicidad, estima Chuang, "es binaria: o bien todo va a explotar, o bien se va a simplificar". Por el momento, nadie lo sabe. Pero recuerden que el último valor que quedó en la caja de Pandora, una vez que todo lo malvado se había escapado, era la Esperanza.

---

* N. del T.: en informática, el término *meltdown* se refiere a una sobrecarga que causa detenciones en el movimiento de la información en las líneas de la red; mientras que en la industria nuclear designa el recalentamiento del núcleo de un reactor, a causa del cual dicho núcleo se derrite, provocando un escape de radiación. De ahí el juego de palabras.

Si tiene dudas, encárgueselo a otro

La solución definitiva para simplificar su centro de datos es directamente no tener ninguno.

En la actualidad, todo vendedor de tecnología digno no sólo deplora la complejidad, sino que también alega poseer la solución y un nombre dramático apropiado para ella. De esta manera, Hewlett-Packard (HP) habla acerca de su visión para la "empresa adaptable", asistida por el *software* de simplificación de HP llamado OpenView. IBM pregona el amanecer de la informática "a pedido" para las compañías mediante la arquitectura de "informática autonómica" de IBM. EDS, una consultora de informática, ofrece la "empresa ágil". Hitachi propone la "informática armoniosa". Forrester, una firma de investigación, sugiere la "informática orgánica". Sun tienta con un nombre ingeniosamente misterioso: "N1". Dell posee la "informática dinámica" y Microsoft ostenta la altisonante "iniciativa de sistemas dinámicos".

Todas estas palabras de moda *marketineras* conllevan la promesa de ocultar la complejidad de los centros de datos de las firmas, de la misma manera en que los autos y aviones modernos les ocultan su complejidad tecnológica a los conductores y pilotos. Esto es difícil de discutir. Al mismo tiempo, los grandiosos títulos elevan las expectativas a un nivel extremo. Palabras como "orgánica" y "autonómica" suscitan intencionalmente las comparaciones con sistemas biológicos, cuya complejidad está escondida a los ojos de las criaturas que viven dentro de ellos. La consecuencia es que la tecnología digital puede realizar la misma proeza.

Considérese, por ejemplo, la iniciativa de informática autonómica de IBM, lanzada en 2002 por Alan Ganek, un ejecutivo de esta empresa, y la propuesta más ambiciosa en oferta en estos días. La etiqueta está actualmente adherida a cerca de 50 productos diferentes de IBM que incluyen más de 400 funciones. A largo plazo, sin embargo, IBM tiene la ilusión de traer la informática a un nivel en el que ésta imite el sistema nervioso autónomo del cuerpo humano, el que regula la respiración, la digestión, los niveles de azúcar en sangre, la temperatura, la función del páncreas, las respuestas inmunológicas a los gérmenes, etcétera, automáticamente y sin que las personas involucradas sean conscientes de estos procesos. Es, de algún modo, el criterio de medida de la naturaleza para los *softwares* de "virtualización" y el ocultamiento de la complejidad, razón por la cual IBM tomó prestada la metáfora y la modificó ligeramente.

Lo que IBM quiere decir realmente con la palabra "autonómica" en un contexto informático, explica Ganek, se reduce a cuatro objetivos tecnológicos. El primero consiste en lograr que las computadoras y las redes puedan configurarse a sí mismas. Mientras que en la actualidad el personal de sistemas se pasea por el lugar y realiza manualmente tareas tales como insertar CD en las computadoras o juguetear con líneas de comando, IBM quiere que los mismos *hardware* y *software* puedan descubrir cuáles son las configuraciones que faltan e instalarlas automáticamente.

El segundo paso consiste en lograr que los sistemas puedan sanarse a sí mismos. De este modo, la red debería poder diagnosticar problemas automáticamente —por ejemplo, detectar una computadora caída y reiniciarla—. Mientras que en la actualidad el personal de sistemas puede tardar fácilmente varias semanas para diagnosticar un problema mediante la clasificación manual a través de los *logs*, la informática autonómica puede realizar el trabajo en cerca de 40 minutos sin intervención humana, dice Ganek. El tercer objetivo consiste en hacer que los sistemas puedan optimizarse a sí mismos. Esto significa que la red debería saber cómo equilibrar cantidades de trabajo de procesamiento entre los muchos servidores y computadoras de almacenamiento, para impedir que cualquiera de ellas esté inactiva o inundada. Y el último paso consiste en hacer que toda la red pueda "autoprotegerse". En otras palabras, el sistema debería ser capaz, por sí mismo, de anticipar, cazar y matar los virus y *worms* informáticos; de diferenciar el *spam* del correo electrónico legítimo; y de prevenir el "*phishing*" y otros tipos de robo de datos.

Una pizca de sal
La visión es escandalosamente ambiciosa. Si alguna vez se vuelve realidad, IBM (o HP, o quienquiera que llegue primero) habrá logrado en esencia lo que, en el mundo biológico y analógico, ha tomado millones de años de evolución natural para hacerse. No sorprende que muchos expertos se muestren escépticos, mientras señalan el paralelo con la inteligencia artificial (IA), la cual, en la década de los 50, era confiadamente descripta por los científicos como inminente, pero que aún hoy continúa siendo escurridiza. Coburn, de UBS, dice que el parloteo acerca de la informática autonómica le recuerda "a una feria de ciencias de una escuela secundaria", y cree que puede tratarse sencillamente de otra de esas cosas que los vendedores de sistemas "arrojan a la pared para ver qué queda pegado".

Enterrada profundamente debajo de las necedades, sin embargo, existe en efecto una tecnología ampliamente considerada como poseedora de un potencial de simplificación radical. Tal como la rueda, el cierre relámpago y otras tecnologías revolucionarias, la informática parece, a primera vista, engañosamente simple. Incluso su nombre, "servicios web", es tan vago que a los vendedores les resulta complicado construir a su alrededor algún tipo de moda publicitaria para un público profano.

La mejor manera de entender los servicios web radica en dejar de pensar tanto en "web" como en "servicios" y en imaginar, en cambio, bloques para armar de Lego. Estos ladrillitos daneses plásticos de juguete vienen en diferentes colores, formas y tamaños, pero todas las piezas tienen los mismos botones estandarizados y agujeros correspondientes que les permiten ser ensamblados, separados y vueltos a ensamblar en toda clase de formas creativas. La magia de los servicios web, en efecto, consiste en convertir casi cualquier pieza molesta de cualquier caótico centro de datos en una pieza de Lego, para que pueda encajar con comodidad con el resto de los pedazos molestos.

De este modo, los centros de datos que están compuestos por décadas de sistemas tradicionales y máquinas incompatibles pueden ahora ser encajados y desencajados, "Lego por Lego".

En lugar de botones y agujeros, los servicios web utilizan un *software* estandarizado que se envuelve alrededor de los sistemas informáticos existentes. Estos envoltorios hacen varias cosas. En primer lugar, describen cuál es el componente que está dentro y qué es lo que hace. Luego envían esta descripción a un directorio que otras computadoras pueden revisar. Esto permite a estas otras computadoras —las cuales pueden pertenecer tanto a la misma compañía como a proveedores y consumidores independientes— encontrar y utilizar el *software* que está dentro del envoltorio.

Esto elimina el principal embotellamiento que acabó con la informática "B2B" durante la burbuja de las puntocom. "Todo el auge del B2B murió por una sencilla razón: nadie podía lograr que sus malditos sistemas se comunicaran", afirma Halsey

Minor, fundador de Grand Central Communications, una compañía emergente que utiliza servicios web para unir los centros de datos unos con otros. Ahora, dice, sí se comunican entre ellos.

Basta con imaginar, por ejemplo, que una compañía recibe una orden electrónica. La aplicación de *software* debe primero asegurarse de que el comprador tenga antecedentes crediticios adecuados. Por consiguiente, consulta un directorio de servicios web, encuentra un programa de una firma independiente que revisa los niveles de solvencia, se contacta con esta aplicación y descubre que el comprador es un deudor confiable. Luego, el *software* consulta de nuevo el directorio, esta vez para hallar un programa interno que mantenga un registro del inventario del depósito, y descubre que el producto está disponible. Regresa entonces al directorio y busca un servicio externo de facturación, y así sucesivamente hasta que toda la transacción haya sido completada.

La sensación de los "Splat"
Desde hace ya un tiempo, se ha hablado de los servicios web como un modo de simplificar la informática. Recién en los últimos años, sin embargo, ha habido un verdadero progreso sobre el consenso acerca del aspecto más fundamental: los criterios que harán que cada sistema sea visto con familiaridad por todos los demás. En octubre de 2003 se produjo un gran avance cuando las dos superpotencias de la industria, IBM y Microsoft, se subieron juntas a un escenario y establecieron los protocolos que tenían intención de utilizar. Apodados colectivamente como "WS Splat" en los círculos de los adictos a la informática, están siendo ahora adoptados por el resto de la industria.

Esto ha brindado esperanzas de un enorme incremento en su uso en los próximos años (ver Cuadro 3.2). Ronald Schmelzer y Jason Bloomberg, de la consultora ZapThink, consideran que los servicios web se están "acercando a su punto de inflexión", debido a que se benefician de la "externalidad de red: el índice de adopción aumenta en proporción a su utilidad". En otras palabras, al igual que con los teléfonos o el correo electrónico, un sistema de redes con poca gente no es muy útil; pero a medida que más personas se suman, se vuelve exponencialmente más útil y, por consiguiente, atrae a más miembros, y así sucesivamente.

Llevando la idea de los servicios web a su lógico extremo, resulta razonable preguntarse por qué las firmas deberían continuar acumulando sus propios montones de bloques de Lego, muchos de las cuales sólo duplicarán los de sus socios comerciales. Para decirlo de otro modo, ¿para qué tener un centro de datos si todo lo que se desea son los datos? Ésta es una idea bastante nueva para la industria informática, si bien en muchas industrias ya establecidas existe desde hace mucho tiempo. Las personas no ponen cajas fuertes en sus sótanos, pero abren cuentas bancarias. De modo semejante, "la mayoría de las personas no deberían construir sus propios aviones", dice Papadopoulos, de Sun. "No deberían ni siquiera ser sus dueños; de hecho, no deberían ni siquiera alquilarlos; lo que deberían hacer es alquilar un asiento en uno de ellos".

En la informática, el equivalente de alquilar un asiento en un avión consiste en alquilar un *software* como un servicio de firmas especializadas, llamadas "proveedores de servicios de aplicación", o ASP. Estas compañías construyen gigantescos centros de datos para que ninguna otra compañía tenga que hacerlo. El ASP más conocido en la actualidad es Salesforce.com, una firma de San Francisco que hizo su debut en el mercado de valores en junio de 2004. Como su nombre lo indica, Salesforce.com (fuerza de ventas en inglés) se especializa en el *software* que las personas que se dedican a las ventas utilizan para llevar la cuenta de sus pistas del mercado y su informa-

Hacia la ubicuidad — 3.2
Servicios web, % de firmas que los adoptan

- Estados Unidos
- UE
- Región Asia-Pacífico

Pronóstico

2002 03 04 05 06 07 08 09 10
Fuente: IDC

ción acerca de los clientes. Tradicionalmente, las firmas les compran este tipo de *software* a vendedores como Siebel Systems, y luego tratan de integrarlo en sus propios centros de datos. Con Salesforce.com, sin embargo, las firmas simplemente pagan una tarifa mensual, desde US$ 65 por usuario, y se dirigen a la página web de Salesforce.com, de la misma manera en que se dirigen a la de Amazon cuando desean comprar libros, o a la de eBay cuando quieren mercancías de segunda mano.

Este arreglo hace que muchas cosas sean más sencillas. Los usuarios gastan menos tiempo en cursos de capacitación, debido a que ya están familiarizados con la interfaz —en esencia, el buscador web—. "Puedo capacitar al comprador promedio en menos de 45 minutos por teléfono", afirma Marc Benioff, presidente de Salesforce.com, mientras agrega que los paquetes tradicionales de *software* suelen aprenderse en semanas.

El personal de sistemas de la firma que utilice Salesforce.com también tiene menos trabajo. No tiene que instalar ningún *software* nuevo en las propias computadoras de las firmas, y puede dejar que Salesforce.com se preocupe por integrar su *software* con los restantes sistemas del cliente. Incluso la actualización de los *softwares* se torna más sencilla. En lugar de enviarles cajas de CD a sus compradores, Salesforce.com simplemente apaga su sistema por un par de horas en una noche de fin de semana, y cuando los clientes se conectan nuevamente en la mañana del lunes, se encuentran con la nueva versión en sus buscadores.

Como industria, los ASP tuvieron un mal comienzo. La primera generación, nacida durante el *boom* de las puntocom, tuvo problemas para integrar sus aplicaciones con los sistemas tradicionales de sus clientes, y terminó por recrear la complejidad de los centros de datos de éstos en sus propios sótanos. Cuando la burbuja de las puntocom explotó, según Lane, de Kleiner Perkins Caufield & Byers, en Silicon Valley, aquellos primeros ASP colapsaron "porque nosotros, los capitalistas de riesgo, ya no invertíamos en ellos". La segunda generación, sin embargo, parece haber solucionado el problema de la integración, gracias a los servicios web, y está ahora desgranando los segmentos del mercado de *software* uno por uno. IDC estima que el total de los ingresos de los ASP aumentará de 3.000 millones de dólares en 2003 a 9.000 millones para 2008. Tal y como lo ve Minor, de Grand Central, esto posiciona la informática en el mismo camino que otras tecnologías a lo largo de la historia, ya que "la complejidad se concentra en el centro del sistema de redes, mientras que la ventaja se vuelve sencilla".

Ahórrenme los detalles

Existe una enorme brecha entre lo que los consumidores quieren y lo que a los vendedores les gustaría venderles.

Lisa Hook, una ejecutiva de AOL, uno de los más grandes proveedores del acceso tradicional a Internet ("*dial-up*"), ha aprendido cosas extraordinarias escuchando las llamadas realizadas a las mesas de ayuda de AOL. Normalmente, el problema es que los usuarios no pueden conectarse a Internet. La primera pregunta de la mesa de ayuda es: "¿Tiene usted una computadora?". Sorprendentemente, a menudo la respuesta es no, y el cliente estaba tratando de meter el CD de instalación en un equipo de música o en un televisor. La siguiente pregunta de la mesa de ayuda es: "¿Tiene usted una línea de teléfono secundaria?". De nuevo y sorprendentemente, la respuesta suele ser no, lo que significa que el cliente no puede conectarse a Internet debido a que está ocupado la línea al hablar con la mesa de ayuda. Y sigue indefinidamente.

La verdad es que, en Los Estados Unidos, donde casi la mitad de los hogares tienen ya conexiones de alta velocidad ("banda ancha"), estos clientes de AOL son los que se suelen llamar "adoptantes tardíos" o "analógicos". Pero incluso los "nativos digitales" o "inmigrantes digitales" más jóvenes y conocedores pueden brindar sorprendentes revelaciones para aquéllos que tienen oídos para ellas.

Genevieve Bell, una antropóloga que trabaja para Intel, la fabricante de semiconductores más grande del mundo, ha viajado por Asia durante 3 años para observar el modo en que los asiáticos utilizan, o deciden no utilizar, la tecnología. Le sorprendieron especialmente los diferentes modos que los occidentales y los asiáticos tienen de ver sus hogares. Los estadounidenses son propensos a decir cosas como "mi hogar es mi castillo" y a decorarlo como un patio de recreos autosuficiente, según Bell. Los asiáticos eran más proclives a decirle: "Mi hogar es un lugar de armonía", "gracia", "simplicidad" o "humildad". Estos asiáticos retrocedían frente a los aparatos que hacían ruidos o de apariencia ostentosa o intrusiva.

Incluso dentro de las culturas occidentales, Bell, que es australiana, ha encontrado asombrosas diferencias en las perspectivas que las personas poseen acerca de la tecnología. Recientemente, cuando abrió su *laptop* en un café de Sydney para consultar su correo electrónico con la red inalámbrica local mediante la utilización de una tecnología llamada Wi-Fi, que se está propagando rápidamente, de inmediato recibió una burla desde la mesa de al lado: "Eh, ¿acaso te crees famosa?". "Para los estadounidenses, adoptar la tecnología es una expresión de patriotismo, parte de la historia de la modernidad y del progreso", afirma Bell. Para muchas otras personas, es posible que sea sencillamente un problema, o algo directamente pretencioso. E incluso los estadounidenses, quizá más propensos que otros a la adicción al trabajo, pueden frustrarse a causa de la tecnología. Chris Capossela, jefe de productividad de *software* de Microsoft, encargó un estudio en el que algunos oficinistas eran seguidos (con su propio consentimiento) luego de salir de la oficina. Éste mostró que las personas sienten la presión, incluso en sus autos y en sus hogares, de estar a la altura de "la expectativa de estar siempre disponible", explica Capossela. Gracias a la tecnología (laptops, BlackBerries, teléfonos inteligentes, etcétera), dice, "las fronteras del horario de nueve a cinco ya no existen". Esto crea una nueva categoría demográfica: "el consumidor empresarial", para quien no sólo la tecnología se ha vuelto más compleja, sino también su vida entera.

Escuchad, llegan los vendedores

Propongo comparar estos descubrimientos con las visiones tecnológicas que la industria vende actualmente. El mejor lugar para verlas es el "Salón de la Electrónica de Consumo" (CES, por sus siglas en inglés), que se lleva a cabo cada enero en Las Vegas. Durante la mayor parte de la semana, 133.000 visitantes recorren un espacio del tamaño de varias canchas de fútbol americano y se sumergen en cada uno de los 2.500 *stands* de exhibición. Casi todos los visitantes son hombres, y los sanitarios están cubiertos de tarjetas profesionales de acompañantes mujeres. Todo lo demás es una deslumbrante madriguera de pantallas planas, robots que sirven bebidas y otros incontables y extravagantes aparatos. El CES es el lugar en el que todos los que son alguien en la electrónica de consumo, la informática y las telecomunicaciones se acercan a anunciar sus nuevos productos.

Una pequeña parte de estas mercancías llega finalmente a ser utilizada por los seres humanos comunes. Actualmente, los tecnófilos del CES están entusiasmados por dos tendencias en particular. La primera es que cada uno de los dispositivos electrónicos estará pronto conectado a Internet. Esto incluye los productos obvios, como los teléfonos móviles y los televisores, y los menos obvios, como remeras y pañales con pequeñas etiquetas de identificación por radiofrecuencia (RFID, por sus siglas en inglés). Microsoft habla acerca de su proyecto del "automóvil conectado", que evoca imágenes de conductores de autos reiniciándose en la autopista. Pero el rumbo es claro. En el futuro, la mayoría de las personas de los países ricos estará "siempre encendida" y se conectará a Internet mediante algo además de una PC.

La otra gran idea relacionada se refiere a lo que algunos vendedores llaman "el hogar digital" y otros "el hogar electrónico" (*e-home*). El CES de este año estuvo repleto de casas simuladas en las cuales la tostadora, la heladera y el horno conversan de modo inalámbrico con la computadora, los asientos del inodoro se calientan en el momentos indicado y la puerta principal puede ser abierta desde lejos a través de Internet por el dueño mientras está en un viaje de negocios en el extranjero.

El hogar electrónico, sin embargo, tiene que ver más que nada con entretenimiento digital, basado en la premisa de que todos los medios de comunicación están actualmente pasando de la forma analógica a la digital. Esto está sucediendo cada vez más rápido en la fotografía. En los Estados Unidos, para el año 2004 las cámaras digitales ya se estaban vendiendo más que las de cintas fílmicas, y en el resto del mundo se esperaba que el pasaje sucediera en 2005, según IDC. Muchas fotografías digitales que se generan ya necesitan estar guardadas y compartirse.

Otro medio prometedor es la música, que ya está digitalizada (en los CD), pero que también se está vendiendo cada vez más en Internet, ya sea mediante descargas de canciones o de suscripciones, hasta en bibliotecas *online* (ver Cuadro 3.3). Esto provocó el resurgimiento de marcas para el consumidor como Apple, con su enormemente exitosa tienda de música iTunes, y ha recibido recientemente la competencia de Sony, Wal-Mart y Virgin, así como la del antiguo enemigo de Apple, Microsoft. Las películas y la televisión también se están mudando a Internet, aunque con mayor lentitud.

Estas tendencias plantean nuevos problemas de complejidad. El primero es el desafío de conectar todos los aparatos del hogar —la PC, la cámara, las consolas de juegos, los parlantes del estéreo, los televisores e incluso las imágenes electrónicas— mediante una red inalámbrica, de modo tal que puedan compartir todos estos medios digitales sin demasiados problemas. Esto es crucial porque, según Ted Schadler, de Forrester Research, los consumidores están exigiendo "la liberación de la experimentación". En otras palabras, no quieren comprar música o cualquier otro medio si temen que sólo podrán usarlos mientras estén sentados frente a la pantalla de su computadora.

Paul Otellini, el segundo al mando de Intel, expresó el desafío de forma más poética cuando habló en el CES. Intel y sus socios, prometió, no sólo convertirán el hogar en una red Wi-Fi (porque de lo contrario la maraña de cables sería poco atractiva); también será Hi-Fi (porque la fidelidad de sonido y video debe ser buena) y van a Veri-Fi(car) (porque todo debe ser totalmente seguro), Ampli-Fi(car) (porque la experiencia debería alcanzar el jardín, el garaje y el sótano), y, por supuesto, Simpli-Fi(car). Otellini enfatizó este último punto: "Necesitamos hacer esto bien sencillo, a 3 metros, no sólo a 60 centímetros". Esto se debe a que las personas no estarán sentadas a 60 centímetros de la pantalla de la computadora con un teclado, sino a 3 metros de alguna que otra cosa con un control remoto.

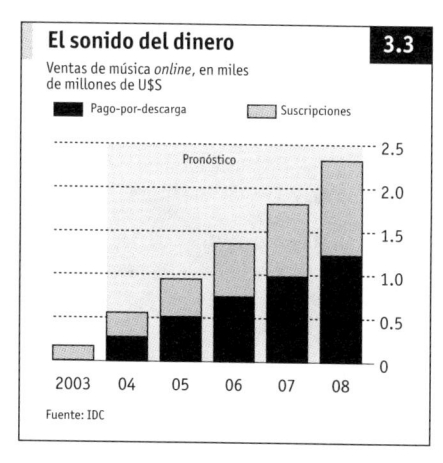

Aún pueden verse los hilos sueltos en la sutura
Pero tan sólo hacer del hogar un centro de comunicaciones no es suficiente. Según John O'Rourke, el director de estrategia para el consumidor de Microsoft, las personas quieren acceso a sus medios en todo momento, inclusive cuando están de viaje. Los aparatos tienen por lo tanto que saber cómo reenviar un llamado telefónico, una canción o *Buscando a Nemo* automáticamente desde el living de la casa hacia el auto. Microsoft llama a esto informática "sin costuras"; otros vendedores la llaman "penetrante". Cuando recientemente O'Rourke probó algunas de las iniciativas de Microsoft en forma fluida en un evento en Silicon Valley, hubo un momento en el que el sistema Windows que estaba siendo proyectado en la pantalla grande mostró un mensaje que anunciaba que el programa había tenido un funcionamiento defectuoso y se estaba cerrando. Eso pareció sonarle conocido al público.

Todo esto hará que la tecnología sea aun más compleja, dado que la banda ancha tiene que funcionar tanto a grandes distancias (para conectarse a Internet y cuando se está deambulando) como a distancias cortas (para conectar aparatos dentro del hogar). Con respecto a lo primero, por el momento los mejores esfuerzos de los vendedores de aparatos, como HP y Motorola, permiten a las redes Wi-Fi dentro del hogar o de la oficina conectarse con las redes de teléfonos móviles en las calles. Las esperanzas también son altas en torno a una nueva tecnología inalámbrica llamada WiMax, la cual posee un alcance de 50 km (comparada con los 90 metros del Wi-Fi), y podría por lo tanto proveer cobertura que abarque ciudades enteras.

Irónicamente, conectar aparatos a corta distancia de un modo sencillo puede ser más complicado de lo que parece. Incluso en la actualidad, la conexión de redes con cables y PC no es para los cobardes ni para los mayores de 25. "La mayoría de los consumidores no posee verdaderas redes en sus hogares; tan sólo se reparten sus accesos a

Internet", explica Kurt Scherf, de Parks Associates, una consultora de tecnología para consumidores. No bien el sistema de redes se transforma en inalámbrico y los "nodos" incluyen equipos de DVD, televisión y audio, la tarea se vuelve desalentadora. Cuando Walter Mossberg, un crítico de artilugios para el consumidor, trató recientemente de conectar su PC al equipo de música mediante un elaborado aparato inalámbrico llamado Roku SoundBridge, éste le preguntó si su contraseña estaba en ASCII o en Hex. Mossberg, sin poder encontrar una respuesta, abandonó el experimento.

La ayuda puede estar en camino mediante la llamada banda "ultra ancha", otra tecnología inalámbrica prometedora que podrá conectar aparatos a cortas distancias y a velocidades fugaces. Sin embargo, incluso cuando la banda "ultra ancha" esté disponible, muchas cosas tendrán que pasar antes de que la instalación de un hogar electrónico se vuelva algo sencillo. Las industrias de la informática, las conexiones de red y la electrónica de consumo deben ponerse de acuerdo acerca de los criterios, protocolos de comunicación y *softwares* registrados compatibles. El desafío se complica con los hábitos de compra de los consumidores. En la actualidad, la mayoría de los vendedores están vendiendo de puerta en puerta una "estrategia *my-box-only*, con un diseño altamente elaborado", comenta Schadler, de Forrester, pero "nadie compra tecnología de esta forma, de golpe, sobre todo con beneficios que se verán en el futuro no muy cercano". En cambio, afirma, los consumidores tienen sus presupuestos y "agregan funciones de red en el hogar a la medida de un aparato barato por vez". Sólo Apple, con aparatos como su AirPort Express de US$ 129, una amorosa cosita que se enchufa discretamente a un tomacorriente y provee archivos de iTunes desde una PC al equipo de música, entiende esto, señala Schadler.

Para otros vendedores, esto puede resultar mortífero. Si venden productos complejos a los consumidores de puerta en puerta, los costos de mantener sus propias líneas de atención al cliente (cada llamada les cuesta cerca de US$ 30) devorarán sus ganancias, y los consumidores pueden llegar a terminar enojados con la marca de todos modos. En cambio, como con cualquier otra tecnología para consumidores en la historia, dice Scherf, de Parks, el hogar digital "debe volverse invisible para el consumidor" si quiere tener éxito. Entonces, ¿qué es lo que el consumidor debe ver?

La prueba de la madre

El punto de referencia de los "adictos a la informática" para la verdadera simplicidad.

Con respecto al correo electrónico, no fue sino hasta que mi madre pudo usarlo que se volvió omnipresente. La verdadera prueba siempre es la prueba de la madre", sostiene Brad Treat, el jefe de SightSpeed, una compañía de Internet de video. "Si mi madre enloquece por alguna cosa del tipo de Skype...", comienza diciendo Michael Powell, regulador de medios y telecomunicaciones de los Estados Unidos, al contestar una pregunta acerca de la telefonía de Internet. "Si mi madre va a usarlo...", empieza Ray Lane, un inversionista en capitales de riesgo (*venture capital*), cuando le preguntaban si ésta o aquella tecnología tenía algún futuro. Las madres aparecen con sorprendente continuidad en las conversaciones de Silicon Valley. Ya sea debido a su inigualable sabiduría; o porque la industria de la informática está repleta de hombres que están tan ensimismados en la tecnología como para haber conocido a muchas mujeres además de sus madres; o a causa de una tendencia misógina que supone que las mujeres de cierta edad son analógicas, duras de roer, es un punto discutible.

También las abuelas, hermanas, hijas adolescentes y otros parientes femeninos ocupan su lugar. Lane, por ejemplo, no solo cree en la prueba de la madre, sino que tiene también una "teoría de la hermana" para explicar la inercia del mercado. Esto se debe principalmente a que tiene una hermana que tuvo una larga carrera como ejecutiva de una aerolínea estadounidense, en la cual "peleó con cada cambio tecnológico durante más de 30 años, aunque no podría decir por qué".

Es la madre, sin embargo, a la que más se invoca —aun si no se le presta necesariamente atención. Según una leyenda de la industria, Steve Ballmer, el ahora principal directivo de Microsoft, dirigió una prueba de la madre antes del lanzamiento del Windows '95, utilizando a la suya propia como conejillo de indias. Cuando terminó de probarlo, la señora Ballmer preguntó: "¿Cómo lo apago?". Su hijo, un tanto irritado, señaló el botón de inicio. "¿Hay que ir al botón de inicio para apagarlo?", preguntó la madre, bastante perpleja. Pero hoy en día, varias versiones de Windows más tarde, todavía se hace así.

Hablando metafóricamente

¿De qué sirve toda esa información electrónica si no es posible llegar hasta ella?

Los dos triunfos más grandes de los últimos tiempos en lo que respecta a las tecnologías para el consumidor son una página en blanco y una rueda. La página en blanco pertenece a Google, el buscador más popular del mundo; la rueda, al iPod de Apple, el aparato de música portátil con disco rígido más popular del mundo. Ambas forman parte de las llamadas "interfases": umbrales metafóricos a través de los cuales los humanos ingresan y navegan a través de un tipo de tecnología. Ambas son también ilustraciones de la simplicidad que oculta la complejidad por debajo.

Se cuenta que la página en blanco surge del modo siguiente. En sus inicios, Google no paraba de recibir extraños correos electrónicos anónimos que contenían sólo el número 53. A veces dejaban de llegar, luego empezaban de nuevo. Finalmente, uno de los genios de Google descubrió que los correos electrónicos llegaban cada vez que Google había realizado cambios en la página principal de su web que expandían la cantidad de palabras más allá de 53. El consejero anónimo le estaba pidiendo a Google que minimizara el desorden (aunque por qué eligió el 53 como el punto límite sigue siendo un misterio). En agosto de 2004, Google hizo el debut de una firma tecnológica en el mercado de valores más grande en la historia. La actual cuenta de palabras de google.com es de 27.

En lo que respecta al iPod, "es exitoso porque es simple", sostiene Paul Mercer, el cerebro detrás de su interfaz y el fundador de Iventor, una firma de diseño tecnológico. "Hace pocas cosas, pero algunas de ellas son sutiles, y es fluido". La simplicidad proviene de la misma rueda; la sutileza, de funciones como la aceleración incluida en la rueda, de tal modo que ésta parece sentir si el usuario desea desplazarse por las canciones lenta o rápidamente. El genio reside en lo que está ausente: no hay un botón de "desplazamiento rápido". En cambio, dice Mercer, la tecnología "se materializa sólo cuando se la necesita" y, por consiguiente, "parece intuir" la intención del usuario.

Google y el iPod tienen éxito porque cada uno rescata a los consumidores de un agujero negro de complejidad particular. Google lo hace al poner una página en blanco sobre el gúgol (el número 1, seguido de 100 ceros) de páginas web potenciales. El iPod lo logra al permitirles a los melómanos, en efecto, llevar consigo todos sus CD en el bolsillo. Ambas soluciones requieren un enorme equipo tecnológico tras bambalinas. Se presume que Google maneja cerca de 100.000 servidores. Y Apple tuvo que configurar el iPod para que pudiese comunicarse en forma fluida y automática con el iTunes, la aplicación de música que funciona en las PC de los usuarios. Para transferir canciones desde la PC al iPod no se necesita más que enchufar un solo cable (ambas compañías, dicho sea de paso, son conocidas por su discreción y se negaron a ser entrevistadas para este artículo).

Más fracasos que éxitos

Quizá lo más asombroso de Google y el iPod, sin embargo, sea el hecho de que se destaquen tanto. Existen muy pocos otros ejemplos de interfases que hayan abierto nuevas vías para que la tecnología pueda modificar el comportamiento humano. No obstante, avances de esta escala son necesarios si los vendedores de tecnología han de ver sus visiones volverse realidad. Esas visiones, cabe recordar, suponen que las personas se conectarán cada vez más mediante dispositivos distintos de la PC. Estos aparatos tendrán o bien pantallas más chicas, como los iPods, los teléfonos móviles o los relojes, o bien grandes y más lejanas, como los televisores o incluso, Dios no lo permita, los parabrisas de los automóviles.

Las pantallas pequeñas requieren simplicidad por dos razones, según Mercer. La primera es la "falta de terreno", esto es, un espacio muy restringido, que no entra mucho en la pantalla a la vez. La otra es que el método de entrada es diferente, debido a que es o bien un pequeño teclado o ninguno. Mary Czerwinski, una psicóloga cognitiva de Microsoft que se autodenomina "jefa de visualización e interacción", también ha hallado grandes diferencias de género. Sea cual fuere la razón, las mujeres sufren con las pantallas pequeñas, mientras que a los hombres les va tan bien con ellas como con los monitores de la PC.

Las pantallas grandes, por su parte, necesitan simplicidad porque tienden a estar más lejos que un monitor de PC y a ser operadas mediante un control remoto, o por el contexto en el que pueden llegar a ser utilizadas. "La simplicidad es una exigencia cuando uno está al volante", afirma Jack Breese, el director de investigación de Microsoft.

Sin embargo, incluso para la PC tradicional se necesita una nueva interfaz. La "metáfora" actual, en la jerga de los diseñadores, de una superficie de escritorio se manifestó con el descubrimiento comercial clave de Apple que inició la era de la PC en 1984. Esta amplia metáfora se prestó también a submetáforas, que incluyen objetos-íconos, como la papelera de reciclaje (también una creación de Mercer cuando trabajó para Apple en la década de los 80), carpetas y archivos. Microsoft copió finalmente estas metáforas y las llevó al mercado masivo, ayudando en consecuencia a que millones de usuarios de computadoras fueran más productivos.

Pero ahora que la era de Internet, en la que todo está conectado, está reemplazando a la de la PC, en la cual las computadoras estaban mayormente aisladas, estas viejas metáforas se están volviendo cada vez más redundantes. Las PC se están convirtiendo en abarrotados depósitos de fotografías familiares, canciones, correos electrónicos junto a documentos de word y hojas de cálculo, y señalan ubicaciones tanto en sus propios discos rígidos como en computadoras lejanas. Esto es demasiado como para poder seguirle el rastro en un escritorio. "Hacer que todo se vea es fantástico cuando uno tiene sólo 20 cosas", escribe Norman en The Invisible Computer. "Cuando se tienen 20.000, no hace más que aumentar la confusión. Si se muestra todo a la vez, el resultado es el caos. Si no se muestra todo, las cosas se pierden".

La metáfora del escritorio se desploma bajo el peso de la sobrecarga de información, comenta Tim Brown, el jefe de IDEO, una firma de diseño en Silicon Valley. "Buscar, en el viejo sentido de la palabra, se vuelve inútil", dice, y "filtrar se convierte en algo esencial". Esto se aplica tanto a los elementos almacenados en la PC del usuario como a aquéllos que están en Internet, ya que, en un mundo siempre encendido, la distinción se vuelve irrelevante.

Por eso el entusiasmo por Google. Sus algoritmos han estado hasta ahora solamente dirigidos a las páginas web, pero se planea implementar su tecnología de búsqueda para ayudar también a las personas a encontrar sus propios documentos. Google está actualmente lanzando el Gmail, un servicio gratuito de correo electrónico que ofrece un gigabyte de almacenamiento gratis. Éste podría ser un primer paso hacia permitir a los consumidores almacenar toda su información en los servidores de Google, en donde será fácil de buscar, en lugar de en sus propias PC. En una medida paralela, a principios del mes Google ofreció *software* gratis que busca en los discos rígidos locales de los usuarios de PC y muestra los resultados de forma bastante parecida a una búsqueda en la web.

Naturalmente, esto ha hecho temblar a Microsoft, cuyo sistema de Windows hace funcionar el 94% de las PC del mundo y que se ve a sí mismo como el rey del escritorio. Sin embargo, Microsoft comprende la amenaza que la sobrecarga de información supone a las metáforas actuales de Windows. Bill Gates, el presidente de Microsoft y jefe del *software*, considera esta crisis de interfaz como uno de los más grandes desafíos para su firma, junto con los agujeros de seguridad del Windows y, quizá, la amenaza de Linux, un sistema operativo de código abierto. Su plan consistió, por lo tanto, en introducir nuevas metáforas en la próxima versión de Windows, cuyo nombre en código es "Longhorn". En lugar de archivos y carpetas, utilizará nuevos y elaborados algoritmos de búsqueda para guiar a los usuarios a través de sus PC. Esta tecnología, llamada "WinFS" (cuyo significado es o bien "sistema de archivos" o "almacenamiento futuro"), iba a transformar a Longhorn en una base de datos relacional para que los usuarios no necesitaran más recordar el lugar donde guardan sus cosas, ya que la interfaz recuperaría automáticamente la información para ellos según fuera necesario.

Desgraciadamente, en agosto de 2004 Microsoft anunció que Longhorn se pospondría hasta 2006, y que su joya, WinFS, había sido eliminada del todo de aquél. Alegremente, los rivales se refieren a Longhorn como "Longwait" ("larga espera") o bien como "Shorthorn" ("cuerno corto").

Mi amor, tenemos que hablar
Incluso los sinsontes (especie de ave norteamericana) no pueden ponerse de acuerdo acerca de qué metáfora debería reemplazar al escritorio. Una de las favoritas parece ser una especie de "asistente personal". Pero eso podría prometer demasiado, porque lo que hace útiles a los asistentes de la vida real es que son capaces de entender las rudimentarias incoherencias de sus jefes. En informática, según Breese, de Microsoft, "el santo grial de la simplicidad es yo-sólo-quiero-hablar-con-mi-computadora", de tal forma que ésta pueda "anticipar mis necesidades". El término técnico para esto es "reconocimiento del habla". "El habla vuelve más profunda la pantalla", explica X. D. Huang, el experto de Microsoft en el tema. "En lugar de un menú desplegable limitado, miles de funciones pueden traerse al primer plano".

El único problema es que la idea es casi con certeza impracticable. La gente confunde el reconocimiento del habla con la comprensión del lenguaje, argumenta Norman. Pero para alcanzar una comprensión del lenguaje, primero hay que resolver el problema de la inteligencia artificial (IA), que ha escapado a los científicos por medio siglo. De hecho, el desafío va más allá de la IA, según Norman, y hacia el corazón de la semántica. Piénsese tan solo en la dificultad que presentaría el enseñarle a alguien a atarse los cordones o a plegar un objeto origami mediante el solo uso de las palabras, sin un diagrama o una demostración. "En realidad, pensamos que los sistemas de comprensión del habla suman una lectura de la mente", expresa Norman, "Y no sólo la lectura mental de pensamientos, sino de pensamientos perfectos, de soluciones a problemas que todavía ni siquiera existen". La idea de que el reconocimiento del habla es la clave de la simplicidad, sostiene Norman, es por lo tanto "directamente tonta".

Concluye que la única manera de alcanzar la simplicidad consiste en poseer artefactos que explícita y orgullosamente hacen menos (a estos los llama "dispositivos de información"). Podría decirse que el iPod le da la razón. Su éxito hasta el momento deriva de su relativa modesta ambición: pasa canciones, pero no hace mucho más que eso. Siguiendo esta idea, otros vendedores, como Sun Microsystems, han estado promocionando durante años aparatos radicalmente reducidos a lo esencial llamados "computadoras de red" o "clientes finitos", los cuales no hacen más que acceder a Internet, en donde puede hallarse la verdadera acción. Tales discursos horrorizan a firmas como Microsoft, cuyas fortunas financieras dependen de que los clientes se vuelvan más burros para poder así vender actualizaciones de *software*. Pero, al fin y al cabo, los minimalistas pueden estar en lo cierto.

Escuchando voces

Los viejos y simples sistemas telefónicos se están volviendo redundantes.

Sara Baumholtz vive en Hawai y quiere mantenerse en contacto frecuentemente con su joven nieta de Pennsylvania. Por eso, Baumholtz, una "analógica" por instinto, se volvió una "inmigrante digital". Con la ayuda del *software* de SightSpeed, una firma californiana que finalmente está haciendo que las videollamadas sean fáciles de usar para el hombre común, Baumholtz ahora habla con aquel distante bebé y le hace caras a través del monitor de su PC y su cámara web. Y dado que no utiliza una línea telefónica y que su acceso de banda ancha a Internet está siempre encendido, ya no se preocupa por "cortar", permaneciendo conectada con Pennsylvania a lo largo del día. Eso la hizo pensar. "No me sorprendería si diera de baja el teléfono", comenta.

Baumholtz representa la vanguardia de una tendencia con consecuencias que son de largo alcance y suelen ser subestimadas. La telefonía, como una tecnología autónoma y como una industria, desaparecerá gradualmente. "Dentro de diez años, la misma idea del telefoneo o del número telefónico podría extinguirse", afirma Paul Saffo, del Instituto para el Futuro de Silicon Valley. "La mensajería instantánea (IM), el audio IM, el video IM, ¿qué es una llamada? Será posible cliquear un ícono y hablar, como cuando se encuentra uno con alguien en el pasillo". O como Baumholtz ya hace.

En la actualidad, la mayoría de las personas realizan llamadas telefónicas en el "viejo y simple sistema telefónico", en el cual los operadores abren un circuito especial entre los interlocutores, quienes pueden estar en la habitación de al lado o en países diferentes. Este sistema de redes consiste en un conjunto de tubos que está separado de Internet. Sin embargo, las conversaciones de voz también pueden ser enviadas a través de Internet, en la misma forma en la que viajan los correos electrónicos. La voz del interlocutor es fragmentada en paquetes de información digital que son direccionados por separado hacia sus destinos y rearmados en el otro extremo.

En su forma pura, tales conversaciones son llamadas "telefonía de Internet". Esto puede incluir una videollamada entre dos clientes de SightSpeed, o una llamada de voz entre dos computadoras que utilizan *software* de Skype, una firma europea de rápido crecimiento. Sin embargo, esta forma pura todavía es poco común, ya que la mayoría de las personas utilizan sus teléfonos tradicionales, lo que requiere que la gente llame desde una PC o un teléfono de Internet para poder "cruzar" hacia la red telefónica. El término abarcativo de tales llamadas híbridas es "protocolo de voz sobre Internet" o VOIP. Éste es un servicio brindado por compañías como Vonage, una prestigiosa empresa emergente de Nueva Jersey. Permite a sus clientes enchufar sus viejos teléfonos a un adaptador que redirecciona la llamada a través de Internet y cruza nuevamente, de ser necesario, hacia la red telefónica en el otro extremo.

En el pasado, el VOIP no tuvo gran reputación entre los consumidores, que, de hecho, casi no habían escuchado hablar de él. Los actuales teléfonos de línea fija son dispositivos relativamente sencillos, y los auriculares de los teléfonos móviles compensan su complejidad adicional con la ventaja de la movilidad, de tal modo que no parece haber una aguda necesidad de cambiar el *statu quo*. La telefonía de Internet, por el contrario, todavía evoca imágenes de adictos a la informática jugueteando con las configuraciones de sus computadoras para hablar con otros adictos a la informática. E incluso si la nueva generación de proveedores de VOIP, como Vonage, está en realidad simplificando las cosas a primera vista, en realidad parecen ser meros substitutos de las actuales empresas de telecomunicaciones. Actualmente, su gran punto de venta no es la simplificación, sino el bajo costo, dado que el VOIP es más barato que los teléfonos convencionales, y la pura telefonía de Internet es gratis. Ésa es razón suficiente para que algunos consumidores hagan el cambio (ver Cuadro 3.4).

Las compañías se sienten atraídas al VOIP por sus bajos costos en primer lugar, pero también descubrirán rápidamente su mágica simplificación. Esto comienza tras bambalinas. Hoy en día, las compañías necesitan mantener cuatro infraestructuras de comunicaciones separadas. Una es la red de información; otra es un "sistema telefónico privado" (PBX, por sus siglas en inglés) para llamadas telefónicas externas; una tercera es una "distribuidora automática de llamadas" (ACD, según sus siglas en inglés); y la cuarta es un sistema de correo de voz. Al cambiarse al VOIP, las compañías pueden abandonar todo menos su red de información, lo cual hace que el mantenimiento sea muchísimo más simple para el personal de sistemas. Por ejemplo, los empleados pueden "iniciar sesión" con su teléfono desde cualquier cubículo o escritorio, mientras que ahora cualquier movimiento en la oficina causa gastos e interferencias. Según la consultora Meta Group, el 63% de las compañías estadounidenses (incluyendo a gigantes como Boeing y Ford) ya se ha cambiado a la telefonía de Internet, del todo o en parte. No les toma mucho a los empleados de las compañías con VOIP encariñarse con todas sus otras ventajas. La actual generación de VOIP utiliza una tecnología llamada "protocolo de inicio de sesión" (SIP, por sus siglas en inglés), la cual une la voz con otros programas de *software*, como el correo electrónico, la mensajería instantánea, el calendario y otras aplicaciones de colaboración. En otras palabras, cualitativamente, el VOIP tiene menos en común con los teléfonos que con, digamos, el Microsoft Outlook o el Hotmail. Esto hace que la vida de un ocupado ejecutivo sea más simple de varias maneras.

Fuerte y claro 3.4
Suscriptores locales de VOIP en los Estados Unidos, en millones
Fuente: The yankee group

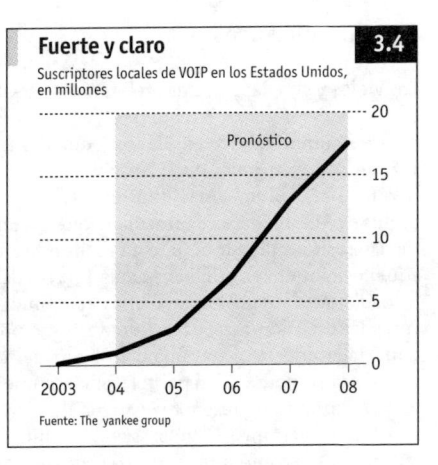

Todo en uno
En un mundo de telefonía tradicional, los empleados pueden fácilmente pasar algunas horas por semana revisando sistemas separados de correo de voz en la oficina, en el hogar y en sus teléfonos móviles; también deben prestarle atención a los faxes y a sus *beepers*. Para hacer un llamado, normalmente van al *software* de sus contactos y luego ingresan manualmente un número en su teléfono, quizá buscando un código de país primero. "*Phone tag*", el juego que juegan las personas que intentan y fallan al localizarse una a otra en sus teléfonos, causa frustración todos los días. Programar una teleconferencia aún agota a muchos de los trabajadores en los cubículos. Llamar mientras se viaja es complicado si involucra teléfonos de línea fija, y es caro (e irregular) con un teléfono celular.

En un mundo de VOIP, por el contrario, hay una bandeja de entrada universal para correos de voz, correos electrónicos y el resto de los mensajes, los cuales pueden ser revisados desde cualquier buscador de Internet. Los usuarios pueden guardar sus mensajes de voz, contestarlos utilizando texto, video o voz, hojas de cálculo para adjuntar y presentaciones para sus voces si resultara apropiado. Los números ya no son necesarios, ya que al SIP le gustan los nombres. Iniciar un llamado, ya sea a una persona o a varias, requiere tan sólo un único clic sobre un nombre o un ícono. El *"phone tag"* se ha convertido en una cosa del pasado. Viajar también ha dejado de ser un problema: el usuario simplemente se "conecta" a su teléfono donde sea que haya una conexión a Internet.

Debido a que la conexión hoy en día tiende a estar siempre encendida, además, las personas comienzan a cambiar su comportamiento. Los usuarios se mantienen permanentemente conectados con la gente de su aplicación de contactos (tal y como lo hace Baumholtz con su nieta), ejerciendo aquello que Rich Tehrani, un experto en VOIP, llama "telefonía de ambiente". No estarán hablando todo el tiempo, señala Tehrani, pero "intensificándose" y "desintensificándose" con fluidez entre diferentes niveles de interacción. Una conversación entre varios colegas puede comenzar con un par de mensajes de texto instantáneos, luego ascender a una llamada de voz o video, aletargarse después algunas horas con íconos ubicados en la parte inferior de la pantalla, más tarde empezar de nuevo, y así sucesivamente. Es más bien como compartir una oficina o una cocina.

Fundamentalmente, el SIP también permite formalidades sociales y comerciales mediante una función llamada "presencia". Por ejemplo, un interlocutor que busca en su *software* de contactos podría ver algunos nombres (o fotografías) en rojo, lo que le indica que están ocupados, por lo que no los llamará, pero puede dejarles en cambio un mensaje de texto o de voz. Otros contactos, como los miembros de la familia, pueden aparecer en amarillo; es decir, ocupados pero disponibles en caso de emergencia. Otros podrían estar en verde, indicando que, según sus calendarios, están todos dentro de la misma teleconferencia. Mediante un simple clic, el interlocutor puede unirse automáticamente a esa conversación. De este modo, sostiene Tim Brown, el jefe de IDEO, una gran firma de diseño tecnológico, el VOIP puede "hacer que la tecnología sea educada": menos intrusiva, más humana y, por lo tanto, más fácil de convivir con ella.

En la próxima década, según Donald Proctor, responsable de VOIP en Cisco, la productora más grande del mundo de equipos para sistemas de redes, el VOIP puede alcanzar un punto crítico, cuando millones de "guerreros de cubículo", para entonces persuadidos de las ventajas del VOIP, decidan llevar la simplicidad de las comunicaciones "convergentes" a sus hogares y desconecten sus servicios tradicionales. Un momento evidente para semejante paso puede ser cuando las personas se mudan de hogar y se hartan de perder una hora escuchando la música de espera de su empresa de servicios para luego desconectar y reconectar una línea física de teléfono.

El VOIP, dicho de otro modo, está en la actualidad más o menos en el lugar donde estaba el correo electrónico hace una década. Algunas personas predecían que el correo electrónico llevaría hacia la democracia mundial, si no al nirvana, mientras que los escépticos analógicos insistían en que se trataba tan sólo de una alternativa "sin papel" a los memos de las oficinas. Más tarde, la gente comenzó a llevar sus costumbres con el correo electrónico desde las oficinas hacia los hogares. Desde entonces, el correo electrónico se ha vuelto radicalmente más simple, desligado de la geografía y ubicuo. Ha hecho que la comunicación con amigos lejanos sea gratis y sencilla (si bien podría decirse que tiene ahora que defender esa ventaja frente al *spam*). Y a medida que se ha simplificado, ha tornado más simple la vida de los usuarios.

El VOIP tiene el mismo potencial. Puede no ser aún para todo el mundo, pero durante la próxima década, a medida que lo enmarañado de conectarse a Internet (ya sea a través del aire, el tomacorriente, la vieja toma telefónica, el dispositivo de seguridad de la televisión por cable o por satélite) haya sido resuelto, esa conexión será, cada vez más, el único vínculo necesario. Comunicarse, mediante la voz o cualquier otro medio, será gratuito. Pero ¿será más sencillo? Pregúntenle a Baumholtz.

La sangre de los titulares

A la espera de un punto de destrucción creativa.

Oficialmente, cualquier alto ejecutivo de las actuales industrias de la informática, electrónica de consumo y telecomunicaciones proclama hoy en día que su empresa está a la cabeza de la carrera hacia la simplicidad. Pero ¿son esas declaraciones justificadas? En teoría, afirma Ray Lane, un inversor en capitales de riesgo, la compañía en mejores condiciones para ofrecer simplicidad debería ser Microsoft. Controla prácticamente todas las PC y las *laptops* del mundo (aunque sólo algunas porciones más pequeñas de teléfonos móviles, computadoras de mano y servidores), por lo que si su *software* se volviera más sencillo, todo lo demás también lo haría. La amarga ironía, comenta Lane, es que Microsoft es una de las compañías con menor probabilidad de realizar avances en simplificación. "No puede devorarse a sí misma", señala Lane. "Se enfrenta al dilema".

¿Y cuál es el dilema? En estos días, cada vez que alguien de la industria informática menciona esa palabra, inmediatamente se comprende la referencia al libro *The Innovator's Dilemma*[1], de Clayton Christensen, un profesor de la Harvard Business School, quien desde entonces lo ha continuado con una segunda parte, *The Innovator's Solution*[2]. Dicho rápidamente, el dilema es el siguiente: las empresas que tienen éxito durante una generación de innovaciones casi inevitablemente se hallan paralizadas por su propio éxito y así condenadas a salir perdiendo en la nueva ola de innovación. De la misma manera en que "desestabilizaron" a las líderes de la era previa, son a su vez desestabilizadas por las pioneras de la siguiente.

Para explicar la manera en que esto sucede, Christensen distingue dos tipos de innovación. La primera es la innovación "sostenida". Ésta es aquella en la que están comprometidas las firmas titulares con el fin de vender productos siempre mejores y más rentables a sus clientes más atractivos y exigentes. Un ejemplo podría ser Microsoft cuando añade más funciones al Word, al Excel y al PowerPoint. Si son desafiados por advenedizos, los titulares casi siempre prevalecen. En algún punto, sin embargo, la tecnología incurre en un "exceso", en el cual los usuarios ya no tienen más apetito de lujos adicionales y la innovación sostenida conduce a una abrumadora complejidad.

Es en este punto, según Christensen, donde el segundo tipo de innovación, el "desestabilizador", se vuelve posible. Las tecnologías desestabilizadoras apuntan a los consumidores menos exigentes del mercado actual, o incluso a mercados totalmente nuevos de "no consumidores", al ofrecer algo más simple o barato, o ambas cosas a la vez. Un ejemplo de una tecnología desestabilizadora que es más barata pero no necesariamente más sencilla es Linux, un sistema operativo de código abierto que está tomando parte de la participación del mercado de Unix y Windows. Y en las batallas de tecnología desestabilizadora, sostiene Christensen, los recién llegados a la industria casi invariablemente "aplastan a los titulares".

Una de las razones es la asimetría en los incentivos financieros. Un desestabilizador podría ver en un millón de "no consumidores" una gigantesca oportunidad, mientras que el incumbente ve sólo una gota en el océano. Al principio, además, el jugador establecido encontrará un cierto placer al ser desestabilizado, debido a que probablemente los primeros desertores sean los consumidores menos rentables. A medida que sus propios márgenes de ganancia mejoren, el jugador establecido se verá tentado a ignorar la competencia. El desestabilizador hace ahora sus propias innovaciones sostenidas hasta que su tecnología se vuelve "lo suficientemente buena" como para tomar el control del mercado original, momento en el que el jugador establecido es herido de muerte.

Otro de los motivos por los cuales los recién llegados prevalecen consiste en un cierto malestar cultural que se contagia a los jugadores establecidos. Las compañías grandes y exitosas están organizadas por divisiones de productos, cuyos administradores estarán muy atentos a las ofertas de sus rivales conocidos para asegurarse de que sus propios productos mantengan su novedad. A los desestabilizadores, sin embargo, no les importan los productos. Observan a la gente común, en especial a los "noconsumidores", para saber cuáles son los trabajos que intentan llevar a cabo. En la actualidad, por ejemplo, Microsoft podría encontrar consuelo en el hecho de que Excel posee más funciones que cualquier otro programa para hojas de cálculo, mientras que un desestabilizador potencial podría fijarse en el hecho de que la gente se desespera cuando intenta transferir archivos desde una computadora vieja hacia una nueva.

Por lo tanto, la tecnología ha avanzado históricamente en olas de desestabilización. La compañía original Bell (el ancestro de gigantes modernos, como AT&T, SBC, Verizon y Lucent) comenzó a fines del siglo XIX como un desestabilizador de Western Union. Por esos años, las señales de teléfono podían viajar por tan sólo 4,8 kilómetros, mientras que los telégrafos de Western Union podían cubrir largas distancias. Bell empezó apuntando al mercado local, pero con el tiempo mejoró su tecnología e ingresó al mercado de larga distancia, volviendo obsoleto el telégrafo.

Sony se hizo famosa como un desestabilizador serial, empezando en los años 50, cuando sus radios de transistores atravesaron los criterios radiales existentes hasta el momento, las válvulas termoiónicas, y a los jugadores establecidos de esa tecnología, RCA. En los años 70 y 80, Xerox fue la establecida de las fotocopiadoras, rechazando los desafíos "sostenidos" de IBM y Kodak de hacer mejores copiadoras para el sector de mayor poder adquisitivo del mercado, antes de sucumbir a la desestabilización producida por simples y baratas copiadoras de mesa de Canon. IBM, a su vez, fue la establecida en *mainframes* y resistió los ataques "sostenidos" de General Electric, RCA y AT&T, hasta que las *mainframes* fueron desestabilizadas por las PC y por firmas como Microsoft, Intel y Dell. Y así sucesivamente.

¿Quién sigue?

¿En qué situación deja esto a las industrias de la informática, electrónica de consumo y telecomunicaciones hoy en día? Muchos de sus productos actuales han sobrepasado por mucho las necesidades de las empresas y de los consumidores, y aun así han fracasado en ayudarlos a llevar a cabo labores esenciales. Por otra parte, miles de millones de analógicos se convertirán, con el tiempo, en "inmigrantes digitales", ya sea por temor al aislamiento social en los países ricos, o bien, en los países en desarrollo, como la India y China, porque serán capaces de pagarlo. Estos "no consumidores" actuales son la próxima frontera de la tecnología.

Para las empresas que compran informática, durante los últimos años se ha vuelto evidente que su habilidad para "cumplir con los trabajos de manera eficiente" ya no tiene mucho que ver con la potencia y la complejidad de sus computadoras. Por el contrario, están entendiendo cada vez más que la forma más simple de estar al tanto de sus clientes, cuentas, inventarios, etcétera, consiste en alquilar esos servicios por una cuota mensual. Esto sugiere que los proveedores de servicios de aplicación (ASP, por sus siglas en inglés), como Salesforce.com, tanto en sus modelos empresariales como en sus tecnologías, podrían convertirse en simplificadores desestabilizantes a expensas de los actuales gigantes de empresas de *software*.

Para los consumidores, cada vez está mas claro que copiar con sobrecarga de información es una gran "labor pendiente". Google ya ha obrado en base a esa observación al desestabilizar a varios de los anticuados titulares de guías telefónicas, como las Páginas Amarillas. Luego de ponerse a la cabeza con sus propias mejoras sostenidas, Google (o cualquier empresa como ella) tiene la oportunidad de convertirse en un simplificador desestabilizante a expensas de jugadores establecidos, como Microsoft, el cual no permite a los consumidores guardar información en base a su contenido a través de todas las aplicaciones, haciendo que sea más difícil llegar a ella. En las telecomunicaciones, los teléfonos móviles han estado por años desestabilizando a los proveedores de líneas fijas, pero actualmente están ellos mismos en peligro de excederse. Capgemini, una consultoría, ha descubierto que la mayoría de los operadores de teléfonos móviles sobreestiman inmensamente la importancia que los consumidores depositan en los servicios *premium*, al mismo tiempo que subestiman enormemente la importancia de la simplicidad, tanto en auriculares como en planes tarifarios. Esto está abriéndoles la puerta a desestabilizadores como Comviq, en Suecia, que le ha sacado el 39% de las acciones del mercado al establecido, Telia, al ofrecer la mitad de funciones de los auriculares y planes tarifarios radicalmente mas sencillos.

Las compañías de teléfonos inalámbricos y de líneas fijas pueden volverse simultáneamente vulnerables a los nuevos proveedores de telefonía de Internet o VOIP, como Skype y Vonage, o a las compañías de conexiones de redes, como Cisco (en especial cuando el acceso rápido e inalámbrico a Internet se ha vuelto omnipresente y totalmente confiable). La desestabilización podría ser especialmente grave si los advenedizos no sólo logran que las llamadas sean muy baratas o gratuitas, sino también encuentran maneras de ayudar a los consumidores con otras actividades, como simplificar por entero sus comunicaciones o satisfacer sus necesidades de privacidad.

Para los titulares, ésta debería ser una razón que justifica la paranoia, pero no es necesario ser fatalista. Si juegan bien sus cartas, ellos también pueden ser parte del juego de la desestabilización —como, por ejemplo, AT&T está tratando de hacer al retirarse del mercado de la telefonía residencial al mismo tiempo que publicita enérgicamente sus propio servicio VOIP—. La clave consistirá en apuntar a la simplicidad y a la viabilidad financiera.

Entretanto, todos los demás tienen razones para el optimismo. Muchas de las cosas que hoy en día son complejas se volverán más simples en los próximos años. Al igual que otras tecnologías de la historia, la informática y las telecomunicaciones parecen destinadas a retirarse gradualmente al segundo plano de la actividad humana, dejando más tiempo y energía para seguir adelante con las infinitas complejidades de los negocios, y de la vida en general.

Notas

1   Christensen, C., *The Innovator's Dilemma*, Harvard Business School Press, 1997.
2   Christensen, C., *The Innovator's Solution*, Harvard Business School Press, 2003.

4
UN MUNDO DE TRABAJO

Un mundo de trabajo

El despliegue global de trabajo tiene sus críticos, pero depara inmensas oportunidades tanto para los países ricos como para los pobres.

En un campus de tecnología alejado del alboroto de Hosur Road en la Ciudad de la Electrónica, Bangalore, los ingenieros están jugueteando con las entrañas de un televisor de 65 pulgadas, destinado a los negocios estadounidenses en 2006. Los científicos de guardapolvo blanco trabajan para Wipro, una empresa india de tecnología. Ésta tiene un contrato de investigación y desarrollo con una firma estadounidense llamada Brillian, con sede en Tempe, Arizona, del otro lado del planeta. Brillian se especializa en tecnología de visualización. El trabajo de Wipro consiste en juntar los pedazos que convertirán la tecnología de Brillian en un televisor de alta gama.

Wipro está comprándole los pedazos y las piezas a compañías de los Estados Unidos, Japón, Taiwan y Corea del Sur. Luego del diseño y la verificación, el montaje estará a cargo de un contratista especializado en fabricación, como Flextronics o Solectron. El comprador del televisor terminado podría utilizar una tarjeta de crédito administrada desde Kuala Lumpur, Malasia. El servicio de posventa podría ser provisto por una joven y educada agente india en un *call center*, entrenada en manejo del estrés y en cómo aspirar la "p" al modo estadounidense.

Hace unos años, la combinación de tecnología y administración del *know-how* que hace posible esta red global de relaciones habría sido celebrada como una maravilla de la nueva economía. En la actualidad, la reacción tiende a ser menos exuberante. Las mismas fuerzas de la globalización que llevaron a Flextronics a China y la cotización de sus acciones a la estratósfera en los años 90 son ahora culpadas por la implacable exportación de trabajos de fabricación desde los países ricos hacia los más pobres. El uso que hace Brillian de ingenieros indios ya no es percibido como un signo de la admirable flexibilidad de una empresa tecnológica en rápido crecimiento, sino como un comentario deprimente de la competitividad en descenso de Occidente con respecto a las habilidades en ingeniería. El cable de fibra óptica tendido entre los Estados Unidos y la India, que solía ser aclamado como un transporte futurista de la economía digital, es actualmente visto como un tubo gigantesco debajo del cual desaparecen los trabajos en los Estados Unidos con la rapidez con la que los "avaros y antipatrióticos" *managers* norteamericanos puedan sepultarlos.

Estas inquietudes se han cristalizado en una vislumbrada amenaza llamada "tercerización", un atajo al proceso mediante el cual los buenos puestos de trabajo en los Estados Unidos, Gran Bretaña o Alemania se vuelven trabajos peor pagos en la India, China o México. Los políticos condenan tanto la tercerización como a aquellos jefes a quienes culpan por perpetrarla. El mismo medio que saludó el ascenso de la nueva economía en los años 90 ahora llora la muerte de los trabajos que supuestamente se trasladan desde los países ricos hacia los menos desarrollados. Forrester, una empresa estadounidense de investigación, ha estimado estas futuras bajas hasta el último desdichado. Para el año 2015, se espera que los Estados Unidos hayan perdido 74.642 trabajos legales frente a países más pobres, y que Europa tenga 118.712 menos profesionales de la informática. Tal y como comenta con sequedad Amar Bhide, de la Universidad de Columbia, "los cuadros de hace algunos años que solían predecir un crecimiento explosivo del comercio informático han sido aparentemente vueltos a rotular para mostrar aumentos hiperbólicos en la migración de trabajos profesionales".

En medio de todo este griterío, algo del vocabulario ha terminado por confundirse. Hablando con propiedad, tercerizar significa que las compañías transfieren a firmas externas el trabajo que solían realizar en sus propias instalaciones. Por ejemplo, Brillian está tercerizando la fabricación de sus televisores a Flextronics o Solectron. Dónde debe ser hecho ese trabajo involucra una decisión separada. Flextronics podría ensamblar algunas partes de sus televisores en Asia, pero juntar las piezas de sus productos finales cerca de sus consumidores en los Estados Unidos. Si lo hace, habría trasladado parte de su fabricación "fuera del país". Sin embargo, no toda la producción en el extranjero está tercerizada: Brillian podría algún día abrir sus propias instalaciones "cautivas" de investigación y desarrollo, por ejemplo, en Bangalore.

Lo que inquieta a los que se preocupan en Occidente es la mudanza del trabajo al extranjero, independientemente de que sea luego tercerizado o realizado en las propias instalaciones. Pero la realidad es más compleja de lo que quieren admitir.

Un modelo bien establecido
La era de la mecanización masiva comenzó con el ascenso de grandes líneas integradas de montaje, como la que Henry Ford construyera en 1913 en Dearborn, Michigan, para fabricar el modelo "T". A lo largo del siglo XX, las compañías reorganizaron la producción industrial en capas cada vez más intrincadas de diseñadores, subcontratistas, montadores y especialistas en logística, pero, en general, las compañías han seguido fabricando, en su mayor parte, cerca de donde sus productos son consumidos. Han crecido luego a nivel internacional al producir en el extranjero, para nuevos consumidores, las mismas mercancías que producen y venden a sus clientes en el propio país: 87% de la inversión extranjera directa es realizada en busca de mercados locales, según la consultora McKinsey. Los productos y las marcas se han vuelto globales, pero no la producción.

Por el contrario, el trabajo administrativo sigue siendo producido del mismo modo en que Ford produjo el modelo "T": en el propio país y en las propias instalaciones. Bruce Harrell, el jefe de estrategia de IBM, comenta que entre todas las compañías del mundo se gastan alrededor de 19 billones de dólares cada año en ventas y en gastos generales y administrativos. Solo 1,4 billón de esto, señala Harreld, ha sido tercerizado a otras firmas.

Brillian obtiene tanto las mercancías como los servicios que necesita para armar sus televisores de extranjeros de todo el mundo, lo que significa que cada parte del trabajo es asignada a la compañía o al país más idóneo para ello, sea cual fuere cada uno de ellos. Esto abre grandes oportunidades. Diana Farrell, principal directiva del McKinsey's Global Institute, cree que al reorganizar la producción de modo inteligente, una firma multinacional puede esperar bajar sus costos en un 50-70%.

Tal reorganización toma dos formas principales. En primer lugar, gracias a la propagación de Internet, junto con el ancho de banda barato y abundante de las telecomunicaciones, las empresas son capaces de transferir mayor cantidad de trabajo administrativo a proveedores extranjeros especializados, en forma semejante a como ya lo hacen los fabricantes. Una cantidad creciente de especialistas ofrecen, digamos, servicios corporativos de recursos humanos, procesamiento de tarjetas de crédito, cobro de deudas o trabajo de información tecnológica.

En segundo lugar, a medida que los costos de transporte decrecen, la globalización comienza a separar las geografías de producción y de consumo, con las firmas produciendo mercancías y servicios en un país y enviándolos a sus consumidores en otro. A lo largo de la última década, países como México, Brasil, la

Distancia, no objeto

4.1

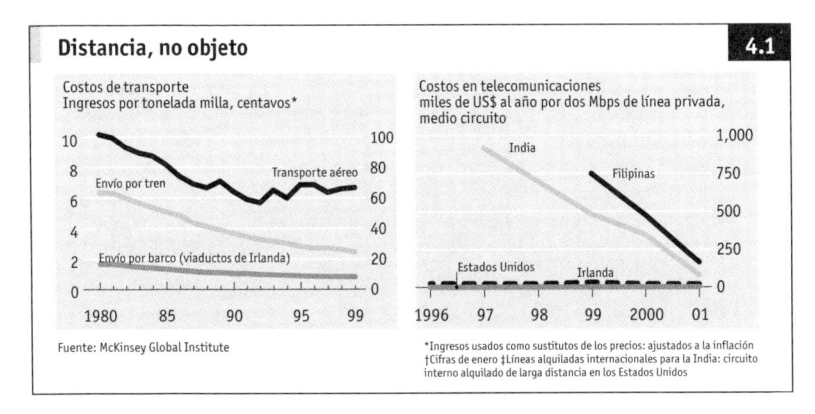

Costos de transporte
Ingresos por tonelada milla, centavos*

- Envío por tren
- Transporte aéreo
- Envío por barco (viaductos de Irlanda)

1980 – 99

Costos en telecomunicaciones
miles de US$ al año por dos Mbps de línea privada, medio circuito

- India
- Filipinas
- Estados Unidos
- Irlanda

1996 – 01

Fuente: McKinsey Global Institute

*Ingresos usados como sustitutos de los precios: ajustados a la inflación
†Cifras de enero ‡Líneas alquiladas internacionales para la India: circuito interno alquilado de larga distancia en los Estados Unidos

República Checa y, en especial, China se han convertido en importantes centros de fabricación de televisores, automóviles, computadoras y otros bienes, consumidos más tarde en los Estados Unidos, Japón y Europa. Semejante producción en el extranjero es fundamental para las estrategias de algunas de las empresas más poderosas del mundo, incluidas Wal-Mart y Dell.

Durante la próxima década, Rusia, China y, especialmente, la India serán grandes centros de producción de servicios, como ingeniería de *software*, subvención de seguros e investigación de mercado. Tales servicios serán consumidos en el otro extremo de un cable de fibra óptica en los Estados Unidos, Japón y Europa. Así como Dell y Wal-Mart obtienen sus productos manufacturados de países de bajo costo, empresas como Wipro, TCS e Infosys, por ejemplo, ya prestan servicios informáticos desde un país de bajos costos como la India.

A medida que las empresas se aprovechan de los costos decrecientes de envío, ancho de banda económico y abundante de las telecomunicaciones y los criterios abiertos de Internet, la reorganización del trabajo en cada una de estas áreas probablemente avance con rapidez. Las cifras de IBM sugieren que las compañías han tercerizado hasta el momento menos del 8% de su trabajo administrativo de oficina. En privado, algunas grandes compañías dicen que podrían tercerizar más de la mitad del trabajo que actualmente realizan en sus propias instalaciones.

Los fabricantes de los países ricos ya han invertido cientos de miles de millones de dólares en la construcción de fábricas en China para hacer ropa, juguetes, computadoras y bienes de consumo. En los próximos años, podrían invertir cientos de miles de millones más para modificar la producción de automóviles, químicos, plásticos, equipo médico y bienes industriales. Aún así, la globalización del trabajo administrativo recién comienza.

Un estudio realizado por McKinsey observó posibles cambios en los patrones globales de empleo de varias industrias de servicios, incluyendo la ingeniería de *software*, servicios informáticos y la banca. En conjunto, estas tres industrias emplean más de 20 millones de trabajadores en todo el mundo. La prestación de servicios informáticos es la más global. El 16% de todo el trabajo hecho por la industria mundial de servicios informáticos ya es trasladado hacia lugares remotos, lejos de donde estos servicios son utilizados, sostiene McKinsey. En la industria de *software*, la proporción es del 6%. La prestación de los servicios financieros es la menos global, con menos del 1% transferido a lugares lejanos.

McKinsey calcula que en cada una de estas industrias, quizá la mitad del trabajo podría ser trasladado al extranjero. Pero incluso mucho menos representaría un enorme cambio en la manera de organizar el trabajo en estas industrias. Podría darse el mismo potencial en los seguros, la investigación de mercado, los servicios legales y otras industrias.

La tercerización inspira más temor con respecto a los trabajos que esperanza de crecimiento. Pero los agentes del cambio son los mismos que causaron el auge de los años 90. Las comunicaciones y tecnologías informáticas de la nueva economía se están combinando con la globalización para rebajar los costos, elevar las ganancias y estimular el crecimiento. Este capítulo intentará devolver un poco la esperanza.

Hombres y máquinas

**La tecnología y la economía ya han revolucionado la fabricación.
Lo siguiente será el trabajo administrativo.**

El complejo industrial que construyó Henry Ford a orillas del río Rouge en Dearborn, Michigan, era una maravilla de la nueva era de producción masiva. Por un extremo de la planta ingresaban el mineral ferroso, el carbón, la arena y el caucho, traídos en tren y en barcos de vapor. Del otro extremo salían Fords modelo "T". Para 1927, ya había 15 millones de ellos. Para esa etapa, Dearborn se encargaba de cada paso de la producción automotriz, desde la laminación del acero hasta la fabricación de resortes, ejes y carrocerías, y la fundición de bloques del motor y de cabezas de cilindro. La planta poseía incluso su propia fábrica de vidrio.

Ford construyó la planta de Dearborn en base a las propiedades que poseían las máquinas para ahorrar trabajo. La automatización disminuyó los costos de producción, lo que refuerza las ganancias. Las compañías invierten estas ganancias en mejorar aquello que venden y en construir más máquinas que ahorren trabajo. A medida que la tecnología avanza, estas mejoras vuelven más complejos los productos. Al diseño básico, los fabricantes de autos modernos le añaden asientos calefaccionados, aire acondicionado, sistemas de orientación y de entretenimiento, chips de computadora que regulan el rendimiento del motor, y muchos otros dispositivos para complacer a sus clientes. Para hacer el modelo "T" se necesitaron 700 partes. Los autos modernos tienen muchas más tan sólo en sus radios.

A medida que las industrias avanzan, los fabricantes controlan la complejidad creciente de sus productos mediante la tercerización: comparten con otros el trabajo de hacerlos. Esto le permite a cada compañía de la cadena de producción especializarse en una parte de la compleja tarea. La industria automotriz, por ejemplo, depende de compañías de partes que no hacen otra cosa que sistemas eléctricos, frenos o transmisiones. Estas compañías de partes, a su vez, dependen del trabajo de otros proveedores en hacer componentes individuales. En cada uno de los niveles de producción, la tercerización divide la complejidad creciente en piezas más manejables.

En la oficina, las herramientas utilizadas para mecanizar el trabajo son las computadoras. Éstas automatizan el papeleo y por lo tanto el flujo de información. Las compañías que venden productos de información, como bancos y empresas de seguros, usan las computadoras para automatizar la producción. Y todas las compañías se valen de las computadoras para automatizar el trabajo administrativo necesario para sostener sus organizaciones: mantener sus libros en un correcto orden, cumplir con la normativa, reclutar, entrenar y cuidar a sus empleados, administrar las oficinas, lidiar con los viajes de la compañía y así sucesivamente.

Todos los lujos

Al igual que la maquinaria de la línea de montaje, las computadoras ahorran trabajo, disminuyen los costos y aumentan las ganancias. Los bancos y las aseguradoras han empleado parte de estas ganancias para agregar todos los lujos a sus productos, haciéndolos más complejos. Los bancos que solían ofrecer hipotecas venden ahora préstamos fijos y bonos flotantes; tasas de interés mínimas, máximas y fijas para estos bonos; así como otras atrayentes rarezas financieras para los perplejos compradores de viviendas. Las empresas de tarjetas de crédito ofrecen programas de beneficios, recompensas para miembros y devolución de dinero. Las

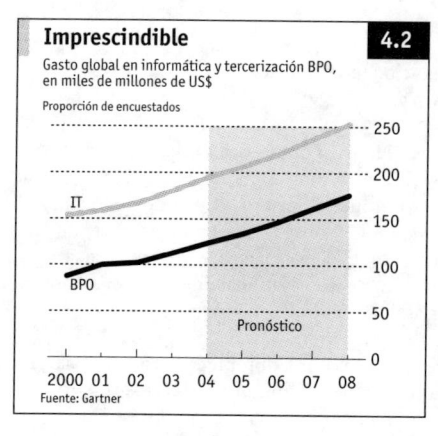

> **Imprescindible** 4.2
> Gasto global en informática y tercerización BPO, en miles de millones de US$
> Proporción de encuestados
>
> [Gráfico: IT y BPO, 2000-08, con Pronóstico. Escala 0-250. Fuente: Gartner]

compañías de seguros adaptan los seguros de vida y de automotores para que se adecúen al apetito por el riesgo de sus consumidores.

El trabajo de administración empresarial también se ha vuelto más complejo. Los requerimientos de información contable por parte de los reguladores de títulos y de los inversores se ha expandido junto con la capacidad de las firmas para proveerla. La memoria de IBM de 1964 contiene unas pobres seis páginas de información contable; la más reciente incluye 40 páginas de estados contables y notas. Cuantos más servicios ofrecen los departamentos corporativos de RR.HH. a su personal, más esperan los empleados. Las normas contables y de auditoría, más prescriptivas que nunca, proliferan con la rapidez con que los departamentos contables pueden automatizar el trabajo para cumplir con ellas.

La propagación de las computadoras en las compañías ha añadido un tercer nivel de complejidad: la tarea de administrar los mismos sistemas de información. El trabajo de los departamentos de sistemas de las empresas es particularmente complicado en las firmas más grandes y viejas que han comprado distintos tipos de sistemas informáticos en diferentes momentos. Los sistemas centrales de procesamiento de las compañías de seguros, aerolíneas y bancos, por ejemplo, están basados en la tecnología de *mainframes*, la cual ha celebrado su aniversario número 40 en 2004. Las empresas han agregado sistemas adicionales a medida que vendían sus nuevos productos, crecían en el extranjero o ganaban competidores. La mayoría de los departamentos de sistemas de muchas de las grandes compañías gastan la mayor parte de su tiempo sencillamente en luchar para mantener este enredo de sistemas funcionando.

En cada una de las tres áreas de trabajo administrativo, las empresas están batallando para controlar la creciente complejidad. La razón principal de la reciente recesión en el gasto corporativo en informática es que los consumidores de IT ya no son capaces de absorber nuevas tecnologías, según opina Harreld, de IBM. Complicados por los nuevos productos y por los sistemas informáticos que los sostienen, los bancos no pueden siquiera hacer algo tan básico como asegurarse de que los consumidores que han pedido a un departamento que no les envíe más correo basura no lo reciban de otro. "Si un banco fabricase automóviles, uno de cada diez acabaría sin volante", afirma Myles Wright, de la consultora Booz Allen Hamilton.

Al igual que lo que sucede en la fabricación, la solución a la complejidad creciente del trabajo administrativo es hacer menos en las propias instalaciones. Algunas empresas han tercerizado el trabajo de sus departamentos de sistemas, desde la administración del *hardware* físico hasta el mantenimiento y desarrollo de *software* comercial y la administración empresarial de las redes informáticas. Hasta la mitad de las compañías más grandes del mundo han tercerizado una parte de su trabajo, calcula IBM.

Además de tercerizar sus sistemas comerciales, algunas empresas están haciendo lo mismo con los trabajadores que los operan. Esto se llama tercerización del proceso comercial (BPO, por sus siglas en inglés). First Data Corporation (FDC), por ejemplo, se ocupa de una parte o de todo el trabajo administrativo implicado en el manejo de un negocio de tarjetas de crédito, desde lidiar con las aplicaciones hasta autorizar los límites crediticios, procesar transacciones, emitir tarjetas y ofrecer servicio al cliente. Muy pocos clientes de banco habrán oído acerca de la compañía; no obstante, FDC emplea cerca de 30.000 personas, las cuales administran 417 millones de cuentas de tarjetas de crédito para 1.400 emisores de tarjetas.

Asimismo, las empresas están tercerizando partes del trabajo administrativo y sus sistemas de apoyo. Los departamentos contables están cultivando tareas externas, como el procesamiento de facturas y el cobro de pagos de deudores. Los departamentos de RR.HH. se han liberado del trabajo de nómina. ADP, una empresa tercerizadora de nóminas, le paga el sueldo a uno de cada seis trabajadores del sector privado en los Estados Unidos. Las grandes compañías están cediendo cada vez más la totalidad de sus departamentos de RR.HH. junto con los sistemas que los sostienen a especialistas externos, como Hewitt, Accenture y Convergys, afirma Duncan Harwood, de PricewaterhouseCoopers.

Una de las formas en que los fabricantes pueden controlar la creciente complejidad consiste en adoptar criterios en común. Las automotrices, por ejemplo, han puesto al día sus procesos de fabricación de tal modo que puedan construir diferentes modelos de autos a partir de la misma "plataforma" de producción, compartiendo varios autos diversas cualidades. Esto les permite a las autopartistas especializarse más y producir menos tipos de partes en mayores cantidades.

Con el tiempo, la organización de la fabricación de automotores podría llegar a parecerse a la producción de la industria de la electrónica de consumo, en la cual la adopción de criterios comunes a la industria (junto con criterios de hecho, tales como el microprocesador Intel) les ha permitido a los proveedores volverse altamente especializados. Empresas como Flextronics y Selectron ofrecen ahora plataformas de fabricación tercerizada para categorías enteras de consumidores. Lo único que los creadores de marcas tienen que hacer es ocuparse de la logística, etiquetar los productos y enviarlos a las tiendas.

Un sistema similar de plataforma productiva está apareciendo en el trabajo administrativo. Algunos paquetes populares de *software* comercial, vendidos por compañías como SAP, una empresa alemana de *software*, y PeopleSoft, de los Estados Unidos, ofrecen ahora modos convencionales para organizar y entregar el trabajo administrativo de oficina. Cuando las compañías tercerizan sus departamentos de RR.HH., especialistas como Hewitt y Accenture los añaden a su plataforma de producción de servicios de RR.HH. Convergys, por ejemplo, afirma ser el operador más grande del mundo del *software* de RR.HH. de SAP. FDC, por su parte, ha construido una plataforma de producción que ofrece servicios de tarjetas de crédito.

Gracias a los criterios abiertos de Internet, la especialización extrema está ahora apareciendo en servicios comerciales tercerizados, al igual que lo hicieron con anterioridad en la electrónica de consumo. Al lado de un supermercado Safeway ubicado en la Edgware Road en Londres, un grupo de contadores británicos y expertos en impuestos ha construido un servicio comercial llamado GlobalExpense que administra los gastos de representación de los empleados a través de Internet. Los empleados de las empresas de sus clientes se conectan con la página web de GlobalExpense, graban sus gastos en formas convencionales y colocan sus recibos en el correo. GlobalExpense verifica los recibos, paga los gastos y agrega algunas cosas, como trabajo relacionado con los impuestos e información acerca de a quién están invitando los empleados de la compañía. Este año, GlobalExpense pagará el valor de

60 millones de libras esterlinas de los gastos de los empleados, lo que la hace probablemente la entidad que se hizo cargo de más gastos en Gran Bretaña. Con una gran y flexible reserva de estudiantes extranjeros de donde elegir, la compañía dice que puede manejar declaraciones de gastos y recibos de cualquier lugar del mundo.

Hacia Bangalore, pues

A fines de los 80 y principios de los 90, a medida que los costos de comunicación y transporte disminuían y la tecnología logística mejoraba, los fabricantes de los países ricos comenzaron a mudar su producción a los países cercanos más baratos. Las automotrices estadounidenses y las firmas de electrónica de consumo empezaron a producir en México; los productores europeos se dirigieron a la República Checa, Eslovaquia y Polonia; y las firmas japonesas, taiwanesas y coreanas se mudaron a China. Para finales de los años 90, los fabricantes europeos, como Philips, Siemens y Nokia, y los estadounidenses tales como GE y Motorola, se mudaban más lejos todavía de casa, a China. Las importaciones estadounidenses desde China aumentaron de US$ 66.000 en 1997 a 163.000 millones en 2003 Según un cálculo, las empresas extranjeras abrieron 60.000 fábricas en China entre 2000 y 2003. Las exportaciones del país subieron vertiginosamente (ver Cuadro 4.3).

De la misma manera, con la disminución del costo del ancho de banda de las telecomunicaciones, algunas de las firmas en los países ricos, en su mayoría en los Estados Unidos y Gran Bretaña, comenzaron a trasladar una parte de sus servicios comerciales al extranjero, hasta el momento, mayormente a la India. Las compañías de servicios informáticos, como IBM, EDS y Accenture han contratado miles de ingenieros indios de *software* para llevar a cabo el trabajo que previamente se hacía en los países ricos cerca de sus clientes. Una subsidiaria india de GE llamada Gecis se ocupa del trabajo de procesamiento administrativo para los negocios financieros de la empresa. Nasscom, el *lobby* indio de la industria informática, tiene grandes expectativas para estas jóvenes industrias de exportación. Para 2008, cree, emplearán a más de 4 millones de indios, generando hasta 80.000 millones de dólares en ventas.

Las empresas pueden optar por tercerizar el trabajo cuando lo trasladan al extranjero, o por no hacerlo. Pero, en realidad, trasladar operaciones particulares al extranjero es más compatible con la incorporación de maquinaria para ahorrar trabajo que con la tercerización en el sentido de mejorar la administración de la complejidad. Hace que disminuya el costo de producción, mayormente, al hacer uso de empleados más baratos.

A veces, las compañías incluso cambian su tecnología cuando se trasladan al extranjero, haciendo así que su producción sea menos automatizada para poder extraer mayores beneficios a partir de menores costos de mano de obra. Por ejemplo, los grandes fabricantes de autos están reconfigurando su producción para poder utilizar más trabajo manual, en sus fábricas chinas más que en cualquier otro lado, explica Hal Sirkin del Boston Consulting Group. Wipro Spectramind, una empresa india, recientemente trasladó el trabajo de una compañía estadounidense a la India. Este trabajo involucró a 100 personas, cada una de las cuales le costó a la empresa US$ 6.000 en cánones de licencia de *software*. La compañía estadounidense había estado tratando de crear *software* para automatizar una parte de su trabajo y reducir los pagos de cánones de licencias. Wipro desechó este proyecto, contrató 100 indios y aún así realizó el trabajo en forma más barata.

Sin embargo, una vez que el trabajo ha sido trasladado al extranjero, se une al mismo

El cohete chino
Exportaciones de producción de China, en miles de millones de US$

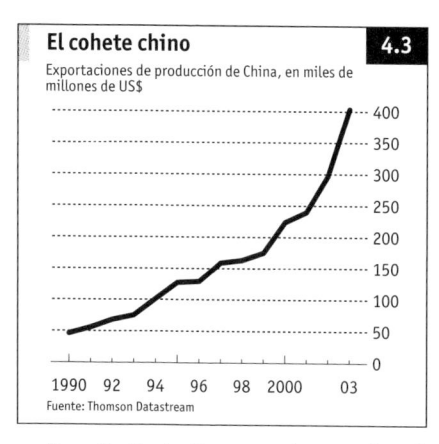

```
                                        400
                                        350
                                        300
                                        250
                                        200
                                        150
                                        100
                                         50
                                          0
1990  92    94    96    98   2000   03
```
Fuente: Thomson Datastream

ciclo de automatización e innovación que empuja a la tecnología hacia adelante en todos lados. El *software* de reconocimiento óptico de caracteres está automatizando el trabajo de los trabajadores indios de entrada de datos. Los pasajes electrónicos de las aerolíneas están eliminando una parte del trabajo de conciliación de pasajes que éstas llevan a cabo en la India. Con el tiempo, el reconocimiento del habla en lenguaje natural probablemente automatizará una parte del trabajo de los *call centers* que actualmente es dirigido a la India, sostiene Steve Rolls, de Convergys, la operadora de *call centers* más grande del mundo.

Todo esto ayuda a promover la tercerización y la construcción de plataformas de producción en la India. GE está vendiendo Gecis, su administrador indio de servicios financieros, y Citibank, Deutsche Bank y otros se han desecho de buena parte de sus operaciones indias de informática. Gracias al crecimiento de estas firmas recientemente independientes, junto con el rápido desarrollo de los competidores indios locales, como Wipro e Infosys, las empresas serán cada vez más capaces de tercerizar el trabajo cuando lo trasladen.

Los deslumbrantes gerentes
La fabricación ya ha recorrido un largo trecho en el camino de la tercerización y la globalización, pero ahora existen temores de que el trabajo administrativo sea reorganizado de forma mucho más veloz y desestabilizadora, gracias a la propagación de Internet, haciendo que los costos en telecomunicaciones disminuyan con rapidez, y al descubrimiento de que las máquinas utilizadas por millones de caros trabajadores administrativos en Occidente pueden estar enchufadas en cualquier lado.

Los costos de envío de los productores han disminuido con mayor lentitud que los de las telecomunicaciones de los proveedores de servicios lejanos. La logística que implica el envío de bienes a través de largas distancias continúa siendo complicada e inexacta. Por ejemplo, los motores V6 de autos que Toyota envía desde Nagoya, en Japón, a Chicago tardan entre 25 y 37 días en llegar, lo que obliga a la compañía automotriz a mantener costosas reservas. La mudanza del trabajo administrativo, por otro lado, no está sujeta a limitaciones físicas. Las comunicaciones son instantáneas y su costo está disminuyendo rápidamente al punto de volverse gratuito.

No obstante, todavía existen poderosas barreras para el traslado del trabajo administrativo. Cuando éste se traslada fuera de una empresa, la firma negocia un acuerdo comercial para comprarlo a un proveedor. Para los fabricantes, esto es simple: reciben la entrega, examinan los bienes y le pagan a sus proveedores. Prestar un servicio, por el contrario, es un proceso continuo. La industria de la tercerización ha desarrollado contratos legales en los que los proveedores se comprometen a prestar los niveles previamente estipulados de servicios. Ha habido muchas innovaciones legales en torno a estos contratos, de las cuales no todas han resultado satisfactorias (ver página 133). La conclusión es que todavía se requiere confianza y entendimiento intercultural para alcanzar una buena relación laboral. Trasladar el departamento de sistemas de una empresa a la India puede poner a prueba dicho entendimiento.

La otra gran barrera es que, a pesar de la propagación de la tecnología, el trabajo administrativo aún tiende a ser mucho menos estructurado y sujeto a reglas que el realizado en la planta. El trabajo desestructurado es difícil de realizar a través de largas distancias: sin guía, los trabajadores son propensos a perder el camino. El resultado más probable es que los potenciales tercerizadores procederán en dos pasos. Primero, delegarán los servicios de IT, las tareas administrativas y otros trabajos en proveedores especializados de confianza. Pero cuando éstos hayan agregado estructura, reglas y criterios, los tercerizadores tendrán que trasladar el trabajo al extranjero.

Un abrazo desesperado

Las empresas no siempre tercerizan por los mejores motivos.

En 2001 y 2002, KPN, la firma holandesa de telecomunicaciones, firmó varios contratos a largo plazo para tercerizar el 80% del trabajo realizado por su departamento de sistemas con Atos Origin, un proveedor europeo de servicios informáticos. Tres años más tarde, ambas partes aún están poniendo mucho esfuerzo en actualizar estos contratos. La informática muestra que no todas las decisiones de tercerizar son simples y sin problemas.

En 2001, KPN, al igual que muchas firmas de telecomunicaciones, se hallaba desesperadamente en problemas: habiendo contraído grandes deudas a medida que se expandía durante la burbuja de las telecomunicaciones, se hallaba cerca de la quiebra. Atos Origin dijo que podía ayudar, y no sólo con la informática. A cambio de una garantía de que KPN les comprara cerca de 300 millones en informática a ellos cada año por los próximos seis años, Atos Origin le pagó a KPN 206 millones por adelantado por los activos informáticos que la firma de telecomunicaciones había transferido.

Pero a medida que la propagación de teléfonos celulares y tecnología digital de línea fija devoraba las ventas de KPN, la empresa tuvo que realizar recortes drásticos. En dos años, la cantidad de empleados se había reducido de 28.000 a 18.000. La empresa era dos tercios más chica que cuando firmó su contrato de informática, pero aún estaba obligada por contrato a comprar los mismos 300 millones en servicios informáticos al año.

Ninguna de las partes, sin embargo, podía retirarse con facilidad. La solución que acordaron fue que Atos Origin trabajaría para transformar los sistemas informáticos de KPN para fines de 2006. La filial de línea fija de KPN, por ejemplo, maneja 779 aplicaciones diferentes, las cuales la misma compañía cree que pueden reducirse a 80. Eso debería mantener elevadas por un tiempo sus compras de informática, evitando así cualquier daño inmediato a los ingresos de Atos Origin. Luego de eso, espera Atos Origin, habrá ganado el derecho a recibir mayor trabajo transformativo de su cliente, manteniendo por lo tanto el valor de su contrato original.

Que tales acuerdos "transformacionales" sean el mejor camino a seguir es objeto de bastante debate en la industria. Los defensores argumentan que contribuyen a alinear los intereses de las empresas tercerizadoras con los de sus clientes. Los críticos dicen que son un modo de hacer aterrizar a los clientes de la industria mediante el riesgo de que algo pueda salir mal: los criterios para una transformación exitosa son lo suficientemente nebulosos como para que los abogados inteligentes afirmen que han sido cumplidos, cualquiera que sea el resultado.

El tema más importante, sin embargo, es la manera en que las firmas de informática venden ingeniería financiera junto con sus sistemas y su *software*. Los gobiernos, por ejemplo, son ávidos defensores de los contratos a largo plazo debido a que pueden propagar el costo de una larga inversión en sistemas a lo largo de muchos años, haciéndolo parecer más manejable. En tanto la industria continúe ofreciendo este tipo de ayuda al balance junto con la variedad tecnológica, sus clientes podrán sentirse tentados a veces a tomar la decisión equivocada.

El lugar donde hay que estar

En el mercado global del trabajo administrativo, la India tiene el control supremo. Pero hay otros haciendo fila.

Muchos estadounidenses o británicos se sentirían presionados por nombrar a sus campeones nacionales de *call centers* o a los mejores proveedores de servicios informáticos. En la India son como estrellas de rock: aparecen constantemente en los medios. Todos ellos afirman estar contratando a cientos de personas cada mes. Los nuevos modelos comerciales vienen y se van. Jefes heroicos, como Raman Roy, presidente de Wipro Spectramind y "padre de la tercerización india del proceso comercial" (una industria de seis años de edad), han desarrollado el mismo pavoneo ridículo que adoptaban los antiguos líderes del auge estadounidense de las puntocom. ¿La India también se dirige hacia una caída?

La industria de IT en la India está creciendo en una proporción vertiginosa. Hace doce años, el país entero ostentaba tan sólo cuatro o cinco computadoras *mainframes* de IBM, señala Lakshmi Narayanan, principal directivo de Cognizant, una gran empresa india de servicios informáticos. En 2003, la industria se apuntó ventas por 16.000 millones de dólares, tres cuartos de los cuales fueron al extranjero, según NASSCOM, un grupo de *lobby*. Para 2008, comenta este grupo, las ventas anuales probablemente superen los US$ 50.000 de dólares. Las grandes firmas están contratando cerca de 1.000 graduados de universidades técnicas indias por mes.

Las ventas de Infosys solamente, uno de los mejores proveedores de servicios informáticos, crecieron ocho veces más en cinco años, a más de mil millones de dólares en el ejercicio que finalizó en marzo de 2004. La empresa afirma manejar la instalación de capacitación empresarial más grande del mundo, con 4.000 estudiantes a la vez y tres cursos al año. El presidente de la compañía, Narayana Murthy, sostiene que Infosys se expandirá aún más.

La industria india de BPO es más joven y pequeña, pero está creciendo todavía más rápido. En 2003, sus ventas fueron de 3.600 millones de dólares; para 2008 se espera que alcancen los 21-24.000 millones, según NASSCOM. Cerca del 70% de los ingresos de la industria de BPO proviene de los *call centers*; el 20%, del trabajo de alto volumen y bajo valor, como el transcribir los reclamos de los seguros de salud; y el restante 10%, del trabajo de información de mayor valor, como la tramitación de los reclamos de seguros. Pero la industria de BPO está más fragmentada que el sector de la informática, y podría cambiar rápidamente.

Los orígenes de la competitividad india en informática se remontan a fines de los 80, cuando empresas estadounidenses, como Texas Instruments y Motorola, llegaron a Bangalore en busca de talento local. Otras firmas estadounidenses, como Hewlett-Packard, American Express, Citibank y Dun & Bradstreet, siguieron a estos pioneros, estableciendo sus propias organizaciones informáticas indias "cautivas" en los años 90.

Las empresas indias tuvieron su primer gran impulso con la llamada "crisis del año 2000" en el cambio de milenio. Los expertos en informática temían que debido a que los antiguos códigos de *software* sólo permitían dos dígitos para registrar el año, algunos sistemas informáticos leerían la llegada del año 2000 como si se tratara de 1900, causando así un caos cuando los sistemas cayeran. Las grandes compañías occidentales de servicios de informática, como IBM, Accenture y EDS se quedaron sin ingenieros que controlaran los viejos códigos y subcontrataron, en cambio, para una parte del trabajo a empresas indias.

No bien los indios salvaron al mundo, se propusieron conquistarlo. Wipro, TCS, Infosys y sus pares tomaron una participación creciente en los negocios de los gigantes globales. Realizaron muchas de las incursiones en el rutinario pero costoso negocio de mantener las aplicaciones de *software* comercial de vendedores como PeopleSoft y SAP.

¿Sostenible? 4.4
Empleo en la India en informática y BPO, en miles

	2002	2003	2006*	2009*	2012*
IT	106	160	379	1,004	2,717
BPO	170	205	285	479	972

Fuente: NASSCOM *Pronóstico

A medida que las empresas de la India crecían, las operaciones cautivas de las firmas extranjeras se volvieron menos competitivas, y muchas de ellas han sido vendidas desde entonces. Dun & Bradstreet abrió el terreno, al transformarse su cautiva en Cognizant en 1994. Más recientemente, Citibank vendió una parte de su operatoria india en informática a un especialista indio de *software* financiero llamado Polaris. Deutsche Bank vendió su cautiva a HCL, otra empresa india. Los grandes especialistas occidentales en informática, entretanto, se han acercado a la nueva competencia de bajo costo al contratar ellos mismos en el país asiático. La nómina india de Accenture subió rápidamente de 150 en 2001 a casi 10.000 en 2004.

La industria india de BPO también empezó con cautivas extranjeras. Los pioneros fueron GE, American Express y British Airways, los cuales llegaron todos a fines de los 90. A estas compañías se les unieron los operadores propios de *call centers*, como 24x7, vCustomer, Spectramind y Daksh. Desde entonces, Spectramind fue adquirido por Wipro, y Daksh por IBM.

Estas empresas indias tienen también competencia a manos de empresas estadounidenses especialistas en *call centers*, las cuales, al igual que las firmas globales de informática, se han estado adaptando a la barata competencia india al trasladarse a sí mismas a la India. Por mucho, la más exitosa ha sido la estadounidense Convergys, que con un total de cerca de 60.000 empleados es la operadora de *call centers* más grande del mundo. Según Jaswinder Ghumman, el jefe local de la empresa, para fines de 2005 Convergys esperaba emplear 20.000 personas en la India. Una cuarta ola de recién llegados de la BPO, muchos de ellos financiados por inversores estadounidenses en capital de riesgo, ha estado experimentando con la entrega a distancia desde la India de todo tipo de trabajos, desde la administración de fondos (*hedge funds*) hasta la preimpresión digital editorial.

Tanto en la industria informática como en la de BPO, las compañías líderes de la India están luchando duro para ganar una variedad más amplia de trabajo, en particular las actividades de alto valor. EXL Service lleva a cabo un amplio espectro de trabajo en seguros para firmas estadounidenses y británicas, desde encontrar clientes hasta asegurar pólizas, modificarlas, administrar reclamos y proveer servicios al cliente. La empresa es una aseguradora autorizada en 45 estados de los Estados Unidos, con solicitudes pendientes de tramitación para el resto de los estados. "Éstos son trabajos de muy alto nivel", sostiene el director de EXL Service, Vikram Talwar.

Las cosas extravagantes
En septiembre, ICICI OneSource, una empresa india de BPO que hasta ahora se ha concentrado en los *call centers*, adquirió la participación del 51% de Pipal Research, una firma establecida por los ex empleados de McKinsey para proveer servicios de investigación para consultores, bancos de inversión y departamentos de estrategia de

las empresas. Roy, de Wipro Spectramind afirma que su compañía se está trasladando desde el trabajo básico de *call center* —ayudar a la gente con contraseñas olvidadas, por ejemplo— hacia trabajos de mejor calidad en televentas, *telemarketing* y asesoramiento técnico. Wipro Spectramind también se está diversificando hacia la contabilidad, los seguros, aprovisionamiento y responsabilidad por el producto. "Tomamos la materia prima y la transformamos", señala Roy mientras le brillan los ojos. "Ésa es nuestra habilidad: cortar y pulir los diamantes en bruto".

El sector de alto poder adquisitivo del mercado es aún más interesante. Viteos, un indio recién llegado, le paga US$ 10.000 al año a los recientes graduados con MBA en Bangalore para administrar los *hedge funds* estadounidenses, un trabajo que implica conciliar órdenes de compra y venta, como así también valuar inversiones para un exigente conjunto de consumidores. Shailen Gupta, que maneja una consultora asesora extranjera llamada Renodis, ha estado ayudando a uno de sus clientes estadounidenses a contratar indios con doctorados para que modelen planes de demanda.

Las mejores empresas indias de IT y BPO están apuntando no sólo a disminuir los costos del trabajo administrativo occidental, desde la programación de *software* hasta la financiación de seguros, sino también a mejorar su calidad. Empresas como Wipro, EXL Service y WNS, una ex cautiva de BPO de British Airways que ganó su independencia en 2002, están aplicando las mismas disciplinas administrativas al modo en que proveen los servicios que GE aplica a sus negocios industriales. Las tareas son divididas en módulos, examinadas y actualizadas para reducir los errores, mejorar la consistencia y acelerar un poco las cosas.

En ambas industrias, la influencia de GE en la India, la cual ha aplicado el método "seis sigmas", de mejoras de calidad a sus negocios industriales por años, es penetrante. Roy solía manejar Gecis, que luego ha sido la empresa cautiva de BPO de GE, pero que ahora se venderá. Se había vuelto "demasiado gorda y feliz", según un competidor de la India. Uno de los inversionistas fundadores en la compañía de Talawar es Gary Wendt, y el ex gerente de los negocios financieros de GE. El presidente de Wipro, Azim Premji, ha introducido en su compañía tantas de las técnicas de GE que la firma es conocida como el "bebé GE" de la India.

Naturalmente, los "wiproianos" parecen compartir la intensidad de los empleados de GE. Los "cinturones negros" seis sigma se lanzan sobre las casi 45 hectáreas del campus tecnológico de Wipro en Bangalore, mejorando todo, desde codificación de *software* hasta el modo en que la empresa limpia sus sanitarios (entre otras cosas, esto incluye analizar la capacidad del jabón líquido, provisiones de papel higiénico y eliminación de los desechos, explica un oficial de Wipro de apariencia solemne).

Las afirmaciones de los hombres de *marketing* de la India tienden a estar un poco adelantadas a la realidad. Amar Bhide, de la Universidad de Columbia, que ha pasado un tiempo en Bangalore, se muestra escéptico. Según él, la crisis del Y2K empujó "el trabajo de peor calidad hacia los mejores ingenieros de *software* de la India. Era como pedirle a los graduados de Oxford que cavaran zanjas. Creó la impresión de que los indios eran fantásticos programadores".

Aún así, el perfil de una marca distintiva de la competitividad india —en realizar trabajo administrativo repetitivo, cuidadosamente definido y sujeto a reglas— parece estar cobrando forma. Las compañías indias de informática, junto con una parte de las cautivas extranjeras en la India, ya impulsan el conjunto más impresionante de certificados de calidad internacional para ingeniería de *software*.

A largo plazo, el éxito de la India en ganarse el trabajo administrativo global dependerá de dos cosas: la provisión de graduados técnicos y comerciales de alta calidad y, más remotamente, una mejora en la terrible infraestructura india.

La ventaja de la India citada con más frecuencia es su gran población de habla inglesa, la cual ha ayudado a darle energía al auge de los *call centers*. No obstante, para los trabajadores de *call centers* el mercado ya se está achicando. Los sueldos están subiendo igual que la rotación del personal a medida que los operadores atrapan personal que ya ha atravesado una costosa capacitación de "neutralización del acento" en las empresas rivales. Hasta los mejores operadores de la India pierden cerca de la mitad de empleados cada año (pero hay que recordar que la rotación en los *call centers* británicos es cercana al 70%). Una publicidad de trabajo de Convergys en el diario *Times of India* promete hacer de los empleados posibles de los *call centers* el blanco principal de todos los jefes de la industria. "Serás perseguido, con una recompensa por tu cabeza semejante a la de un rey".

No es un trabajo de ensueño

Parte del problema es que el trabajo de *call centers* tiende a no ser muy divertido; aunque los indios disfrutan de mejores salarios, en relación con otros trabajos locales, que los empleados de *call centers* estadounidenses o británicos. En Wipro Spectramind, dos empleados en el "día de diversión" intentan alegrar el lugar mientras filas de trabajadores en sus cubículos utilizan un *software* llamado "Retention Buddy 1,3" para persuadir a los estadounidenses de que cancelen sus suscripciones a Internet. Sanjay Kumar, el jefe de vCustomer, una de las pocas empresas indias de *call center* que aún continúa siendo independiente, dice que el potencial de crecimiento de la industria podría ser limitado.

Según números oficiales, de la India salen cerca de 300.000 graduados en ingeniería en sistemas cada año, frente a los 50.000 de los Estados Unidos. Pero la calidad es variada. Las mejores empresas informáticas indias se pelean por los mejores 30.000-40.000 graduados, un grupo en el cual las empresas extranjeras, como IBM y Accenture también buscan sus candidatos. La inflación salarial en Wipro e Infosys está cerca del 15-17% al año, y es probable que empeore. Partiendo de una supuesta oferta de 40.000 ingenieros en sistemas decentes por año, Diana Farrell de McKinsey cree que la India "ni siquiera se acercará" a cumplir con la demanda de un millón de trabajadores extranjeros de *software* y sistemas que su compañía pronostica para 2008.

La oferta de MBA de la India de la mejor calidad también es más estrecha de lo que podría parecer a primera vista. Los establecimientos educativos indios de negocios producen cerca de 90.000 graduados por año, pero todos se pelean por los mejores 5.000 de los seis institutos indios estatales de administración. "Me temo que para una parte de las escuelas de negocios privadas hay dos aulas, 25 escritorios, cuatro docentes, 600 libros y ya te vas", se lamenta un profesor del sector estatal.

La oferta más grande puede ser de trabajadores de BPO que no necesitan usar mucho el teléfono: procesadores de reclamos, administradores de tarjetas de crédito, trabajadores de seguros de salud, etc. Las universidades indias generan 2,5 millones de graduados al año. Quizá de un cuarto a la mitad de ellos posean las habilidades adecuadas para realizar este tipo de trabajo, sostiene el presidente de NAASCOM, Kiran Karnik. Para mejorar ese porcentaje, está trabajando junto con la Comisión de Becas Universitarias de la India para tener cursos de grado de tres años de duración complementados con certificados técnicos en sistemas o en criterios contables de los Estados Unidos de un año de duración. Karnik cree que el mismo mercado exigirá criterios más altos. Los institutos técnicos privados y las escuelas administrativas inferiores que han brotado desde que el gobierno desreguló la educación superior en la década de los 90 cobran casi tres veces más que las tarifas de las instituciones estatales de la elite, dice. No cabe duda de que los establecimientos privados intentarán hacerlo mejor, pero llevará tiempo. Mientras tanto, la creciente demanda de informática extranjera y de trabajadores de *call centers* está guiando a las compañías a otras partes del mundo.

Dónde seguir buscando
El negocio del *call center* en Filipinas está en auge. China está atrayendo una buena porción de trabajo de investigación y desarrollo de fabricación: GE, Siemens y Nokia realizan sus investigaciones allí. Si bien la industria de IT en China es desigual y mucho menos organizada que la de la India, esto probablemente cambie en los próximos años: China genera ya más ingenieros en sistemas que la India. Atos Origin, una gran compañía europea de servicios de informática, dice estar más interesada en China que en la India debido a que hay ahí menos competencia por conseguir ingenieros.

La industria informática en Europa Occidental y Rusia también está dispersa y pobremente organizada, pero el talento está ahí si se busca lo suficiente, afirma Arkadiy Dobkin, principal directivo de Epam, una firma de informática que afirma ser la mayor proveedora de servicios informáticos en el extranjero en esa parte del mundo, con mas de 1.000 ingenieros en Budapest, San Petersburgo, Minsk y Moscú. "Los ingenieros que produce Rusia son comparables con los de la India", señala Dobkin. "La máquina educativa sigue funcionando". Calcula que un ingeniero en sistemas ruso o húngaro cuesta "casi lo mismo, o un poco más" que un ingeniero indio. Las multinacionales estadounidenses ya están recorriendo la región en busca de talento.

Por el momento, la India es responsable de casi el 80% del mercado externo de bajo costo, y está probablemente ejerciendo un empuje más fuerte que nunca. A la larga, sin embargo, está segura de que se enfrentará con una competencia candente, especialmente de parte de China y Rusia. Cuando lo haga, la pésima calidad de su infraestructura se volverá fundamental. Lo mas importante que hay que mejorar son los aeropuertos de la India, afirma Murthy, de Infosys: "El momento de la verdad llega cuando los extranjeros aterrizan en la India. Deben sentirse cómodos". Luego de los aeropuertos, Murthy menciona mejores hoteles, calles, escuelas y suministro de energía.

La sede central de Infosys en Bangalore yace sobre casi 32 hectáreas de pasto prístino y caminos. Las instalaciones incluyen restaurantes al aire libre, un anfiteatro, canchas de básquet, una pileta e incluso una cancha de golf de un hoyo. "Cuando creamos este campus, queríamos que todo funcionara tan bien como lo hace en los Estados Unidos, que todo estuviera tan limpio como lo está allá", comenta Murthy. Pero en el exterior de las paredes perimetrales, el lugar sigue siendo inconfundiblemente la India.

Más rápida, más económica y mejor

Las empresas emergentes de la India intentan ganarle a sus rivales occidentales en su propio terreno.

Puede la industria de IT de la India hacer a los gigantes occidentales lo que Wal-Mart le ha hecho a las empresas minoristas rivales, o Dell a los mercados infomáticos? Los indios alardean demasiado. "El crecimiento de la productividad de los servicios informáticos de la India es el más alto del mundo", sostiene Narayanan, de Cognizant. Y él debería saberlo: un tercio de los empleados de su empresa están en los Estados Unidos y dos tercios en la India. Nandan Nilekani, el presidente de Infosys, va más allá. "Casi todo lo que se hace, puede ser hecho en forma más rápida, más económica y mejor", manifiesta.

El argumento para una toma india de control mundial es algo parecido a esto. Al igual que Dell y Wal-Mart, las empresas como Infosys, TCS, Wipro y Cognizant reciben sus ofertas de países pobres y con recursos económicos. Wal-Mart ha crecido al agregar juguetes, vestimenta y electrodomésticos hechos en China. Dell ha añadido impresoras, aparatos de mano y televisores a su línea de computadoras hechas en Asia. De la misma manera, predicen despreocupadas las empresas indias, crecerán al agregar nuevas líneas de servicios informáticos, ofreciendo criterios globales o mejores pero producidos a costos indios. Los inversores entienden esto, dicen en la India. Los ingresos de Accenture son 14 veces más altos que los de Infosys, pero el valor en el mercado de las empresas estadounidenses es sólo un tercio más alto que el de su competidor indio.

IBM y Accenture han estado reclutando empleados en la India para abaratar costos en las áreas en las que las empresas de ese país han crecido más rápidamente, como mantener los paquetes de *software* comercial. Pero estas empresas globales son tan grandes (IBM emplea 340.000 personas; Accenture, 100.000) que contratar incluso 10.000 personas adicionales en la India ha hecho muy poca diferencia con respecto a los costos totales, en la mayoría de los cuales todavía incurren las economías ricas de recursos caros, señalan alegremente las empresas indias. "Las multinacionales nunca serán capaces de reestructurar sus costos lo suficientemente rápido como para cambiar sus centros de gravedad", afirma Arindam Bhattacharya, del Boston Consulting Group en Nueva Delhi.

Por otra parte, debido a que las empresas indias saben más que sus rivales estadounidenses y europeos, pueden crecer (y de hecho lo están haciendo) más rápido y a un costo más bajo en su país que cualquier otra. Esto disminuirá sus costos todavía más. "Estamos añadiendo cerca de 5.000 personas en la India este año", señala Narayanan. "Ninguna compañía estadounidense puede hacer eso". Sin embargo, Accenture puede haber crecido mucho más rápido en el país asiático de lo que puede manejar con facilidad —si bien se alarma frente a la sugerencia de que India le está resultando inusualmente dificultosa—.

Wal-Mart vende bienes, como hornos microondas, a US$ 28. En el negocio de los *commodities*, la compañía con el precio más bajo, el cual se alcanza usualmente al vender al volumen más alto, se gana a la mayoría de los clientes. Pero no todo lo que la industria informática vende es un *commodity*.

Torta de capas
En general, la industria tiene tres capas. La inferior consiste en actividades que se han vuelto claramente *commodities*. Éstas están regidas por criterios comunes, como en la fabricación de *hardware* (en donde operan el alto volumen y el bajo costo de Dell). Gran parte de esto se ha trasladado a Asia.

La capa superior está hecha de servicios de tecnología a medida. Accenture, por ejemplo, publicita el trabajo que ha realizado para un gran casino australiano con el fin de introducir una tecnología de rastreo, llamada Identificación por Radiofrecuencia, para mejorar el modo en que el casino maneja las 80.000 prendas de ropa del personal que ha lavado y secado cada año. IBM está trabajando con una compañía estadounidense que posee una flota de limusinas para introducir los mismos modelos matemáticos que utiliza la industria de las aerolíneas para guiar aviones. Atos Origin, una empresa europea de servicios informáticos, está trabajando con un organismo gubernamental de automotores británico, la Vehicle and Operator Services Agency, con el objetivo de equipar a sus inspectores con computadoras de mano que puedan ayudarles a decidir cuáles de los automóviles que pasan revisar. Dado que estos servicios están diseñados para satisfacer las necesidades de los clientes individuales, es probable que continúen siendo ofrecidos cerca de los más grandes clientes de la industria informática en los Estados Unidos, Europa y Japón.

Eso deja una gran parte de los servicios metida en el medio. Éstos están en camino de convertirse en *commodities* a medida que los criterios compartidos se propaguen. La adopción disponible de un pequeño número de paquetes de *software* comercial vendido por firmas como SAP y PeopleSoft, por ejemplo, está haciendo del mantenimiento e incluso de la instalación de dicho *software* algo cada vez más rutinario a medida que estos paquetes populares se vuelven criterios de hecho. Es esta gran capa intermedia de servicios la que está alimentando actualmente el rápido crecimiento de empresas indias, como TCS e Infosys.

Los campeones de las empresas indias observan a los empleados de la industria y ven un gran grupo de gente que ofrece esta capa intermedia de servicios informáticos, con un pedacito más fino de consultores comerciales que realizan el trabajo a medida por encima. Esto les hace pensar que debería ser mucho más sencillo para sus empresas trasladarse a esa capa superior mediante la contratación de consultores en los Estados Unidos y Europa, que para las empresas occidentales de informática trasladar a la mayoría de sus empleados (y sus costos) de países ricos a otros más pobres. "Casi el 20% de nuestro valor es agregado cerca de nuestros clientes en los Estados Unidos y Europa, y el 80% aquí en la India", cuenta Murthy de Infosys. "Si IBM desea replicar esto, también necesita el 80% de su empleo en países menos desarrollados".

Este análisis descuida varios puntos importantes. Quizás el más crítico sea que los patrones de la demanda en la industria informática han cambiado en el pasado, y bien podrían volver a hacerlo. Hace diez años, los consumidores gastaban una parte mucho más grande de sus presupuestos de sistemas en *hardware* informático de lo que lo hacen ahora. Entre 1993 y 2001, calcula Catherine Mann, del Institute for International Economics, el gasto en *software* y servicios creció un 12,5% por año, casi el doble de rápido que el gasto en *hardware*, empujando la parte de *software* y servicios en el gasto total del 58% al 69%.

Tal como señala Mann, el traslado de la fabricación de *hardware* informático hacia Asia, continente de bajos costos, ayudó a financiar este cambio en la demanda, debido a que la caída de los precios del *hardware* liberó dinero para gastar en *software* y servicios. Asimismo, cree Mann, la migración de servicios de *commodity* de la informática hacia lugares de bajo costo, como la India les dejará a las empresas más dinero para invertir en servicios a medida para sectores de alto poder adquisitivo, lo que ayudará a expandir esta categoría de trabajo.

Si los gigantes mundiales de la informática quieren seguir siendo grandes, tendrán que cambiar para estar a la altura de la volátil demanda. IBM ya ha probado este truco una vez. A principios de los años 90, la empresa era fundamentalmente fabricante de *hardware*. Para el final de la década, había traspasado gran parte de su peso hacia los servicios informáticos. Ahora, según Harreld, de IBM, la empresa debe trasladar sus empleados de costo elevado hacia los servicios a medida mientras los servicios de *commodities* se trasladan al extranjero.

¿Los gigantes del mañana? 4.5

Las empresas indias líderes en servicios informáticos, 2004

	Ingresos totales, en miles de millones de US$	Capitalización de mercado, 29 de octubre, en miles de millones de US$	Empleados, en miles
TCS	1.62	12.17	40.9
Wipro	1.34	10.13	32.0
Infosys	1.08	11.26	32.9
HCL Tech†	0.57	2.38	16.4
Satyam	0.57	2.62	15.6

*Ejercicios económicos que finalizan en marzo †Ejercicios económicos que finalizan en junio
Fuentes: memorias de la empresa; Thomson Datastream

El fin del principio

Harreld predice que la demanda de tales servicios a medida crecerá con fuerza y que pasarán varios años antes de que todo lo que vende la industria informática se convierta en un *commodity*. Para apoyar este argumento, recurre a Carlota Perez, una historiadora económica. En su libro *Technological Revolutions and Financial Capital*[1], Perez traza cinco ciclos de auge y caída de la innovación tecnológica: la Revolución Industrial; vapor y ferrocarril; acero, electricidad e ingeniería pesada; aceite, automóviles y producción en serie y tecnología informática y telecomunicaciones.

En cada etapa, sostiene Perez, a una fase de innovación, impulsada por dinero especulativo, le sigue una caída financiera, y luego un período extendido en el cual la tecnología es desplegada correctamente. Habiendo recién salido de su auge, la era de la información está tan sólo en los inicios de este largo período de despliegue, explica Harreld. Un despliegue correcto, sostiene, requerirá de una gran cantidad de gente que trabaje cerca de los clientes de la industria, tal como lo está haciendo IBM con respecto a su cliente con la flota de limusinas, o como lo está haciendo Atos Origin con respecto a la agencia británica de seguridad vehicular.

Quedan dos preguntas. La primera es cuánto tiempo va a pasar antes de que la gran capa intermedia de servicios se convierta en un *commodity*. Si esto sucede demasiado rápido, empresas como IBM, EDS y Accenture podrían sentirse abrumadas por el ritmo del cambio, tal como IBM se sintió casi arruinada por el cambio de la fabricación de IT en el extranjero a principios de los 90.

De los tres gigantes, EDS está en la posición más débil. Al haber luchado con problemas financieros y confusión administrativa en su propio país, ha hecho poco hasta ahora para contrarrestar la amenaza de los competidores indios, los cuales están devorando grandes partes de su negocio. Otras empresas más pequeñas de servicios informáticos, como BearingPoint y Capgemini, también podrían luchar contra el cambio de los servicios en el extranjero.

La mayoría de los servicios de la capa intermedia, sin embargo, se trasladarán probablemente al extranjero a una velocidad bastante manejable. Esto se debe a que las organizaciones de informática de la mayoría de las grandes compañías tienden a ser un enmarañado caos de sistemas imbricados que fallan con tanta frecuencia que, en materia práctica, será difícil trasladar a cualquier lado el trabajo informático sin antes arreglar estos sistemas. Para ilustrar este argumento, Harreld realiza un diagrama que muestra los diferentes sistemas de uno de los clientes de IBM, junto con sus interconexiones. Es tan intrincado que podría ser confundido con el diseño de un chip semiconductor. La misma IBM opera 17.000 aplicaciones de *software*, un guarismo que Harreld cree que puede reducirse con comodidad a 10.000 a su debido tiempo.

La otra gran pregunta es cuán sencillo resulta para ciertas empresas como Wipro, TCS e Infosys expandirse hacia esa corteza superior de servicios que, según las predicciones de Harreld, florecerá cerca de los clientes de la industria en los países ricos. Las empresas indias tienen mucho dinero para gastar: al ser el costo de un programador de ese país mucho más económico que uno estadounidense, Wipro e Infosys están recibiendo grandes ganancias en líneas comerciales que podrían ser rentables sólo para las grandes empresas occidentales. Hasta el momento, los indios han gastado su dinero con cautela, realizando pequeñas adquisiciones y contratando a la peculiar consultora occidental de las empresas rivales.

Pero si están decididas a enfrentarse a empresas como IBM y Accenture, las empresas indias tendrán que ser más osadas. No obstante, comprar o construir negocios personales de este tipo es notoriamente dificultoso. Una y otra vez, y en toda clase de industrias, desde la banca hasta las telecomunicaciones, los mejores administradores de Estados Unidos y Europa lo han intentado y han fracasado miserablemente. Además, la competencia está bien afianzada. IBM, por ejemplo, ha construido buenas relaciones con sus clientes por décadas. Las empresas indias podrían sin embargo descubrir que lo único que pueden hacer más rápido y mejor en el terreno de sus rivales es perder todo lo que tienen.

Notas

1   Perez, C., *Technological Revolutions and Financial Capital*, Edward Elgar, 2002.

Hacia lo desconocido

¿De dónde provendrán los trabajos del futuro?

"Ha empezado la máquina, en su última manifestación furiosa, a eliminar trabajadores con mayor rapidez que con la que pueden encontrarse nuevas tareas para ellos?", se pregunta Stuart Chase, un escritor estadounidense. "Los aparatos mecánicos ya están expulsando a los trabajadores calificados de oficina y reemplazándolos por operadores... Las oportunidades en los servicios de trabajo administrativo están siendo constantemente socavadas". La ansiedad parece perfectamente contemporánea. Pero el editor de Chase, MacMillan, "estableció y escribió electrónicamente" su libro, *Men and Machines*, en 1929.

La preocupación acerca de la "exportación" de trabajos que actualmente absorbe a los Estados Unidos, Alemania y Japón es en esencia la misma que la de Chase con respecto a la mecanización hace 75 años. Cuando las empresas trasladan fábricas desde Japón hacia China, o trabajadores de *call center* desde los Estados Unidos hacia la India, están cambiando el modo de producir cosas. Este cambio en la tecnología de la producción ha tenido el mismo efecto que la automatización: una parte de los trabajadores en los Estados Unidos, Alemania y Japón pierden sus trabajos, mientras las máquinas o los trabajadores extranjeros los suplantan. Esto aviva los temores de un creciente desempleo.

De lo que se olvida siempre la gente que se preocupa es que los mismos cambios en la tecnología de la producción que destruyen trabajos también crean nuevos. Debido a que las máquinas y los trabajadores extranjeros pueden realizar el mismo trabajo en forma más económica, el costo de producción disminuye. Eso significa ganancias más altas y precios más bajos, lo cual eleva la demanda de nuevos bienes y servicios. Los empresarios establecen nuevos negocios para satisfacer la demanda de estas nuevas necesidades vitales, creando nuevos trabajos.

Tal y como Alan Greenspan, ex presidente del Federal Reserve Bank en los Estados Unidos, ha señalado, siempre es probable que haya ansiedad con respecto a los trabajos del futuro, debido a que, a la larga, la mayoría de ellos involucrarán la producción de bienes y servicios que aún no han sido inventados. William Nordhaus, un economista de la Universidad de Yale, ha calculado que menos del 30% de los bienes y servicios consumidos a fines del siglo XX eran variantes de los bienes y servicios producidos 100 años antes. "Viajamos en vehículos que aún no se han inventado, que están impulsados por combustibles que aún no han sido producidos, nos comunicamos a través de dispositivos que aún no han sido fabricados, disfrutamos de aire frío en los días más calurosos, nos entretenemos con hechicería electrónica que aún no se ha concebido y recibimos tratamientos médicos inusitados", escribe Nordhaus. ¿Qué pionero vigoroso de fines del siglo XIX podría haber sospechado que, casi un siglo después, su país encontraría trabajo para (según el recuento más reciente del gobierno) 139.000 psicólogos, 104.000 diseñadores florales y 51.000 manicuras y pedicuras?

Incluso las predicciones relativamente cortoplacistas del mercado laboral pueden ser riesgosas. En 1988, los expertos del gobierno de la Oficina Estadounidense de Estadísticas Laborales predijeron en forma confiada una fuerte demanda en los Estados Unidos para los siguientes 12 años de agentes de viaje y encargados de estaciones de servicio. Pero para el año 2000, la cantidad de agentes de viajes había disminuido un 6% debido a que cada vez más viajeros reservaban por Internet, y la cantidad de encargados de estaciones de servicio había bajado a poco más de la mitad dado que los conductores estaban llenando sus autos ellos mismos. De los 20 oficios que el gobierno predijo sufrirían las mayores pérdidas de trabajo entre 1988 y 2000, la mitad de hecho los ganó. Los agentes de viajes se han unido a la lista gubernamental de puestos en peligro de extinción para el año 2012. Quizás estén listos para un modesto resurgimiento.

Nunca se sabe
Los estadísticos de la Oficina Estadounidense de Estadísticas Laborales pronostican ahora un gran crecimiento en la cantidad de enfermeras, maestros, vendedores, "trabajadores de preparación y servicio de comidas combinadas, incluyendo la comida rápida" (un eufemismo para volteadores de hamburguesas), mozos, camioneros, guardias de seguridad entre 2004 y 2012. Si esa lista no logra calar hondo en los recientes graduados de Stanford, la Oficina también espera que los Estados Unidos cree unos 179.000 trabajos de ingeniería de *software* adicionales y 185.000 lugares más para los analistas de sistemas informáticos durante el mismo período.

¿Se ha olvidado la Oficina, acaso, de Bangalore? Probablemente no. Catherine Mann, del Instituto de Economía Internacional, señala que la citada cantidad de medio millón para trabajos "perdidos" en sistemas a cuenta de la India en los últimos años toma como punto de partida el año 2001, la cima del ciclo de la industria. La mayoría de las subsiguientes pérdidas de trabajos se debieron a la recesión de la industria más que a un éxodo hacia la India. Medida de 1999 a 2003, la cantidad de trabajos administrativos relacionados con la informática en los Estados Unidos ha crecido (ver Cuadro 4.6).

Mann cree que la demanda seguirá creciendo a medida que la disminución de los precios ayude a propagar a la informática más ampliamente a través de la economía, y a medida que las empresas estadounidenses soliciten más *software* y servicios a medida. Azim Premji, presidente de Wipro, está intentando actualmente expandir su negocio en los Estados Unidos. "Los profesionales en sistemas escasean en los Estados Unidos", afirma. "Dentro de los próximos meses, tendremos un déficit de mano de obra".

Si eso resulta sorprendente, la informática ejemplifica una mayor confusión acerca de los empleos y el trabajo. A aquellos que se preocupan acerca del traslado de trabajo administrativo al extranjero les gusta hablar de "trabajos perdidos" o "empleos en riesgo". Ashok Bardhan, un economista de la Universidad de California en Berkeley, cree que 14 millones de estadounidenses, que representan la proporción excesiva del 11% de la mano de obra, están en trabajos "en riesgo de ser tercerizados". La lista incluye operadores de computadoras, profesionales informáticos y asistentes legales. Pero lo que Bardhan está diciendo en realidad es que una parte de este trabajo puede ahora realizarse en cualquier otro lugar.

El efecto que esto tenga en los empleos y en el pago dependerá de la oferta y la demanda en el mercado laboral y de la oportunidad, disposición y habilidad de los

Aún contratando 4.6
Trabajos administrativos en los Estados Unidos relacionados con la informática, en cálculos al cierre del ejercicio, en millones

Fuente: Catherine Mann, Instituto de Economía Internacional

*Mayo †Septiembre

trabajadores para volver a capacitarse. Los profesionales informáticos de los Estados Unidos, por ejemplo, han estado descubriendo recientemente que ciertas habilidades, como el mantenimiento de paquetes comunes de *software* comercial, ya no son tan solicitadas en los Estados Unidos, ya que hay muchos programadores indios dispuestos a hacer este trabajo por menos dinero. Por otra parte, las empresas informáticas en los Estados Unidos enfrentan una escasez de habilidades en áreas como *software* y servicios comerciales a medida. Hay una limitada oferta de graduados en sistemas frescos para contratar y entrenar en ese país, por lo que empresas como IBM y Accenture tienen que volver a capacitar a sus empleados en estas habilidades tan buscadas.

Por otro lado, la lista de Bardhan de 14 millones de empleos en riesgo incluye muchos que de cualquier modo se enfrentan a la automatización, independientemente de si el trabajo es trasladado antes al extranjero. Los transcriptores médicos, los oficinistas de ingreso de datos y una larga categoría de 8,6 millones de trabajadores misceláneos de "ayuda de oficina" podrían enfrentar el hachazo mientras las empresas encuentran nuevas maneras de mecanizar el papeleo y capturar la información.

En efecto, la definición del tipo de trabajo en el que las empresas indias de tercerización son remotamente buenas —repetitivo y sujeto fuertemente a reglas— se parece al tipo de trabajo que también podría ser delegado a las máquinas. Si debe culparse a la tercerización de este trabajo "perdido", entonces tendría que culparse a las excavadoras mecánicas de usurpar el trabajo de los hombres con palas. En realidad, despojarse de tales tareas de poco valor permite a las economías redistribuir a los trabajadores en empleos que creen mayor valor.

Stuart Chase comprendió la virtuosa economía del cambio tecnológico, pero aun así no pudo evitar preocuparse. "Una sospecha inquietante dice que el punto de saturación ha sido alcanzado", sostuvo oscuramente. ¿Podría ser que, con la invención del automóvil, la calefacción central, el fonógrafo y la heladera eléctrica, los empresarios finalmente han vaciado la reserva de los deseos humanos?

No debió haberse preocupado. La lista actual de deseos incluye mensajería instantánea, juegos de rol *online* y servicios de citas en Internet, todos desconocidos en la década de 1920. Y existirán muchos más el día de mañana.

Hundirse o Schwinn

Contratar en los países de bajo costo sólo funciona en mercados laborales abiertos y flexibles. El de Europa no cuenta con ninguna de esas dos cualidades.

Cuando Hal Sirkin era chico en los Estados Unidos en los 60, la bicicleta que deseaba todo niño estadounidense común era una Schwinn. En 1993, la empresa se declaró en quiebra: había sido superada por bicicletas chinas importadas. En 2001, una compañía llamada Pacific Cycle compró la marca Schwinn de los bienes de la quiebra. Pacific Cycle, ahora propiedad de una empresa canadiense de productos para el consumidor llamada Dorel Industries, dice que el secreto de su éxito consiste en "combinar la poderosa cartera de la marca con la contratación a bajo costo en el Lejano Oriente". Las bicicletas Schwinn ahora ocupan los pasillos de Wal-Mart.

Sirkin es una consultora del Boston Consulting Group que ayuda a sus clientes a realizar aquello que Pacific Cycle ha hecho con Schwinn: trasladar la producción a Asia Oriental, especialmente a China. Wal-Mart compra un valor de 15.000 millones de dólares en productos hechos en China cada año. Conseguir bienes y servicios de países de bajo costo ayuda a construir empresas fuertes y en crecimiento, como Dorel Industries, y economías saludables. Pero la historia de Schwinn también contiene la lección opuesta: fracasar en comprar de este modo puede dañar la salud de una empresa.

Contratar de países de bajo costo trae consigo muchos beneficios económicos. La mano de obra más barata disminuye los costos de producción. Esto mantiene la competitividad de las compañías, eleva las ganancias y reduce los precios mientras las empresas transfieren sus bajos costos a sus clientes. Las ganancias más altas y los precios más bajos elevan la demanda y mantienen la inflación bajo control. Las empresas invierten sus ganancias en mejorar los productos existentes o en presentar nuevos. Los clientes compran más de las cosas que ya consumen, o gastan su dinero en nuevos bienes y servicios. Esto estimula la innovación y crea nuevos trabajos que reemplazan a aquellos que se han mudado al extranjero.

Trasladar el trabajo al extranjero podría también ayudar a acelerar directamente la innovación, mientras que las empresas estadounidenses, europeas y japoneses encargan su investigación y desarrollo a ingenieros chinos, rusos o indios. Randy Battat, principal directivo de Airvana, una empresa incipiente de equipamiento de telecomunicaciones, ha pasado los últimos 18 meses estableciendo un centro de investigación y desarrollo para su empresa en Bangalore. Esto complementará el trabajo de los ingenieros de Battat, de Chelmsford, Massachusetts. Los que trabajan en los Estados Unidos desarrollarán la próxima generación de la tecnología de la empresa. El centro de Bangalore elaborará la tecnología existente de Airvana. "Están añadiendo lujos que de lo contrario no podrían ser agregados, ya que no sería beneficioso", afirma Battat.

Al hacer que la IT sea más accesible, la contratación en países de recursos más económicos también generaliza los efectos del enriquecimiento de la productividad de dicha tecnología con más amplitud a través de la economía. Mann, del Instituto de Economía Internacional, calcula que la producción globalizada y el comercio internacional han hecho al *hardware* informático un 10-30% más barato de lo que, de lo contrario, podría haber sido. Calcula que esta reducción de precios creó unos 230.000 millones de dólares acumulados de PBI adicional en los Estados Unidos entre 1995 y 2002 mientras que la adopción más generalizada de sistemas elevó el crecimiento de la productividad. La contratación de servicios informáticos (que dan cuenta del 70% del gasto corporativo total en sistemas) de países como la India creará una "segunda ola de crecimiento productivo", predice Mann, mientras que la informática más económica se propaga hacia sectores de la economía que hasta el momento han comprado pocas de sus tecnologías, como la industria de la salud y empresas más chicas.

McKinsey calcula que por cada dólar que las empresas estadounidenses invierten en trabajo de servicio de la India, la economía estadounidense recibe US$ 1,14 a cambio. Este cálculo depende en gran parte de la habilidad de la economía estadounidense para crear nuevos trabajos para trabajadores desplazados. El mercado laboral de los Estados Unidos es un milagro de la flexibilidad: crea y destruye 30 millones de trabajos al año.

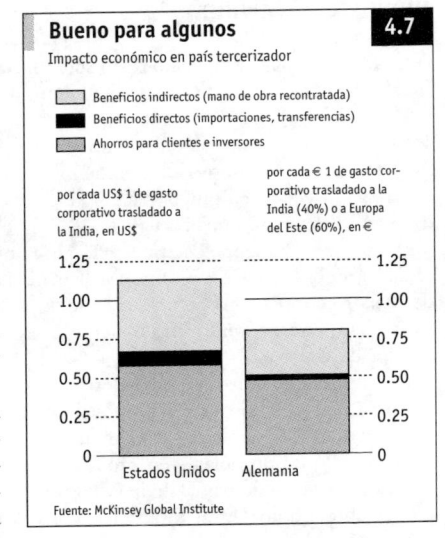

Sin embargo, en países como Alemania, Francia y Japón, una combinación de legislación social, gremios de comercio más fuertes, acuerdos entre empresas y gobiernos y la normativa hace que las prácticas de empleo más rígidas y algunas veces mantiene los salarios más altos de lo que serían de otro modo. Esto reduce la demanda de mano de obra y eleva el desempleo. Según McKinsey, en Alemania el índice de recontratación de trabajadores en sistemas y servicios desplazados por la contratación en países de bajo costo podría ser sólo del 40%. A medida que el desempleo en el propio país crece, ese proceso podría de hecho hacer a los alemanes más pobres (ver Cuadro 4.7).

Europeos renuentes
Udo Jung, del Boston Consulting Group, señala que, en general, los alemanes aceptan que las empresas de producción, como Hella, Bosch y Siemens, tengan que conseguir provisiones de China. Degussa, fabricante de químicos, invitó recientemente al concejo de sus empleados a realizar un viaje a China. La idea era sacarle emoción al debate, según Jung. Los europeos del continente tampoco parecen preocupados por el hecho de que el trabajo administrativo sea realizado en países de bajo costo. Pero eso podría deberse a que están haciendo muy poco de eso.

En la actualidad, quizás el 80-90% del trabajo de servicio realizado a distancia en la India proviene o bien de los Estados Unidos, o bien de Gran Bretaña, con quien el país tiene vínculos lingüísticos y culturales. Tales vínculos están ausentes de su relación con Alemania o Francia. Alemania, como los Estados Unidos, introdujo un programa especial de visas para trabajadores indios en sistemas en los 90 a medida que su oferta local de ingenieros se acababa. Pero la mayoría de los indios que se fueron a trabajar a Alemania no pudieron aprender el idioma y regresaron, dice Murthy, de Infosys. Lo contrario vale para los indios en los Estados Unidos. Aquéllos que han ido allá a estudiar o trabajar son usualmente renuentes a regresar a casa con sus familias.

Los lazos culturales parecen ser importantes en la formación de relaciones comerciales en el trabajo de servicios a distancia, afirma Rajendra Bandri, del Instituto Indio de Administración de Bangalore. Bandri ha estudiado cinco ejemplos de empresas europeas tercerizando trabajo administrativo a Sri Lanka. En cada caso, eligieron el país debido a que un ciudadano de Sri Lanka de buena posición trabajaba para la empresa europea, explica Bandri.

Europa del Este y Rusia, que desbordan de ingenieros hábiles y subempleados, presentan menos barreras culturales para las empresas europeas. El francés se habla en Rusia; el alemán, en Hungría y en otros lugares. Sin embargo, las empresas alemanas o francesas tampoco han demostrado aún mucho apetito por comprar trabajo de servicios de sus vecinos. Arkadiy Dobkin, principal responsable de Epam, que afirma ser la mayor proveedora de servicios informáticos de Europa del Este y Rusia, está asentada en Princeton, Nueva Jersey, en lugar de en París o Berlín.

Más allá de la economía
Una encuesta basada en 500 empresas europeas realizada en el verano boreal de 2003 por IDC, una empresa de investigación, descubrió que sólo el 11% de su muestra contrataba trabajo en sistemas de países de bajo costo, y que casi el 80% ni siquiera consideraría hacerlo. Las actitudes fueron más duras en Italia, en donde el 90% de las empresas estaban en contra de la idea, seguidas por Francia y Alemania. Un estudio estadounidense publicado al mismo tiempo por la consultora Edward Perlin Associates descubrió que alrededor del 60% de las compañías que encuestó hacía una parte de su trabajo en sistemas en países de bajo costo.

En Europa continental, las empresas podrían tercerizar por razones que poco tienen que ver con una economía favorable, señala Francis Delacourt, encargado de tercerización de Atos Origin. En lo que describe como "tercerización social", empresas como Atos Origin podrían contratar un excedente de empleados de sistemas de empresas que ya no los necesitan. La legislación que abarca a toda Europa requiere que el nuevo empleador provea los mismos salarios y beneficios que el antiguo. La alternativa es un costoso desempleo. Delacourt dice que esto funciona para su compañía, hasta cierto punto, porque la demanda de trabajadores en sistemas en Europa está creciendo, y Atos Origin ha descubierto nuevas maneras para volver a contratar a tales personas en forma rentable. Pero admite que su empresa necesita tener cuidado de no contratar demasiadas.

Cuán bien se sostiene este sistema frente a la competencia de la India, sólo Dios sabe. Un gerente de una empresa en Europa medita en privado que Alemania, Francia y otros países podrían introducir barreras a las importaciones de sistemas para contrarrestar la amenaza a su empleo local. Si McKinsey está en lo cierto y la contratación en el extranjero empeora el desempleo en Alemania y en cualquier otro lugar, el sentimiento proteccionista crecerá.

Al final, las empresas de servicios más grandes de Europa probablemente se vean seducidas a contratar la producción en el extranjero, al igual que lo han hecho ya sus empresas de producción. Pero para entonces, sostiene Andrew Parker, de Forrester, las empresas británicas y estadounidenses ya habrán desarrollado lazos mucho más fuertes con la India y otros países baratos, y los costos habrán aumentado. Esto dañará especialmente a las principales empresas financieras de Europa: los bancos más grandes invierten miles de millones de dólares por año en ello. Parker especula que una parte de las empresas financieras europeas podría verse tan horriblemente perjudicadas por la pérdida de competitividad que podría caer en los brazos de rivales estadounidenses y británicos más adecuados. Schwinn podría contarles todo al respecto.

Un mundo de oportunidades

Por qué los proteccionistas están equivocados.

En 2004, un grupo de políticos del Partido Laborista británico realizó un viaje a EXL Service, una firma tercerizadora india en Nueva Delhi. Su encantador presidente, Vikram Talwar, debe haber hecho maravillas. A su regreso, los políticos reprendieron a los gremios británicos por mostrarse negativos acerca de la contratación de trabajo en países pobres, y alabaron las instalaciones que EXL Service pone a disposición de sus trabajadores. Estas incluían una clínica de salud, un gimnasio y un buen restaurante para el personal. Laura Moffat, del Partido Laborista, le dijo con aprobación al *Financial Times*: "Los beneficios que EXL ofrecía a sus empleados serían parte de una lista de deseos para nosotros aquí en Gran Bretaña".

Con mucha frecuencia en los últimos años, los campeones públicos de la tercerización han sido intimidados hasta quedar en silencio. El presidente del Concejo de Asesores Económicos del presidente estadounidense George Bush, Gregory Mankiw, fue echado del escenario a los gritos en 2004 cuando se atrevió a defender esa práctica. Lou Dobbs, el presentador principal de un noticiero de televisión que da nombres y se avergüenza de las empresas estadounidenses antipatrióticas que contratan trabajadores en el extranjero, intenta vender por ahí su nuevo libro, *Exporting America: Why Corporate Greed is Shipping American Jobs Overseas*[1]. Semejantes ataques han infundido cautela en algunas de las empresas de tecnología más grandes: a IBM, por ejemplo, ya no le gusta hablar públicamente acerca del crecimiento de sus negocios en la India. No obstante, la repercusión negativa en contra de la tercerización ha sido menos violenta de lo que personas como Dobbs podrían haber deseado; en efecto, tal y como demuestra la reacción de los visitantes británicos de Talwar, la tercerización está empezando a ganar apoyo en entornos inesperados.

A los proteccionistas les está resultando difícil sostener que la "codicia empresarial" está reduciendo los trabajos en Gran Bretaña y los Estados Unidos cuando esas dos economías están cerca del pleno empleo. De forma todavía más chocante, las mismas industrias que se consideran muy dañadas por la traslación de trabajos al extranjero revelan un déficit de trabajadores en sus propios países. La mayoría de los puestos de trabajo creados en la India son o bien en *call centers* o bien en empresas de informática. Pero las compañías de *call center* tanto en Gran Bretaña como en los Estados Unidos sufren por la rotación de personal en ascenso y luchan por contratar más gente. La Asociación de *call centers* de Gran Bretaña, un grupo de *lobby*, cree que el empleo en la industria de ese país crecerá en los próximos años; en los Estados Unidos, se espera que el empleo en los *call centers* decaiga ligeramente.

A medida que la inversión en sistemas se recupera de la recesión, los mercados laborales de los Estados Unidos y Gran Bretaña se están volviendo más estrechos también en esta industria. No muchos estudiantes en los países ricos optan por estudiar Ingeniería en la universidad. Incluso un aumento modesto en la demanda de trabajadores en sistemas en los países ricos creará déficit —y, por lo tanto, aperturas para ingenieros indios, chinos y rusos—.

A la larga, las poblaciones de mayor edad en los países ricos acarrearán escasez de mano de obra en muchas industrias. Contratar una parte del trabajo en el extranjero alivianará el problema. También ayudará a elevar la productividad entre los trabajadores de los países ricos que tendrán que sostener grandes cantidades de gente mayor. Además, podría ayudar a disminuir una parte de los costos de las poblaciones de mayor edad, especialmente en el sector de la salud. La inversión en salud en los Estados Unidos está aumentando un 12% al año, mucho más rápido que la del PBI total. Enviar el grueso del trabajo de administración a países de menor costo podría morigerar dicha inversión. El comercio tiene el mismo tipo de consecuencia, y los estadounidenses no tienen en cuenta la compra *online* de medicamentos más baratos en farmacias canadienses. No obstante, tal como señala Diana Farrell, de McKinsey, son precisamente los que apoyan la importación de los medicamentos (y los que odian a las grandes empresas) los que más se quejan acerca de la mudanza de los empleos a la India.

Los antiglobalización sostienen que las empresas multinacionales que obtienen bienes y servicios de los países de bajo costo explotan a los pobres poniéndolos a trabajar en talleres en condiciones paupérrimas. Los gremios comerciales y los *lobbies* industriales utilizan tales argumentos para hacer que sus exigencias de protección parezcan menos egoístas, y los bienpensantes de los Estados Unidos y Gran Bretaña, arruinados por la culpa, los devoran por entero.

La propagación de la contratación global podría ayudar a separar estas políticas. Los jóvenes, hombres y mujeres, vestidos inteligentemente y conscientes de las marcas que se pasean por los exuberantes parques tecnológicos de Bangalore, no son claramente una nueva clase baja. La nueva salud en Oriente ayudará a dar a conocer las viejas políticas proteccionistas en Occidente. Eso podría brindarle a la globalización una nueva legitimidad y fuerza moral.

A pesar de que la oportunidad de contratar un volumen considerable de trabajo administrativo en países de bajo costo ha surgido bastante de golpe, el trabajo de hecho se desplazará gradualmente. Esto les dará tiempo a las economías ricas para adaptarse a los nuevos patrones de trabajo, y debería hacer que las políticas de cambio sigan siendo manejables. Pero, de vez en cuando, el desagradable proteccionismo seguramente se encienda nuevamente.

Tómenlo con calma

Un aumento repentino de la competitividad global podría forzar una reestructuración más rápida y profunda en los países ricos. Grandes empresas de servicios informáticos, como IBM y Accenture, se han mezclado para contratar muchos miles de nuevos empleados en la India para competir con las empresas de ese país de informática, como Wipro y TCS. Esto también podría suceder en otras industrias, a medida que la India se convierta en experta en prestación de banca tercerizada, servicios comerciales y seguros.

Los oficinistas de todas partes probablemente queden desconcertados ante el surgimiento de empresas indias que prometen realizar el trabajo administrativo en forma más barata, rápida y mejor. De la misma manera en que los fabricantes japoneses de automóviles pusieron en forma a Detroit, la India cambiará la vida en el cubículo para siempre. Hasta el momento, tan sólo las empresas estadounidenses y británicas han contratado parte del trabajo en países de bajo costo, pero otras economías ricas, como las de Francia, Alemania, Italia y Japón, tendrán eventualmente que ser las siguientes, a medida que las compañías de Gran Bretaña y los Estados Unidos reduzcan sus costos y hagan parecer vulnerables a sus rivales. En Japón, Francia y Alemania, esto podría elevar los ya altos niveles de desempleo (disimulados en Japón; explícitos en Francia y Alemania) a niveles aun más altos si los mercados laborales rígidos y no reformados continúan negándoles empleos a los trabajadores desplazados. Es probable que esto impulse el proteccionismo y genere un contragolpe.

Ésa podría ser una razón de más para reafirmar los argumentos tanto económicos como morales a favor del libre comercio. Comprar bienes y servicios a países pobres no sólo es enormemente provechoso para las economías de los países ricos, sino que puede también brindar oportunidades para millones de personas en los países pobres de darse ánimos y mejorar sus vidas. Se trata de un juego en el que todos pueden ganar.

Notas

[1] Dobbs, L., *Exporting America: Why Corporate Greed is Shipping American Jobs Overseas*, Warner Business Books, 2004.

PARTE 2

EL CAMINO HACIA LA ELECTRÓNICA DE CONSUMO

La parte 2 comprende tres recopilaciones de notas sobre distintos campos de la electrónica de consumo. El primer capítulo, sobre teléfonos móviles, reflexiona acerca del surgimiento de los equipos móviles como una computadora verdaderamente personal y las batallas que siguieron entre empresas que competían por ofrecer equipos y servicios relacionados, en especial mediante la presentación de las redes de tercera generación (3G). La enorme variedad de diseños de móviles también se considera, junto con su impacto social (tanto el bueno como el malo). El segundo capítulo analiza los videojuegos, que poco a poco se establecen como una rama de la industria del entretenimiento dominante, junto con las películas y la música. Los videojuegos se consideran cada vez más herramientas de capacitación, y no sólo para los pilotos de avión, a medida que el creciente poder de las consolas de videojuegos permiten la creación de imágenes cada vez más fotorrealistas. El tercer capítulo examina el traslado de las tecnologías de la industria de la computación —como las pantallas planas y las redes inalámbricas— a la esfera doméstica, y el ascenso del "hogar digital". Esto podría finalmente suscitar un nirvana de la información y el entretenimiento, aunque sólo si quienes proveen el contenido y las empresas de tecnología se ponen de acuerdo sobre parámetros adecuados.

5
TELÉFONOS MÓVILES

La nueva configuración de la informática

Como resultado de la colisión de dos industrias, una nueva clase de computadora puede surgir.

"Una computadora en cada escritorio y en cada hogar". Ésta fue la declaración de Microsoft durante muchos años y que alguna vez sonó visionaria y osada. Sin embargo, hoy en día parece carecer de ambición. ¿Y si hablamos de una computadora en cada bolsillo? Ciertamente, Microsoft ha modificado su declaración tal como se esperaba: su objetivo es ahora "capacitar a la gente con un *software* de excelente calidad en cualquier momento, en cualquier lugar y sobre cualquier dispositivo". Estar encadenado al escritorio no está más de moda, la movilidad sí lo está. El gigante de la industria informática ha puesto la mira en un mercado totalmente nuevo.

Pero no está solo. Dell, Hewlett-Packard y otros fabricantes de computadoras han comenzado a fabricar computadoras portátiles que, cada vez más, cuentan con conexión inalámbrica e incluso con telefonía móvil de alta calidad incorporada. La Palm Pilot, que era originalmente un organizador electrónico, se ha convertido en Treo, un dispositivo mucho más elaborado, con servicio de telefonía móvil, correo electrónico y acceso inalámbrico a Internet.

Mientras la industria informática intenta meter computadoras en dispositivos del tamaño de un bolsillo, la industria de la telefonía móvil ha llegado al mismo punto, pero desde la dirección opuesta. En la actualidad, la mayoría de los teléfonos móviles tienen pantalla color y acceso a Internet. Algunos, destinados a empresarios, cuentan con teclados diminutos para facilitar la escritura de correos electrónicos; otros son diseñados específicamente para reproducir música o juegos. Los teléfonos móviles de hoy tienen tantas funciones informáticas como tenían las computadoras de escritorio hace diez años.

En pocas palabras, los mundos alguna vez separados de la informática y de la telefonía móvil están en conflicto, y los gigantes de cada industria —Microsoft y Nokia, respectivamente— se encuentran insertos en una lucha por la preeminencia (ver páginas 165-171). Ambos bandos apuestan a que alguna clase de comunicador de bolsillo, o un "teléfono inteligente" (*smartphone*), sea la próxima gran novedad luego de la PC, que ha dominado la industria de la tecnología desde que desplazó a la *mainframe* hace aproximadamente 20 años. Es cierto que ambos bandos tienen ideas distintas acerca de cómo se deberían elaborar dichos dispositivos. La industria informática cree que se debería comprimir una computadora multiuso en una carcasa pequeña; el enfoque de la industria de la telefonía móvil supone un proceso más paulatino y gradual, y consiste en agregar nuevas funciones a medida que los usuarios se acostumbren a las existentes. Pero ¿están en lo cierto ambos bandos acerca del futuro de la informática en primer lugar?

Probablemente la respuesta sea sí, aunque es demasiado pronto para estar totalmente seguros. Mientras buscan un nuevo crecimiento, ambas industrias están claramente trabajando en base a dicha suposición. En el caso de las computadoras, su venta se ha estabilizado y el gasto de las empresas ha descendido y, por lo tanto, se está apostando a los dispositivos móviles personales. En lo que respecta a los teléfonos móviles, los ingresos por llamadas de voz son actualmente estables y, como consecuencia, nuevos servicios de información, como por ejemplo mensajes con imágenes, juegos e información sobre ubicación, son considerados como la fuente más prometedora de crecimiento.

Inevitablemente, ya se han dado pasos en falso; el más evidente fue el fiasco de los operadores europeos al intentar lanzar redes móviles de "tercera generación" (3G). La buena voluntad de los operadores de pagar importantes sumas de dinero por licencias para operar redes 3G demuestra de manera ferviente la creencia de que la convergencia de computadoras y teléfonos móviles era la próxima gran novedad. Aun así, han pagado demasiado: un total de más de 100.000 millones de euros (147.000 millones de dólares al cambio actual). Las redes 3G comenzaron a conectarse formalmente recién a partir de 2004, luego de reiteradas demoras, y todavía no está claro si resultaron ser una buena inversión (ver páginas 173-179). De la misma manera, las computadoras portátiles, también conocidas como asistentes digitales personales (PDA, por sus siglas en inglés), parecen no ser muy atractivas; las ventas anuales no superan las 10 millones de unidades aproximadamente.

Aun así, la tendencia continúa siendo clara. Las *mainframes* gobernaron la industria informática hasta el ascenso de la computadora personal (PC), y otros 20 años más adelante, el reinado de la PC parece estar llegando a su fin. Generaciones previas de computadoras han sobrevivido —las *mainframes* siguen existiendo en gran cantidad, y ciertamente las PC no desaparecerán—, pero las generaciones sucesivas de dispositivos informáticos aparecen en mayor número y son cada vez más pequeñas y más personales que sus antecesoras. Las *mainframes* ocupaban salas enteras y pertenecían a empresas individuales. Las PC están sobre escritorios y quienes las usan son personas o familias. Los teléfonos móviles son dispositivos de bolsillo verdaderamente personales y móviles. En la actualidad, más de mil millones de personas alrededor del mundo poseen uno.

El cambio a dispositivos móviles es entonces un paso lógico a largo plazo. Asimismo, las primeras encarnaciones de un proceso tecnológico, con todo su estado de confusión, no siempre son una guía precisa para su posterior desarrollo. El impacto a corto plazo de un nuevo proceso tecnológico es generalmente sobreestimado, mientras que su beneficio es a menudo subestimado. Tomemos como ejemplo las primeras PC de hace 20 años. Apenas podía llamárselas productos de consumo, y sin embargo evolucionaron hasta convertirse en un producto mucho más atractivo.

Los teléfonos inteligentes y las computadoras portátiles de la actualidad se encuentran en un mismo estado de desarrollo. Sus fabricantes no afirman tener todas las respuestas, y se muestran cautos con sus apuestas. Probablemente surgirán varios dispositivos, cada uno con un atractivo particular para cada clase de usuario. Microsoft está desarrollando tanto teléfonos inteligentes como computadoras portátiles con pantalla táctil. Nokia ha dividido su departamento de telefonía móvil en varios "mini Nokias", cada uno de los cuales se concentra en un segmento diferente del mercado, y comparten las instalaciones de investigación, desarrollo y fabricación. También han aparecido dispositivos totalmente nuevos de empresas como Research in Motion, la firma canadiense que creó el dispositivo BlackBerry, y Danger, una empresa de Silicon Valley que lanzó un comunicador de bolsillo que no es un teléfono móvil de alta gama, ni tampoco una computadora de menor calidad, sino una verdadera combinación de ambos.

Buscando el próximo Microsoft

Si éste es el próximo paso en la evaluación de la informática, surge una pregunta obvia: ¿qué empresa predominará, como lo hicieron IBM en la era de las *mainframes* y Microsoft en la de las computadoras personales? La respuesta es que resulta improbable que esta vez haya un solo ganador. IBM gobernó en la era de las *mainframes* porque era propietaria de los modelos dominantes de *hardware* y *software*. En la era de la PC, el *hardware* se convirtió en un modelo abierto (por medio de la PC compatible con IBM), y Microsoft mantuvo el dominio debido a que era propietaria de Windows, el modelo dominante de *software*. Pero la informática y las comunicaciones, por medio de Internet o de las telecomunicaciones móviles, se encaminan hacia modelos abiertos: los dispositivos de comunicación son menos útiles si no pueden comunicarse entre ellos. Por lo tanto, los fabricantes de comunicadores de bolsillo, teléfonos inteligentes y cualquier otro dispositivo que surja deberán competir por el diseño, marca, logística y habilidad para innovar dichos modelos abiertos.

Estas consideraciones parecen favorecer a Nokia por sobre cualquier otra compañía. Sin embargo, ésta enfrenta un desafío directo debido a que Microsoft lleva la industria informática hacia su territorio y, por lo tanto, la continuidad de su predominancia en la industria de la telefonía móvil no se encuentra asegurada de ningún modo, ya que no posee modelos de marca registrada. Por su parte, Microsoft tratará de explotar su predominancia en la industria informática como ayuda para ingresar en el nuevo mercado. Pero podría fracasar. De cualquier modo, esta vez no será necesario repetir los casos prolongados de defensa de la libre competencia (*antitrust*), primero contra IBM y luego contra Microsoft.

Por el contrario, la colisión de las industrias informática y de telefonía móvil parece llevar a un incremento repentino de innovación, puesto que ambos bandos compiten por crear un dispositivo informático y comunicacional verdaderamente personal que conlleve un atractivo mucho mayor que el de las mal denominadas computadoras personales. Y mientras estos gigantes compiten, los usuarios serán quienes surjan como ganadores.

NOTA

Desde que este artículo se publicó en 2002, los teléfonos inteligentes se han convertido en dispositivos cada vez más elaborados y han estado continuamente incorporando características de las PC (como discos rígidos y conexión Wi-Fi). En 2004 se vendieron cerca de 26 millones de teléfonos inteligentes, sólo un 4% del total de la venta de teléfonos móviles, pero las ventas están creciendo en un 30% anual aproximadamente, según la consultora Jupiter Research. Nokia continúa siendo el fabricante líder de teléfonos inteligentes, con una participación en el mercado del 50% en 2004, muy por delante de sus rivales PalmOne (fabricante del Treo) y Research in Motion (fabricante del BlackBerry). Microsoft debe todavía realizar un impacto significativo en este mercado.

Luchando por la palma de su mano

Así como los teléfonos móviles han cambiado radicalmente en estos últimos años, la industria que los fabrica también está experimentando transformaciones.

La próxima vez que tome su teléfono móvil, trate de imaginar cuán futurista se vería para una persona de mediados de la década de los 90. En ese entonces, los teléfonos móviles eran dispositivos mucho menos sofisticados. Similares a un ladrillo, contaban con pequeñas pantallas monocromáticas y grandes antenas sin sentido, y se los utilizaba con un único propósito: comunicarse con otras personas. Por el contrario, los últimos modelos de hoy en día consisten en elegantes computadoras de bolsillo. Su teléfono móvil actual bien puede, además de funcionar como tal, tener una gran pantalla color y una cámara incorporada, enviar y recibir mensajes de texto y funcionar como despertador, calendario, consola de juegos, reproductor de música y radio FM.

El teléfono móvil se ha convertido en un artículo exclusivamente personal: muchas personas los llevan consigo aun cuando dejan sus billeteras o llaves. Algunos teléfonos móviles diseñados para empresarios pueden enviar y recibir correos electrónicos y cuentan con teclados diminutos; otros, destinados a usuarios interesados en realizar actividades al aire libre, poseen linternas incorporadas; y otros incluso poseen funciones de posicionamiento por satélite, cámaras de alta resolución con flash y *zoom*, y aun la posibilidad de grabar y reproducir videoclips. Claramente, los teléfonos móviles no son lo que solían ser.

Esta espectacular transformación externa del teléfono móvil se está reflejando en una transformación interna de la industria que fabrica lo que ahora se ha convertido en el dispositivo digital con mayor omnipresencia en el planeta. Cada año se venden más de 500 millones de teléfonos móviles y, a pesar del poco avance de otras áreas de la industria de la tecnología, dicha cifra continúa creciendo (ver Cuadro 5.1). Las ventas son impulsadas, en parte, por el incremento repentino en el número de nuevos abonados en los países en vías de desarrollo, especialmente en la India y China, mientras que en los países desarrollados, donde los mercados se encuentran tan saturados que la mayoría de las personas adultas posee un teléfono móvil, los abonados existentes están cambiando sus teléfonos por los modelos más modernos que surgen en la actualidad. Mundialmente, el número de teléfonos móviles en uso, cerca de 1.400 millones, superó el de teléfonos fijos en 2003.

Por lo tanto, no es sorprendente que tantas empresas quieran ahora una porción del mercado. La telefonía móvil se encuentra en la intersección de tres industrias en rápido crecimiento: es un dispositivo comunicacional, una computadora y, con la incorporación de nuevas funciones media, un producto electrónico de consumo. De hecho, es el dispositivo mejor vendido entre las tres categorías.

Como resultado, las firmas que históricamente han dominado la industria (grandes empresas especializadas como, Nokia y Motorola) ahora enfrentan un sinnúmero de nuevos desafíos y oportunidades. El deseo de "apoderarse" de cada abonado representa otra amenaza para los fabricantes de la actualidad de estos dispositivos, dado que los operadores de redes móviles buscan promover sus propias marcas y diferenciarse así de sus rivales. El resultado es una batalla poco vista, pero tremenda, por el control de una industria de 70.000 millones de dólares: en resumidas cuentas, una lucha por la palma de su mano.

Fabricar un teléfono móvil solía ser tan difícil que era materia exclusiva de algunas empresas especializadas. Se requería conocimiento de una enorme cantidad de áreas, desde el diseño de chips de radio y *software* hasta la integración de componentes electrónicos y el formato de la carcasa. Luego, dado que los teléfonos móviles debían ser fabricados en un corto tiempo y en grandes cantidades, existían problemas para operar un proceso eficiente de fabricación y una cadena compleja de suministro, como también la promoción de productos finales en un mercado de consumo masivo. Asimismo, las empresas no podían fabricar sólo teléfonos móviles: para ser tomadas en serio por los operadores de redes móviles y para asegurarse de que todo funcionara correctamente, debían también fabricar estaciones base mucho más grandes y complejas utilizadas para proporcionar cobertura de telefonía móvil.

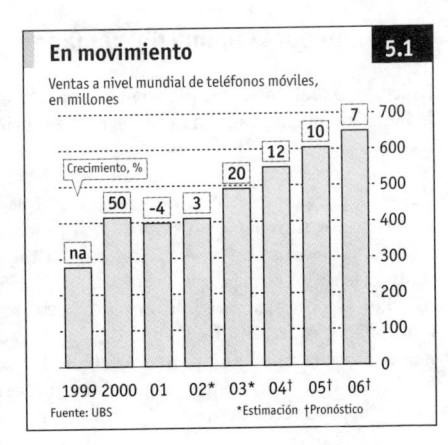

En movimiento 5.1

Ventas a nivel mundial de teléfonos móviles, en millones

Fuente: UBS *Estimación †Pronóstico

Todos estos requisitos llevaron a que la industria fuera dominada por grandes compañías verticalmente integradas, como Nokia, Motorola y Ericsson. "Para muchas empresas, los dispositivos electrónicos de buena calidad a bajo precio eran una barrera de ingreso demasiado alta", según Tony Milbourn de la empresa británica TTPCom, que diseña y otorga licencias de explotación de componentes de *hardware* y *software* para teléfonos móviles.

Pero la situación ha cambiado. Los chips de radio ahora pueden comprarse listos, como también puede comprarse el *software* necesario para hacer funcionar un teléfono móvil. Firmas de "servicios de fabricación electrónica" (EMS, según sus siglas en inglés) pueden subcontratarse para el proceso de fabricación. Algunas de estas empresas han comenzado a diseñar y fabricar teléfonos móviles; estos "fabricantes de diseños originales" (ODM, por sus siglas en inglés) venden los teléfonos que fabrican a otras compañías, las cuales los venden con su marca. Mientras tanto, ha surgido un próspero ecosistema de pequeñas empresas que se especializan en distintas áreas, como el diseño de teléfonos móviles, diseño de chips, prueba y *software*. TTPCom, por ejemplo, proporciona el *software* que les permite a los teléfonos con cámara de Sharp y a los dispositivos inalámbricos para enviar correos electrónicos de BlackBerry enviar y recibir información mediante redes de telefonía móvil.

En otras palabras, las barreras de ingreso se han desmoronado. El *hardware* y el *software* han sido convertidos, hasta cierto punto, en *commodities* y existen muchas más oportunidades para la subcontratación para el diseño y fabricación de las que solían existir. Esta situación ha permitido que los ODM, empresas de dispositivos electrónicos de consumo y aun pequeñas empresas nuevas puedan ingresar al negocio de los teléfonos móviles. "En la actualidad, toda persona con el respaldo financiero apropiado puede hacer su ingreso en el negocio de los teléfonos móviles", afirma Ben Wood, analista de la consultora Gartner. El antiguo modelo de industria vertical ha sido quebrantado y es el aumento en el número de ODM en especial lo que está haciendo mayor fuerza para alterar el orden establecido de dicha industria.

¿Sorprendente?

La mayoría de los ODM —de los cuales los más importantes son BenQ, Arima y Compal— se encuentra en Taiwán, aunque también existen otros en China y Corea del Sur. Todos ellos diseñan y fabrican teléfonos móviles para empresas más reconocidas, las cuales sólo agregan su marca a los teléfonos ya fabricados y los venden como si fueran suyos. Irónicamente, en este momento los clientes más importantes de los ODMS son los fabricantes existentes de teléfonos móviles. Arima, por ejemplo, fabrica teléfonos para Sony Ericsson (*joint venture* para la fabricación de teléfonos móviles entre la empresa japonesa Sony y la sueca Ericsson), mientras que BenQ y Compal fabrican varios modelos para Motorola. Siemens, Toshiba y Panasonic también dependen de los ODM para la producción de algunos de sus teléfonos.

Contar con un ODM, aunque sólo sea para fabricar algunos modelos, tiene varias ventajas para los fabricantes reconocidos de teléfonos móviles, de acuerdo con Adam Pick, de la empresa de estudios de mercado iSuppli. Les permite llenar vacíos en sus líneas de productos de manera rápida y económica, les permite ahorrar dinero en investigación y desarrollo, e implica que el ODM asume algunos de los riesgos comerciales asociados con las fluctuaciones en el suministro de componentes y la demanda de los consumidores finales. La consultora sueca Northstream predijo que la proporción de teléfonos móviles fabricados por ODM pasaría de un 9% en 2002 a un 30% aproximadamente en 2005.

Sin embargo, la creciente importancia de los ODM también representa una amenaza a largo plazo para las reconocidas empresas fabricantes de teléfonos móviles. Motorola, por ejemplo, pasó algunos meses puliendo un diseño original de Chi Mei, un ODM taiwanés, para crear su teléfono móvil mpx200, cuya descripción a efectos de su patentamiento le pertenece a Motorola. Este enfoque permite ingresar en el mercado en forma rápida e implica que el ODM no puede proporcionar el diseño perfeccionado a los rivales.

Ben Wood observa que el riesgo lo constituye el hecho de que este proceso también educa a los ODM. Por sentirse muy cómodas con éstos, las grandes empresas fabricantes de teléfonos móviles podrían terminar deteriorando su liderazgo tecnológico actual e inconscientemente alimentando a sus futuros competidores. Algunos ODM están ya vendiendo teléfonos móviles con sus propias marcas en ciertos países; BenQ es el ejemplo más significativo. En marzo de 2004, superó a Nokia y pasó a ser número dos en el mercado taiwanés de telefonía móvil.

Éste no es el único riesgo. El aumento en la cantidad de ODM también les permite a los operadores evadir a los fabricantes reconocidos de teléfonos móviles y producir aparatos exclusivos para ellos. Esto les posibilita añadir su marca a los teléfonos y los ayuda a diferenciarse de sus rivales.

A modo de ejemplo, Orange, un operador móvil europeo cuyo propietario es France Telecom, comercializa teléfonos inteligentes de marca propia fabricados por HTC, otro ODM taiwanés, y patrocinados por el *software* de Microsoft. Las cifras de Orange sugieren que estos teléfonos inteligentes aumentan los ingresos promedio por usuario (ARPU, por sus siglas en inglés), un índice fundamental de la industria, en aproximadamente € 15 (US$ 18) aproximadamente por mes. Al incorporar servicios a un teléfono móvil (en este caso, servicios de correo electrónico móvil y navegador de Internet), los operadores tienen la posibilidad de alcanzar dos objetivos primordiales: aumentar ingresos y desanimar a los abonados de cambiar de operador.

El éxito del teléfono móvil de Orange demuestra también que los teléfonos fabricados exclusivamente para operadores podrían dar resultado, señala John Pollard, director de estrategia comercial del departamento de telefonía móvil de Microsoft. "Se arriesgaron y no fracasaron", dijo Pollard. Esto les ha dado coraje a otros operadores para seguir su ejemplo.

En un principio, los grandes fabricantes de teléfonos móviles se mostraban reacios a modificar sus teléfonos para operadores individuales, dado que esta situación podía debilitar sus economías de escala y "diluir" sus marcas. Sin embargo, la amenaza de los teléfonos móviles fabricados exclusivamente para operadores y proporcionados por los ODM ha forzado a los proveedores reconocidos a ser más flexibles. Motorola, por ejemplo, fabricó una versión especial de su teléfono V500 exclusivamente para Vodafone, el operador de telefonía móvil más grande del mundo, observa Ben Wood. Nokia, como fabricante líder de teléfonos móviles, con la marca más fuerte del mercado, tiene la posición más fuerte de negociación con los operadores y su resistencia a ser más flexible puede haber contribuido a su inesperado tropiezo en abril de 2004. El valor de sus acciones bajó abruptamente luego de que la empresa anunciara que las ventas habían caído en el primer trimestre de 2004.

Los grandes de la industria en números 5.2
Porcentaje de ventas de teléfonos móviles en el mercado mundial
Porcentaje de unidades totales vendidas en el último trimestre de 2003

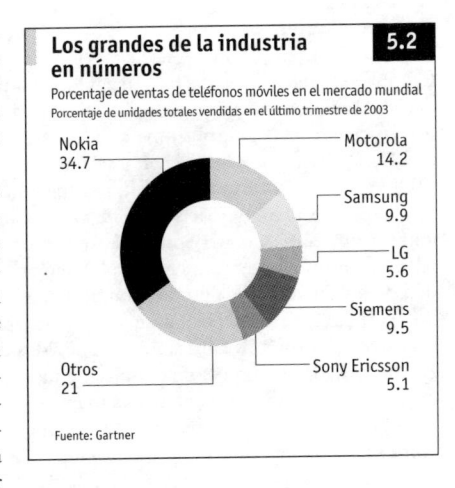

- Nokia 34.7
- Motorola 14.2
- Samsung 9.9
- LG 5.6
- Siemens 9.5
- Sony Ericsson 5.1
- Otros 21

Fuente: Gartner

Aquí viene el gorila

El aumento en la cantidad de ODM beneficia también a Microsoft, que había tenido grandes dificultades para ingresar en el negocio de los teléfonos móviles. En lugar de utilizar el *software* del teléfono inteligente de Microsoft, los fabricantes de teléfonos móviles se asociaron bajo el nombre de Symbian para fabricar un *software* alternativo (estaban preocupados por lo que ocurrió en la industria de las computadoras personales, en la cual Microsoft creó un monopolio de *software* e hizo que los fabricantes de PC sólo tuvieran como función cambiar carcasas de productos prácticamente idénticos).

Pero Microsoft pudo ingresar en el mercado debido a que se asoció con ODM para fabricar teléfonos móviles exclusivos para operadores y de esta manera evadió a los fabricantes reconocidos. Desde ese momento, Motorola y la empresa surcoreana Samsung han obtenido una licencia para utilizar el *software* de Microsoft en algunos de sus teléfonos. ¿Esto significa que la industria de la telefonía móvil podría terminar siguiendo los pasos de la industria de las computadoras personales después de todo?

Parece poco probable que así sea. Por un lado, los teléfonos móviles son artículos mucho más personales que las PC; de hecho, los teléfonos móviles se han convertido en artículos de moda. Hasta este momento, no hay señales de la existencia de un monopolio similar al de Microsoft o Intel en ninguno se los nuevos sectores horizontales de la industria de la telefonía móvil; los modelos más importantes se encuentran abiertos y existen en el sector de las redes. El poder de los operadores de redes móviles no tiene correspondencia en la industria de las PC; los proveedores de Internet tienen muy poca influencia. Por el contrario, algo más similar a la nueva estructura de la industria de la telefonía móvil parecería ser la fabricación de automóviles.

Al igual que los fabricantes de teléfonos móviles, los fabricantes de automóviles solían estar integrados verticalmente. Sin embargo, existe en la actualidad una combinación compleja de diferentes enfoques. Algunos fabricantes de automóviles subcontratan a otras empresas para la fabricación de cada componente (como por ejemplo motores o sistemas de iluminación); Motorola lo hace con las tapas de sus teléfonos móviles plegables. "Si se lo compara con subensamblajes, éstos son muy similares a los de la industria automotriz", dijo el presidente del área de telefonía móvil de Motorola. "Ésta es la forma en la que se está fabricando".

De la misma manera, se terceriza a especialistas similares a los ODM para que se encarguen del diseño y fabricación de algunos automóviles. A modo de ejemplo, BMW subcontrató a la empresa austríaca Magna Steyr para que diseñe y fabrique su automóvil deportivo X3, en parte para reducir su plazo de comercialización en un sector competitivo. Sin embargo, BMW también fabrica automóviles de la manera antigua, es decir, verticalmente integrada.

Otra semejanza entre las dos industrias es el uso de "plataformas" —diseños básicos comunes que permiten compartir componentes entre productos aparentemente diferentes—. Esta situación conlleva el beneficio de reducir costos, pero podría resultar desventajosa si se traduce en una línea de productos de baja calidad. Pareciera que Nokia se ha topado con este problema, tal como sucedió con Volkswagen en la industria automotriz.

Si dicha industria sirve como guía, el resultado probable es que la de la telefonía móvil deje de ser una integración vertical para convertirse en una serie de sectores horizontales: chips, *software*, fabricación, diseño y técnicas de *branding*. Sin embargo, a diferencia de lo que ocurre en la industria de las PC, ninguna empresa en particular dominará un único sector. Los especialistas se multiplicarán, y muchas empresas optarán por competir en más de un sector a la vez, según cuáles sean sus ventajas competitivas. En la escala entre la integración vertical total y la "commoditización" total, los fabricantes de teléfonos móviles esperan encontrar el punto intermedio, según Vasa Babic, de la consultora Mercer. Así, podrán alcanzar los beneficios de la "commoditización", como por ejemplo los precios más bajos de los componentes, sin terminar en una situación similar a la de los fabricantes de PC.

¿Y ahora qué?
El alejamiento del antiguo modelo vertical está influenciando el cambio de estrategias de los fabricantes existentes de teléfonos móviles (*handsets*) a distintos niveles. Poder diseñar un chip de radio propio en la actualidad no es tan importante como solía serlo; como tampoco lo es ser propietario de la totalidad de la capacidad de fabricación o fabricar la totalidad del *software* necesario. Por lo tanto, las empresas han optado por adquirir chips y *softwares* listos y aumentar el uso de fabricación subcontratada, tanto por parte de firmas de EMS como de ODM.

En la actualidad, Motorola y Sony Ericsson tercerizan cerca del 35% de su fabricación, y ya ninguna de las dos empresas diseña su propio chip de radio. Siemens ha tomado un rumbo similar, combinando productos propios con teléfonos móviles fabricados por ODM. Nokia, por otro lado, insiste en que su participación en el mercado (35%) significa que aún puede competir en todos los sectores, desde el de diseño de chips hasta el de *branding*. Esta empresa no utiliza la tercerización tanto como sus rivales, sólo lo hace para responder a las variaciones en la demanda y comparar con otras empresas la eficiencia de su fabricación. Aun así, según Olli-Pekka Kallasvuo, director del área de telefonía móvil de Nokia, la empresa tiene una visión "pragmática" y podría realizar más subcontrataciones en el futuro. Samsung, la tercera empresa en importancia del mundo en la fabricación de móviles, continúa utilizando el modelo vertical tradicional.

Pero ¿será esto suficiente para eludir a sus nuevos competidores? Ben Wood señala que el problema para Nokia y Motorola es que, mientras se dedican a competir en todos los mercados del mundo, las empresas rivales más pequeñas pueden seleccionar a gusto mercados individuales y nichos de productos. Los ODM poseen más del 20% del mercado en Taiwán y actualmente están apuntando a mercados específicos de otras partes del mundo, como por ejemplo Italia y otros países de Europa Central. Esta situación les permite afianzar relaciones con los grandes operadores, quienes por su parte pueden ejercer una mayor presión sobre los fabricantes reconocidos de teléfonos móviles.

Un ejemplo interesante es el caso de Sendo, una pequeña empresa británica nueva en el mercado: lanzó su primer teléfono móvil en 2001, y afirma poseer un 5% del mercado en Gran Bretaña y un 9% en Portugal, como resultado de su predisposición a adaptar teléfonos para operadores individuales. A modo de ejemplo, La marca creó un teléfono con una tecla especial en forma de "V" para Virgin Mobile. Sendo no es un ODM, pero se dedica a la creación de *software*, diseño y adaptación de teléfonos a gusto del cliente, y teceriza el resto de las actividades. Es una clase de fabricante de teléfonos móviles que no podría haber existido algunos años atrás.

Sin embargo, la creciente popularidad de la tecerización de la fabricación no es de ninguna manera una tendencia sin fin. Sony Ericsson solía subcontratar toda su fabricación, pero notó que sus proveedores no podían satisfacer la demanda. El presidente de la empresa, Katsumi Ihara, indicó que un tercio de los teléfonos móviles de la empresa son actualmente fabricados por Flextronics, una EMS ubicada en Singapur. "Estamos buscando la mejor combinación", comenta. De manera similar, Motorola fue demasiado lejos en el camino de la tercerización y ahora ha vuelto atrás para ganar mayor control: en la actualidad subcontrata aproximadamente el 35% de su fabricación, de acuerdo con Lynch. Northstream prevé que, a largo plazo, los ODM serán responsables por la fabricación de alrededor de la mitad del total de teléfonos móviles.

Otro resultado extremo —la eliminación de la intermediación entre fabricantes de teléfonos móviles y operadores— también parece poco probable. Los operadores quieren tener a alguien a quien culpar cuando exista algún error en los teléfonos, y al ser éstos cada vez más complejos y dependientes de *software*, no es probable que deseen hacerse cargo de los servicios de mantenimiento y atención. Por consiguiente, mientras algunos operadores continuarán utilizando teléfonos móviles de marcas de ODM en ciertos nichos de productos, no prescindirán completamente de los fabricantes. "Ningún operador quiere dejar su futuro en manos de teléfonos importados de China", afirma David Dean, analista de Boston Consulting Group.

Por el contrario, el resultado más probable es un acuerdo por el cual se reduzca el poder de los fabricantes reconocidos de teléfonos móviles a manos de una alianza secreta entre los operadores y los nuevos fabricantes de teléfonos. El *branding* conjunto, por el cual los teléfonos móviles ponen de relieve los logotipos tanto de los operadores como de los fabricantes, pareciera convertirse en la regla general. Ya lo es en los Estados Unidos y parte de Asia y está poniéndose de moda en Europa.

La empresa que tiene más para perder es Nokia, que se ha vuelto tan poderosa que los operadores y fabricantes rivales están deseando bajarle los humos. "Para que pueda permanecer en la cima del juego, Nokia tendrá que adaptarse", señala Brian Modoff, analista de Deutsche Bank. A diferencia de Microsoft e Intel en el mercado de las PC, Nokia no cuenta con la protección de la posesión de modelos de propiedad. Para mantener los márgenes y permanecer en la cima del ciclo de productos cada vez más veloz de la industria, deberá dejar de realizar todo por sí misma, según Modoff. "Será más bien una marca, un negocio de diseño, en lugar de fabricar todo", agrega.

Nokia está haciendo todo lo posible por diversificarse, especialmente en el mundo de los teléfonos móviles con su modelo N-Gage. Al mismo tiempo, dado que la tecnología móvil está transformándose progresivamente en un *commodity*, contar con una marca fuerte será cada vez más importante, y nadie posee una marca más fuerte que Nokia. Sus dificultades pueden resultar ser algo momentáneo. Pero debido a los cambios profundos ya iniciados, observa Dean, al ser tan alto el porcentaje de Nokia en el mercado, "sólo hay un camino por seguir".

El futuro de la tecnología

La visión y su coincidencia con la realidad

Luego de años de demoras, finalmente se están lanzando los teléfonos móviles de tercera generación (3G). ¿Coincidirá la realidad con la visión original?

La apuesta más grande de todos los tiempos en la presentación de un nuevo proceso tecnológico, un intento de mantener en crecimiento una industria en evolución, o un fiasco de política industrial? La presentación mundial de los teléfonos móviles de tercera generación incluye estos tres supuestos y más. En el año 2000, en pleno auge de las puntocom, todos los operadores de móviles del mundo, pero especialmente los europeos, pagaron un total de 109.000 millones de euros (en ese momento, 125.000 millones de dólares) para obtener licencias con el fin de construir y operar redes 3G, las cuales ofrecen un mejor rendimiento y una mayor capacidad que las existentes de segunda generación (2G). Los operadores de telefonía móvil fueron en parte víctimas de su propia gran promoción. Un informe de ese año publicado por la Unión Internacional de Telecomunicaciones, que es la organización que se encarga de regular la industria, ejemplifica las grandes esperanzas que rodean a los teléfonos 3G:

> *El dispositivo funcionará como un teléfono móvil, una computadora, un televisor, un beeper, un centro de videoconferencias, un periódico, una agenda, e incluso una tarjeta de crédito… no sólo admitirá comunicaciones verbales, sino también videos en tiempo real y un servicio completo de multimedia. Navegará automáticamente por Internet en busca de noticias e información relevante sobre temas preseleccionados, reservará sus próximas vacaciones online y bajará cuentos para dormir con dibujos móviles para su hijo. Podrá también pagar los productos que usted compra por medio de transferencias electrónicas inalámbricas de fondos. En pocas palabras, el nuevo teléfono móvil se convertirá en la única e indispensable herramienta para la vida, la que podrá ser trasladada a cualquier lugar por cualquier persona, tal como se hace con una billetera o un bolso en la actualidad.*

Dejando la manía puntocom de lado, la industria había concluido que las redes 3G posibilitarían nuevos servicios que proporcionaran crecimiento mientras su negocio principal —la telefonía por voz— crecía. Debido a que la cantidad de personas que utilizan teléfonos móviles ha aumentado —en la actualidad excede el 85% en la mayor parte del mundo desarrollado—, los ingresos promedio por usuario (ARPU, por sus siglas en inglés), se han estabilizado. Esto es así porque los abonados más importantes fueron los primeros en comprar teléfonos móviles; quienes comenzaron a comprarlos posteriormente realizan una menor cantidad de llamadas y gastan mucho menos. Debido a que el número de abonados está saturando el mercado, por lo menos en el mundo desarrollado, la industria comenzó a buscar nuevas fuentes de crecimiento, y los servicios de categoría, como por ejemplo los videos y el acceso a Internet, parecen ser los más prometedores. De ahí el atractivo de los teléfonos 3G.

Aun así, abonar 109.000 millones de euros para obtener licencias de 3G —además de aproximadamente el mismo monto entre los años 2001 y 2007 para el desarrollo de las redes definitivas, de acuerdo con el pronóstico de la empresa de estudios de mercado iSuppli— fue una apuesta enorme, posiblemente la más grande de la historia de la industria. Pero en muchos casos los operadores no tenían otra alternativa. Varios países europeos realizaron subastas de sus licencias de 3G en las que los operadores ofrecieron cuantiosas sumas: en Gran Bretaña y Alemania, por ejemplo, los operadores terminaron pagando cerca de 8.000 millones de euros por cada licencia de 3G. ¿Por qué? Porque con sus redes 2G saturándose y sin capacidad extra de 2G disponible de los reguladores, los operadores se sintieron obligados a comprar licencias de 3G para asegurarse capacidad para un futuro crecimiento. Andrew Cole, de la consultora A. T. Kearney, recuerda que un cliente que estaba participando de la subasta recibió la orden de "ganar la licencia sin importar el costo". Los 109.000 millones fueron, de hecho, un impuesto al derecho de continuar en el negocio. No muchas empresas tuvieron la suficiente valentía como para negarse a pagar.

Fue así que la aventura de la 3G tuvo un mal comienzo en Europa, y casi causa la quiebra de la industria. Desde el año 2000, los operadores han reducido el valor de sus licencias de 3G. Algunos incluso devolvieron las licencias a los gobiernos de los cuales las habían adquirido, en lugar de encargarse de construir costosas redes 3G nuevas en plazos ajustados de tiempo (la reventa de las licencias estaba prohibida). Este episodio es algo que la industria preferiría olvidar. "La 'subasta fantasma' es una pesadilla que los operadores no quieren recordar", afirma Cole. "No he escuchado acerca de este tema en bastante tiempo".

En sus marcas, listos, ¡fracaso!
El primer lanzamiento de los servicios 3G a fines de 2001 en Japón y Corea de Sur, los dos mercados de telefonía móvil más avanzados del mundo, no ayudó mucho a mejorar la situación. En ambos países, los operadores estaban utilizando tecnología 3G distinta al estándar W-CDMA (también conocido como UMTS) utilizado en Europa. Al ser una tecnología sin verificación, la W-CDMA estaba plagada de problemas iniciales: las estaciones base y los teléfonos móviles provenientes de distintos proveedores no funcionaban conjuntamente en forma confiable, y los primeros teléfonos móviles eran muy grandes y sensibles. Los operadores pospusieron el lanzamiento de los servicios 3G del año 2002 hasta 2003 y luego hasta 2004, aunque algunos optaron por lanzar servicios 3G inestables con anterioridad a esa fecha.

Pero finalmente, en el año 2004, el tren de la tecnología 3G comenzó a marchar. Según las cifras de Deutsche Bank, a principio de ese año existían 16 redes 3G comerciales en todo el mundo, y se esperaba que existieran cerca de 60 para fines de ese año (ver Cuadro 5.3). Matti Alahuhta, director del sector de estrategia de Nokia, la empresa fabricante de teléfonos móviles más grande del mundo, afirmó que la segunda mitad de 2004 sería vista como "el punto de partida de la aceleración mundial de la tecnología 3G". Los primeros teléfonos móviles W-CDMA con aspecto de ladrillo les cedieron el paso a modelos mucho más pequeños y elegantes. En Japón y Corea, la venta de teléfonos con tecnología 3G está en pleno auge. Incluso en los Estados Unidos, un país rezagado en lo que respecta a la tecnología inalámbrica, los servicios 3G han sido lanzados en varias ciudades, y los operadores más importantes se han comprometido a construir redes 3G.

Habiendo oscilado demasiado para el lado del pesimismo, la industria está comenzando cuidadosamente a pensar con optimismo, según Tony Thornley, presidente de Qualcomm, la primera empresa en lanzar la tecnología que apuntala todas las variantes tecnológicas de 3G. Qualcomm anunció que tiene dificultades para satisfacer la demanda de chips de radio W-CDMA. "Mientras nos encontramos más cerca del momento de ver que todo esto se convierte en realidad, somos más optimistas sobre lo que la tecnología 3G puede brindar", afirma Peter Bamford, de Vodafone, el operador de móviles más importante del mundo. Y ahora que finalmente está sucediendo, ¿cómo coincide la realidad de la tecnología 3G con la visión original?

Menos información, más voz
Esto depende de quién sea la persona a la que se lo pregunte. Peter Bamford, por ejemplo, niega que haya existido una reducción de categoría de la visión original. Pero él se encuentra en el lado más optimista del espectro, lo que se refleja en la resistencia de Vodafone a reducir el valor de sus licencias de 3G. La mayoría de los observadores coincide en que ha existido un cambio de expectativas acerca de cómo se utilizarán las redes 3G, alejándose de los videos y otros servicios de datos hacia las tradicionales llamadas de voz.

"En 2001 todos hablaban de la telefonía por video", señala Mike Thelander, de la consultora Signals Research Group. Pero aun cuando la tecnología por video suena atractiva, la evidencia de los primeros lanzamientos de tecnología 3G en Japón, Corea del Sur y Gran Bretaña demuestra que muy pocas personas la utilizan. Estudios de mercado señalan que las mujeres son particularmente reacias a adoptarla, según Cole. El primer teléfono móvil 3G dominante de Nokia, el 7600, no cuenta con el servicio de videollamada, pero esta situación parece no importar demasiado.

Tampoco se han cumplido las grandes expectativas de servicios de datos; al menos hasta ahora. La idea era animar a los usuarios a adoptar servicios de datos en sus teléfonos 2G y así preparar el terreno para servicios de mejor calidad en teléfonos 3G. Sin embargo, a pesar de que la mensajería de texto es muy popular, con más de mil millones de mensajes enviados diariamente en todo el mundo, otras formas de información inalámbrica, como por ejemplo los mensajes con imágenes, la actualización de noticias y la transferencia de música y juegos, han demostrado no ser tan populares entre los usuarios en la mayoría de los países; Japón y Corea del Sur constituyen excepciones notables.

Dichos servicios "están todavía en desarrollo, pero serán muy importantes", insiste Cole. Los teléfonos móviles avanzados de la actualidad, observa, están desbaratando varias industrias simultáneamente, entre las que se encuentran las de la fotografía, la música y los juegos. El teléfono móvil está comenzando lentamente a ser visto como "la navaja suiza de los servicios vitales". Pero los cambios tardarán años en hacerse visibles, a pesar de que se están dando a una altísima velocidad. Bamford compara la transformación de los teléfonos móviles durante los últimos cinco años con la evolución de la televisión durante los últimos cuarenta años, de la simple imagen en blanco y negro a cientos de canales digitales en color. "Esperar que los clientes se adapten a esto en cinco minutos es irreal", sostiene.

El entusiasmo por la información está creciendo, pero no de manera muy rápida: por ejemplo, en septiembre de 2004 los servicios de datos representaron el 16,3% de los ingresos de Vodafone en todo el mundo, en comparación con el 15% del año anterior. Como consecuencia, las expectativas de un gran avance en lo que respecta al uso de datos móviles aún perduran. En este momento, el optimismo está vinculado con la posibilidad de transferir música a teléfonos móviles (los modelos más avanzados pueden utilizarse como equipos de música). La transferencia de *ringtones* es ya popular y, por lo tanto, transferir pistas completas —algo no muy práctico con la tecnología 3G— es el próximo paso lógico. Motorola, segundo fabricante en importancia de teléfonos móviles, ha llegado a un acuerdo con Apple, cuyo portal iTunes Music Store domina el mercado de descargas legales de música. Nokia ha llegado a un acuerdo similar con LoudEye, otro negocio de música *online*. Sin embargo, es demasiado pronto para asegurar si el mercado se convertirá en masivo y, si así fuera, si será rentable para los operadores.

Un mayor hincapié se está poniendo en saber si la tecnología 3G puede proveer llamadas de voz económicas —dado que además de poder facilitar transferencias más veloces que las redes 2G, las redes 3G otorgan una gran cantidad de capacidad de voz (generalmente el doble de capacidad que las 2G) a un menor costo (en general, un cuarto del costo por minuto). Como consecuencia, según Bob House, analista de Adventis, "el interés de los operadores está puesto en sustituir los servicios de voz en las redes fijas".

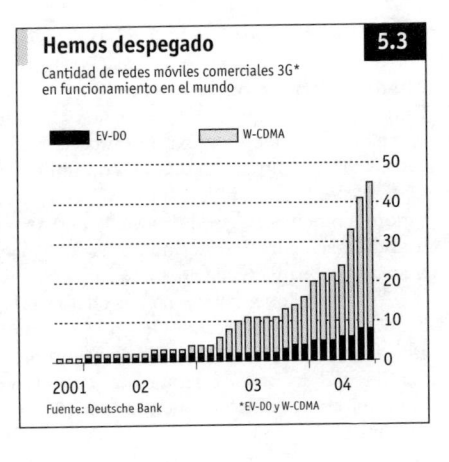

Hemos despegado 5.3
Cantidad de redes móviles comerciales 3G* en funcionamiento en el mundo

EV-DO   W-CDMA

2001   02   03   04
Fuente: Deutsche Bank   *EV-DO y W-CDMA

Al ofrecer una gran cantidad de paquetes de minutos como parte de la tarifa mensual, los operadores esperan animar a los abonados a utilizar sus teléfonos móviles en lugar de sus teléfonos fijos, e incluso a "cortar el cordón" y deshacerse de estos últimos, algo que ya está sucediendo en algunas partes del mundo, especialmente en el caso de la gente joven. A modo de ejemplo, en los Estados Unidos, donde los paquetes grandes son frecuentes, los abonados hablan por teléfono móvil un promedio de 700 minutos por mes, comparados con los 100 minutos por mes en Europa, donde los costos por llamada son mucho más elevados, observa Mark Heath, de la consultora Analysys. Dado que las redes 3G ofrecen capacidad de voz a un cuarto del costo de las redes 2G, los operadores deberían poder ofrecer paquetes más grandes a un menor precio por minuto e igualmente obtener rédito.

Pero los operadores deben calcular el precio de sus paquetes con cuidado, y distinguir entre minutos en hora pico y minutos fuera de la hora pico, para así evitar ser sorprendidos. Ofrecer paquetes generosos puede, por ejemplo, canibalizar los ingresos provenientes de los clientes más importantes, los que rápidamente se cambiarían en búsqueda de un mejor trato. Los operadores quieren también evitar tener que gastar dinero para agregar estaciones de base costosas a los sectores más saturados de sus redes para responder a la carga en la hora pico. Y, claro está, quieren evitar una guerra de precios. A pesar de que todos coinciden en que la llegada de la tecnología 3G hará que los precios de las llamadas de voz bajen y que los márgenes disminuyan, los operadores no tienen prisa para reducir los precios hasta el momento en que deban hacerlo.

Con todo, hay señales de que Hutchison 3G, un nuevo operador que ha lanzado servicios 3G en varios países europeos con la marca "3", está liderando el mercado europeo en este sector, observa Thelander: en algunos casos, 3 ofrece llamadas de voz a un quinto del precio de sus rivales. João Baptista, de Mercer Management Consulting, afirma que una mayor presión sobre los precios hará que los operadores de telefonía fija inicien una batalla por el tráfico de voz para ofrecer servicios de telefonía a costos muy bajos basados en la tecnología "voz sobre protocolo de Internet" (VOIP, por sus siglas en inglés). Baptista dijo que, con una reducción en los precios, "alguien comienza y luego no se lo puede detener".

Sería muy irónico si, luego de años de gran promoción de los servicios de datos, la aplicación moderna de la tecnología 3G resultara consistir en aburridas y antiguas llamadas de voz. No obstante, en realidad, ya nadie habla de aplicaciones modernas. Ello refleja la toma de conciencia de que la tecnología 3G le permite a los operadores ofrecer una gran cantidad de servicios nuevos —como transferencia de música, llamadas de voz económicas, acceso inalámbrico de banda ancha a computadoras portátiles—, pero que el atractivo de dichos servicios varía

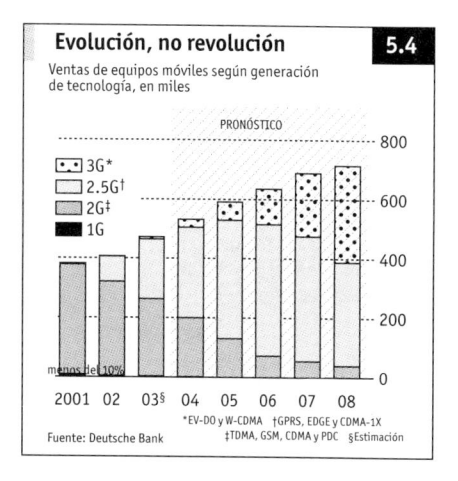

Evolución, no revolución 5.4

Ventas de equipos móviles según generación de tecnología, en miles

PRONÓSTICO

- 3G*
- 2.5G†
- 2G‡
- 1G

2001 02 03§ 04 05 06 07 08

*EV-DO y W-CDMA †GPRS, EDGE y CDMA-1X
‡TDMA, GSM, CDMA y PDC §Estimación
Fuente: Deutsche Bank

ampliamente de un grupo de clientes a otro. "A diferencia del servicio de llamadas de voz tradicional, la implementación de los servicios 3G es mucho más específica según el cliente", señala Su-Yen Wong, de Mercer. La lección de lo ocurrido en Japón y Corea del Sur, dijo, es que "a ciertas clases de clientes les interesa el servicio de video, pero a otras no: algunos clientes prefieren los juegos y otros las actualizaciones de tráfico web". Para Su-Yen Wong, el desafío para los operadores de tecnología 3G es comprender el atractivo de los distintos servicios para cada clase de cliente.

El desafío de la segmentación

Ello demandará una segmentación cuidadosa del mercado. "La tecnología 3G otorga una mayor cantidad de oportunidades, y la segmentación se convierte en algo mucho más importante", dijo Bamford. El ejemplo del operador surcoreano KTF es útil. Dicho operador ofrece un servicio llamado Bigi Kiri para adolescentes de entre 13 y 18 años (con una cantidad ilimitada de mensajes de texto entre abonados). Na, su marca para estudiantes de entre 18 y 25 años, incluye entradas sin cargo para ir al cine y acceso a Internet en 68 universidades; Drama es la marca de teléfonos para mujeres. Otros operadores en Corea del Sur y Japón siguen esta tendencia.

Cole señala que la cuestión para los operadores consiste en saber si pueden atraer con éxito a todos los segmentos. En la actualidad, la mayoría de los operadores poseen marcas débiles y genéricas diseñadas para atraer a la mayor cantidad posible de personas de todos los sectores. Pero ahora deben decidir si crear submarcas o asociarse con otras empresas con mayor capacidad para atraer a grupos demográficos específicos. Hay indicios de que esto ya está ocurriendo en muchas partes del mundo en donde las empresas se agrupan como "operadores móviles virtuales" (MVNO, según sus siglas en inglés). En lugar de construir sus propias redes, un operador móvil virtual se asocia con uno existente y revende el acceso al operador de red móvil con su marca. El mejor ejemplo es el de Virgin Mobile, un operador móvil virtual que revende a adolescentes tiempo de aire en la red de T-Mobile en Gran Bretaña y en la de Spirit en los Estados Unidos. Lo que atrae a los operadores es el hecho de que los operadores móviles virtuales les permiten llegar a los clientes de manera más eficiente. Recientemente ha existido mucha actividad, con marcas reconocidas como Tesco, 7-Eleven y MTV asociándose como MVNO.

Gran parte de esta actividad ha sido promovida por la mayor conciencia acerca de la posibilidad de que los operadores de móviles virtuales adquieran un rol importante en lo que respecta a la generación de un tráfico de voz e información suficiente como para llenar las costosas redes 3G nuevas. Dado que los teléfonos 3G pueden enviar gráficos, música y video, algunas grandes empresas de medios de comunicación, como Disney, están contemplando convertirse en MVNO. De hecho, los gigantes de los medios de comunicaciones podrían ser más eficaces para impulsar el consumo de servicios de datos que los operadores móviles, quienes están luchando para pasar de ser empresas aburridas de servicios públicos centrados en la tecnología a marcas de consumo atractivas.

Ello, por su parte, según sugiere Baptista, plantea una pregunta a largo plazo para los operadores de 3G: ¿son principalmente operadores de red o proveedores de servicios para consumidores? No hay duda de que algunos operadores de marcas fuertes podrán defenderse de empresas como Disney. Sin embargo, los de segunda línea podrían concentrarse en dirigir un negocio mayorista y vender capacidad de red a otros.

Los cálculos que se están realizando acerca del futuro de la tecnología 3G se complican aun más por el hecho de que la tecnología se encuentra todavía en proceso de evolución y hace posible la creación de nuevos servicios. En la actualidad, la tecnología W-CDMA adoptada en muchos lugares del mundo tiene una velocidad de transferencia de datos máxima de 348 kilobits por segundo. La tecnología rival, llamada CDMA2000-1xEVDO, la que ya se utiliza en Corea del Sur, Japón y algunas partes de los Estados Unidos, puede ofrecer una mayor velocidad de hasta 2,4 megabits por segundo. En los mercados en los que las dos tecnologías compiten codo a codo, los operadores de tecnología W-CDMA esperan con ansias la versión actualizada de dicha tecnología, llamada HSDPA, la que será aun más veloz y cuyo debut se esperaba para el año 2005.

¿Más veloz, mejor y más rápido?
No se preocupe por saber lo que todas esas letras significan: el punto es que en la medida en que la velocidad y eficacia de la tecnología 3G crezca, puede comenzar a competir, en algunos mercados, con las conexiones fijas de banda ancha. Otras variantes poco claras de la tecnología 3G, como TDD-CDMA (nuevamente, no se preocupe por el significado) y CDMA450, pueden también utilizarse con este fin. En Nueva Zelanda, Woosh Wireless ofrece el servicio de banda ancha inalámbrica con tecnología TDD-CDMA, mientras que los patrocinadores de la tecnología CDMA450 resaltan su inusual gran alcance, característica que la hace ideal para suministrar banda ancha y telefonía en zonas rurales. Esta situación abre otro nuevo mercado para los operadores de 3G.

Asimismo, la tecnología 3G está evolucionando en otros campos. En 2003, SK, el operador de móviles líder de Corea del Sur, lanzó un servicio de video por encargo a través de su red 3G. Los abonados pagaban un precio de 20.000 wons (US$ 17) de acceso y luego podían transferir películas a sus teléfonos (mientras viajaban a sus trabajos, por ejemplo) por 1.000 wons cada una. El servicio resultó ser tan popular que la red 3G se saturó y SK tuvo que subir sus precios en forma dramática, lo que provocó una caída en la demanda. Pero evidentemente el servicio de video atrae a los abonados siempre que sea lo suficientemente económico. Por lo tanto, SK ha desarrollado un sistema que consiste en la combinación de la tecnología por satélite y la celular. Algunos de sus teléfonos móviles cuentan con receptores de televisión por satélite incorporados, los cuales ofrecen 11 canales de video y 25 de audio. Mientras tanto, se están actualizando los dos modelos 3G principales para permitir que los teléfonos cuenten con transmisiones más eficientes de videos. Nuevamente, esta situación podría abrir nuevos mercados para los operadores de 3G.

Todo ello dificulta poder contestar a la pregunta de si esta tecnología tendrá éxito, la cual consiste en una variedad de procesos tecnológicos que hacen posible todo tipo de servicios nuevos. En Europa, el efecto principal de la tecnología 3G puede ser sólo la reducción en el precio de las llamadas de voz; en los Estados Unidos, la tecnología 3G puede resultar más atractiva para los viajeros a quienes les interesa tener acceso de banda ancha donde quiera que estén; en los países en vías de desarrollo, puede ser útil para extender el servicio de telefonía y acceso a Internet a las zonas rurales; y en Corea del Sur y Japón, esta tecnología incluso podría, sorprendente y terroríficamente, estar a la altura de la visión noble sobre ella. El lanzamiento de las redes 3G por todo el mundo no es el fin de una saga; la historia continúa desarrollándose.

La forma de los teléfonos que vendrán

¿Cuál es la mejor forma para un equipo móvil y cuál será la apariencia de los dispositivos del futuro?

Tiene el suyo forma de barra de golosina, navaja, taco, es plegable, o cuenta con teclado deslizable? ¿O está por desaparecer o romperse en varios pedazos? Por supuesto, estamos hablando de teléfonos móviles. Hace pocos años, tenían la forma de un ladrillo, pero ahora vienen en una gran variedad de formas, tamaños, colores y diseños. Esta proliferación repentina de las nuevas formas de los teléfonos móviles es el resultado de la convergencia entre dos tendencias: la creciente importancia de éstos como artículos de moda y el avance de la tecnología móvil. ¿Dónde terminará todo?

La primera empresa en advertir lo que estaba sucediendo fue Nokia, fabricante líder de teléfonos móviles. "Entendimos que los teléfonos ya no eran dispositivos técnicos, sino parte de la personalidad de cada usuario", señala Eero Miettinen, director de diseño de Nokia. En octubre de 1999, la empresa finlandesa impuso una tendencia cuando lanzó el modelo 8210 en la pasarela de la Semana de la Moda en París. Desde ese momento, el diseño se ha convertido para los fabricantes en una característica importante para destacar sus productos. Siemens, por ejemplo, comenzó a comercializar una colección especial de teléfonos móviles de moda con la marca "Xelibri".

La variedad de diseños ha crecido significativamente a medida que los teléfonos con pantalla en color y cámaras incorporadas se hacían más populares. Aproximadamente el 70% de los teléfonos móviles vendidos en 2004 cuentan con pantalla a color, por encima del 38% en 2003, y el 44% cuenta con cámara incorporada, por encima del 17% en 2003, según UBS, un banco de inversión. La popularidad de las pantallas en color amplias ha sido impulsada por la creciente contratación de servicios de datos, como el navegador de Internet y la transferencia de juegos y gráficos de fondo de pantalla. Asimismo, actualmente los teléfonos móviles pueden funcionar como reproductores de música, álbumes de fotos y organizadores personales. El desafío de integrar todas estas nuevas características en lo que anteriormente era un dispositivo centrado en funciones de voz ha dado lugar a una gran cantidad de nuevos diseños innovadores.

En Japón y Corea del Sur, donde surgieron los servicios de datos, el deseo de crear un teléfono móvil pequeño con una pantalla amplia resultó en la popularidad de los teléfonos plegables o de diseño "flip".

La posibilidad de abrir y cerrar un teléfono protege la pantalla y también proporciona bastante lugar tanto para ésta como para el teclado. Hoy en día los teléfonos plegables son famosos en todo el mundo. De hecho, la preferencia de Nokia por los diseños simples con forma de barra de golosina por sobre los plegables ha sido considerada responsable por la caída en las ventas a principios de 2004. Nokia respondió lanzando nuevos modelos, entre los cuales se incluyen algunos plegables, y también bajó sus precios para reactivar sus ventas.

Sin embargo, algunos observadores creen que Nokia ha perdido su liderazgo en lo que respecta al diseño a manos de las empresas rivales menos importantes. Por ejemplo, Sony Ericsson ha abogado por un novedoso e ingenioso diseño, conocido como "*swivel*" (giratorio) o "*jack-knife*" (navaja), en teléfonos móviles con cámara como el SO505i, creado para el mercado japonés, y el S700, para el resto del mundo. Cuando se encuentra cerrado, el S700 se parece a una cámara, con la lente en el frente y una gran pantalla en la parte de atrás. Sus controles fueron creados intencionalmente con la misma forma de los de las cámaras digitales Sony. Si se lo gira hacia arriba, el teclado estándar de un teléfono móvil se hace visible. "Creemos que el diseño debe ser acorde con las funciones de un modo tradicional", comenta Hiroshi Nakaizumi, director del centro de diseño de Sony Ericsson.

En parte, el atractivo del diseño navaja está en el hecho de que los usuarios japoneses se están aburriendo del plegable. Sin embargo, no es correcto pensar que sólo un diseño será el que predomine en el futuro, según Nakaizumi. Por el contrario, diferentes clases de usuarios querrán estilos distintos, según hagan uso del dispositivo para realizar llamadas de voz, enviar mensajes de texto o reproducir música o juegos. Señala que en algunos años, el mercado se dividirá bruscamente en tres categorías: teléfonos móviles tradicionales para realizar llamadas de voz, teléfonos en forma de navaja para tratar de realizar todo tipo de operaciones (como el modelo P900 de Sony Ericsson) y teléfonos específicos para determinadas funciones diseñados para clases de usuarios particulares, para quienes el servicio de telefonía puede resultar secundario.

Los dispositivos de esta última categoría ya han sido fabricados, como la consola de juegos N-Gage de Nokia, el BlackBerry portátil con servicio de correo electrónico (dispositivo al cual se le agregó el servicio de telefonía sin cambiarle la forma original), y la cámara digital extraplana que funciona también como teléfono fabricada por NEC para el mercado chino. En otras palabras, los teléfonos móviles podrían quedar subsumidos en otros dispositivos y desaparecer totalmente, como mínimo para algunas clases de usuarios especializados.

Pero una posibilidad aun más radical es que el enfoque actual de "todo en uno" dé lugar a un diseño más modular, en el que el equipo móvil básico sea reemplazado por agregados conectados a través de una conexión inalámbrica Bluetooth de corto alcance. Los propietarios de teléfonos con conexión Bluetooth pueden ya realizar y recibir llamadas sólo con un pequeño auricular, mientras que el equipo se encuentra en el bolsillo, maletín o bolso cercano. El próximo paso consiste en extender esta tecnología a otros dispositivos. Por ejemplo, una cámara con Bluetooth podría enviar y recibir fotografías por medio de un equipo cercano, y una consola de juegos portátil podría transferir juegos y comunicarse con otros jugadores. El teléfono móvil actuaría como una vía de comunicación entre los dispositivos locales especializados y la red móvil.

No está claro si esta nueva propuesta modular resultará atractiva para los usuarios. Por ejemplo, el éxito del iPod de Apple, dispositivo que posee una única función (reproducir música), que realiza muy bien, puede indicar que los teléfonos con funciones específicas resultarán más populares que los modulares. Y para los usuarios que quieren más funciones, el modelo de navaja suiza tiene la ventaja de que no es posible deshacerse de ninguna de sus partes, tal como puede hacerse con los teléfonos modulares. Dicho esto, la propuesta modular podría hacer posible toda clase de diseños radicales, como por ejemplo anteojos de sol o alhajas que también funcionen como teléfonos móviles o pantallas para visualizar mensajes de texto.

Existen ya varios ejemplos de dicha tecnología de alhajas. Por ejemplo, el equipo móvil Xelibri 7 con forma de clip de Siemens fue diseñado para utilizarse en las manijas de un bolso de hombro. "Se ve familiar, pero posee una sorpresa incorporada en él", comenta Leif Huff, de IDEO, la empresa que diseñó varios de los teléfonos Xelibri. Mientras tanto, Nokia ha lanzado un colgante compatible con Bluetooth y con una pantalla pequeña. Sin embargo, mientras que usar un auricular inalámbrico está ganando aceptación social, usar el teléfono móvil es todavía considerado típico de adictos a la computación, observa Huff.

Lo que está claro es que el equipo móvil es mucho más que un teléfono y, según lo que se quiera hacer con él, puede adoptar una forma completamente distinta. Hasta podría ser necesario un nuevo nombre. De hecho, en Motorola, el segundo fabricante de equipos móviles, el término "teléfono móvil" ha sido prohibido. El equipo móvil ha pasado a ser un "dispositivo personal conectado", explica Tom Lynch, presidente del área de telefonía móvil de Motorola. "Estamos intentando pensar en términos más generales", añade, "por lo que lo llamamos 'el dispositivo anteriormente conocido como teléfono móvil'".

Los orígenes de Vertu

¿Existe verdaderamente un mercado para un teléfono móvil de US$ 20.000?

Si se puede gastar US$ 20.000 en un reloj, ¿por qué no en un teléfono móvil? Ésta es la idea detrás de Vertu, que se describe a sí misma como la "primera empresa de comunicaciones de lujo". Su elegante equipo móvil —la empresa prefiere llamarlo "instrumento"— se caracteriza por contar con una pantalla de cristal de zafiro y detalles de rubí, se encuentra disponible en acero inoxidable, con terminaciones de oro y platino, y sus precios varían entre los 4.900 y los 19.450 dólares. Desde su lanzamiento, el teléfono —perdón, el instrumento— se ha convertido en el favorito de varias celebridades. Gwyneth Paltrow, actriz estadounidense, fue la primera clienta. Se dice que Madonna y Mariah Carey son fanáticas de Vertu; se indica que otra cantante, Jennifer Lopez, es propietaria de tres. Vertu es la creación de Frank Nuovo, un gurú del diseño de Nokia, el fabricante de equipos móviles más importante del mundo, del que Vertu es una filial. Pero ¿existe realmente un mercado lo suficientemente grande para los teléfonos móviles de lujo?

La empresa insiste en que sí. Después de todo, como sucede con los relojes, plumas y autos de lujo, la elección del teléfono móvil propio es cada vez más una forma de expresión personal. Y, a pesar de que los clientes famosos acaparan toda la atención, personas acaudaladas pero no famosas han comenzado a comprar estos teléfonos, señala Danielle Keighery, de Vertu. Se niega a discutir las cifras de ventas, sólo se limita a decir que la empresa está "muy satisfecha" por la respuesta obtenida desde el lanzamiento de los equipos móviles en 2002. Un atractivo importante es la tecla que conecta al usuario con el dedicado servicio de conserjería de Vertu, el que organiza reservas de viajes, restaurantes y hoteles, o se dedica a localizar un buen médico o florista en una ciudad desconocida. Cuando Gwyneth Paltrow extravió el cargador de su teléfono, llamó al "conserje" y uno nuevo llegó en minutos. El servicio de conserjería se encuentra disponible en todo el mundo en 5 idiomas. Se guardan archivos detallados acerca de las preferencias de cada cliente. Al vender equipos móviles sobre la base de artesanía, estilo y servicio, Vertu está tomando una dirección diferente dentro de la industria de la telefonía móvil obsesiva de la tecnología. Prefiere lanzar sus productos en shows de moda y no en conferencias de la industria. La pantalla monocromática de sus teléfonos, su peso por sobre el promedio y la falta de compatibilidad con ciertas tecnologías, como Bluetooth y GPRS, no apasionan a los adictos a la informática. Pero el mercado no apunta a ellos. Además, pueden agregarse nuevas características con sólo cambiar el interior desmontable del teléfono.

No todos están convencidos. Sagra Maceira de Rosen, analista de productos de lujo de J. P. Morgan, considera que existen demasiadas expectativas en torno a Vertu. No es muy probable que las personas ricas y holgazanas que se supone que comprarán los teléfonos necesiten el servicio de conserjería debido a que ya cuentan con un ejército de asistentes, sugiere. En su lugar, la empresa debería apuntar a los atareados banqueros de inversión (si es que puede encontrar a alguno disponible). Ben Wood, analista de Gartner, observa que Vertu tampoco es un ejercicio de prestigio de marca para Nokia. El origen de Vertu se mantiene oculto, por lo tanto, no es probable que los masivos teléfonos móviles de Nokia se beneficien por asociación. Nokia ya posee la marca más fuerte de la industria por amplio margen.

Sin embargo, muchas marcas de lujo lanzan posteriormente versiones más accesibles de sus productos, indica Keighery. Así, la brecha entre el teléfono más accesible de Vertu y el más costoso de Nokia puede dejar de existir. A largo plazo, Vertu planea explotar la aparición de la tecnología "para usar" a medida que los teléfonos se conviertan en alhajas.

En este aspecto, Vertu puede estar yendo en el camino correcto, dice Sofia Ghachem, analista de UBS Warburg. Siemens, otro fabricante de equipos móviles, ha lanzado varios "teléfonos con forma de accesorios de moda" para usar bajo el nombre Xelibri, con la esperanza de que la aparición de teléfonos de *marketing* como artículos de moda alentará a las personas a comprar equipos nuevos con mayor frecuencia. Con una penetración en el mercado de aproximadamente 85% en Europa Occidental, se está reduciendo la velocidad del crecimiento en las ventas de equipos móviles y Siemens cree que su nueva propuesta podría darle a la industria un estímulo muy necesario.

La opinión oficial de la industria es que un crecimiento futuro derivará de la adopción de nuevos servicios de datos inteligentes suministrados por medio de redes de tercera generación. Sin embargo, la demanda de dichos servicios es todavía incierta. Lanzar teléfonos móviles como accesorios de moda abiertamente, como lo están haciendo Vertu y Siemens, podría ser un buen plan alternativo. Si los servicios de datos resultan ser un buen mercado, "la moda es otro modo de encararlo", destaca Ghachem.

Por qué los teléfonos son los nuevos automóviles

Y por qué es algo bueno.

"Estaciona maravillosamente", alardea una valla publicitaria del XDA II, por encima de la vista de su elegante figura gris. "Sensible en cada giro", declara otro cartel. Estos anuncios, vistos en Londres en 2004, no publicitan un automóvil, sino una categoría avanzada de teléfono móvil. Tal vez no debería sorprender. Utilizar imágenes de automóviles para promocionar equipos móviles tiene mucho sentido, ya que, en muchos aspectos, éstos están reemplazando a los automóviles.

Los teléfonos móviles constituyen la tecnología dominante con la que los jóvenes, particularmente en las ciudades, se definen a sí mismos. Qué clase de teléfono se tiene y cómo se encuentra personalizado dice mucho sobre uno, al igual que la elección de un automóvil lo hacía en generaciones pasadas. En las ciudades congestionadas de hoy, ya no es posible hacerse notar manejando un automóvil en particular hacia un bar. En su lugar, uno puedo lograr un efecto similar exponiendo el teléfono móvil, con su tono de timbre, fondo de pantalla y funda cuidadosamente seleccionados. Los teléfonos móviles, como los autos, son artículos de moda: en ambos casos, las personas compran nuevos mucho más seguido de lo que es realmente necesario. Ambas son tecnologías sociales que unen a la gente; para los adolescentes, ambos actúan como símbolos de independencia. Los automóviles y los teléfonos promueven la libertad y la movilidad de manera similar, con consecuencias sociales inesperadas.

El diseño de los automóviles y de los teléfonos comenzó a ser definido por algo que ya no existía. Los automóviles eran en un principio carros sin caballos, y los primeros modelos eran similares a esos carros; sólo más tarde los encargados de su diseño comprendieron que podían darle casi cualquier forma que quisieran. De manera similar, los teléfonos móviles solían verse como los teléfonos fijos con teclado, solamente que sin el cable. Sin embargo, actualmente se encuentran disponibles en una enorme variedad de formas y tamaños extraños.

Sin ser tan evidente, dado que la estructura de la industria de los teléfonos móviles experimenta cambios, cada vez más se asemeja a la industria automotriz. Sus fabricantes, al igual que los fabricantes de automóviles, producen algunos modelos y tercerizan el diseño y la fabricación de otros. Empresas especialistas proveen subensambles para ambas industrias. Se fabrican productos diferentes en apariencia sobre la base de un conjunto de plataformas básicas comunes de ambas industrias, a los efectos de reducir costos. En ambos casos, el *branding* y el diseño van adquiriendo importancia a medida que la tecnología subyacente se torna intercambiable. En el caso de los teléfonos, como sucedió anteriormente con los automóviles, las empresas reconocidas de Occidente están enfrentando una competencia dura de las empresas asiáticas más astutas. No es sorprendente, entonces, que Nokia, la empresa fabricante de móviles más importante del mundo, haya contratado como jefe de diseño a Frank Nuovo, de BMW.

El hecho de que los teléfonos móviles estén asumiendo muchas de las funciones sociales de los automóviles es bienvenido. Mientras que la idea de que todas las personas sobre la Tierra puedan poseer un teléfono móvil algún día es un objetivo loable, la ubicuidad de los automóviles produce sentimientos encontrados. Ellos son un medio de transporte totalmente ineficiente —¿qué necesidad hay de mover una tonelada de metal para transportar unas pocas bolsas de mercadería?— y producen contaminación, en forma de partículas de carbono y gases desagradables. Un equipo móvil ruidoso es una manera de expresión personal mucho más ecológica que un viejo cacharro. Puede resultar irritable, pero no es peligroso. En manos de un conductor ebrio, un automóvil se convierte en un arma letal. Esto no sucede con los teléfonos móviles. A pesar de la preocupación de que la radiación de dichos teléfonos y de las torres cause problemas de salud, no existe evidencia clara de daño alguno, y se ha probado que otras preocupaciones similares acerca de los cables de alta tensión y pantallas de computadoras resultaron infundadas. Menos contaminación, menos tránsito, menos muertes y lesiones causadas por conductores alcoholizados: el paso de automóviles a teléfonos móviles no puede ocurrir demasiado pronto.

Piense antes de hablar

¿Puede la tecnología crear teléfonos móviles menos perjudiciales para la sociedad?

El teléfono móvil es un dispositivo paradójico. Su función principal es una función social: permitir que su propietario se comunique con otras personas. A pesar de ello, al mismo tiempo, el uso de un teléfono móvil puede parecer extremadamente antisocial, no sólo con respecto a las personas más cercanas. En restaurantes, teatros y museos, en trenes, o incluso en la cola de la caja de los supermercados, no hay lugar en el que no se escuche el sonido de teléfonos móviles, o las conversaciones triviales de sus propietarios. En el año 2002, un concejal de Nueva York, Philip Reed, presentó un proyecto de ley por el que se prohibía el uso de teléfonos móviles en "lugares públicos", como teatros, galerías de arte, salas de conciertos, con multas de US$ 50. Sin embargo, su proyecto de ley fue tildado de inaplicable. ¿Podría tener más éxito una propuesta tecnológica para domesticar los teléfonos móviles y la conducta de sus usuarios?

Crispin Jones, Graham Pullin y sus colegas de IDEO, una empresa dedicada al diseño industrial, creen que la respuesta es afirmativa (IDEO está a cargo del diseño de productos como la computadora de bolsillo Palm V, el mouse original de Microsoft, la videograbadora personal TiVo y los vestidores con más tecnología de punta del mundo de Prada en Nueva York). Como parte de un proyecto interno de investigación, el equipo diseñó cinco prototipos de "móviles sociales" capaces de modificar la conducta de sus usuarios para hacerlos menos perturbadores.

Por ejemplo, el primer móvil, llamado SoMo1, envía una pequeña descarga eléctrica al usuario, según el tono de voz de la persona que se encuentra hablando del otro lado de la línea. Este hecho alienta a ambos interlocutores a bajar su tono de voz, ya que de lo contrario el suave hormigueo se convierte en una sacudida desagradable. Los diseñadores sugieren irónicamente que dichos teléfonos deberían ser entregados a quienes reiteradamente perturban a otros con sus conversaciones telefónicas molestas.

El teléfono móvil SoMo2 está diseñado para su uso en situaciones en las que hablar es inapropiado (como por ejemplo galerías de arte silenciosas). Por medio del uso de un joystick y un par de teclas estilo saxofón se controla un sintetizador que produce una variedad de sonidos vocales expresivos para una conversación no verbal: "¿Mmm? Sí".

El tercero, SoMo3, se asemeja a un pequeño clarinete. Para hacer una llamada, se debe combinar la activación de una serie de teclas con soplidos; los tonos reemplazan a los números de teléfono. "La actuación pública que exige la realización de una llamada actúa como una prueba de fuego acerca de cuándo es apropiado realizar una llamada", manifiestan los diseñadores.

El SoMo4 reemplaza los tonos de timbre con un sonido de golpecitos: para realizar una llamada se debe seleccionar el número y dar golpes en la parte trasera del teléfono, como se haría en la puerta de otra persona. El receptor de la llamada recibe los golpecitos (inteligentemente codificados y transmitidos por medio de breves mensajes de texto) y puede discernir si es urgente o no. Pullin dice que la manera en la que golpeamos una puerta está cargada de significado: hay una gran diferencia entre golpear la puerta en forma suave y golpearla enérgica e insistentemente. El SoMo5 cuenta con un dispositivo con características de catapulta que puede utilizarse para generar sonidos invasivos en el teléfono de un usuario que se encuentre cerca, y de esta manera se le hace notar en forma anónima que está conversando en voz demasiado alta.

Ninguno de estos teléfonos fue diseñado con un fin comercial; el equipo de diseñadores sólo espera generar debates. Parece estar funcionando. El proyecto obtuvo un premio del Instituto de Asuntos Culturales de Japón, quizás el país en el cual se toma más en serio tanto la etiqueta social como los teléfonos móviles que en cualquier otro lugar del mundo. Detrás de estos teléfonos con sonidos sin demasiada importancia se esconde un tema serio. Se tiene mucho en cuenta al usuario para el diseño de un producto, según Pullin, pero en el caso de los teléfonos móviles, también debe considerarse a las personas que rodean al usuario.

·

Apártate, Gran Hermano

Los defensores de la privacidad han advertido por mucho tiempo que los estados espían a los ciudadanos. Pero, en realidad, la tecnología está democratizando la vigilancia.

Vivir sin privacidad, incluso dentro de su habitación, no fue un problema para Luis XIV. En realidad, fue para el rey de Francia una manera de demostrar su autoridad absoluta por sobre todos, incluso los miembros más poderosos de la aristocracia. Todas las mañanas, se reunían para ver al Rey Sol levantarse, rezar, llevar a cabo sus necesidades fisiológicas, elegir su peluca, entre otras actividades. Uno de ellos dijo en 1677 que "no existe espectáculo más digno de ver en el mundo que el de la corte presenciando el amanecer del Rey. Ayer cuando lo presencié, había tres cuartos colmados de personas importantes; tan grande era la muchedumbre que no se imagina lo difícil que fue entrar en la alcoba de Su Majestad."

¿Será este pasado —vivir sin privacidad— nuestro futuro? Eso creen muchos futurólogos, escritores de ciencia ficción y defensores de la privacidad. El Gran Hermano nos está vigilando, como ellos lo habían advertido por mucho tiempo. Las cámaras de televisión de circuito cerrado, cuya cantidad está creciendo en todo el mundo, a menudo siguen sus movimientos; su teléfono móvil revela su ubicación; su pase de tránsito y tarjeta de crédito dejan rastros. "La luz va a brillar en casi todos las esquinas de nuestras vidas", escribió David Brin en su libro *The Transparent Society*[1] en 1998. Él argumentó la cuestión ya no es cómo prevenir el avance de la tecnología de vigilancia, sino cómo vivir en un mundo en el cual siempre cabe la posibilidad de que los ciudadanos estén siendo observados.

Sin embargo, algo extraño ha sucedido en los últimos años. Gracias al aumento de los teléfonos móviles, las cámaras digitales e Internet, la tecnología de vigilancia que se encontraba mayormente en manos del Estado ha pasado a estar más disponible para todos. "Se ha escrito mucho acerca de los peligros de la creciente vigilancia del gobierno, pero debemos tener en cuenta la posibilidad de formas más comunes de vigilancia", observa Bruce Schneier, gurú de la seguridad. Argumenta que una combinación de factores —la miniaturización de la tecnología de vigilancia, los precios en baja de almacenamiento digital y la aparición de sistemas cada vez más sofisticados capaces de examinar grandes cantidades de información— implica que "la capacidad de vigilancia que solía encontrarse sólo en poder de los gobiernos está ahora al alcance de todos".

La tecnología digital, como por ejemplo los teléfonos con cámara e Internet, es muy diferente de sus homólogos analógicos. Una imagen digital, a diferencia de una fotografía convencional, puede copiarse y distribuirse fácil y rápidamente por todo el mundo (de hecho, es más sencillo enviar una imagen por correo electrónico que imprimirla). Otra diferencia importante consiste en que existe una mayor difusión de los dispositivos digitales. No mucha gente lleva cámaras de rollo consigo todo el tiempo. Sin embargo, hoy es muy difícil comprar un teléfono móvil que no posea una cámara incorporada – y la mayoría de personas llevan el teléfono consigo para todos lados. Según IDC, una empresa de estudios de mercado, en 2004 se vendieron 264 millones de teléfonos con cámara, cantidad muy superior a la suma de las 47 millones de cámaras de rollo y las 69 millones de cámaras digitales vendidas.

Su velocidad y omnipresencia les permite a las cámaras digitales realizar cosas que las de rollo no podían. Por ejemplo, la víctima de un robo en Nashville, Tennessee, usó su teléfono con cámara para fotografiar al ladrón y su vehículo de escape. Las fotografías fueron entregadas a la policía, que transmitió la descripción del hombre y su vehículo, lo que llevó a su detención diez minutos más tarde.

Existen muchas otras historias similares: en Italia, un vendedor envió a la policía una fotografía de dos hombres sospechosos, quienes resultaron ser identificados como 'buscados' por la policía y fueron arrestados poco después. En Suecia, un adolescente fue fotografiado mientras estaba asaltando una pequeña tienda y fue detenido en menos de una hora.

Observando todos sus movimientos
Sin embargo, la democratización de la vigilancia tiene ventajas y desventajas. Los teléfonos con cámara han dado origen al voyerismo —y a nuevas leyes para fortalecer los derechos de las personas sobre su propia imagen—. En septiembre de 2004, el Congreso de los Estados Unidos aprobó la Ley de Prevención del Voyerismo por Video (*Video Voyeurism Prevention Act*), en virtud de la cual se prohíbe que se fotografíen varias partes del cuerpo de una persona desnuda o en ropa interior sin su consentimiento. La ley fue impulsada tanto por el incremento de teléfonos con cámara como por la creciente incidencia de cámaras ocultas en habitaciones, duchas públicas, baños y vestuarios. De manera similar, el parlamento de Alemania ha aprobado un proyecto que prohíbe que se tomen fotografías sin autorización dentro de edificios. En Arabia Saudita, se ha prohibido la importación y venta de teléfonos con cámara, y las autoridades religiosas las han acusado por "difundir obscenidades". Un casamiento en ese país se transformó en una pelea cuando un invitado comenzó a tomar fotografías con su teléfono. El gobierno de Corea del Sur les ha ordenado a los fabricantes diseñar teléfonos que hagan un sonido cuando se tome una fotografía.

Existen también preocupaciones acerca del uso de las cámaras digitales y teléfonos con cámara en lo que respecta al espionaje industrial. Sprint, un operador estadounidense de móviles, ofrece uno de sus teléfonos más vendidos sin cámara como respuesta a la demanda de sus clientes en empresas, muchos de los cuales han prohibido el uso de cámaras en el ámbito de trabajo. Algunas firmas obligan a su personal y visitantes a dejar sus teléfonos en la entrada de las instalaciones de investigación y fabricación —entre las que se encuentra Samsung, la empresa surcoreana pionera en la fabricación de teléfonos con cámara—.

La tecnología de vigilancia económica facilita otras clases de delitos. Dos empleados en una estación de servicio en Columbia Británica, una provincia canadiense, por ejemplo, instalaron una cámara oculta en el techo sobre un lector de tarjetas de crédito, y grabaron los números de identificación personal de miles de personas. También instalaron un dispositivo para leer la información de la cuenta de sus usuarios mientras deslizaban la tarjeta por el lector. Estos dos hombres recolectaron información de las cuentas de 6.000 personas y falsificaron 1.000 tarjetas bancarias antes de ser descubiertos.

En otro caso, un hombre instaló un *software* de registro de pulsación (*keystroke-logging software*), que controla cada tecla pulsada en el teclado de una computadora, en las computadoras personales de varios de los centros de copiado Kinko's en Nueva York (el software de registro de pulsación se vende a las empresas para controlar a sus empleados, o a aquellos padres que deseen controlar la actividad *online* de sus hijos). Este software le permitió capturar números de cuenta y contraseñas de más de 450 personas que alquilaron las terminales, y desviar dinero de sus cuentas bancarias.

La vigilancia es una calle de doble mano

Sin embargo, el incremento de la tecnología de vigilancia también tiene sus beneficios. Por sobre todo, ésta puede aumentar la transparencia y la responsabilidad. Por ejemplo, se pueden encontrar cada vez más videocámaras en las escuelas. Algunos servicios web como ParentWatch.com y KinderCam.com están conectados con cámaras ubicadas en cientos de centros de cuidado para chicos, y así los padres pueden observar qué están haciendo sus hijos (y quiénes los están cuidando). Asimismo, las escuelas comenzaron a instalar cámaras web en las aulas: en un distrito escolar de los Estados Unidos se ha planeado instalar 15.000 unidades de dichos dispositivos para uso del personal de seguridad (y a lo mejor, alguna vez para uso de los padres). Además, hay empresas de tecnología, como Google, que han instalado cámaras web en los comedores del personal para que los empleados puedan abstenerse de ir a almorzar si ven una larga fila de espera.

Steve Mann, profesor de la Universidad de Toronto, denomina al incremento de vigilancia de la ciudadanía "vigilancia inversa", porque la mayoría de las cámaras ya no observan desde arriba, sino desde el nivel de la vista. En lugar de estar ubicadas en la cima de edificios y sujetas a los techos de habitaciones, en la actualidad la gente común y corriente lleva cámaras consigo. Los mejores ejemplos son las imágenes de video que muestran a Rodney King siendo atacado por oficiales de policía y las fotografías espantosas del abuso ejercido contra los prisioneros en la cárcel de Abu Ghraib en Irak. Pero mientras Mann y sus colegas organizaban el "Taller Internacional sobre Vigilancia Inversa" en abril de 2004, siguieron existiendo noticias acerca de otros casos: en Kuwait, un trabajador tomó fotografías de los ataúdes de los soldados estadounidenses mientras eran cargados en un avión; en Nueva Jersey, un adolescente ahuyentó a un secuestrador al tomarle una foto; en Estrasburgo, un miembro del Parlamento Europeo filmó a sus colegas haciendo uso de algunos generosos beneficios extras.

Los teléfonos con cámara pueden tener un gran efecto sobre los medios de prensa. Tecnologías como grupos de noticias, *weblogs* y *wikis* (en esencia, páginas web que cualquier persona puede editar) permiten a la gente distribuir imágenes entre ellas, evadiendo los medios tradicionales, observa el periodista Dan Gillmor, en su libro *We the Media*[2]. Los teléfonos con cámara hacen que todos seamos potenciales fotógrafos periodísticos. No sorprende entonces que los medios de prensa tradicionales estén comenzando a adoptar dicha tendencia. El periódico *San Diego Union-Tribune* lanzó un sitio web para reunir fotografías de sucesos tomadas por sus lectores con sus teléfonos con cámara; también la BBC alienta a los lectores de su sitio web a enviar fotografías de sucesos trascendentes.

Las empresas y los gobiernos tendrán que presuponer que podría haber una cámara o un micrófono en cualquier sitio, en cualquier momento, sostiene Paul Saffo, de Institute for the Future. Es más complicado negar la existencia de condiciones peligrosas en una fábrica o contaminación en una planta química si no sólo se las describe, sino que también se muestran por medio de fotografías y videos. Los activistas a favor de los derechos de los animales, por ejemplo, manejan archivos multimedia *online* en los cuales la gente puede almacenar y visualizar imágenes de granjas de gallinas, mataderos y fábricas de pieles. Este material puede causar indignación entre los clientes, como sucedió con el caso de los videos que mostraban cómo pescaban delfines con las redes de atún.

En 2003, un miembro del parlamento alemán fue atrapado fotografiando un documento confidencial del cual sólo muy pocas copias habían sido entregadas (y luego retiradas) en una reunión preparatoria sobre la reforma del sistema de salud. Se dice que algunos políticos en Berlín permiten que los periodistas escuchen las conversaciones de sus colegas parlamentarios llamándolos justo antes de una reunión importante sin colgar luego el teléfono, convirtiéndolo de esta manera en un micrófono oculto.

En noviembre de 1996 el ministro del interior de Senegal fue atrapado cuando admitió que había existido fraude en las elecciones locales, pero no notó que una persona pasaba con un teléfono móvil con línea abierta en la mano. Las elecciones fueron anuladas. En el mismo país, en las elecciones presidenciales de 2000, las estaciones de radio enviaron periodistas a las mesas electorales y las equiparon con teléfonos móviles. Los periodistas comunicaban los resultados al mismo tiempo en que eran anunciados en cada distrito, y se los transmitía al aire inmediatamente. Esta situación redujo la posibilidad de fraude electoral y dio lugar a un cambio de poder tranquilo, dado que el ex presidente rápidamente reconoció la derrota.

Las consecuencias a nivel social del incremento de la tecnología de vigilancia siguen siendo inciertas. Brin sugiere que podría resultar ser autorregulador: después de todo, los mirones no son tan populares. En un restaurante es generalmente más incómodo ser descubierto mirando fijamente que ser visto con migas de pan en la barba. "Una sociedad fotográficamente 'armada' podría convertirse en una sociedad más educada", sostiene, haciendo referencia al aforismo estadounidense que reza: "Una sociedad armada es una sociedad más educada". Por otro lado, la omnipresencia de cámaras y otros dispositivos tecnológicos de vigilancia podría terminar haciendo más conformistas a las personas, señala Brin, dado que ocultarían su individualidad para evitar llamar mucho la atención.

La sociedad de la vigilancia está en camino, tal como los defensores de la privacidad lo vienen advirtiendo desde hace mucho tiempo. Sin embargo, no está adquiriendo la forma que ellos imaginaron. Cada vez más, no sólo es el Gran Hermano quien observa, sino también unos cuantos hermanitos.

Notas

[1] Brin, D., *The Transparent Society*, Perseus Publishing, en 1998.
[2] Gillmor, D., *We the Media*, O'Reilly, 2004.

6
VIDEOJUEGOS

Los juegos se van a Hollywood

El negocio de los videjuegos se está pareciendo cada vez más a Hollywood, pero las diferencias persisten.

La última aventura de James Bond está en primera posición; *Buscando a Nemo*, en la número 12, y *El Señor de los Anillos*, en la 18. ¿Qué es esto, un *ranking* de ventas de DVD o de taquillas de cine? No, es la lista británica de videojuegos en marzo de 2004, una forma vívida de ilustrar cómo los mundos de las películas y los videojuegos, que una vez eran independientes, se encuentran cada vez más entrelazados. Los actores de cine, incluso los famosos, prestan su voz también para personajes de juegos. Los animadores, los artistas y los maquetistas se mueven libremente entre ambos mundos; y las mismas compañías producen los avances para los juegos y las películas. A la gente de esta próspera actividad de juegos le gusta señalar que las ventas mundiales de videojuegos, que rondan los 20.000 millones de dólares al año, ahora superan los ingresos de taquilla de la películas. A medida que pasan los días, los juegos parecen ser cada vez menos el pariente pobre de Hollywood.

La convergencia entre las películas y los juegos tiene sentido por muchas razones. Tanto los éxitos cargados de efectos especiales como los juegos de balazos dependen de las computadoras, y a medida que las consolas de videojuegos consiguen mayor capacidad, su producción se vuelve más cinemática. En efecto, los juegos modernos basados en *La Guerra de las Galaxias* tienen mejor imagen que las películas originales, ya que las consolas actuales superan con creces en rendimiento a cualquier tecnología de efectos especiales disponible allá por los años 80. Los costos han aumentado con la mejora de los valores de producción de los juegos: el presupuesto habitual es ahora de 5 a 8 millones de dólares.

Los juegos relacionados con películas, que antes solían ser una idea secundaria, ahora se integran al proceso de producción de películas desde el comienzo, según Robert Kotick, principal directivo de Activision, con sede en Hollywood, la segunda mayor distribuidora de juegos. "Los estudios solían tratar a los licenciatarios de juegos como a los que fabricaban remeras", afirma, y sólo daban acceso al material gráfico en las etapas avanzadas del proceso de producción de películas; pero ya no es así. Su firma cuenta con un plantel de doce personas que trabajan en los estudios DreamWorks trabajando con el videojuego de *Shrek 2*, una película animada estrenada en mayo de 2004.

Eliminación de la creatividad

Sin embargo, lo que preocupa es que los juegos estén adoptando el estilo Hollywood en un sentido menos deseable. Nick Gibson, de la consultora Games Investor, destaca que a medida que suben los costos, los distribuidores conservadores de videojuegos ven las franquicias de películas como una apuesta segura. Pero ante el progreso de los juegos relacionados con películas y las segundas versiones, hay inquietud por cómo afecta esto a la creatividad. "Se observa cada vez menos innovación, porque hay tanto en juego", afirma Scott Orr, ex ejecutivo de Electronic Arts, el mayor distribuidor de videojuegos. Fundó Sorrent, una empresa que elabora juegos para teléfonos móviles. Con sus pequeñas pantallas y su capacidad limitada de procesamiento, los teléfonos móviles constituyen un retorno a la década del 80, cuando un programador que trabajaba duro con una computadora podía concebir un juego de éxito en unas pocas semanas. "Nos permite innovar nuevamente", manifiesta Orr.

También es más difícil para los desarrolladores independientes obtener trabajos de distribución, en especial cuando las grandes distribuidoras desarrollan la mayor parte de sus proyectos dentro de su empresa. Pero, según Gibson, a los desarrolladores de menor escala les puede ir igualmente bien si sus juegos cuentan con la calidad suficiente. Un buen ejemplo es Pivotal, una compañía británica cuya sede central es un granero renovado cerca de Bath, fabricante de una serie de juegos populares de guerra.

Por su parte, Kotick insiste en que la escala creciente y la madurez de la industria de los videojuegos no ahogan a la creatividad. De hecho, afirma, es importante no llevar demasiado lejos la comparación con Hollywood. Trasladó allí su empresa desde San Francisco en 1992, con la expectativa de poder aprovechar la sinergia entre ambas industrias, pero descubrió que la cercanía a Hollywood tenía un valor limitado.

Esto era porque, pese a la convergencia entre los juegos y las películas, los juegos siguen siendo distintos en varios aspectos importantes. Por ejemplo, la elaboración de juegos es iterativa: es posible poner a prueba un videojuego en el mercado y luego modificarlo, y volver a hacerlo varias veces durante su ciclo de desarrollo; algo que en realidad no es posible con una película. Esto hace que el campo de los juegos sea mucho más previsible, y explica su rentabilidad más alta. *True Crime*, el juego de Activision lanzado en noviembre de 2003, por ejemplo, cosechó 100 millones de dólares en su primer mes. Sólo dos películas estrenadas ese mes amasaron tanto, según Kotick, y su costo de producción fue mucho mayor.

Otra diferencia destacable, de acuerdo con Gibson, es que, en el mundo de los videojuegos, las segundas versiones suelen venderse mejor que las primeras; algo no muy frecuente en el cine. Eso sucede porque, mientras los argumentos y los chistes de las secuelas fílmicas por lo general son menos elaborados que en la versión original, hay posibilidades para perfeccionar un juego exitoso con ajustes tecnológicos (como mejores gráficas) y novedades como nuevas armas, vehículos o aptitudes para los personajes. Todo esto garantiza que muchas segundas versiones de juegos sean mejores que las primeras. En consecuencia, los conceptos y las marcas de los juegos son extremadamente valiosos.

Se ha avanzado mucho en la tendencia de vender los derechos de una película para crear juegos populares. El mejor ejemplo conocido es *Tomb Raider*, si bien la versión más reciente de la serie de juegos, así como la segunda parte de la película del personaje, fue un fracaso. Pero aunque los derechos de videojuegos se hayan vendido para hacer muchas películas, como *Prince of Persia* y *Soul Calibur*, la principal tendencia seguirá siendo hacer juegos de películas, y no a la inversa. Efectivamente, señala Kotick, los distribuidores ahora piensan dos veces antes de vender los derechos de sus juegos, ya que una mala adaptación en la pantalla grande —sobre la que cual el distribuidor tiene poco control— puede empañar la reputación de un juego lucrativo. Podrían haber límites para la relación íntima entre ambas industrias después de todo.

El efecto Halo

Las ventas de videojuegos superan a las taquillas de los cines. Pero ¿se las puede comparar?

No hay nada que le guste más a la industria de los videojuegos que alardear sobre que es más grande que las películas. En noviembre de 2004, para el lanzamiento de *Halo 2*, un juego de balazos que funciona con la consola de Microsoft, Xbox, más de 6.000 negocios por todos los Estados Unidos abrieron sus puertas a medianoche para vendérselo a las largas filas de fanáticos. Sumado esto a los más de un millón y medio de pedidos por adelantado, el juego reportó más de 100 millones de dólares en su primer día de ventas. Bill Gates, presidente de Microsoft, lo llamó "un primer día que supera cualquier estreno de la historia de las películas". Por ejemplo, *Los Increíbles*, éxito de taquilla de Pixar, sólo alcanzó los 70,5 millones de dólares en su primer fin de semana, mientras que el récord de taquilla de día de estreno (40,4 millones), lo ostenta *El Hombre Araña 2*. Las ventas totales anuales de videojuegos, que rondan los 20.000 millones de dólares, ya superan a las taquillas.

Pero los dos sectores no necesariamente pueden compararse. La concurrencia al cine es corriente; casi todos van aunque sea una vez. Alrededor de 10 millones de personas vieron *Los Increíbles* en su primer fin de semana, y quizá la terminen viendo 50 millones en los cines. Aún más la verán en la televisión, en DVD o en un vuelo de avión. Los videojuegos siguen siendo un deporte de minorías, aunque su popularidad haya trepado. No todos quieren comprar una consola de videojuegos, pero es sólo porque cuesta más que una entrada de cine (US$ 50, frente a US$ 7) que los juegos puedan tener mayor valor de ventas que las películas, a pesar de su menor atractivo.

Los juegos y las películas resultarían más equiparables si más gente jugase con los primeros, si no hubiese necesidad de comprar una consola y si cada juego costase lo mismo que una entrada de cine. Todo esto equivale a los juegos de móviles. Luego de trasladarse del dormitorio al living, los juegos ahora están en los equipos móviles, según Brian Greasley, de I-play, una empresa de juegos para móviles.

Según un estudio de Mobinet realizado en 2004 entre 4.500 usuarios de móviles en 13 países, datos relevados por la consultora A. T. Kearney y el Instituto Judge de Administración de la Universidad de Cambridge, la cantidad de gente que baja juegos a sus teléfonos subió en 2004 al 10% de los 1.700 millones de usuarios de móviles del mundo, superando el número de usuarios de consolas.

La fragmentada industria de los juegos para móviles se está consolidando rápidamente, y existen ahora más juegos de buena calidad basados en franquicias, como la de *El Hombre Araña*. Jamdat, una firma de juegos para móviles, pasó a cotizar en bolsa en octubre de 2004. Lo que resulta más contundente, las grandes empresas están entrando en el negocio. "Hay un potencial para conseguir un mercado gigantesco en el futuro", afirma Bruce McMillan de Electronic Arts, la distribuidora más grande de mundo, "por lo cual tiene sentido que tengamos una mayor presencia". Sin embargo, la consultora Screen Digest calcula que el valor del mercado de los juegos para móviles superó el millardo de dólares recién en 2004. Un cambio pequeño frente al mundo del cine, pero tal vez la comparación más válida.

El futuro de la tecnología

Combate cuerpo a cuerpo

Sony arremete otra vez contra Nintendo, en esta oportunidad con una nueva consola de juegos portátil.

En diciembre de 1994, Sony agitó el mundo acogedor de los videojuegos, en ese entonces dominado por Nintendo. En lugar de apuntar a los jóvenes adolescentes, los principales clientes de esta última, Sony dirigió su nueva consola PlayStation a un público de edad más avanzada: los que están saliendo de la adolescencia y los veinteañeros. Los juegos eran más oscuros, más sofisticados y, a menudo, más violentos. Sony identificó correctamente a una "generación PlayStation" que se había criado con videojuegos y que quería seguir jugando más allá de su adolescencia. Esto impulsó en gran medida el mercado, ya que los fanáticos de los juegos de mayor edad (hoy en día, la edad media del dueño de una consola ronda los 28 años) cuentan con más ingresos disponibles. Ahora bien, luego de demostrar que los juegos de consolas fijas (que se conectan a los televisores) no son sólo para chicos, Sony espera hacer lo mismo con los juegos portátiles, con el lanzamiento en Japón en diciembre de 2004 de la PlayStation Portátil o PSP, un dispositivo de juegos de mano.

Ataca nuevamente un mercado dominado por Nintendo, que ha vendido más de 150 millones unidades de su Game Boy portátil desde 1989, y aún tiene una participación superior al 90% en el mercado portátil, pese a haber entregado el control del sector de las consolas fijas a Sony. Y una vez más se advierte una oportunidad clara de expandir el mercado, ya que la mayoría de los juegos disponibles con el Game Boy son desarrollados por la misma Nintendo y tienen poco atractivo para alguien mayor de 16 años.

Es por esta razón que la PSP de Sony apunta a fanáticos más grandes, de 18 a 34 años de edad. Su gama de videojuegos es más variada y sofisticada que la del Game Boy, gracias a las relaciones establecidas de Sony con los desarrolladores de juegos. Puede hacer las veces de reproductor de música y videos, y Sony ha hablado también de teléfonos y cámaras accesorias al dispositivo en el futuro. Esta versatilidad debería hacer más atractiva la PSP para los usuarios de mayor edad, afirma Nick Gibson, de Games Investor. Asimismo, destaca, su precio (19.800 yenes, unos US$ 190) es lo bastante bajo como para estar al alcance de fanáticos más jóvenes; producto, según Sony, de elaborar varias de las partes de la PSP en la empresa misma. Cuando dirige la PSP a un grupo que se encuentra entre el Game Boy y la PlayStation, Sony espera tanto robarle la participación en el mercado a Nintendo como atraer a usuarios mayores.

La respuesta de Nintendo fue un ataque preventivo: lanzó su propia consola portátil, la Nintendo DS, en los Estados Unidos y Japón en noviembre y diciembre de 2004, respectivamente. La DS (abreviatura de *dual screen*, su diseño innovador de una "pantalla dual") apunta a fanáticos de 17 a 25 años de edad. Comparada con el Game Boy, que seguirá atendiendo a los gustos de usuarios más jóvenes, la DS tiene una gama más amplia de juegos: Nintendo ha trabajado duro para lograr que distribuidores independientes o *third-parties* de *software* apoyen su dispositivo. Su eslogan de *marketing*, "tocar es bueno", que alude a la pantalla táctil del dispositivo, es inusitadamente subida de tono para Nintendo. La DS ha sido un exitazo: se vendieron 500.000 unidades en su primera semana en el mercado sólo en los Estados Unidos. Para fines de 2004, Nintendo esperaba vender un total de 2,8 millones de unidades en los Estados Unidos y Japón, y lanzó la DS en Europa en marzo de 2005. Pasaron 19 meses antes de que se vendieran un millón de uni-

dades del emblemático reproductor de Apple, el iPod, según señala Nintendo.
   La presentación de la PSP en Japón (y en Europa y los Estados Unidos en 2005) deja a los dos aparatos portátiles en competencia directa por primera vez. Pero a la PSP le falta mucho para ponerse al día, dado que Sony sólo tenía 200.000 unidades disponibles en el lanzamiento, las cuales se vendieron en su totalidad casi de inmediato. La empresa planeaba incrementar su producción en 2005, y esperaba haber vendido 3 millones de unidades para fines de marzo. A largo plazo, sin embargo, "ambos pueden tener éxito", según Brian O'Rourke, un analista de In-Stat/MDR, una firma de investigación de mercado. Hasta cierto punto, están dirigidas a distintos públicos: la DS probablemente atraiga a los clientes actuales de Nintendo, y la PSP a los de Sony.
   Sin embargo, pese a la ventaja que estableció al principio la DS, parece seguro que Sony obtendrá al menos una parte del control de larga data de Nintendo en el mercado portátil. ¿Pero cuánto? Un factor esencial es el alcance con el que los desarrolladores independientes de juegos respalden a los nuevos dispositivos. Históricamente, han rehuido de los portátiles, en parte por su reticencia a competir con Nintendo en el desarrollo de juegos de Game Boy, y también porque los márgenes de juegos portátiles son más bajos que los de consola fija.
   Mediante el ofrecimiento de competencia y el aprovechamiento de sus relaciones estrechas actuales con los desarrolladores, Sony espera lograr que el mercado portátil se parezca más al mercado de consola fija, el cual domina. Como si eso no bastase, también espera consolidar a la PSP como el "Walkman del siglo XXI", el primero de una nueva familia de productos que fusionará la reproducción de música y videos cuando se está en movimiento. El Walkman y la PlayStation, los productos más exitosos de Sony, son sin duda dos antecesores ilustres, pero eso no garantiza el éxito. Y luego de perder contra Sony en el mercado de consola fija, Nintendo está presentando una buena batalla para defender el bastión que le queda.

NOTA

Para fines de marzo de 2005, Nintendo había vendido más de 5 millones de consolas DS, y Sony había comercializado 2,5 millones de PSP, sin alcanzar su objetivo de 3 millones. El lanzamiento en Europa de la PSP de postergó hasta septiembre, en parte por la demanda inesperadamente grande en los Estados Unidos. Al venderse estas dos consolas tan bien, parece haber en efecto lugar en el mercado para las dos.

Jugar para ganar

¿Cuán estrecha es la relación entre las habilidades en el mundo real y en los videojuegos, en el terreno de juego y en el campo de batalla?

Puede llamarse a Dwight Freeney el mejor jugador de la Liga Estadounidense de Fútbol Americano (NFL, por sus siglas en inglés)? Tiene el conocimiento más claro de la estrategia y la táctica que se precisan para ganar en este deporte brutal y caótico. También tiene las reacciones necesarias para adaptarse a las condiciones que cambian rápidamente en la línea de jugada, donde gigantes de 150 kg, vestidos con corazas acolchadas, cascos deportivos y protectores faciales se embisten entre sí. ¿Cómo se puede estar seguro? Porque ganó en el "Madden Bowl", un torneo de videojuegos en el que jugadores de la NFL juegan en la pantalla, en lugar del césped, y que tiene lugar cada año justo antes del llamado Super Bowl (o Súper Tazón), el campeonato de fútbol americano de la vida real. En la pantalla, Freeney arrasó, sin que ninguno de sus oponentes pudiera sacar un punto.

Cuando juega en el mundo real, Freeney tiene la reputación de un buen jugador. De posición de defensor, es increíblemente rápido y puede ponerle presión al mariscal de campo del equipo rival. Sin embargo, en la temporada 2003-04, cuando Freeney ganó el Madden Bowl, la línea defensiva de su equipo, los Colts de Indianápolis, fue una de las peores de la liga, según el sitio footballoutsiders.com, que realiza análisis estadísticos rigurosos de este deporte. Para fines de 2004, la línea defensiva de los Colts había quedado ultimísima. Otros jugadores de fútbol a los que les fue bien en el campeonato virtual —como David Carr, mariscal de campo de rendimiento medio de los Texans de Houston, así como Dante Hall, receptor abierto mediocre de los Chiefs de Kansas City— tienen un parecido desempeño poco notable en la vida real.

Freeney demuestra que las habilidades del mundo real se transportan fácilmente al mundo virtual. Pero ¿y si las habilidades no se pueden llevar a la inversa? La presunción de que las habilidades que se aprenden en un ambiente simulado pueden trasladarse fácilmente al mundo real es corriente en campos como el entrenamiento de pilotos, y cada vez más en los entrenamientos militares. Aunque, ¿se trata de una aserción correcta?

Gatillar, luego cargar

Dado que la tecnología de videojuegos ha mejorado a ritmo constante y los artilugios de guerra se han vuelto más caros, el ejército estadounidense depende mucho más de los juegos de computadora como herramienta de entrenamiento. Algunos de los juegos que se usan en el ejército son productos de venta libre en el mercado, mientras que otros son simulaciones costosas y de marca registrada. Un informe realizado en 2001 por el grupo de especialistas RAND animó el entusiasmo por los juegos militares cuando concluyó que las filas medias de las fuerzas armadas experimentaban un "vacío táctico". Como la mayor parte de los tenientes y capitanes no habían dado nunca órdenes a sus tropas en una batalla, ni habían recibido demasiado entrenamiento en batallas simuladas, les faltaban los conocimientos técnicos necesarios para hacer bien su trabajo. Remediar esto, manteniendo por más tiempo a los comandantes o redoblando el ritmo de entrenamiento, resultó ser difícil, lo cual provocó la proliferación de iniciativas desde distintas ramas del ejército de desarrollar juegos con fines de entrenamiento.

Puede que el "vacío táctico" ahora haya desaparecido, como consecuencia del conflicto en Irak. Un ensayo publicado en el verano boreal de 2004 por Leonard Wong, del Army War College en Carlisle, Pensilvania, sostenía que "la complejidad, la imprevisibilidad y la ambigüedad del Irak de posguerra está generando una cohorte de oficiales subalternos innovadores, confiados y flexibles". No obstante, los juegos siguen siendo un método más económico de entrenamiento que la invasión de países y las guerras. Aun así, su efectividad real dista de ser segura. El afán del ejército por ahorrar el dinero e iniciar una misión de transformación, además del ansia por parte de la comunidad de los videojuegos de verse a sí misma como genuinamente útil, en lugar de solamente ofrecer entretenimiento frívolo, podrían estar ocultando las verdaderas respuestas.

En el caso del fútbol americano, no faltan datos para analizar. No sólo hay una puntuación al final, y un concreto ganador y un perdedor, sino que puede relevarse una multiplicidad de datos durante el juego: los pases, tacleadas permitidas, pelotas sueltas, etc. Para aquéllos que no conozcan el fútbol americano, estos detalles no tienen importancia; el hecho relevante es que existen. No puede decirse lo mismo del campo de batalla. En la tradicional confusión del combate, no hay una manera fácil de medir en forma cuantitativa el éxito o el fracaso en los varios aspectos de la guerra.

Otros deportes, en especial el béisbol, ofrecen una mayor abundancia de datos. Sin embargo, ningún otro deporte parece compartir muchas de las habilidades psicológicas y psíquicas que se necesitan en la batalla. Vince Lombardi, quizás el entrenador más famoso de fútbol americano de la historia del deporte, disfrutaba haciendo una comparación entre el campo de fútbol y el campo de batalla. Pero el paralelismo más importante es el contrario: que un campo de batalla puede parecerse a un campo de fútbol americano, según el teniente coronel James Riley, jefe de táctica de la Escuela de Infantería de Fort Benning, Georgia. Efectivamente, el coronel Riley comenta que el general al que responde hace esta misma analogía continuamente. En el fútbol americano, como en el combate de infantería, un jugador debe conocer tanto la situación general en todo el campo como la zona que lo rodea inmediatamente. La situación cambia rápidamente y el enemigo siempre ajusta su táctica. Las lesiones físicas abundan en ambos sitios. El fútbol americano es lo más cercano que existe a luchar en una guerra con armas y explosivos.

De esta manera, los generales se disgustarían al escuchar a Freeney sostener que mientras que jugar al fútbol americano lo ha vuelto mejor en el videojuego, éste no ha afectado su rendimiento en el mundo exterior. El jugador subraya la experiencia surrealista que supone jugar un videojuego a cuyos personajes conoce en persona (EA Sports, fabricante de *Madden*, siente orgullo por sus retratos realistas de los jugadores del mundo real) y, por cierto, de jugar contra sí mismo en la pantalla. "No es exactamente Dwight Freeney", aclara. "Pero hay algunos parecidos". Para el ejército, que entrena soldados para situaciones de vida o muerte, ¿serán suficientes "algunos parecidos"?

De acuerdo con el coronel Riley, podrían bastar. Todos los ejercicios de entrenamiento, tengan lugar en un ambiente urbano simulado de combate o en un monitor de computadora, son, según él, "simuladores de tarea parcial". Las fuerzas armadas, después de todo, no intentarán hacer que sus soldados se maten los unos a los otros como práctica. Asimismo, el coronel Riley afirma que hay juegos, en particular *Full Spectrum Command* (un juego que usa para entrenar a capitanes de infantería), que pueden transmitir habilidades de manera útil. Lo más importante que debe lograrse con una simulación, explica, es la suspensión de la suspicacia.

El futuro de la tecnología

Esto se consigue fácilmente, por ejemplo, en un simulador de vuelo. Cuando vuela en un avión de verdad, el piloto se sienta y maneja los controles mirando por una pantalla, al igual que en un simulador.

Pero la simulación del combate de infantería, la tarea del coronel Riley, es mucho más difícil. Como lo reconoce el mismo oficial, no está seguro de cuánta "destreza de simulación se lleve a la realidad". Sin embargo, sostiene que el juego *Command* constituye una herramienta útil de entrenamiento. Un capitán de infantería manda en una compañía de 130 soldados. Sin la simulación, someter a un capitán a un ejercicio implicaba antes usar 129 hombres como instrumentos de entrenamiento, un gasto elevado. El Coronel Riley afirma que la simulación, por defectuosa que sea, supone una mejora. Puede ayudar a enseñarle tácticas de batalla a un capitán (cómo desplegar tropas, cuándo pedir refuerzos de artillería o ataque aéreo, etc.). El coronel Riley agrega que el juego guarda suficiente semejanza con el mundo real: las gráficas son bastante buenas y la inteligencia artificial del enemigo es bastante ingeniosa como para enseñar a los capitanes cómo tomar decisiones al mando.

Paradójicamente, cuanto más grande sea la escala de la situación simulada, mejor y más útil será la simulación. *Full Spectrum Warrior*, un juego que, como su versión *Command*, fue desarrollado bajo los auspicios del Instituto de Tecnologías Creativas (cuyo acrónimo en inglés es ICT), un centro con fondos militares de la Universidad del Sur de California, es un juego de "acción en primera persona" que simula un combate de infantería a nivel de escuadrón, formado por unos diez individuos. Ha recibido mucha atención porque se encuentra disponible en dos versiones: una que se usa como herramienta de entrenamiento militar y otra a la venta para el público.

El ICT lo proclama como una reproducción particularmente exacta del combate cuerpo a cuerpo de infantería, desarrollado en cooperación con la Escuela de Infantería de Fort Benning. Sin embargo, el coronel Riley sostiene que no está a la altura de las necesidades de ninguno de sus cursos, y que cuando los infantes lo juegan, se quejan de su falta de fidelidad. Cuanto más pequeña es la simulación, más grande es la disyunción entre las tareas necesarias en la realidad y las de la computadora.

El extremo opuesto lo ejemplifica *OneSaf*, una simulación a gran escala que desarrolla el ejército estadounidense en Orlando, Florida. El objetivo de *OneSaf* es extremadamente ambicioso: simular a todo el ejército. A diferencia de los juegos *Warrior* y *Command*, no está pensado para usarse como una herramienta de entrenamiento que afile los instintos de los soldados, sino para los planificadores y, a largo plazo, incluso para las tropas del frente de batalla, para ver qué sucede en una determinada situación. *OneSaf* consiste en un *framework* de *software* complicadísimo cuyo desarrollo demoraría años, según se espera.

Por cierto que no se tratará de una réplica perfecta del mundo. Pero ilustra el poder de la tecnología de transformarse de una manera que *Warrior* y *Command* no pueden, ya que no son igual de buenos que los ejercicios de entrenamiento de campo, sino tan sólo una alternativa más económica. *OneSaf*, de funcionar, les permitirá a los comandantes ver en un mundo virtual el efecto de una nueva táctica o armamento, una capacidad esencialmente nueva. En lugar de simplemente recrear el mundo, las simulaciones elaboradas podrían algún día hasta tener el poder para cambiarlo.

La célula de una nueva máquina

¿Es realmente tan revolucionario el nuevo chip Cell como lo llaman sus defensores?

Se suelen establecer analogías entre los campos de la informática y la biología. La capacidad de procesamiento de información del ADN constituye una especie de computación molecular natural, y los virus de computadora que van de una máquina a otra son ejemplos de biología artificial y digital. En la Conferencia Internacional sobre Circuitos Integrados en Estado Sólido, celebrada en San Francisco en febrero de 2005, un trío de poderosas firmas de tecnología informática —Sony, Toshiba e IBM— llevó la analogía un poco más lejos. Revelaron un nuevo chip de computadora muy esperado, que demoró cuatro años en elaborarse, y cuyo mismo nombre es una metáfora biológica: Cell (célula en inglés).

Como su nombre lo indica, el chip Cell está diseñado para su uso en grandes cantidades a fin de cumplir con funciones que las computadoras actuales, la mayoría de las cuales son máquinas primitivas semejantes a los organismos unicelulares, no pueden. Cada Cell tiene como "núcleo" un microprocesador basado en la arquitectura de energía de IBM. Ésta es la familia de chips que se encuentra en las computadoras Power Mac G5 de Apple y las potentes computadoras comerciales de IBM. El "citoplasma" del Cell comprende ocho "elementos de proceso sinergístico", es decir, procesadores independientes con un diseño deliberadamente minimalista, paradójicamente pensado para maximizar su rendimiento.

Un programa que funciona con un Cell está compuesto por pequeños segmentos, cada uno de los cuales contiene tanto instrucciones de programación como datos asociados. El núcleo puede asignar estos segmentos a procesadores sinergísticos particulares dentro de su propio Cell, o, si lo considera más rápido, enviarlo a otro Cell. Los segmentos de *software* que funcionan con un Cell pueden comunicarse con segmentos que funcionan con otros Cells, y todos tienen acceso a una memoria principal compartida. Dado que los segmentos de *software* pueden deambular buscando el mejor sitio para ser procesados, puede aumentarse el rendimiento de una máquina basada en el Cell agregando más Cells, o conectando varias máquinas de este tipo.

Esto significa que los programas diseñados para funcionar con configuración Cell deben poder operar a velocidades fugaces; y funcionarán cada vez más rápido a medida que haya más Cells. El prototipo descripto en San Francisco funciona a 256 gigaFLOPS (un FLOP equivale a una operación de punto flotante por segundo, por sus siglas en inglés, y mide la velocidad con que un procesador puede realizar las operaciones independientes de aritmética a las cuales se reduce en definitiva la computación en su conjunto). Una velocidad de 256 gigaFLOPS es aproximadamente diez veces el desempeño de los chips de las PC de escritorio más rápidas de la actualidad; es por ello que se denomina en general al Cell "una supercomputadora dentro de un chip", lo cual es una exageración, pero no está lejos de la verdad. En la lista del sitio top500.org de las 500 computadoras más rápidas del mundo, la última tiene un rendimiento de 851 gigaFLOPS.

Célula rígida

Si se cree el revuelo, de hecho todo esto tiene frenéticos a otros fabricantes de chips, en especial a Intel, cuya serie de Pentium lidera el mercado. Pero aún no queda claro si el Cell arrasará con todo lo que lo antecedió. El motivo es que los programas actuales no fueron diseñados por segmentos, lo cual es necesario para funcionar con máquinas de base Cell, y reprogramarlos sería una tarea descomunal.

Por el momento, eso no inquieta a los diseñadores de Cell, ya que la clase de funciones para la que está concebido el uso de sus chips requiere *software* de diseño especial. Los chips Cell son adecuados para procesar torrentes de videos y sonido, y para modelar los complejos mundos tridimensionales de los videojuegos, por lo que el debut del Cell se dará en la consola de videojuegos de próxima generación de Sony: la PlayStation 3. Estos chips también serán ideales para usarse dentro de dispositivos electrónicos de consumo, como los grabadores de video digital y los televisores de alta definición. Tanto Sony como Toshiba tienen pensado usar chips Cell en tales productos. Por su parte, IBM promociona el potencial del Cell para hacer funcionar supercomputadoras, la más rápida de las cuales (la Blue Gene/L de IBM) contiene miles de chips especiales que, en varios aspectos, son versiones más primitivas del Cell. Por tanto, usar chips Cell no significaría un esfuerzo tan grande. Y a los programadores de supercomputadoras, como a los diseñadores de videojuegos, no les molesta aprender sobre una máquina completamente nueva si les otorga el rendimiento que buscan.

Si el Cell pudiese escapar de estas aplicaciones especializadas y se incorporase a las computadoras de uso general, Intel tendría todo el derecho de mostrarse paranoica. Sin embargo, Kevin Krewell, editor de *Microprocessor Report*, una revista de la industria, lanzó una advertencia. El Cell necesita demasiada energía para poder usarse en dispositivos portátiles, y precisaría ajustar sus funciones matemáticas para que su uso fuera realmente apropiado en las supercomputadoras. El Cell es impresionante, pero, según la opinión de Krewell: "no es una panacea para todos los segmentos del mercado". Se hicieron afirmaciones similares a lo que se dice ahora de Cell en el pasado para el chip de Sony/Toshiba llamado Emotion Engine, esencial para la PlayStation 2. Se suponía también que era adecuado para usos fuera de los videojuegos. Igualmente, la idea no llegó a ningún lado, y se cerró la compañía constituida por Toshiba para promover otros usos del Emotion Engine.

También se dijeron cosas extraordinarias sobre los diseños RISC, POWER y Transmeta, señala Dean McCarron, un analista de chips de Mercury Research, de Scottsdale, Arizona. Estos métodos de diseño de chips, que una vez fueron novedosos se han desempeñado bien con aplicaciones especializadas, pero no han destronado a Intel como se insinuó que lo harían cuando fueron lanzados. Aun así, tanto McCarron como Krewell reconocen que todo podría cambiar esta vez. En palabras de McCarron, se observa "una presencia de más ingredientes para el éxito que en intentos anteriores". Intel pudo despedirse de antiguos aspirantes a su trono aumentando el rendimiento de sus chips Pentium, y aprovechando sus economías de escala en calidad de líder del mercado. Pero en este caso, la brecha de desempeño parece infranqueable, y Sony, Toshiba e IBM planean explotar sus propias economías de escala.

Falta ver, entonces, cuán revolucionario resultará este chip Cell. Y si bien puede que no aniquile a Intel, podría evitar que dicha firma extienda su dominio de la computadora al living del hogar. Los dispositivos electrónicos de consumo, a diferencia de las PC, no necesitan ser compatibles con el *software* actual. En ese sentido, el Cell supone una amenaza para Intel, que considera el "hogar digital" como un área prometedora para su futuro crecimiento. Se puede esperar, por tanto, otra ronda de destrucción creativa en la tecnología informática. Y sin importar de qué modo afecte el Cell al entorno de la industria de la computación, las perspectivas virtuales de videojuegos que hará aparecer sin duda serán fantásticas.

7
EL HOGAR DIGITAL

La vida en la "bóveda"

Las compañías se pelean por convertir los hogares en un complejo multisala de entretenimientos.

En junio de 2004, Intel, la fabricante de chips más grande del mundo, lanzó dos nuevas líneas de chips, denominados Grantsdale y Alderwood, y decidió nombrarlos como los cambios "más convincentes" en el funcionamiento de las computadoras personales (PC) desde hace "más de una década". En adelante, según Intel, las PC serán "dispositivos de alta fidelidad todo en uno", "PC de entretenimiento", y "bóvedas" de contenido digital.

La visión de Intel es que los consumidores empezarán a usar sus PC en casa para descargar, guardar y manipular películas, canciones y juegos, a fin de transmitir toda esta suerte de entretenimientos inalámbricos a pantallas de televisión y parlantes de equipos de música por toda la casa. Los niños podrían mirar así *Shrek 2* en el sótano, mientras mamá escucha música de Brahms en la cocina y papá mira las fotos de las vacaciones en la pantalla del televisor principal en el living.

Con estas ideas, la visión de Intel no es nueva ni demasiado ambiciosa. Durante años, los futuristas han estado promoviendo sus conceptos de un nirvana digital en el hogar. En sus versiones más descabelladas, esto incluye heladeras que automáticamente se dan cuenta de cuándo pedir leche por Internet, puertas de garaje que se abren solas en cuanto el auto se acerca y tablas de inodoro que aumentan su temperatura en el momento indicado.

Casi todo esto es pura tontería. Sólo un grupo de pioneros que asisten a las exposiciones comerciales, pensaría en "actualizar" su puerta de garaje cada tantos años luego del lanzamiento de la puerta más reciente. "Dentro de 20 años, mi PC todavía no hablará con mi heladera", afirma Jen-Hsun Huang, presidente de NVIDIA, la mayor fabricante de chips gráficos del mundo.

Por otro lado, señala Huang, "la visión de contenido digital es mucho más convincente que la de la automatización del hogar". Y ésta es la razón por la que los nuevos chips podrían tener la importancia que les atribuye Intel. Representan el disparo inicial de una batalla entre las industrias de la computación y la electrónica de consumo para determinar quién dominará en el hogar digital.

Intel, con su monopolio virtual de los chips para PC, naturalmente espera que éstas sean las que dominen y que se transformen en "centros o *hubs* de medios". Lo mismo espera Microsoft, con su cuasi monopolio de los sistemas operativos de PC. HP, Gateway, Dell y Apple también quieren que gane la PC, aunque HP también es importante en la producción de impresoras, cámaras digitales y otros aparatos de consumo, y Apple puede recurrir al iPod, si todo lo demás falla.

Del otro lado se encuentran los gigantes de la electrónica de consumo. Sony quiere más versiones de consolas de juegos que de PC, para desempeñar el papel de "centro" digital. TiVo, operador líder de los grabadores de video digital (DVR, según sus siglas en inglés), tiene esperanzas con sus dispositivos, al igual que los fabricantes de decodificadores o *set-top boxes*.

Si se la extrapola de la historia, la industria de la PC podría ser la ganadora favorita, ya que tiene a la poderosa y acaudalada Microsoft de su lado. Esta última sin duda se esfuerza: ha relanzado en repetidas ocasiones el Windows Media Center, una versión de su sistema operativo que se parece más a un menú de televisión y que puede funcionar por control remoto. Microsoft también promociona su tecnología de DVD de última generación, la cual compite con tecnologías rivales de las empresas niponas Matsushita, NEC y Toshiba, entre otras.

El problema de Microsoft es que los consumidores no se muestran entusiastas. Sólo el 32% de los hogares estadounidenses con acceso a Internet encuestados por Parks Associates, una consultora de tecnología de consumo, dijo que se siente "cómodo" con la idea de que su PC se vuelva una fuente de entretenimiento. Nadie quiere tener que esperar a que se reinicie el sistema durante una buena película.

Sin embargo, este escepticismo no implica automáticamente que la industria de la electrónica de consumo será la triunfadora. En lo que concuerdan todas las compañías es en que los hogares estarán conectados a Internet a través de una banda ancha que siempre esté encendida, y ese contenido se compartirá sin cables entre los distintos ambientes de la casa. El resultado de esto es que no tendrá que haber un dispositivo único en el hogar que deba convertirse en un *hub* de medios. Puede guardarse la foto de un bebé en una PC, consola o un equipo de telefonía móvil. O puede almacenarse en un "servidor" de computadora potente y remoto en algún lugar en Internet. Ésta es la forma en que ya escuchan música los usuarios de Rhapsody, un servicio que provee RealNetworks, la empresa de medios por Internet.

Por lo tanto, los fabricantes de artefactos tienen mucho que pensar. Art Peck, analista de Boston Consulting Group, explica que el sector para ganar dinero en el negocio del hogar serán los servicios o la venta de publicidad. Los productores de *hardware*, según piensa, se engañan a sí mismos si creen que cualquier dispositivo será el "caballo de Troya" que les permita obtener su recompensa. Es mucho más probable que acaben como fabricantes de *commodities* intercambiables para el hogar digital que poco interesan al consumidor salvo que se rompan.

Los discos llegan al hogar

Los discos rígidos empiezan a aparecer en electrodomésticos, desde televisores hasta equipos de música, incorporando prestaciones novedosas y posibilitando la creación de nuevos productos.

Va a emprender un viaje largo? ¿Tiene un miedo tremendo al aburrimiento o al silencio? Hay ayuda al alcance de la mano. Ahora se pueden apiñar 2.000 horas de música —suficientes para más o menos 120 versiones de la serie operística *El anillo del Nibelungo*, de Wagner— dentro de un dispositivo del tamaño de un mazo de cartas, o aglomerar diez horas de videos (unas tres o cuatro películas) en un reproductor de las dimensiones de un libro de bolsillo. O quizás uno puede estar encerrado en casa y querer mirar un partido de fútbol, mientras graba simultáneamente una película o su serie favorita de televisión en canales distintos (sólo para armarse contra cualquier posibilidad de aburrimiento en el futuro); esto también se puede hacer. Todo lo hace posible una tecnología que normalmente se considera parte de una computadora personal, pero que ahora se está introduciendo en una gama creciente de dispositivos electrónicos de consumo: la del disco rígido.

Los discos rígidos tienen varias ventajas respecto de otros medios de almacenamiento. A diferencia de las cintas que se usan en videograbadoras y cámaras de video, no necesitan avanzarse o rebobinarse; son dispositivos de acceso aleatorio que permiten saltos instantáneos de un sitio a otro. Mejor aún, también se pueden guardar y extraer más de un torrente de datos a la vez: por ejemplo, grabar un programa de televisión mientras se vuelve a reproducir otro.

En ciertas clases de dispositivos, los discos rígidos también pueden aventajar a los medios de almacenamiento de estado sólido, como las tarjetas de memoria que se usan en las cámaras digitales y reproductores de música. Si bien los discos rígidos son más grandes y requieren una fuente mayor de energía, ofrecen capacidad mucho más alta —que se mide en miles de millones de bytes (gigabytes) en lugar de en millones (megabytes)— y a un costo mucho más bajo por byte. Por lo general, no se usan discos rígidos en las cámaras digitales, en las cuales el tamaño reducido y la larga duración de la batería son importantes y las tarjetas de memoria bastan para guardar cientos de imágenes. Hasta cierto punto lo mismo es cierto también para los reproductores portátiles de música, pero en este caso los discos rígidos pueden ofrecer más beneficios, con capacidad para miles, y no docenas, de pistas separadas. Ésta es la razón por la cual Apple eligió un disco rígido diminuto para su popular reproductor iPod.

La cantidad de dispositivos electrónicos de consumo que contienen discos rígidos aumenta rápidamente, según las cifras obtenidas por la compañía de investigación de mercado InStat/MDR. Se vendieron unos 9 millones de estos dispositivos en 2002, y se esperaba que este número subiera a alrededor de 17 millones en 2003, y a casi 90 millones para 2007 (ver Cuadro 7.1). Además de ofrecerles nuevas características inteligentes a los consumidores, esta tendencia constituye una oportunidad valiosa para los fabricantes de discos rígidos, que han visto estancadas sus ventas al estabilizarse las ventas de PC en el mundo en aproximadamente 150 millones de unidades. No es una sorpresa que ahora tengan la mirada puesta en el mercado de electrónica de consumo: se venden alrededor de 170 millones de televisores cada año, por ejemplo.

El uso de discos rígidos en dispositivos electrónicos de consumo es cada vez más apropiado, ya que se han vuelto más silenciosos, económicos y resistentes; y lo más importante, son cada vez más pequeños: algunos de los mercados potenciales más grandes dependen de discos rígidos minúsculos que aparecieron en el mercado recién en 2003. En resumen, el uso de discos rígidos en la electrónica de consumo sigue en sus inicios. El potencial es enorme, tanto para los fabricantes como para los consumidores.

Cómo guardar una serie de televisón

Un buen ejemplo del uso de discos rígidos en los dispositivos de consumo es el mercado incipiente de los reproductores de video digital (DVR). Estos aparatos, en los cuales fueron pioneras empresas como TiVo Systems y ReplayTV, se han

7.1 Discos más grandes
Discos rígidos en dispositivos electrónicos de consumo, en millones

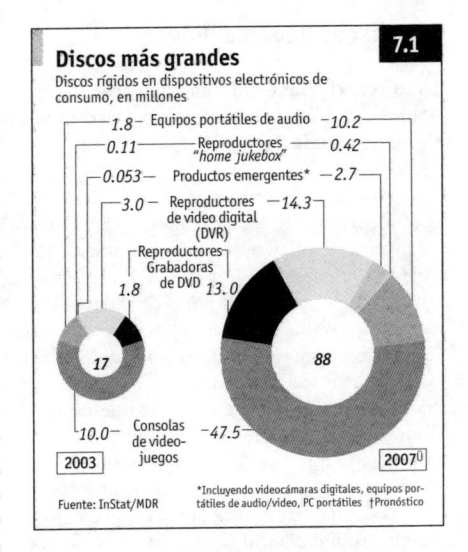

- Equipos portátiles de audio: 1.8 / 10.2
- Reproductores "home jukebox": 0.11 / 0.42
- Productos emergentes*: 0.053 / 2.7
- Reproductores de video digital (DVR): 3.0 / 14.3
- Reproductores Grabadoras de DVD: 1.8 / 13.0
- Consolas de video juegos: 10.0 / 47.5

2003: 17
2007†: 88

Fuente: InStat/MDR
*Incluyendo videocámaras digitales, equipos portátiles de audio/video, PC portátiles †Pronóstico

difundido en gran medida gracias a los servicios de televisión por satélite, como Dish Network en los Estados Unidos y Sky en Gran Bretaña, los cuales incorporaron tecnología DVR en sus decodificadores. Los DVR usan un disco rígido para guardar grabaciones de video, al igual que una videograbadora convencional, grabando programas en una hora establecida. Pero también permiten a los televidentes novedades, como hacer pausa y rebobinar emisiones de televisión en vivo (lo cual es práctico para los adictos a la comida o quienes tengan teléfonos hiperactivos); grabar más de un programa a la vez; o grabar un programa mientras se reproduce otro. Los DVR incluso pueden aprender las predilecciones de sus usuarios y grabar programas en consecuencia, creando de esta manera el equivalente a un canal de televisión personal. Todas éstas son proezas que las videograbadoras clásicas no pueden igualar.

En un principio, los DVR se elaboraban en torno a tecnología convencional de disco rígido. Pero los fabricantes en la actualidad abastecen el mercado de los DVR, por ejemplo, con la creación de un "comando de limitación temporal", el cual determina la forma de controlar errores de las unidades de disco rígido. Las unidades de disco rígido en las PC chequean y vuelven a chequear constantemente esto para asegurarse de no perder datos, dado que un solo bit desubicado puede corromper todo un documento o *software*. Este control meticuloso de errores no sólo es esencial cuando se graban videos, en los que la reproducción rápida y fluida es importante, y un par de bits no afectan la calidad de la imagen. Los grandes fabricantes de unidades de disco rígido tuvieron todos en su momento su enfoque para la limitación temporal, pero ahora se pusieron de acuerdo en un único estándar, que facilitará a las firmas de electrónica de consumo el diseño de nuevos productos.

Los DVR aún representan una tecnología naciente, que se usaba en alrededor del 6% de los hogares estadounidenses hacia fines de 2004. La gente que usa un DVR casi nunca quiere volver a mirar televisión en la forma clásica. Michael Powell, ex regulador de las comunicaciones en los Estados Unidos, describió el sistema TiVo como "la máquina de Dios". Pero pasarán muchos años antes de que los DVR se vuelvan omnipresentes. Un problema es que los consumidores no suelen entender lo que obtendrán de un DVR hasta que lo usan, por lo que educar al mercado llevará su tiempo. Sin embargo, los DVR han formado parte del argumento de series televisivas como *Sex and the City*, una señal clara de su fuerza cultural.

Algo que ayudaría a correr la voz sobre los DVR es el surgimiento de los reproductores de video de mano que usan discos rígidos para almacenar programas, como el Archos AV, que puede guardar hasta 80 horas de video usando el algoritmo de compresión MPEG4, y el RCA Lyra. Estos dispositivos podrían ofrecer "TiVo ambulante", grabando programas para mirar en los traslados, y demostrando de qué modo los discos rígidos pueden transformar la experiencia de mirar televisión.

Un juego nuevo

Mientras la televisión presenta un gigantesco mercado potencial para los discos rígidos, actualmente es más probable encontrarlos dentro de una caja distinta debajo del televisor: la consola de juegos. La consola Xbox de Microsoft tiene un disco rígido incorporado de serie; y puede agregarse un disco rígido accesorio a la PlayStation 2 de Sony. La consola de última generación de ésta, la PlayStation 3, incluirá sin duda una unidad de disco rígido cuando sea lanzada en 2006. Dado que se venden decenas de millones de consolas por año, la aparición del disco rígido como componente de serie supone otra oportunidad para los fabricantes de discos rígidos.

Pero ya que se distribuyen los juegos en discos al estilo DVD, ¿para qué necesitan un disco rígido las consolas? Con una Xbox conectada a Internet por conexión de banda ancha "se pueden bajar nuevos niveles y nuevos personajes para los juegos", afirma entusiasmado Rob Pait, de Seagate Technology, la empresa fabricante de discos rígidos. No todos están convencidos. "Si eso es lo que hace, es la excepción", manifiesta Danielle Levitas, de la firma de investigación de mercado IDC. Incluso los distribuidores que trabajan en estrecha colaboración con Microsoft y su Xbox no se explican cómo aprovechar el disco rígido incorporado: pocos de los más o menos 20 millones de usuarios de la Xbox se bajan en efecto archivos a sus discos rígidos. Levitas concuerda con que los dispositivos electrónicos de consumo proporcionarán un enorme mercado nuevo para los fabricantes de discos rígidos, pero destaca que llevará más tiempo de lo que se esperaba.

Una tercera categoría de productos en la que causan un impacto los discos rígidos son los reproductores portátiles de música. Los discos rígidos son ideales para almacenar música, ya que mientras una unidad de 60 gigabytes puede contener unas 20 horas de video de alta calidad, es suficiente para guardar más música que la que la mayoría de la gente tiene. El mejor exponente de un reproductor con base de disco es el iPod de Apple. Pero el disco rígido se enfrenta a mucha más competencia en el mercado de reproductores portátiles de música que en el de decodificadores o consolas de videojuegos. La memoria en estado sólido es mucho más duradera que la mayor parte de los discos rígidos resistentes a impactos, y consume menos energía. Y en tanto el costo por byte es mucho menor para los discos rígidos, el más pequeño de éstos cuesta mucho más que una pequeña tarjeta de memoria (de, digamos, 64 megabytes). Esto significa que los discos rígidos no pueden competir en el extremo inferior sensible a los precios del mercado de reproductores de música, y explica por qué Apple lanzó una versión de estado sólido del iPod, el iPod Shuffle, en 2005.

Como consecuencia, los reproductores con base de memoria superaron en ventas a los de base de disco con 2,8 millones frente a 1 millón en 2002, de acuerdo con IDC. La compañía prevé que, para 2007, los reproductores de base de memoria seguirán en la delantera, y venderán 8,2 millones de unidades, en comparación con los 4,8 millones de reproductores de base de disco. Y los aparatos que reproducen CD o MiniDiscs seguirán siendo la forma dominante de reproductor de música por un tiempo, y representarán en conjunto un total de 24 millones de unidades, que se espera se habrán vendido para 2007, según las proyecciones de IDC.

Lo pequeño es hermoso
La versión original del iPod fue diseñada en torno a un pequeño disco rígido, cuyas entrañas tienen sólo 1,8 pulgadas de diámetro. La mayoría de los dispositivos electrónicos de consumo usan discos rígidos de 2,5 o 3,5 pulgadas, al igual que las *laptops* y las PC de escritorio. Todas estas dimensiones suponen un límite obvio: son demasiado grandes para entrar en un teléfono móvil o en una pequeña cámara digital. Pero una nueva tecnología podría llevar los discos rígidos a nuevos mercados, y ayudarlos a obtener una mayor participación de los mercados actuales, como el de los reproductores de música. Esta tecnología conforma una nueva generación de discos rígidos de 1 pulgada, como el Microdrive de Hitachi y un producto rival de Cornice, un nuevo emprendimiento con sede en Longmont, Colorado.

Cornice diseñó su disco rígido de cero, en lugar de sencillamente reducir la escala de un diseño actual. La primera versión de la unidad de Cornice tenía capacidad para sólo 1,5 gigabyte de datos (comparada con la de 4 gigabytes de la unidad de 1 pulgada de Hitachi). Pero se incorporó rápidamente en una docena de productos nuevos. Algunos no son más que versiones más pequeñas de productos existentes, como el reproductor de música Micro Lyra de RCA, que tiene más o menos el tamaño de una pastilla de jabón de hotel. Pero hay algunos que son de categorías que no utilizaban discos rígidos antes, como las videocámaras de base de disco. Apple también usó una unidad de 1 pulgada para crear una versión de dimensiones menores de su reproductor de música iPod: el iPod Mini.

Kevin Magenis, principal directivo de Cornice, señala que cientos de compañías diseñan productos en torno a la unidad de 1 pulgada de su empresa, desde máquinas tragamonedas hasta un reproductor portátil de karaoke. Según lo que dice, para 2008, las unidades de Cornice podrán contener 15 gigabytes, expandiendo el mercado potencial. Además de estimular la capacidad de sus unidades actuales, la empresa también planea elaborar unas más pequeñas que puedan introducirse en teléfonos móviles. "Ésa es la mejor aplicación para nosotros, pero le falta un par de años", comenta.

¿Un disco rígido en cada bolsillo? Al venderse más de 650 millones de teléfonos móviles al año, esto abriría un nuevo y enorme mercado. No es de extrañar que los fabricantes de discos rígidos esperen que sus productos se aparten de la industria de la computación. La industria mucho mayor de la electrónica de consumo los llama.

NOTA
En 2005, surgió una nueva generación de discos rígidos aun más pequeños (0,85 pulgada). A medida que siga disminuyendo la escala de los discos rígidos y su capacidad aumente, empezarán a aparecer en los teléfonos móviles. En 2004, Samsung lanzó un teléfono móvil con un disco rígido incorporado de 1,5 gigabyte, el SPH-V5400. En 2005, Nokia presentó sus primeros equipos con disco rígido incorporado, que se esperaba salieran a la venta a fines de ese año.

Una breve historia de la Wi-Fi

Hay poca gente con palabras amables sobre los entes reguladores de telecomunicaciones. Pero el éxito de las redes Wi-Fi muestra lo que puede lograrse cuando los entes reguladores y los tecnólogos trabajan juntos.

Es quizás el éxito cumbre de la industria de la computación de los últimos años, un destello de luz poco visto en un mercado azotado por una burbuja: la Wi-Fi, la tecnología de banda ancha inalámbrica de corto alcance. Entre los fanáticos de la informática ha despertado una manía que no se ha visto desde los días del *boom* de Internet. Se vendieron decenas de millones de dispositivos de Wi-Fi en 2004, incluyendo a la mayoría de las computadoras *laptop*. Los analistas predicen que 100 millones de personas usarán Wi-Fi para 2006. Ya se han instalado equipos en hogares, oficinas, universidades y escuelas alrededor del mundo para tender una red de acceso a Internet en sus instalaciones. El acceso Wi-Fi está disponible en un número cada vez mayor de cafés, aeropuertos, hasta hoteles. Sin embargo, en el cambio de siglo las redes inalámbricas eran una tecnología especializada. ¿Cómo empezó la Wi-Fi, y cómo se volvió tan exitosa, en plena fase descendente?

La Wi-Fi parece ser aun más notable si se mira su procedencia: la engendró un organismo del gobierno estadounidense de un área del radioespectro denominada en general "las bandas basura". Los emprendedores de tecnologías por lo general prefieren que los gobiernos se aparten de su camino; que financien sus investigaciones básicas, tal vez, y que luego compren sus productos finales cuando salen al mercado. Pero en el caso de la Wi-Fi, el gobierno parece haber guiado en forma activa la innovación. "La Wi-Fi es una criatura de la regulación, una creación de los abogados más que de los ingenieros", sostiene Mitchell Lazarus, experto en regulación de telecomunicaciones de Fletcher, Heald & Hildreth, un estudio de abogados de Arlington, Virginia. En su carácter de abogado, se podría esperar que Lazarus diga esto, pero también estudió ingeniería eléctrica. Además, los hechos parecen corroborar sus afirmaciones.

El principio

La Wi-Fi sin duda no existiría sin una decisión en 1985 de la Comisión Federal de las Comunicaciones (FCC, según sus siglas en inglés), el ente regulador de las telecomunicaciones en los Estados Unidos, para que se abrieran varias bandas del espectro inalámbrico, permitiendo que se usaran sin necesidad de solicitar permiso del gobierno. Fue una medida inédita en su época, además de los canales de radioafición, había pocos espectros que no se otorgaran por licencia. Sin embargo, la FCC, impulsada por un ingeniero visionario de su plantel, Michael Marcus, tomó tres segmentos del espectro de las bandas industriales, científicas y médicas y los abrió a los emprendedores de comunicaciones.

Estas llamadas "bandas basura", de 900 Mhz, 2,4 Ghz y 5,8 Ghz, ya estaban asignadas para equipos que usaban energía de radiofrecuencia para otros fines que los de comunicaciones: los hornos de microondas, por ejemplo, que usan ondas de radio para calentar comida. La FCC los presentó con fines de comunicaciones también, con la condición de que cualquier dispositivo que usase estas bandas se las arreglara con la interferencia de otros equipos. Lo lograrían aplicando tecnología de "espectro ensanchado", desarrollada en un principio para uso militar, la cual dispersa una señal de radio hacia una banda amplia de frecuencias, a diferencia de la forma habitual de transmitir una frecuencia única y bien definida. Esto hace que la señal sea difícil de interceptar y menos susceptible a la interferencia.

El dictamen de 1985 parece visionario mirado en retrospectiva, pero no sucedía mucho en ese momento. Lo que finalmente propulsó a la Wi-Fi fue la creación de un parámetro para toda la industria. Inicialmente, los vendedores de equipos inalámbricos para redes de área local (LAN), como Proxim y Symbol, desarrollaron su propia clase de equipo patentado que operaba en las bandas para las que no se precisaba permiso: el equipo de un vendedor no podía comunicarse con el de otro. Inspirados por el éxito de Ethernet, un estándar de red inalámbrica, varios vendedores se dieron cuenta de que un estándar inalámbrico común también tenía sentido. Era más probable que los compradores adoptaran la tecnología si no se encontraban "atrapados" con los productos de un vendedor en particular.

En 1988, la empresa NCR Corporation, que quería usar el espectro que no requería permiso para conectar cajas registradoras inalámbricas, le pidió a Victor Hayes, uno de sus ingenieros, que procurara iniciar un estándar. Hayes, junto con Bruce Tuch, de Bell Labs, se acercó al Instituto de Ingenieros Eléctricos y Electrónicos (IEEE, por sus siglas en inglés), en el cual una comisión llamada 802,3 había definido el estándar de Ethernet. Se armó una nueva comisión denominada 802,11, presidida por Hayes, y se dio paso a las negociaciones.

La fragmentación del mercado implicaba que se tardaría mucho tiempo para que los diversos vendedores se pusieran de acuerdo con las definiciones y confeccionaran un estándar aceptable para el 75% de los miembros de la comisión. Finalmente, en 1997, éstase puso de acuerdo sobre una especificación básica. Permitía una tasa de transferencia de datos de dos megabits por segundo, usando una de las dos tecnologías de espectro ensanchado, y de salto de frecuencia o difusión de secuencia directa (la primera evita la interferencia de otras señales, la segunda dispersa la señal hacia una amplia banda de frecuencias).

El nuevo estándar se dio a conocer en 1997, y los ingenieros comenzaron inmediatamente a trabajar en un prototipo de equipo que cumpliese con éste. Se aprobaron dos versiones, llamadas 802,11b (que funciona en una banda de 2,4 Ghz) y 802,11a (que funciona en una banda de 5,8 Ghz), en diciembre de 1999 y enero de 2000, respectivamente. 802,11b fue desarrollada principalmente por Richard van Nee de Lucent y Mark Webster de Intersil (el entonces "semiconductor" de Harris).

Las empresas empezaron a construir dispositivos compatibles con la 802,11b. Pero la especificación era tan larga y compleja —de 400 páginas— que los problemas de compatibilidad siguieron. Por lo tanto, en agosto de 1999, seis empresas —Intersil, 3Com, Nokia, Aironet (adquirida entonces por Cisco), Symbol y Lucent (que desde entonces tomó su filial de componentes para constituir Agere Systems)— se juntaron para crear la Alianza de Compatibilidad Ethernet Inalámbrica (WECA, por sus siglas en inglés).

Un nombre nuevo no cambia nada

La idea era que esta entidad certificara que los productos de distintos vendedores fueran verdaderamente compatibles entre sí. Pero las expresiones "compatible con los requisitos de la WECA" o "cumple con la norma 802,11b de la IEEE" no se pronunciaban fácilmente. La nueva tecnología necesitaba un nombre más afín para los consumidores. Las consultoras de marca sugirieron varios nombres, entre ellos "FlankSpeed" y "DragonFly". Pero el ganador rotundo fue "Wi-Fi". Sonaba un poco como Hi-Fi, y los consumidores estaban acostumbrados a la idea de que el reproductor de CD de una compañía funcionase con el amplificador de otra, por lo que se eligió Wi-Fi (la idea de que esto significaba "fidelidad inalámbrica" o *wireless fidelity* fue concebida más tarde).

Se había estandarizado la tecnología, tenía un nombre. Ahora la Wi-Fi necesitaba un campeón del mercado, y lo encontró en Apple, fabricante de computadoras conocida por su innovación. La empresa le dijo a Lucent que si podía elaborar un adaptador por menos de US$ 100, Apple incorporaría un puerto para Wi-Fi en todas su *laptops*. Lucent cumplió y en julio de 1999 Apple presentaba la Wi-Fi

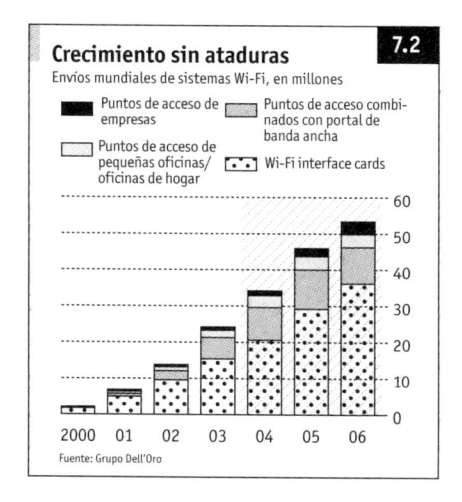

Crecimiento sin ataduras 7.2
Envíos mundiales de sistemas Wi-Fi, en millones

- Puntos de acceso de empresas
- Puntos de acceso combinados con portal de banda ancha
- Puntos de acceso de pequeñas oficinas/ oficinas de hogar
- Wi-Fi interface cards

Fuente: Grupo Dell'Oro

como una opción para sus nuevas computadoras iBook, con la marca AirPort. "Y esto cambió completamente las cosas para las redes inalámbricas", señala Greg Raleigh, de Airgo, una empresa nueva de servicios inalámbricos con sede en Palo Alto, California. Otros fabricantes de computadoras siguieron su ejemplo rápidamente. La Wi-Fi se popularizó entre los consumidores, al tiempo que el gasto de empresas en tecnología se agotaba en 2001. La Wi-Fi se vio estimulada por la creciente popularidad de las conexiones de banda ancha de alta velocidad a Internet en los hogares: ésta es la forma más sencilla de que varias computadoras compartan una conexión de banda ancha. Hoy en día, el principal uso de la Wi-Fi es en redes de hogares. A medida que se difundió la tecnología, los puntos de acceso que cobraban tarifas (conocidos como "puntos calientes" o *hotspots*) también comenzaron a aparecer en sitios públicos, como los cafés, aunque muchos operadores de *hotspots* han quebrado y la viabilidad comercial de estos puntos no queda clara.

Entretanto, la FCC ajustó nuevamente su normativa para dar lugar a una nueva variante de tecnología Wi-Fi, conocida como 802,11g. Utiliza una nueva y más avanzada forma de tecnología de espectro ensanchado llamada multiplexación por división de frecuencias ortogonales (OFDM), la cual puede alcanzar velocidades de hasta 54 megabits por segundo en una banda de 2,4 Ghz.

¿Qué camino sigue? Varios de los entusiastas de la Wi-Fi creen que barrerá con otras tecnologías inalámbricas: que, por ejemplo, los *hotspots* minarán las posibilidades de las redes de telefonía móvil de tercera generación (3G) que también están pensadas para facilitar datos a alta velocidad a los usuarios que se trasladan. Pero estas especulaciones son exageradas. La Wi-Fi es una tecnología de alcance corto que nunca podrá abarcar toda una red móvil. Lo que es peor, si uno se suscribe a una red de *hotspots* (por ejemplo, en los cafés), tal vez no puedan usarse los *hotspots* del aeropuerto. Ken Denman, principal directivo de iPass, proveedor de acceso a Internet con sede en Redwood Shores, California, insiste en que todo va a mejorar. Los acuerdos de itinerancia o *roaming*, según él, se arreglarán en un par de años.

Sin embargo, para ese entonces las primeras redes basadas en una nueva tecnología, conocida técnicamente como 802,16, aunque con el nombre WiMax, deberían estar ya en marcha. Como su nombre lo indica, la WiMax es una versión de área extendida de la Wi-Fi. Tiene una tasa de transferencia máxima de 70 megabits por segundo, y un alcance máximo de 50 km, en comparación con los aproximadamente 50 m de la Wi-Fi. Mientras que esta última ofrece acceso en lugares seleccionados, como se hacía en las cabinas telefónicas antes, la WiMax podría ofrecer cobertura generalizada, como los teléfonos móviles.

La Wi-Fi también es amenazada en los hogares. En la actualidad, es la tecnología líder de redes: televisores, reproductores de CD y videograbadoras, además de otros dispositivos electrónicos de consumo, ya comienzan a aparecer. Esto posibilitará la difusión de música por toda la casa sin tender cables. Los teléfonos inalámbricos con conexión Wi-Fi también están en proyecto. Pero puede que la Wi-Fi no resulte ser la ganadora a largo plazo en estas aplicaciones. Actualmente, usa demasiada energía para poder funcionar con dispositivos portátiles, e incluso la 802,11g no puede apoyar más de un video. Y un nuevo estándar, conocido por técnicos como WiMedia, fue diseñado para redes de hogar de capacidad alta y alcance corto para dispositivos de entretenimiento.

La importancia final de la Wi-Fi, por lo tanto, puede ser que nos dé un vistazo a las posibilidades de las futuras tecnologías inalámbricas. También ha cambiado la forma en que los entes reguladores y los tecnólogos ven las políticas de espectros. La FCC ha propuesto que los "espacios en blanco" para emisiones —es decir, las ondas de radio asignadas a emisoras de televisión, pero que no se usan por motivos técnicos— también deberían abrirse. Esto no significa que los permisos de espectros se desechen para dar lugar a un libertinaje de ondas de radio. Julius Knapp, subjefe de la oficina de ingeniería y tecnología de la FCC, sostiene que tanto los enfoques que abogan por los permisos como los que no lo hacen tienen sus méritos.

La Wi-Fi también muestra que ponerse de acuerdo sobre un estándar en común puede crear un mercado. Los patrocinadores de la WiMax se tomaron a pecho su ejemplo. Los equipos de redes inalámbricas de largo alcance, al igual que la tecnología de corto alcance que la precedió, se han visto dominadas hace tiempo por los vendedores que buscan estándares patentados, ninguno de los cuales ha sido adoptado en forma amplia. Inspirados por el éxito de la Wi-Fi, los vendedores han decidido utilizar su influencia para apoyar la WiMax, un estándar común con un nombre ameno para consumidores, que esperan que expanda el mercado y aumente su patrimonio. Pase lo que pase con la Wi-Fi en el futuro, ya ha abierto nuevos caminos para otras tecnologías.

Desentrañando la banda "ultra ancha"

¿Qué tecnología se impondrá en la batalla por hacer desaparecer el cablerío detrás de su televisión y su computadora?

Como lo avalaría cualquiera que haya montado una red inalámbrica de computadora Wi-Fi en su hogar, navegar por Internet sin cables tiene algo extraordinariamente liberador. Quizá sea porque las computadoras, a diferencia de los teléfonos, (que se volvieron inalámbricos hace unos años), siempre parecen aglomerar una maraña complicada de cables a su alrededor. Igualmente, otra tecnología inalámbrica, llamada Bluetooth, empieza a deshacerse de los cables entre los teléfonos móviles y los *laptops*. Pero hay otros cables que resisten en forma testaruda su reemplazo con tecnología inalámbrica, en particular aquéllos con señales de video: de un reproductor de DVD a un televisor, por ejemplo, o de una videocámara a una PC.

En parte, esto se debe a que, para transmitir videos en forma confiable, se necesita una tasa más alta de transferencia de datos que la que pueden ofrecer las tecnologías Wi-Fi o Bluetooth. Otro problema es que, dado que aumenta la velocidad de transmisión inalámbrica, también sube el consumo de energía. Las computadoras portátiles con conexión Wi-Fi, por ejemplo, deben recargarse todos los días, mientras que los teléfonos móviles, que transfieren datos a un ritmo mucho más lento, pueden funcionar durante una semana entre cargas. La tecnología ideal para reemplazar los cables sería entonces combinar la velocidad fugaz con un bajo consumo energético. Y esto explica el interés actual por una tecnología inalámbrica inusual, denominada banda "ultra ancha" (*ultrawideband* o UWB, según sus siglas en inglés)

La UWB ha existido desde hace varios años en formas diversas. Pero está a punto de hacer su primera aparición en la electrónica de consumo. Esto debería ser motivo de celebración, ya que es una tecnología de bajo consumo con tasas de transferencia de datos de cientos de megabits por segundo en distancias cortas (por ejemplo, entre dos dispositivos dentro de la misma habitación). De esta manera, la UWB tiene el potencial para eliminar el cablerío detrás de las computadoras y los centros de entretenimiento en las casas. Permitirá que las videocámaras y cámaras digitales transmitan imágenes directamente a televisores o PC. Incluso podría lograr que la computadora actualice un reproductor portátil de música mientras se pasa a su lado.

Hay sólo un pequeño problema: la industria de la electrónica de consumo está dividida por desacuerdos, semejante a la disputa entre los formatos de video VHS y Betamax, sobre cuál de las dos versiones de UWB adoptar. De un lado se encuentra el grupo UWB Forum, con menos partidarios, pero cuya tecnología se espera introducir en dispositivos de consumo para fines de 2005. Del otro lado está la Alianza OFDM de banda múltiple (MBOA, por sus siglas en inglés), que cuenta con una lista mucho más impresionante de patrocinadores, pero cuyos productos no llegarían al mercado hasta principios de 2006, según se esperaba. Ambos lados afirman que su versión de UWB es superior y resultará triunfadora en el mercado. Pero el desenlace irónico es que la gran "desenredadora" —la tecnología que se suponía que eliminaría esos nidos de ratas de cables— se encuentra enredada en una guerra de estándares.

Atractivo para todos

Las dos encarnaciones de la UWB son variaciones del mismo concepto tecnológico altamente inusual. A diferencia de los transmisores de radio convencionales, que transmiten en una frecuencia particular que no puede captarse si el receptor está ligeramente fuera de sintonía, los dispositivos UWB transmiten con un consumo muy bajo de energía sobre una banda extremadamente amplia de frecuencias. Esto acarrea la ventaja de que los receptores diseñados de manera adecuada pueden captar señales de UWB, las cuales suenan como ruido de fondo para los radiorreceptores clásicos, que sólo sintonizan una determinada frecuencia. Las radios convencionales y las UWB pueden entonces coexistir, por lo cual la FCC, el ente regulador estadounidense de las telecomunicaciones, determinó en febrero de 2002 que los dispositivos UWB podían funcionar a lo largo de una franja grande del radioespectro, de 3,1 Ghz a 10,6 Ghz, sin necesidad de permisos para usar el espectro.

Este enfoque poco habitual hace que la UWB sea muy distinta de la Wi-Fi y Bluetooth, otras dos tecnologías de radio que no requieren permiso para usar el espectro. En lugar de operar en "bandas basura" sin el permiso correspondiente, el equivalente de la radio de un terreno baldío, los dispositivos UWB funcionan en bandas de frecuencias para las que se han otorgado permisos con otros fines, incluyendo la transmisión por satélite, los sistemas de posicionamiento global y la telemática. Sin embargo, manteniendo sus niveles energéticos bajos, los dispositivos UWB pueden coexistir con estos sistemas actuales; concepto conocido como "acceso de refuerzo". Mientras que la Wi-Fi aprovecha el "terreno baldío" de ondas, la UWB es como poder construir bajo tierra. Este enfoque novedoso libera cantidades enormes de capacidad de transmisión sin explotar.

No obstante, los dos bandos de la guerra de estándares de UWB no están de acuerdo en la mejor forma de difundir señales por el radioespectro. La propuesta que apoya el grupo UWB Forum se llama "banda ultra ancha de secuencia directa" (DS-UWB, según sus siglas en inglés). Se combina una serie de datos con un código pseudoaleatorio que cambia constantemente para producir una señal que semeja ruido de fondo aleatorio. Pero un receptor que cuente con el mismo código puede "desensanchar" la señal; es decir, quitarle el siseo de fondo.

Varios chips UWB que parten de este principio fueron desarrollados por XtremeSpectrum, un joven emprendimiento de Vienna, Virginia. Sus activos de UWB fueron adquiridos entonces por Freescale, la vieja unidad de fabricación de chips de Motorola. El primer chip UWB de Freescale, capaz de transmitir datos a 110 megabits por segundo, fue aprobado por la FCC en agosto de 2004. Martin Rofheart, cofundador de XtremeSpectrum y ahora a la cabeza de las operaciones con UWB de Freescale, explicó que habría chips más rápidos, con velocidades de hasta 1 gigabit por segundo, disponibles en 2005.

La propuesta rival, respaldada por la MBOA, se denomina "multiplexación por división de frecuencias ortogonales de multibanda" (MB-OFDM, por sus siglas en inglés). Se diferencia de la DS-UWB en muchos sentidos. En primer lugar, en vez de difundir una señal de banda ultra ancha por toda la frecuencia de alcance de UWB, divide el alcance en 15 bandas, cada una de las cuales es extremadamente ancha según los parámetros de la tecnología clásica de radio, y salta constantemente de una hacia la otra. Dentro de cada banda, los datos se codifican aplicando una técnica moderna llamada OFDM, que usa métodos elaborados de procesamiento de señales para "rociar" información en 128 subbandas a fin de producir una señal que parece ruido de fondo, pero que puede descifrarse usando un receptor con bastante inteligencia

Eric Broockman, de Alereon, un emprendimiento principiante de Texas y una de las fundadoras de la MBOA, comentó que los prototipos de chip basados en esta propuesta estarían disponibles hacia fines de 2004. Estos chips fueron presentados formalmente en octubre de ese año.

Entonces, ¿cuál tecnología es la mejor? Desde un punto de vista técnico, ambas tienes sus pros y sus contras. La MB-OFDM es tan intensiva en cuanto a la computación se refiere que necesita diez veces más energía que la DS-UWB, según el Dr. Rofheart, y por lo tanto resulta menos adecuada para ser usada en dispositivos portátiles. Y mientras las líneas de producción de Freescale ya están en marcha, el grupo de la MB-OFDM aún no ha presentado un prototipo —lo que significa, de acuerdo con el Dr Rofheart, que están atrasados dos años, si se tienen en cuenta los tiempos típicos de desarrollo para los chips inalámbricos—.

Inevitablemente, Broockman cuestiona todo. Sostiene que los cálculos indican que la propuesta MB-OFDM será perfectamente apropiada para su uso en los dispositivos portátiles. "Freescale nos lleva la delantera", reconoce Broockman, "pero por seis meses, no dos años". Broockman agrega que todo ese procesamiento elaborado de señales hace que la MB-OFDM sea muy resistente en ambientes ruidosos, y los dispositivos UWB, por definición, funcionan en ambientes con ruidos, ya que tienen que coexistir con tecnologías actuales de radio. Y la propuesta de multibanda y salto de frecuencia implica que la tecnología puede adaptarse más fácilmente para su uso en distintas partes del mundo, donde es probable que los entes reguladores apliquen normas diferentes para las UWB

En resumen, la DS-UWB tiene la ventaja de encontrarse disponible más pronto, mientras que la MB-OFDM es más elegante en términos técnicos. "Ésta no es una carrera para redactar una especificación, sino para proveer funcionalidad", señala Rofheart. "Ellos nos aventajan con su Modelo 'T', mientras que nosotros nos preparamos para lanzar una Ferrari", replica Broockman.

Todo esto ha provocado un punto muerto en el organismo que intentaba idear un estándar para la UWB, la llamada comisión 802,15,3 del IEEE. Ninguno de los dos lados ha podido obtener el apoyo necesario del 75%, y no parece probable que cambien las cosas. Pero hay tres clases de estándares, explica Broockman: los oficiales, como los confeccionados por el IEEE; los industriales, para los que se asocian empresas que se comprometen a adoptar una tecnología (como sucedió con Bluetooth, por ejemplo); y los estándares de facto, que se deciden en el mercado, como ocurriera con el estándar "Dintel" en la industria de la PC. Al haber un punto muerto en el IEEE, la MBOA sigue la propuesta del estándar industrial, mientras que el grupo UWB Forum espera establecer un estándar de facto.

Y mientras el grupo UWB Forum tiene la ventaja de haber entrado en el mercado primero, la MBOA tiene patrocinadores mucho más influyentes. Sus miembros incluyen gigantes de la elaboración de chips, como Intel y Texas Instruments, firmas de electrónica de consumo entre las que se cuenta a Sony, Matsushita, Philips y Samsung, y otros pesos pesados de la talla de Microsoft, Hewlett-Packard y Nokia. Los integrantes del grupo rival, UWB Forum, en cambio, son un tanto menos conocidos: su mecenas más destacado es Freescale; lo cual indica que la DS-UWB estará sola en el mercado por unos meses, pero luego sucumbirá ante la aplanadora de la MBOA. Rofheart, sin embargo, sostiene que muchos miembros de la MBOA, incluidas varias empresas de electrónica de consumo, ya hacen pruebas con los chips de su firma, y están listas para cambiar de bando.

Vencedor inesperado

Sin embargo, mientras estas dos tecnologías se pelean, existe una tercera posibilidad: una nueva forma de Wi-Fi, una tecnología de alta velocidad que se denomina 802,11n, que podría sacar provecho de la confusión y acabar por robarse una parte o todo el mercado de la tecnología UWB. Las versiones actuales de Wi-Fi ya aparecen en algunos dispositivos electrónicos de consumo. "UWB tiene el 50% de las posibilidades en el mercado masivo", afirma Rajeev Chand, de Rutberg & Company, un banco de inversión de San Francisco. UWB tiene mayor amplitud de banda y consume menos energía, según señala, pero la WI-Fi ya pasó de moda, y los ingenieros son buenos para tomar una tecnología inadecuada y convertirla en satisfactoria. Pero ambos bandos de los partidarios de la UWB insisten en que la Wi-Fi y ésta coexistirán. La Wi-Fi, sostienen, se utilizará para transmitir datos dentro de la red de un hogar, mientras que la UWB se usará para conectar dispositivos en una misma habitación.

Por lo tanto, podrían pasar uno o dos años antes de que el ganador indiscutido aparezca. En el ínterin, reinará la confusión y los consumidores deben andar con cuidado. No obstante, hay algo sencillo que los defensores de las tecnologías rivales de UWB pueden hacer para mejorar sus posibilidades. Como lo demuestra el éxito de Wi-Fi y Bluetooth, ayuda que la tecnología tenga un nombre ingenioso.

El significado de iPod

Cómo cambian el reproductor de música iPod de Apple y sus imitaciones la manera de consumir música.

Qué significa iPod? Cuando la empresa fabricante de computadoras Apple lanzó su reproductor de música de bolsillo en octubre de 2001, no faltaron las reacciones escépticas. Los críticos señalaron su precio alto —a US$ 399, costaba mucho más que los reproductores de música de la competencia— y lo difícil que sería para Apple competir en el mercado despiadado de la electrónica de consumo. Y peor aún, Apple lanzó el iPod en lo profundo de una caída brusca de la tecnología. Los foros de Internet estaban plagados de bromas con siglas para explicar el significado de su nombre, como "*idiots price our devices*" ("los idiotas ponen precio a nuestros aparatos") o "*I prefer old-fashioned discs*" ("prefiero discos a la antigua").

Pronto se demostró que estas críticas eran una equivocación. El iPod es hoy en día el reproductor digital de música más popular y de moda del mercado, el cual lidera Apple (ver Cuadro 7.3). Por momentos, Apple no fue capaz de satisfacer la demanda. En las calles y subterráneos de Nueva York, San Francisco y Londres, los usuarios del iPod (que se pueden identificar por los cables y audífonos blancos característicos del dispositivo) están por todos lados. Las casas de moda elaboran estuches para iPod; las estrellas de pop usan iPods en sus videos. El iPod es un éxito.

Este logro depende de muchos factores, pero el más importante es su enorme capacidad de almacenamiento. El primer modelo contenía un disco rígido de cinco gigabytes, el equivalente a más de 1.000 canciones. Los modelos más recientes, con unidades de 60 gigabytes, tienen capacidad para 15.000. Antes del iPod, la mayor parte de los reproductores digitales de música usaban chips de memoria flash para guardar música, lo cual limitaba su capacidad a unas docenas de canciones, como mucho. Apple apostó correctamente a que la mayoría de la gente pagaría más por la capacidad mucho mayor de un disco rígido. El súper *software* de Apple, iTunes, junto con el lanzamiento de la iTunes Music Store, de la que se puede bajar música por US$ 0,99 por canción, también impulsaron la suerte del iPod.

Es fácil desechar al iPod como una moda pasajera, y considerar a sus usuarios fanáticos de una secta obsesionada con los artefactos. Pero los más o menos 15 millones de usuarios del iPod a nivel mundial conforman una minoría informativa, porque los dispositivos de ese estilo son el futuro de los aparatos portátiles de música. Es por esto que lo que hagan los usuarios del iPod hoy por hoy es lo que el resto estaremos haciendo el día de mañana. Su experiencia muestra en qué forma transformarán los reproductores digitales de música el consumo de la misma en el futuro.

Charla del profesor iPod

Pocos saben más del comportamiento de los usuarios del iPod que Michael Bull, especialista en el impacto cultural de la tecnología en la Universidad de Sussex, en Gran Bretaña. Luego de haber estudiado el impacto del Walkman de Sony a casetes, ahora está relevando información de cientos de usuarios del iPod. Según él, su consumo de la música trae aparejado tres cambios primordiales.

El primero y más importante es que el iPod les ofrece a los usuarios un control mucho mayor sobre cómo y dónde quieren escuchar su música. Uno podría preguntarse, sin duda, ¿acaso no es un iPod lo mismo que un reproductor de casetes o CD, ya que siempre puede uno llevarse consigo varias cintas o discos? Sin embargo, según el Dr. Bull, para la mayoría de la gente, si no se tiene encima música acorde con el humor, se prefiere directamente no escuchar nada. La gran capacidad de un reproductor con disco rígido elimina este problema. Siempre puede tenerse la música adecuada según el humor de la persona, el momento del día y la actividad que se desarrolle, afirma el Dr. Bull. Como consecuencia, los usuarios del iPod tienden a escuchar música específica para viajes o actividades particulares, como ir al trabajo o correr.

Al darles el control de su ambiente (al menos el auditivo), el iPod les permite a los usuarios escaparse a sus propias burbujas privadas. En la fila del aeropuerto, o esperando un tren que se retrasa, ellos sienten que por lo menos no todo está fuera de su control. También se muestran, señala el Dr. Bull, mucho más selectivos en cuanto a contestar su teléfono celular. Esto es un indicio de que agregar funcionalidad de teléfono al iPod sería una mala idea, ya que facilitaría la intromisión de terceros.

7.3 Música para los oídos de Apple

Mercado mundial de reproductores portátiles digitales de música*

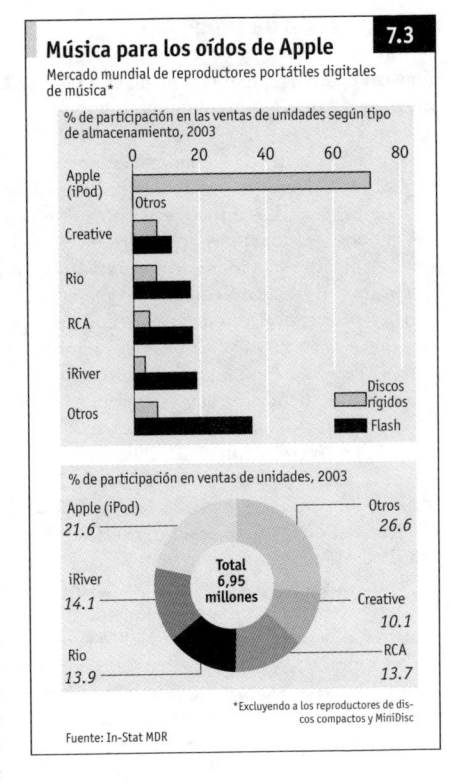

% de participación en las ventas de unidades según tipo de almacenamiento, 2003

(Apple (iPod), Otros, Creative, Rio, RCA, iRiver, Otros — Discos rígidos / Flash)

% de participación en ventas de unidades, 2003

- Apple (iPod) 21.6
- iRiver 14.1
- Rio 13.9
- RCA 13.7
- Creative 10.1
- Otros 26.6

Total 6,95 millones

*Excluyendo a los reproductores de discos compactos y MiniDisc

Fuente: In-Stat MDR

No obstante, esto no quiere decir que el iPod sea inherentemente antisocial, dado que su segundo efecto es hacer del consumo de la música una actividad aun más social de lo que ya es por tradición. Se puede usar el iPod como un tocadiscos moderno en casa, y la posibilidad de llevar la colección de música propia implica que se les puede hacer escuchar temas nuevos a los amigos. Muchos usuarios del iPod compilan selecciones especiales de melodías, o listas de temas musicales, para que las escuche la familia en el auto. Los integrantes de una familia negocian el contenido de esta lista, por lo que canciones de Disney terminan yuxtapuestas con jazz y Justin Timberlake.

Esto lleva al tercer efecto del iPod en el consumo de música. La posibilidad de mezclar y combinar canciones en listas sin las limitaciones de los discos de vinilo o los CD podría socavar la idea del álbum como una colección coherente de música. Los músicos podrán lanzar igualmente álbumes si así lo quieren, claro está. Pero al venderse la música por pista en Internet, éstos podrían volverse muy anticuados de repente, lo cual podría significar el regreso de los "simples".

¿Qué siguen, los iPods para videos? Llamativamente, ninguno de estos cambios de patrón de uso se aplica a los videos. La gente no mira películas mientras pasea al perro, ni hace listas de reproducción de sus escenas preferidas de películas, ni quiere comprar escenas en la red. Los reproductores portátiles de videos, que ya están disponibles, indudablemente tienen sus usos, como ofrecer entretenimiento durante viajes largos. Pero es poco probable que se conviertan en el tipo de productos que cambian la industria, lo que han demostrado ser el iPod y sus imitaciones en forma inesperada.

El futuro prometedor de la música

Con el tiempo, Internet será algo maravilloso para los compradores de música, pero sigue siendo una amenaza para las discográficas predominantes en la actualidad.

"Pop sucio con ritmos sueltos y melodías sórdidas" son las palabras que usa Sweet Chap, también llamado Mike Comber, el músico británico oriundo de Brighton, para describir su música. Sweet Chap no consiguió contratos discográficos todavía, pero ha sido empleado por IE Music, un grupo londinense de administración de música que también representa a la megaestrella Robbie Williams. Para hacer que se conozca a Sweet Chap, en 2003 IE Music hizo un acuerdo para poner sus canciones en KaZaA, un programa para compartir archivos por Internet. El resultado: 70.000 personas obtuvieron muestras de los temas y más de 500 pagaron por parte de su música. Ari Millar, de IE Music, afirma que propagar la música cual virus de esta manera es el futuro.

Podría efectivamente ser así, y las pequeñas discográficas y empresas de representación de artistas sin duda obtendrán mejores resultados si encuentran formas de llegar a la gente por medio de Internet. Pero la pregunta que enfrenta la industria de la música es cuándo llegará el futuro. Y la cuestión es más que urgente para las cuatro grandes compañías que dominan la producción y la distribución de la música: Universal, Sony/BMG, Warner y EMI (ver Cuadro 7.4). Hasta ahora, han tardado en adoptar Internet como herramienta: les ha parecido un enemigo común más que una oportunidad. En lugar de poner su producto en aplicaciones para compartir archivos, procesan a los usuarios que descargan melodías en forma gratuita por hurto. Por cierto que han estado luchando: las ventas de grabaciones de música se redujeron en un quinto entre 1999 y 2003.

Hoy en día hay más optimismo. En el primer semestre de 2004, las ventas mundiales de unidades físicas de música grabada subieron, aunque en un nivel minúsculo. La industria afirma que el volumen de archivos compartidos se estabilizó gracias a las demandas. La cantidad de archivos de música disponibles en la red bajó de alrededor de 1.100 millones en abril de 2003 a 800 millones en junio de 2004, de acuerdo con la Federación Internacional de la Industria Fonográfica (IFPI, según sus siglas en inglés). Dicho esto, la piratería en Internet no tiene freno y la piratería de CD sigue empeorando.

Sin embargo, la actitud de los grandes de la industria respecto de Internet también ha cambiado. Desde el año 2000, las empresas de renombre han avanzado mucho en su aceptación de que Internet y la tecnología definirán el futuro de la industria. Gracias a Apple y a sus enormemente populares reproductores de música iPod y su servicio iTunes para descargar archivos, la mayor parte de los ejecutivos de la música ahora consideran que la gente pagará por música obtenida en forma legal en la red (si bien han crecido a un ritmo vertiginoso, las descargas legales representan menos del 5% de las utilidades de la industria). Las compañías importantes intentan determinar cómo aprovechar Internet. Por consiguiente, deben repensar sus modelos comerciales tradicionales.

En el mundo físico, las grandes empresas tienen la ventaja de la escala. Además de su influencia para la comercialización, son dueñas de un enorme catálogo de recambio con música que puede volver a emitirse varias veces. Cuentan también con el apoyo de empresas intermediarias de promoción de música, las cuales cobran regalías por canciones ya publicadas que se usan en grabaciones de música, espectáculos en vivo, películas y publicidad.

Históricamente, las principales compañías han controlado la distribución física de CD. Sin embargo, esta barrera de entrada se desgastará a medida que se distribuya más música a través de Internet y los teléfonos móviles. En teoría, los artistas pueden usar Internet para evitar a las discográficas, aunque pocos lo han hecho. El motivo principal por el que la mayoría no opera de esta manera es que necesitan la comercialización y promoción, que las grandes empresas también dominan, en aras de llegar a un público numeroso.

Las discográficas grandes tienen un control estricto de las radios, por ejemplo, el cual es el mejor medio para promover nuevos eventos por lejos (quizá sea demasiado fuerte este control, cuando el procurador general del estado de Nueva York, Eliot Spitzer, investiga la posibilidad de que las compañías sobornen a las emisoras de radio para que su música salga al aire). ¿Podría Internet suponer otro reto para ellos en este sentido? Hasta ahora, no se han presentado grupos musicales a través de la red. Pero esto podría cambiar, y ya hay pruebas de que se usan datos de las preferencias recopiladas de redes ilegales para compartir archivos para ayudar a presentar eventos.

Dependerá mucho de si las empresas de peso deciden afrontar un problema tan importante como la piratería: en estos días, rara vez surgen artistas nuevos con popularidad duradera, aferrándose en cambio a sensaciones de corto plazo promovidas en los medios dominantes de comunicación. Esto ha desalentado a muchos posibles compradores de música novedosa. En el futuro, mediante el uso de Internet, la industria podrá apelar directamente a los consumidores, esquivando a la radio, la televisión y los grandes comerciantes, los cuales tienden a preferir promover espectáculos seguros y trillados. Esto podría darle a las grandes empresas la confianza de respaldar música de vanguardia e innovadora. Pero hay discográficas mucho menores y firmas que representan a artistas que pueden hacer lo mismo, ofreciéndoles una forma de desafiar a las principales empresas de frente.

Incluso en el mundo físico, las grandes firmas luchan por conservar su mercado tradicional. Los supermercados se han convertido en puntos de venta importantes, pero tiendas como Wal-Mart sólo mantienen una existencia limitada de CD, optando por dejar libres los estantes de música para los DVD y videojuegos que reportan márgenes mayores. Éste es un síntoma de otro dolor de cabeza para las discográficas: deben enfrentar competencia cada vez más intensa de otras clases de entretenimiento, especialmente entre los jóvenes. En teoría, entonces, la tecnología digital ofrece una escotilla de escape para las grandes compañías. Con espacio infinito y distribución prácticamente gratuita por Internet, cada pista grabada puede ponerse a disponibilidad de los fanáticos de la música en forma instantánea. Claro está que las pequeñas firmas podrán hacer lo mismo.

¿Adónde se fue la música?

Según un estudio interno realizado por una de las grandes compañías discográficas, entre los dos tercios y tres cuartos de la caída de las ventas en los Estados Unidos no se relacionaban para nada con la piratería por Internet. Nadie sabe cuánto peso adjudicarle a las otras explicaciones: la creciente piratería de CD físicos, el espacio en disminución para la comercialización al por menor, la competencia con otros medios y la calidad de la música en si misma. Pero no cabe duda de que la creatividad desempeña un lugar importante.

El análisis de la calidad general de la música que venden las cuatro mayores discográficas es, por supuesto, subjetivo, aunque hay algunos criterios de evaluación objetivos. Una carrera exitosa con giras y espectáculos en vivo es un indicio de que un intérprete o de que un grupo musical tiene talento duradero. Otro punto a considerar es la cantidad de álbumes que sacan a la venta. Varios cantantes recientes que redujeron sus giras desaparecieron rápidamente.

Los ejecutivos de la música están de acuerdo en que las grandes empresas tienen un problema de creatividad. Alain Levy, presidente de EMI Music, comentó a la revista *Billboard* en 2004 que demasiados artistas recientes han obtenido un solo éxito y que la industria no forma artistas que duren. Es el fin de los días en que se observaba el desarrollo gradual de un grupo a lo largo del tiempo con espectáculos en vivo, señala Tom Calderone, vicepresidente ejecutivo de programación artística de MTV, el canal musical de Viacom. Incluso los analistas de Wall Street cuestionan la calidad. Uno de los motivos del descenso de las ventas de CD podría ser que la gente se muestra menos emocionada frente a los productos de la industria. En una encuesta realizada por la revista *Rolling Stone* se llegó a la conclusión de que los fanáticos al menos creen que se han producido una cantidad relativamente menor de álbumes "geniales" últimamente (ver Cuadro 7.5).

Las grandes empresas siempre han dependido de pequeñas firmas independientes de música para gran parte de su investigación y desarrollo (R&D). Hubo discográficas independientes que firmaron contratos con Bob Marley, U2, Pink Floyd, Janet Jackson, Elvis Presley y muchos otros artistas exitosos. Las discográficas de renombre como CBS Records han firmado contratos con importantes bandas. Pero Osman Eralp, un economista que asesora a Impala, una asociación europea de empresas independientes de música, estima que más del 65% de las ventas de catálogos de música de las grandes (música lanzada al menos 18 meses antes) viene de artistas que en un principio hicieron negocios con independientes.

En el pasado, una parte importante de la estrategia de R&D era acaparar a las firmas independientes. Pero luego de años de ventas en descenso y recortes de costos, las grandes tienen menos sed de adquisiciones, y ahora dependen más de sus propios esfuerzos

Lo que Levy llama la "enfermedad" de la música —corto plazo— no es sólo una cuestión de mal gusto por parte de las compañías importantes. Cuando se cotiza en bolsa o se es parte de otra empresa que lo hace, es difícil esperar con paciencia el descubrimiento del próximo Michael Jackson o que lentamente lance su tercer o cuarto álbum de éxitos. Las grandes también se quejan porque las radios no se muestran dispuestas a reproducir música nueva poco habitual por miedo a molestar a los oyentes y a los patrocinadores. Y mientras son populares los programas de televisión como *Pop Idol*, que atraen a millones de televidentes, también éstos desvalorizan la música mostrando que puede producirse. La tecnología ha facilitado la elección por parte de las firmas de gente de buena apariencia para luego ajustar su sonido y volverlo aceptable, aunque efímero.

Las grandes sostienen que pueden seguir creando éxitos de la noche a la mañana con mucho gusto mientras se vendan bien en la actualidad, ¿por qué debería importar que no duren? Pero la mayor parte de esta música está dirigida a adolescentes, el grupo etario con la mayor probabilidad de descargar música sin pagar. Y los álbumes de catálogos de recambio dan mucho dinero. El responsable de una de las grandes discográficas especula con que, si bien los catálogos representan la mitad de las utilidades de la empresa, le aportan las tres cuartas partes de sus ganancias personales. Si la industria deja de armar catálogos por confiar demasiado en un solo éxito, esto representaría un gran problema para el futuro.

Los viejos temas son los mejores   7.5
Lista de la revista *Rolling Stone* de los 500 mejores álbumes de la historia por año

Fuente: Rolling Stone, The Economist

Un nuevo dúo

Existen señales de que las grandes compañías están abordando esta cuestión. Universal Music y Warner Music están montando unidades para ayudar a las discográficas independientes con los nuevos artistas, siendo ambas iniciativas prometedoras que muestran su intención de experimentar. Gracias al esfuerzo de las grandes en los últimos años, su música ya ha mejorado, según Andy Taylor, presidente ejecutivo de Sanctuary Group, una firma independiente, apuntando a representaciones como Black Eyed Peas (Universal), Modest Mouse (Sony), Murphy Lee (Universal) y Joss Stone (EMI).

Y, sin embargo, si pueden apuntalar su posición en lo referido a la música grabada, las grandes compañías podrían quedar al margen. Porque sólo su sector de la industria de la música ha disminuido: las giras en vivo y el patrocinio siguen reportando mucho y están en buena forma. Entre octubre de 2003 y octubre de 2004, de acuerdo con un gerente que supervisa la carrera de una de las divas más destacadas del mundo, su estrella ganó aproximadamente 20 millones de dólares por patrocinadores, 15 millones con sus giras, 15 millones con sus películas, 3 millones con el merchandising y 9 millones por ventas de CD. Está dispuesto en su contrato que la discográfica que la representa sólo puede participar de estos 9 millones.

En 2002, Robbie Williams firmó un nuevo tipo de contrato con EMI en el que le concedía una parte de sus ganancias en concepto de giras, patrocinio y ventas de DVD y CD, a cambio de importantes pagos en efectivo. Otras discográficas intentan llegar a tratos similares con los artistas. Será difícil, afirma John Rose, ex encargado de estrategia de EMI y actual socio de Boston Consulting Group en Nueva York, ya que muchos artistas y sus representantes ya no consideran tanto a las discográficas como socios creativos, sino como firmas que se beneficiarán con ellos.

Los representantes de artistas resisten las tentativas de robarles otras fuentes de ingresos. Peter Mensch, representante de los Red Hot Chili Peppers, Shania Twain y Metallica, quien opera en Nueva York, manifiesta: "Usaremos todos nuestros recursos, humanos y físicos, para impedir que las grandes consigan una participación en los ingresos que no sean de grabación con nuestras bandas". Sostiene que una forma de contraatacar sería armar su propia discográfica.

Las firmas independientes también tienen la mirada puesta en criticar a las grandes. Por un lado, luchan por prevenir más uniones entre éstas, ya que esto haría difícil la competencia por el espacio de difusión y por los estantes de los negocios. Impala ha iniciado una acción para desestimar la decisión de la Comisión Europea de permitir la fusión entre Sony y BMG en 2004. Pero las pequeñas firmas también mantienen su optimismo de crecer a expensas de sus grandes rivales. Las grandes están volviendo sobre sus pasos en los mercados de menor escala y están abandonando a los artistas que carecen del potencial para ser vendidos en varios países. Esto deja margen para las independientes. Por ejemplo, mientras Warner Music Group se preparaba para una oferta pública inicial en 2005, hizo recortes de costos en Bélgica abandonando a artistas en 2004. Entre ellos se encontraba Novastar, cuyo representante señaló que se habían vendido 56.000 copias del último álbum del grupo hasta el momento en Bélgica y en los Países Bajos.

Cuanto más reduzcan sus operaciones las grandes, más se abrirá el mercado. Quienes las han dejado empiezan sus propios emprendimientos nuevos. En enero de 2005, Emmanuel de Buretel, anteriormente gerente senior en EMI, lanzó una discográfica independiente llamada "Because", con la ayuda de Lazard, un banco de inversión. Tim Renner, ex presidente de Universal Music de Alemania, montará un servicio de música por Internet, una radioemisora en Alemania y tal vez una nueva discográfica.

En el mundo material

Entretanto, las grandes compañías intentan avanzar hacia el mundo digital. La transición será complicada. Los comerciantes minoristas de música deben estar felices a pesar de saber que los servicios *online* de música amenazan con volverlos obsoletos. Aún no queda claro cómo será el modelo exitoso para la venta *online* de música. La gente hasta ahora compra más canciones individuales que álbumes. Si esto sigue así, se debería fomentar el desarrollo de álbumes con calidad más uniforme, ya que las discográficas llevan más las de ganar cuando la gente gasta US$ 12 en un solo artista que si destina US$ 2 para canciones de seis bandas. O esto podría significar que el concepto del álbum desaparecerá.

Los precios en Internet también son inestables. Es probable que los precios de descargas varíen mucho más en el futuro que ahora. Apple obligó a la industria a aceptar una tarifa fija de 99 centavos por descarga, pero las grandes probablemente presionarán para que los precios sean variables y más altos. Éstos tendrán un impacto en los precios en el mundo físico, que ya caen en forma gradual en la mayoría de los mercados. Pero el resultado de todas estas variables podría ser ganancias más bajas en términos estructurales.

Edgar Bronfman junior, presidente de Warner Music Group, espera que los servicios pagos de música digital por Internet y por teléfonos móviles empiecen a tener un impacto estimable en los balances de las firmas ya en 2006. El nuevo sistema de distribución conectará a las empresas de música directamente con los clientes por primera vez. También cambiará el equilibrio de poderes entre la industria y las grandes distribuidoras minoristas. Wal-Mart, por ejemplo, vende en la actualidad la quinta parte de los CD comercializados al por menor en los Estados Unidos, pero la música grabada representa sólo una pequeña parte de sus ventas totales.

La mejor distribución llegará cuando, como muchos esperan, al iPod o a otro dispositivo de música se les agregue un teléfono móvil*. Los melómanos ya pueden mantener musicalmente actualizados sus teléfonos con una radio, e identificar luego la canción para después comprar el CD. Con ventas por 3.500 millones de dólares, el mercado de *ringtones* para móviles ha alcanzado la décima parte del volumen de ventas de música grabada.

Pero ¿pueden competir los servicios pagos con los gratuitos? Los primeros deben poner más catálogos *online* si quieren estar a la altura de las redes para compartir archivos con sus gigantescas bibliotecas musicales. Y aún no está claro cuánta "tecnología de manejo digital de derechos" (que controla el uso de las descargas de música) tolerará la gente. Otra cuestión clave es la interoperabilidad: si funcionarán los diversos dispositivos nuevos para reproducir música en formato digital con otros portales *online*. Los iPods de Apple, por ejemplo, funcionan con iTunes, pero no con Sony Connect o el MSN Music Store de Microsoft. Demasiadas restricciones en los servicios pagos podrían afianzar los archivos compartidos.

De los más de 100 sitios web de música que existen, un grupo de los más grandes podría llegar a dominar, pero habrá proveedores especializados también, señala Ted Cohen, responsable del desarrollo digital y distribución de EMI. El programa iTunes es semejante al negocio de la esquina en el que se compra leche y helado, según él, aunque el cliente no permanece mucho tiempo allí. Rhapsody, de Real Networks, por otro lado, cobra por una suscripción mensual a cambio de acceso ilimitado a música, y también publica descripciones para que la gente conozca a nuevos artistas. Servicios de recomendación como estos, así como las listas de reproducción compartidas, harán que en algún momento Internet sea una manera poderosa de comercializar música además de distribuirla.

Bailando con el enemigo

En septiembre de 2004, según comScore Media Metrix, 10 millones de usuarios estadounidenses visitaron cuatro servicios *online* de música paga. Ese mismo mes, otros 20 millones visitaron redes para compartir archivos. Las grandes discográficas observan lo que se baja en estas redes, aunque no les gusta hablar al respecto por miedo a que esto socave su campaña legal.

La música *online* podría despegar verdaderamente si las grandes hiciesen una tregua con las redes para compartir archivos. El abismo entre ambos mundos se ha vuelto más estrecho ahora que la industria vende sus productos *online* y permite que los clientes compartan música usando manejo digital de derechos. En cuanto a las redes para compartir archivos, "el otro bando está más dispuesto a hablar y es menos contencioso", afirma un ejecutivo de una de las grandes empresas en Los Ángeles.

Los ejecutivos de la industria de la música sostienen que Shawn Fanning, fundador de Napster, la primera red para compartir archivos, intenta determinar ahora cómo ponerle precio a las canciones descargadas con estos servicios, en un nuevo emprendimiento llamado "Snocap". Fanning hizo el intento de legalizar la versión original de Napster en 2001, pero la industria de la música decidió en cambio eliminarla llenándola de demandas. Snocap cuenta ahora con licencias de EMI, Sony/BMG, Universal y más de 500 discográficas independientes. Sam Yagan, principal directivo de eDonkey, actualmente la red más popular para compartir archivos, comenta que se reunió con tres de las cuatro principales discográficas en el verano boreal de 2003 para ver cómo podría empezar a vender su música en esta red junto con contenido libre. Como lo demuestra el experimento de IE Music, no es un sueño imposible. Quizá los ejecutivos de la música no tengan aún la confianza suficiente como para llegar a un acuerdo con sus archienemigos. Pero en algún momento tendrán que ser más audaces. Parece quedar claro que la única manera de que las grandes sigan en la cima de la industria de la música en la próxima década será correr más riesgos, tanto tecnológicos como creativos, que los que han tomado en mucho tiempo.

* N. del E.: Finalmente, la compañía Apple presentó en sociedad a mediados de 2007 el dispositivo iPhone.

Los televisores se aplanan

Los televisores con tubos de rayos catódicos están abriendo el camino para los modelos con pantalla plana. ¿Cómo evolucionará el mercado?

Al parecer, los televisores nunca son demasiado anchos o demasiado angostos: de hecho, son cada vez más anchos y angostos a la vez gracias a la popularidad creciente de los televisores con pantalla plana de tecnología de plasma y de cristal líquido (LCD, por sus siglas en ingles). Los televisores con pantalla plana tienen estilo, no ocupan demasiado espacio y le hacen justicia a las imágenes nítidas que generan los reproductores de DVD, los decodificadores digitales y las consolas de videojuegos. Se espera que las ventas de televisores LCD en particular representen una parte aún más grande del mercado (ver Cuadro 7.6) a medida que los consumidores adopten estas nuevas tecnologías a costa de los modelos voluminosos de los anticuados tubos de rayos catódicos (CRT, según sus siglas en inglés). Se espera que los modelos LCD representen el 18% de las ventas de televisores en 2008, luego de sólo el 2,2% en 2003, según la firma de investigación de mercado iSuppli.

Los televisores LCD constituyen el ejemplo más reciente de una tecnología de la industria de la computación que causa revuelo en la electrónica de consumo. Durante años, cualquiera que quisiese comprar un televisor con pantalla plana debía comprar una pantalla de plasma, una opción grande y costosa (un modelo de 42 pulgadas cuesta unos US$ 3.500). La tecnología LCD que ya se usaba en los monitores planos para computadora y los *displays* de *laptops*, posibilita la elaboración de televisores con pantalla plana más pequeños y de precios más accesibles.

La perspectiva de un mercado mucho más grande ha potenciado la llegada de nuevos ingresantes, incluidos fabricantes de PC como Dell y HP, y ha llevado al establecimiento de firmas de electrónica de consumo, como Motorola y Westinghouse (que habían cesado ambas de producir televisores hace décadas), para empezar a vender televisores junto con los fabricantes consolidados del sector. Para los fabricantes de PC, que ya venden monitores planos, diversificarse hacia los televisores no supone un salto muy grande. Para las empresas de electrónica de consumo, el atractivo de los televisores con pantalla plana es que ofrecen márgenes mucho mayores que los aparatos clásicos. Durante las fiestas de fines de 2003, los fabricantes de televisores de pantalla plana, tanto LCD como de plasma, conmocionaron con sus productos, según Riddhi Patel, analista de iSuppli.

Sin embargo, no generaron el volumen de ventas que los fabricantes esperaban. Si bien la gente hoy conoce mejor los televisores de pantalla plana, a muchos los disuaden sus precios altos. El gasto resulta difícil de justificar, particularmente cuando un televisor LCD de 30 pulgadas puede llegar a costar cuatro veces más que un modelo equiparable de tubo, sin ninguna diferencia visible en la calidad de la imagen.

Desde entonces, los fabricantes de televisores con pantalla plana han comenzado a reducir sus precios, de acuerdo con Patel. Por un lado, acumulaban una gran cantidad de inventario sin vender: los fabricantes de pantallas y los de televisores produjeron demasiadas unidades, y los comerciantes minoristas hicieron más pedidos de los que pudieron vender.

Se espera que los precios caigan a medida que se incremente la capacidad de producción. Sharp abrió una fábrica de LCD de "sexta generación" en enero de 2004, mientras que en mayo, Matsushita, la empresa nipona detrás de la marca Panasonic, anunció que construiría la planta de pantallas de plasma más grande del mundo, y en julio, Sony y Samsung comunicaron que su *joint venture*, una fábrica de LCD de "séptima generación" en Tangjung, Corea del Sur, empezaría a funcionar en 2005. Había preocupaciones de que las inversiones récord en plantas de LCD provocaran una sobrecapacidad en 2005. Sin embargo, para los consumidores es una buena noticia: la saturación acarrea precios más bajos.

La perspectiva de descensos bruscos de los precios en los próximos años implica que el mercado de televisores con pantalla plana está al borde del cambio. En la actualidad, la tecnología LCD es más costosa que la de plasma en función de la cantidad de pulgadas: una TV LCD de 30 pulgadas cuesta más o menos lo mismo que un modelo de plasma de 40 pulgadas. La gran mayoría de los televisores LCD que se venden actualmente son de 20 pulgadas o menos; los de mayor tamaño no pueden competir con los de plasma por su precio. Por lo tanto, los modelos de plasma tienen ventaja por las dimensiones mayores por el momento, mientras que los LCD dominan en el otro extremo.

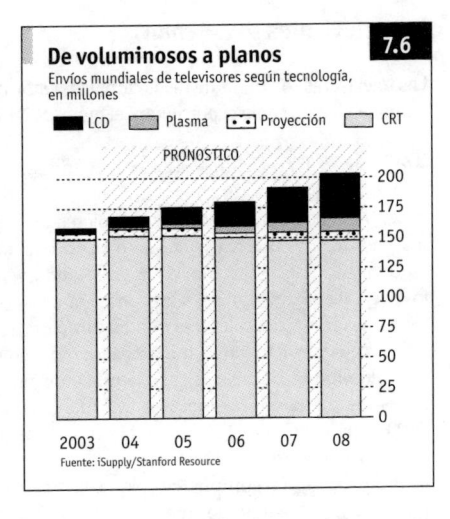

De voluminosos a planos 7.6
Envíos mundiales de televisores según tecnología, en millones

■ LCD ■ Plasma ▨ Proyección ☐ CRT

PRONÓSTICO

2003 04 05 06 07 08
Fuente: iSupply/Stanford Resource

Esto hace que la elección sea relativamente sencilla para alguien que pretende comprar una TV de pantalla plana: si se quiere algo de menor tamaño que 30 pulgadas, se debe elegir un LCD; y si se piensa comprar algo más grande, los de plasma ofrecen mejor valor (por encima de las 55 pulgadas, los televisores de retroproyección están resultando ser populares, beneficiándose del revuelo en torno a las pantallas planas).

Cuidado, plasma, aquí viene el LCD
No obstante, a medida que comiencen a operar las plantas de LCD, los televisores con esta tecnología tendrán la capacidad cada vez mayor de competir con los de plasma en dimensiones de hasta 45 pulgadas. Las nuevas fábricas de séptima generación de LCD producirán pantallas de láminas de vidrio de 1,9 a 2,2 metros, suficientes como para doce pantallas de 32 pulgadas u ocho de 40 pulgadas. De esta manera, los LCD podrían empujar a los de plasma al mercado de productos exclusivos, salvo que los fabricantes de éstos reduzcan también sus precios.

Se espera que el resultado sea una batalla feroz por las 42 pulgadas. Esto podría hacer que los compradores examinen más los méritos relativos de las dos tecnologías, las cuales tienen cada una sus pros y sus contras. El plasma ofrece un mayor contraste, lo cual implica colores oscuros más profundos. Pero si bien la longevidad de las pantallas de plasma se ha prolongado en los últimos años, de 10.000 a 30.000 horas, la vida útil de las pantallas LCD es de 60.000 horas. Los televisores LCD también cuentan con la ventaja de que pueden usarse como monitores de computadora. Pero su respuesta es más lenta que la de los de plasma, por lo que resultan menos apropiados para mirar deportes.

A medida que aumente la capacidad de producción y los precios bajen —cayeron en picada en un 40% en 2004— los televisores con pantalla plana de una u otra variedad parecen destinados a ser usados en forma mucho más amplia. Puede que las pantallas sean chatas, pero sus posibilidades en el mercado no lo son en absoluto.

PARTE 3

EN BUSCA DE LA PRÓXIMA GRAN NOVEDAD

En esta parte se evalúan los candidatos para la próxima gran revolución tecnológica. El primero es la biotecnología, que podría crear nuevos medicamentos posibles y nuevos procedimientos industriales basados en la ingeniería genética, y que aún no ha cumplido con su verdadera promesa, según nuestro estudio "Subiendo la escalera helicoidal". El segundo candidato es la tecnología de la energía. Una colección de artículos analiza tecnologías prometedoras de energía, incluyendo las pilas de combustible, baterías de iones de litio, redes energéticas inteligentes, automóviles híbridos y la bioconstrucción. El tercer aspirante es la nanotecnología, objeto de otro estudio, "Pequeñas maravillas", que sostiene que tanto el sensacionalismo como la paranoia centrados alrededor de este nuevo campo son exagerados, y que debería darse la bienvenida a la nanotecnología de todos modos. Por último, se consideran en dos notas dos tecnologías: la robótica y la inteligencia artificial, que fueron vendidas como "la próxima gran novedad" en el pasado. Aunque ahora se las considera fracasos, tal vez hayan tenido de hecho más éxito de lo que parece.

8
SUBIENDO LA ESCALERA HELICOIDAL

Subiendo la escalera helicoidal

La biotecnología tiene sus problemas, pero a largo plazo puede cambiar el mundo.

"No hemos pasado por alto que el arreglo específico por pares que postulamos sugiere de inmediato un posible mecanismo de copiado para el material genético". Con estas palabras irónicas, James Watson y Francis Crick iniciaron una revolución biológica. Su ensayo sobre la estructura del ADN, publicado en la revista *Nature* en abril de 1953, describía la hoy célebre doble hélice. Mostraba que las cadenas de la hélice se complementan entre sí. Infería correctamente que cada cadena podía actuar de esa manera como una plantilla para la otra, permitiendo que la molécula se replique. Y sugería que dado que los cuatro tipos de bases nucleotídicas de las cuales se compone cada cadena pueden estar dispuestos en cualquier orden, una cadena independiente podía servir como una cinta mensajera que le ordenara a la célula qué proteínas elaborar, y por ende qué tarea realizar.

Como lo señalara otro científico llamado Francis cuatro siglos atrás, el conocimiento es poder. La filosofía de Sir Francis Bacon de sacar provecho práctico del conocimiento científico finalmente trajo la riqueza de la revolución industrial. Dicha tecnología se basaba principalmente en las ciencias físicas. Ahora, los descubrimientos del los Dres. Watson y Crick y sus numerosos colegas, sucesores, colaboradores y rivales empiezan también a comercializarse. La biotecnología nos llama.

Promete mucho: más y mejores medicamentos; tratamientos médicos a la medida de la composición biológica de cada paciente; nuevos cultivos; nuevos procedimientos industriales; incluso (en voz baja) nuevos seres humanos. Ya se ha cumplido con algunas de estas promesas. Hay muchas con las que no se ha podido, y algunas con las que quizá no se pueda nunca. Y algunas suponen demasiados reparos en su contra.

Pero esta disciplina sigue en pañales, y comercializar las ventajas de la investigación científica es riesgoso. Las salidas en falso han ocurrido con más frecuencia que el éxito. Los científicos/empresarios, emprendedores de la biotecnología, suelen parecer potenciados por motivos más complejos que el mero afán de lucro, especialmente cuando intentan hallar tratamientos para enfermedades. Y, en este momento, ya casi no hay fondos para nuevos proyectos, lo cual lleva a los escépticos a cuestionar el futuro de este campo. Pero esto implica confundir los problemas a corto plazo con el potencial largoplacista. En este capítulo se procurará abarcar ambos, aunque con mayor énfasis en el potencial que en los problemas. Aun así, los problemas son reales y no se los debe ignorar.

¿La cornucopia o un elefante blanco?

La biotecnología ya ha pasado por crisis de financiamiento, pero casi todos parecen estar de acuerdo en que la de los años 2002 y 2003 fue la peor de todas. El capital para financiar nuevos emprendimientos prácticamente se agotó, la salida de nuevas empresas a la bolsa se detuvo y los precios de acciones de empresas que ya cotizaban en bolsa cayeron tanto que varias firmas valían apenas más (e incluso menos en algunos casos) que el efectivo que tenían en el banco.

Es cierto que todas las acciones, y las de empresas de alta tecnología en particular, tuvieron un mal rendimiento. Pero es extraño que el sector de la biotecnología resultara tan castigado. Para aquellas empresas que aspiraban a convertirse en farmacéuticas, los riesgos siempre fueron altos. Como lo expresó John Wilkerson, de Galen

Associates, una compañía que invierte en el sector de salud en Nueva York: "Una empresa de biotecnología es una farmacéutica sin ventas". Sólo una minúscula porción de los posibles medicamentos consigue atravesar el proceso peligroso de los ensayos clínicos y la aprobación por parte de entes reguladores. Sin embargo, siempre ha sido así, y la recompensa puede también ser alta. La demanda de medicamentos que lo logran está más o menos garantizada. La necesidad médica no se vincula a los ciclos económicos. Tal vez los precios se fueron de control a fines del siglo XX, pero la biotecnología no es Internet. Ningún factor fundamental ha cambiado.

Desempeño deslucido 8.1
Sector de biotecnología, enero de 1981 = 100
— NASDAQ Composite   S&P 500   BCMP*

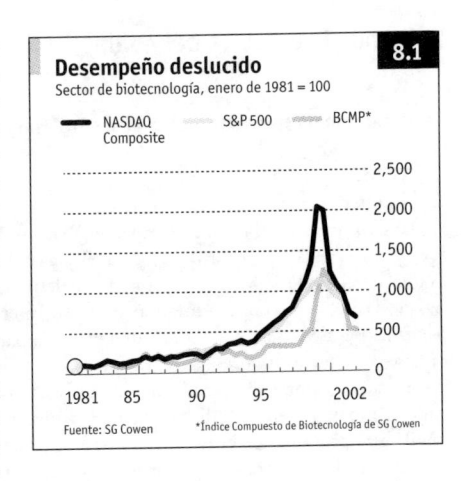

Fuente: SG Cowen   *Índice Compuesto de Biotecnología de SG Cowen

Una posible explicación que ofrece Stelios Papadopoulos, vicepresidente de SG Cowen, una filial del banco Société Générale, es que en la biotecnología los factores fundamentales no tienen importancia. Papadopoulos señaló que los administradores de fondos que impulsaron el auge de esta industria a fines de la década del 90 se vieron propulsados ellos mismos por primas que dependían menos del rendimiento de sus fondos en términos absolutos que entre sí. Para obtener una buena gratificación, los administradores tuvieron que superar el promedio.

En tales circunstancias, comprar acciones volátiles y especulativas parecía una apuesta sin regreso. Si subían, se incrementaba su paquete salarial. Si bajaban, se encontraban en una posición apenas peor que si hubiesen comprado algo seguro. Y había pocas acciones más especulativas que las de una empresa de biotecnología con un puñado de medicamentos en potencia que podían fallar en ensayos clínicos o bien ser rechazados por los entes reguladores. No obstante, la demanda de los administradores de fondos de dichas acciones con coeficiente beta alto empujó la subida de las nuevas emisiones del mercado, convirtiendo las alzas en ascenso en una profecía autocumplida. El impacto se sintió en toda la cadena, desde los fondos de capital de riesgo hasta los "inversionistas providenciales" (personas ricas, que suelen ser ellas mismas emprendedores exitosos de biotecnología, que aportan capital inicial para convertir las ideas prometedoras en planes comerciales).

En un mercado bajista, los incentivos para los administradores de fondos son distintos. Las acciones seguras con índice beta bajo son vistas como la forma de contener las pérdidas y aventajar a los colegas. Esto genera reacciones en la dirección contraria, lo cual da lugar a otra profecía autocumplida. A falta de flotaciones bursátiles, los capitalistas de riesgo se quedan sin otra estrategia de salida que una venta a una gran compañía farmacéutica, cuyo atractivo financiero es poco probable. Esto significa que cesarán de buscar emprendimientos para respaldar y empezarán a reducir lo que ya tienen.

Sin embargo, para los inversores audaces tales condiciones plantean una oportunidad de compra. ForwardVentures, una firma de capitales de riesgo con sede en San Diego, considera que vale la pena apostar por empresas con una idea clara de los productos que pretenden fabricar, y con maneras de generar utilidades a medida que los desarrollan, a diferencia de aquellas que sólo desean hacer investigación biológica con la esperanza de que aparezca algo comerciable. En cambio, aquéllas con una gama de posibles productos en base a la misma plataforma tecnológica son especialmente atrayentes. En algún momento, según estiman los socios de Forward, alguien inventará un nuevo medicamento de superproducción, los inversores desearán haber conseguido una porción del pastel y el ciclo comenzará nuevamente.

Los sectores rojo, verde y blanco
Dejando de lado una medicina mejor, la biotecnología tiene otras cosas para ofrecer. Varios expertos del campo clasifican sus categorías según color: rojo para lo médico, verde para lo agropecuario y blanco para lo "industrial", categoría ésta amplia y cada vez más importante que incluye la elaboración de enzimas avanzadas con una variedad amplia de usos, y que pronto adoptará la fabricación biotecnológica de plástico y combustible.

La biotecnología "verde" tiene sus problemas también. En zonas europeas en particular, es acosada por ambientalistas militantes y consumidores dubitativos. La biotecnología "blanca" hasta ahora se ha mantenido demasiado invisible del público en general como para haber causado problemas. Puede que esto cambie pronto. Varias empresas de químicos tienen pensado comercializar plásticos producidos con biotecnologías y fibras artificiales por su biodegradabilidad y el hecho de que no están hechos de petróleo, resaltando su respeto por el medio ambiente. Esto debería ayudar a sus fabricantes a obtener la superioridad moral que perdieron los productores de cultivos transgénicos.

Existe otra clase de biotecnología. En un sentido, es una subdivisión de la "roja", pero representa más que eso. Se trata de la biotecnología (hasta ahora desarrollada en forma hipotética) de manipulación humana. La clonación humana y la ingeniería genética son las técnicas innombrables por excelencia. Ya son atacadas, si bien ninguna existe todavía.

En esta parte se analizará la viabilidad y las consideraciones éticas de la manipulación de seres humanos, pero primero se observará el negocio más sucio de los productos y el dinero, y cómo conseguir ambos. Del lado médico, la mayor parte de la innovación ha sido lograda por pequeñas firmas. Las grandes farmacéuticas, que tienden cada vez más a comprar en lugar de generar novedades, han estado obteniendo menos oportunidades de participar. Pero en la esfera de las biotecnologías "verde" y "blanca", las grandes empresas son a menudo también innovadoras.

Quizá la principal pregunta sea: ¿seguirá siendo la biotecnología una actividad especializada, o se volverá ubicua y tan generalizada (aunque invisible) como los productos de la industria química hoy en día?

En la década de 1870, la química como ciencia estaba en la misma posición que la biología en la actualidad. Acababa de adquirir un marco teórico coherente, la tabla periódica, que tal vez no respondiese todas las preguntas, pero al menos indicaba cuáles de éstas era prudente hacerse. El equivalente para la biología es la "genómica", ya que el genoma de un ser vivo es, en sentido laxo, su propia tabla periódica de las posibilidades. La industria química en la década mencionada era también similar a la biotecnología actual. En ese entonces, los químicos ponían en práctica su nuevo conocimiento sistemático en un abanico limitado de aplicaciones, como la tintura y los explosivos. La biotecnología actual es igualmente limitada en su alcance. Hoy en día, sin embargo, es difícil encontrar algo que la industria química no haya tocado primero. En unos cien años, ¿sucederá lo mismo con la biotecnología?

Análisis de aglomeraciones

Como Dios las cría, las empresas biotecnológicas se juntan.

A los departamentos de *marketing* les gustan los nombres pegadizos. Está por verse si "Biotech Beach" será tan fácil de pronunciar como "Silicon Valley", aunque los promotores de aquélla zona en San Diego por cierto que lo esperan. Según un informe publicado en 2001 por el Instituto Brookings, un centro de investigación con sede en Washington, D. C., había 94 empresas de biotecnología situadas en San Diego para esa fecha. Quiere ganarle a su vecino del norte, Biotech Bay (es decir, el área de San Francisco y alrededores, que contiene 152), en la contienda para convertirse en la principal "aglomeración" de la nueva industria. Esto es, si el honor no le corresponde a Massachusetts, donde se hallan 141 firmas rodeando el MIT y Harvard.

Todo esto suena vagamente familiar, hasta que uno se da cuenta: Biotech Bay no es más que otro nombre para Silicon Valley. En Massachussets, la zona es la ruta 128. Las pequeñas concentraciones que también quieren ser tenidas en cuenta en Europa —alrededor de Cambridge, Inglaterra, por ejemplo, o en Upsala, Suecia— también se encuentran en los mismos lugares donde se concentran las compañías de electrónica y *software*. Lo mismo ocurre en Israel, país al que le gusta considerarse como una gran concentración de biotecnología. Pero San Diego es la excepción a la regla. La base naval local ha traído algo de tecnología dura a la zona, pero apenas constituye un foco para ésta.

Sin embargo, San Diego sí cuenta con tres institutos de investigación biológica a pocos pasos de distancia entre sí (si alguien de hecho caminara allí): la Universidad de California en San Diego, con su facultad de medicina, la Clínica Scripps y el Instituto Salk. La mayoría de los emprendimientos de biotecnología se encuentran también apiñados uno al lado del otro, algunos en calles con nombres optimistas como Sequence Drive (el "Camino de la Secuencia"). Dicho de otro modo, ésta es la concentración con mayor aglomeración que hay.

Las grandes farmacéuticas también empezaron a abrir laboratorios aquí. Johnson & Johnson, Merck, Novartis y Pfizer ya se han trasladado a estas zonas. El intercambio de ideas y cacería de empleados que esto fomenta le da un clima familiar al lugar, ayudado por el hecho de que varias firmas pueden atribuir sus raíces, de una u otra manera, a sólo dos compañías: Hybritech, especialista en diagnósticos y el primer éxito de la biotecnología en San Diego, e IDEC Pharmaceuticals, que ha estado elaborando anticuerpos para combatir el cáncer desde mediados de los años 80. Si existe una auténtica concentración biotecnológica en algún lugar del mundo, es ésta. Y la respuesta es que sí, se puede ver la playa desde algunos de los laboratorios.

Un viaje de descubrimientos

La biotecnología podría renovar la industria farmacéutica.

Al principio (fines de la década de los 70), la biotecnología "roja" era sencilla. Se elegía una proteína que se sabía que funcionaría como medicamento. Lo ideal era que ya se la utilizara como tal. Se copiaba su ADN a una bacteria o célula del ovario de un hámster chino, se las cultivaba en cantidades numerosas en grandes recipientes de fermentación de acero inoxidable denominados biorreactores. Luego se extraía la proteína y se veían llover las ganancias. Por supuesto que no era tan fácil; pero si la fabricación se hacía bien, había buenas posibilidades de producir algo que funcionara y satisficiera a los entes reguladores.

Nunca se volverá a esa era dorada. Ahora, las empresas de biotecnología deben encontrar sus proteínas antes de empezar a elaborarlas. La genómica, que consiste en determinar la secuencia completa (el orden de las bases nucleotídicas) del ADN en un organismo, puede ayudarlos en esa tarea.

Las proteínas son cadenas formadas por subunidades llamadas aminoácidos. El orden de los nucleótidos en un gen, leídos en grupos de tres, describe el orden de los aminoácidos en una proteína. Si se leen los genes se sabrá como serán sus proteínas. Suena como un atajo agradable, y, por lo tanto, la genómica llamó la atención tanto del público como de los mercados de valores en las postrimerías del siglo XX. Varias firmas creyeron que podían construir emprendimientos recopilando y vendiendo información genómica, al tiempo que dos grupos rivales, el Consorcio Internacional para la Secuenciación del Genoma Humano y una empresa privada, Celera Genomics, iniciaron una carrera por presentar versiones del genoma de mayor interés para la humanidad: el suyo. Dos secuencias preliminares se publicaron en 2001, aunque el trabajo de pulirlas continúa. Y se han descubierto muchísimos nuevos genes, implicando cada uno la existencia de al menos una nueva proteína que podría tener algún posible valor terapéutico.

Sin embargo, lo que la genómica puede explicar sobre una proteína tiene un límite. Debe respaldarse con otra clase de "-ómicas": por ejemplo, la proteómica (que cataloga y analiza todas las clases de proteínas que produce un organismo); la transcriptómica (que registra a las moléculas intermediarias, denominadas ARN mensajero, que transportan la información del ADN del núcleo hacia el resto de la célula; la glucómica (que hace lo mismo con los carbohidratos, que suelen afectar el funcionamiento de una proteína); y la metabolómica (que estudia las pequeñas moléculas que procesan las proteínas). Incluso existe la "bibliómica", la cual escarba entre la literatura científica publicada para encontrar vínculos inesperados entre todas éstas. Pero como observó sarcásticamente Sydney Brenner, Premio Nobel de Medicina de 2002, en la biotecnología la disciplina "-ómica" que verdaderamente cuenta es la económica. Según ese criterio, aún falta mucho.

Los "omas" están presentes

Las compañías que han depositado su confianza en la genómica se encuentran en un dilema. Los inversionistas han decidido, y probablemente con razón, que la mera recopilación de información sobre "-ómicas" (con el prefijo gen- u otro) y su venta a las farmacéuticas no es un negocio lo suficientemente grande como para justificar la inversión de por sí. Preferirían emplear su dinero en firmas que procuren desarrollar medicamentos. Las empresas de información intentan por ende reinventarse a sí mismas. Sin embargo —y es en este sentido que surge el dilema—, si deben descubrirse nuevos medicamentos, aprovechar la información sobre "-ómicas" es uno de los caminos más seguros al éxito.

Hay empresas que comprendieron esto desde el principio. Tanto Incyte, fundada en 1991, como Human Genome Sciences (HGS), establecida en 1992, comenzaron por aplicar la transcriptómica para observar cuáles genes son más o menos activos que su nivel normal en determinadas enfermedades. Pero HGS siempre se consideró a sí misma como una empresa de medicamentos, mientras que Incyte fue hasta hace poco más bien una empresa de información que vendía a otros sus descubrimientos. En consecuencia, ahora HGS tiene diez posibles medicamentos en proyecto, mientras que Incyte no tiene ninguno.

Un comienzo prometedor 8.2
Medicamentos biotecnológicos cuyo uso fue aprobado en los Estados Unidos
Según su tipo

- 1 Antisentido
- Anticuerpos 12
- Moléculas pequeñas 27
- Otras proteínas terapéuticas 42
- Total 82

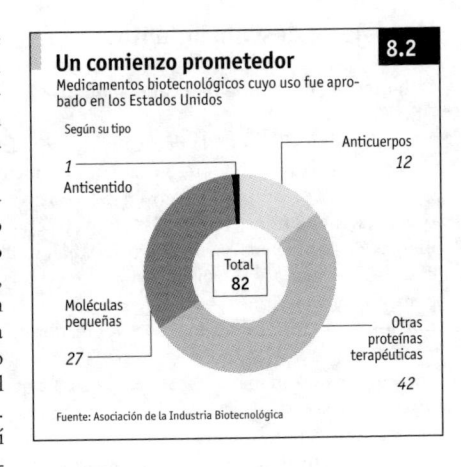

Fuente: Asociación de la Industria Biotecnológica

Al haber empezado de cero, se tarda mucho en convertirse en una verdadera compañía de medicamentos (una que los venda en el mercado). Millennium Pharmaceuticals, otra firma que data de principio de los años 90, cuyo modelo comercial se encontraba a mitad de camino entre el de Incyte y el de HGS, ha cortado el nudo gordiano comprando drogas desarrolladas por otros y reduciendo la escala de su programa interno de descubrimientos.

Esto debería funcionar desde un punto de vista comercial, así como la decisión por parte de Applera, controlante de Celera, de volverse atrás en sus planes espectaculares de hacer un seguimiento del genoma completando el proteoma humano. Las instalaciones de análisis proteico en Framingham, Massachusetts, donde debía realizarse esto, se utilizan ahora como un banco de pruebas para la lucrativa elaboración por parte de Applera de instrumentos científicos. La pregunta es si en retrospectiva se verán tales decisiones como ajustes sensatos a la realidad o como lamentables faltas de valor, lo cual depende de si los programas que estas firmas están dejando para más tarde podrían haberse convertido en algún momento en plataformas tecnológicas rentables para fabricar un sinnúmero de productos.

Sin embargo, no todo el mundo ha perdido fe en las "-ómicas". A la búsqueda del proteoma se ha sumado Myriad, de Salt Lake City (con éxito en biotecnología desde un principio, titular de los derechos para las pruebas de susceptibilidad genética al cáncer de mama). Ha formado un emprendimiento de colaboración con Hitachi, la empresa japonesa de electrónica, y Oracle, una compañía estadounidense de gestión de base de datos, a fin de identificar todas las proteínas humanas, y también de determinar la interacción entre ellas expresando sus genes en células de levadura y observando qué proteínas tienden a reaccionar entre sí.

Esta red de interacción proteica resultará invaluable en términos científicos. Queda por ver cuánto beneficiará a Myriad. Otras empresas proteómicas, como Oxford GlycoSciences (que fue adquirida por Celltech en abril de 2003), están más interesadas en la proteómica comparativa, que consiste en buscar diferencias entre las proteínas del tejido saludable y el enfermo. El objetivo es identificar proteínas que podrían ser buenas para medicamentos.

Incluso la genómica sigue teniendo seguidores, si bien los supervivientes tienen sus miradas fijadas en buscar relaciones entre los genes y las enfermedades, creando así plataformas para descubrir drogas. Los términos de moda son la sigla en inglés SNP (que se pronuncia "snip") y el "haplotipo". SNP significa "polimorfismo de nucleótido simple" —una parte de la cadena de ADN en la que los nucleótidos varían según la persona—. Los grupos de SNP suelen estar juntos, actuando como marcadores para bloques enteros de ADN. La combinación de estos bloques en cada individuo se denomina haplotipo, y aparentemente ciertos haplotipos se asocian con determinadas enfermedades. Si existe un SNP en un gen, puede hacer que la proteína codificada por ese gen sea anormal, provocando una enfermedad. Si se encuentra dentro del ADN no codificante "basura" que conforma cerca del 96% del genoma humano, igualmente podría resultar útil como marcador para seguir los bloques haplotípicos.

Varias firmas llevan adelante proyectos de descubrimiento de medicamentos basados en SNP o haplotipos. Quizá la más conocida sea DeCode, una compañía islandesa que ha reclutado a gran parte de la población de su país para sus investigaciones. Los registros genealógicos de Islandia son tan buenos que se conoce el parentesco de la mayoría de los islandeses entre sí. Eso, sumado a las excelentes historias médicas de ese país y a la predisposición de la gente a donar su ADN a la causa, ha permitido que la firma siga los bloques haplotípicos por generaciones, vinculándolos a las enfermedades que la gente declara a sus médicos. Buscar dentro del bloque pertinente podría entonces revelar un gen asociado con la enfermedad.

DeCode está intentando rastrear la base genética de más de 50 enfermedades. Hasta ahora ha encontrado la ubicación general de genes asociados con 25 de ellas, y ha precisado los genes de siete, incluyendo la esquizofrenia y los derrames cerebrales. Su método se basa en la genética tradicional, que comprende el análisis de sólo los bloques de ADN que estas técnicas indiquen que son compartidos.

Perlegen, de Mountain View, California, y Sequenom, de San Diego, extendieron sus redes al tomar todos los SNP, aunque en muchas menos personas que DeCode. Esto se logra mediante la "resecuenciación", es decir, el estudio de los genomas de las personas sólo en los sitios como los SNP donde se sepa que hay variaciones, y presuponiendo que el resto del ADN será igual en casi todos.

Perlegen utiliza series especiales de "chips genéticos" con trechos cortos de "sonda" de ADN que contienen el complemento de cada SNP posible disperso sobre su superficie. Si se advierte la presencia de un SNP en una muestra, se pega a la sonda apropiada. Determinar la secuencia de una persona de esta manera cuesta 2 millones de dólares, y Perlegen creyó que valía la pena emplear 100 millones de su capital inicial para registrar el genoma de 50 personas. Sequenom, una firma con mayor experiencia, identifica los SNP según su peso molecular, en una máquina llamada espectrómetro de masa.

Genaissance, otra empresa haplotípica, adopta una táctica distinta. En lugar de tratar de vincular los genes con las enfermedades, los relaciona directamente con los medicamentos existentes, observando la forma en que la gente con diferentes haplotipos reacciona a los distintos tratamientos con los que parecen ser síntomas idénticos. Su proyecto insignia es estudiar las estatinas, fármacos diseñados para regular el nivel de colesterol en sangre (un mercado de 13.000 millones de dólares sólo en los Estados Unidos). Los distintos pacientes responden de manera diferente a cada uno de los medicamentos del ensayo, y Genaissance comienza a desentrañar los motivos que lo explican; o al menos comienza a poder predecir a partir del haplotipo de una persona cuál de los cuatro funciona mejor.

Esta clase de trabajo obviamente resulta valioso desde el punto de vista del paciente. Efectivamente, se espera que podrá conducir un día a la "medicina personalizada" para identificar los riesgos de enfermedad de un individuo con bastante anticipación a la manifestación de una enfermedad, y saber de antemano qué remedios recetar. Quizá las empresas de medicamentos se muestren más equívocas al respecto, ya que incluso los medicamentos mal recetados les reportan ganancias. Sin embargo, debería ayudar a aquellas compañías a realizar ensayos clínicos más eficientes, centrados en sujetos cuyos haplotipos indiquen que se espera que se beneficien con una droga. También podría utilizarse para reconocer a aquellos que pueden sufrir efectos secundarios con un medicamento determinado. No sólo reducirá esto el costo de las pruebas de medicamentos, sino que puede aumentar también la cantidad de medicamentos que se aprueban, ya que podría otorgárseles permiso sólo para su uso por parte de aquéllos que se benefician con ella de manera segura. Actualmente, sólo se otorga permiso a una molécula de cada diez sometidas a ensayos clínicos. Esta tasa de descarte es un factor significativo para el costo de conseguir que una molécula llegue al mercado, que puede ascender a US$ 500 millones.

Pequeñas incubadoras

Luego de haber identificado la proteína, lo que sigue es determinar qué hacer con ella. Si se la quiere convertir directamente en un medicamento, el camino es largo pero trillado: ensayos sobre células y tejidos, sobre animales y sobre personas y, si todo funciona, finalmente una solicitud de la aprobación del ente regulador.

Sin embargo, varias firmas no están satisfechas con lo que la naturaleza les proporciona. Consideran las proteínas naturales meros puntos de partida para el desarrollo farmacológico, de acuerdo con el razonamiento de que un medicamento que trata una situación anormal (una enfermedad) tal vez precise provocar un efecto anormal, por lo cual intentan mejorar la naturaleza.

Todas estas firmas cuentan con versiones algo distintas de la tecnología y todos, naturalmente, afirman que la suya es la mejor. Pero el proceso básico de cada una es el mismo: identificar varias proteínas, o varias versiones de la misma proteína, que muestran parte de la actividad que se quiere; encontrar los genes responsables; dividirlos en segmentos; entremezclar éstos para crear una nueva serie de genes y, por ende, nuevas proteínas; dar a las nuevas proteínas una tarea en la que haya interés; escoger las que mejor operen; luego comenzar de nuevo el mismo proceso con dichos genes seleccionados, y repetirlo las veces que sea necesario para obtener el resultado deseado.

No es casualidad que este proceso sea una réplica de la selección natural (al elegir los mejores candidatos) y la reproducción sexual (combinar material de distintos genes). Y funciona: en su mejor expresión, aumenta en más de mil veces la actividad deseada. También puede utilizarse para elaborar proteínas no usadas en medicina (de las que se habla más adelante), respecto de las cuales la normativa es menos estricta, por lo que muchas ya están en el mercado.

Empresas destacadas criadoras de moléculas que trabajan con medicamentos incluyen a Applied Molecular Evolution, Genencor y Maxygen. Ninguno de sus hallazgos ha sido aprobado aún para su utilización, pero hay interesantes posibilidades en el entorno. Applied Molecular Evolution, por ejemplo, cuenta con una enzima 250 veces más efectiva que su progenitor natural para fragmentar la cocaína. Genencor se dedica a diseñar proteínas que matan tumores y proteínas para estimular el sistema inmune contra virus y cánceres, actuando en realidad como vacunas.

Maxygen trabaja para mejorar un grupo de proteínas llamadas interferones. El interferón alfa se usa en la actualidad para tratar la esclerosis múltiple, aunque a menudo con resultados mediocres. El interferón gama es un remedio para la fibrosis pulmonar, una inflamación de los pulmones que deja cicatrices permanentes. Los investigadores de Maxygen creen haber creado versiones más eficaces de ambas proteínas. Y, como Genencor, Maxygen está desarrollando proteínas que espera funcionen como vacunas, principalmente para el cáncer de colon y el dengue, una fiebre transmitida por insectos.

Claro está que no todas las proteínas relacionadas con una enfermedad resultan apropiadas para su conversión en medicamentos, pero muchas de éstas que no lo son igualmente pueden tener una aplicación médica actuando como blanco de los medicamentos. De hecho, la operatoria tradicional en la farmacología es encontrar un medicamento que encaje en un sitio activo dentro de una molécula proteica, estimulando la proteína, o bien bloqueándola, según fuera apropiado. En el pasado, estos medicamentos de "pequeñas moléculas" han sido identificados en forma desordenada elaborando montones de moléculas para posibles medicamentos, almacenándolos en "bibliotecas" y echándoselas a cada proteína para ver cuáles encajaban. Sin embargo, si se conoce el aspecto de una proteína, existe una alternativa: diseñar la molécula adecuada de cero.

Más en proyecto 8.3
Medicinas biotecnológicas en desarrollo

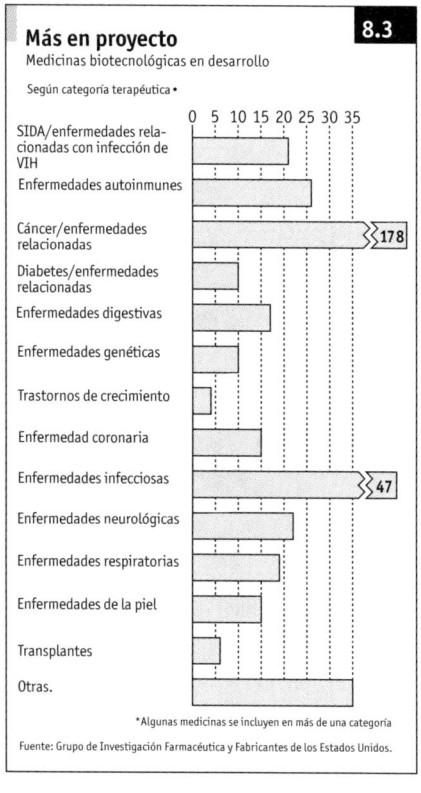

Según categoría terapéutica •

	0 5 10 15 20 25 30 35
SIDA/enfermedades relacionadas con infección de VIH	
Enfermedades autoinmunes	
Cáncer/enfermedades relacionadas	178
Diabetes/enfermedades relacionadas	
Enfermedades digestivas	
Enfermedades genéticas	
Trastornos de crecimiento	
Enfermedad coronaria	
Enfermedades infecciosas	47
Enfermedades neurológicas	
Enfermedades respiratorias	
Enfermedades de la piel	
Transplantes	
Otras	

*Algunas medicinas se incluyen en más de una categoría
Fuente: Grupo de Investigación Farmacéutica y Fabricantes de los Estados Unidos.

Espectros de rayos X

Actualmente, la mejor manera de averiguar la estructura de una proteína es la cristalografía de rayos X. A menudo pueden encontrarse formas para que las proteínas puras se cristalicen a partir de soluciones. Se hacen pasar los rayos X a través del cristal para que allí dentro interactúen con los átomos. El patrón que surja determinará, luego de unos cuantos cálculos (que hoy en día se hacen por computadora), la configuración de los átomos en el cristal. Esto funciona con cualquier cristal, no sólo uno compuesto por proteínas. Por cierto, fueron las fotografías que tomó Rosalind Franklin de los patrones de rayos X que producían los cristales de ADN las que les dieron a James Watson y Francis Crick la pista que necesitaban para comprender que el ADN es una doble hélice.

La cristalografía de rayos X ya ha ayudado a producir varios medicamentos. Viracept, concebida por Agouron (que ahora forma parte del grupo Pfizer), y Agenerase, desarrollada por Vertex en Cambridge, Massachusetts, son drogas antisida que inhiben una proteína llamada proteasa del VIH. Relenza, una creación de Biota Holdings, en Melbourne, Australia, adhiere una proteína del virus influenza. Hasta hace poco, sin embargo, las radiografías de cristales eran un arte hecho a la medida. Ahora, varias firmas —incluidas Structural GenomiX y Syrrx, ambas con sede en San Diego— intentan industrializarla. Han desarrollado líneas de producción para cultivar las proteínas y formas confiables de cristalizarlas. Y hacen uso de las máquinas llamadas "sincrotrones", que hace pasar rayos X en grandes cantidades forzando a los electrones a girar, algo que no les agrada. Los gritos de protesta resultantes son los propios haces de rayos X.

Visiones de la realidad

La cristalografía de rayos X ha demostrado ser efectiva, pero hay firmas que ahora buscan formas más directas de determinar las propiedades de una proteína. En teoría, la configuración de una proteína está implícita en el orden de aminoácidos de la cadena. Las atracciones y rechazos de una parte de la cadena hacia las otras partes son lo que mantienen plegada a la molécula. Pero se requiere un gran poder informático para establecer todo esto, mucho más allá del alcance de cualquier capitalista de riesgo.

IBM, por otro lado, lo ve como una buena oportunidad de poner en funcionamiento su cada vez más poderosa maquinaria. Su proyecto Blue Gene fue concebido para crear una computadora que resuelva el problema del plegado de la proteína. Si se aprueba Blue Gene, se convertiría en una máquina de rendimiento de operaciones de punto flotante petaFLOPS, capaz de realizar un trillón de cálculos por segundo. El objetivo era que funcionara a un cuarto del nivel petaFLOPS para julio de 2005. Si esto ocurre, constituirá una hazaña tecnológica.

Tampoco son las proteínas los únicos integrantes de la biología que puedan modelarse en una computadora. Physiome, una firma con sede en Princeton, Nueva Jersey, modela órganos enteros. Al igual que la naturaleza, Physiome construye estos órganos a partir de una célula. Sus investigadores han ideado ecuaciones para describir el funcionamiento de éstas. Cada célula interactúa entonces con sus vecinos mediante moléculas receptoras de superficie y canales iónicos, dos clases de proteínas que interesan a quienes desarrollan medicamentos. El resultado son tejidos virtuales que pueden unirse para formar órganos enteros.

El órgano virtual más avanzado de Physiome es el corazón. Es de apariencia tan natural que responde correctamente a las hormonas electrónicas y a las drogas que se agregan a su torrente sanguíneo electrónico. Lo que se espera es que éste y sus sucesores respondan con igual precisión a las nuevas moléculas farmacológicas, permitiendo la realización de ensayos clínicos. Tales ensayos virtuales no reemplazarían, por supuesto, a los verdaderos. Pero guiarían a las farmacéuticas hacia las moléculas con probabilidad de funcionar en personas reales, haciendo que los verdaderos ensayos sean más rentables. Hay medicamentos más económicos, rápidos y mejores en camino; salvo que los fondos se acaben antes.

Entrada a la plataforma

Cómo crear varios medicamentos de una vez.

Las mejores tecnologías de plataforma no son las que solamente permiten que siga el descubrimiento de medicamentos, sino las nuevas clases de moléculas que actúan ellas mismas como medicamentos. Los anticuerpos terapéuticos se encuentran dentro de esta categoría. La Administración Estadounidense de Drogas y Alimentos (FDA, según sus siglas en inglés) ya ha aprobado más de 15, y hay más de 100 en etapa de ensayo clínico.

Los anticuerpos son los caballos de tiro del sistema inmune. Como la mayoría de las proteínas, cuentan con un "sitio activo" en su superficie, con una forma que encaja en una parte de otra molécula. A diferencia de otras proteínas, los anticuerpos pueden tener sitios activos de varias formas. En la naturaleza, eso les permite unirse a ciertas partes de patógenos invasores, neutralizándolos. En el laboratorio, implica que los biotecnólogos pueden crear anticuerpos con sitios activos diseñados específicamente para ciertas tareas.

Una de estas tareas suele ser unirse a una célula cancerígena. Genentech, la empresa de biotecnología más antigua del mundo, tiene dos anticuerpos terapéuticos en el mercado diseñados para hacer justamente esta tarea: Herceptin, que ataca al cáncer de mama, y Rituxan, que ataca a una especie de cáncer llamado linfoma no vinculado con la enfermedad de Hodgkin. El truco más reciente, perfeccionado por IDEC, es unir un isótopo radioactivo con un anticuerpo, de modo tal que cuando el isótopo decaiga, la célula blanco sea destruida por la radiación. Ésta es la forma más exacta de radioterapia que pueda imaginarse. La artritis reumatoide es otro blanco. Humira, un anticuerpo desarrollado por Cambridge Antibody Technology, se une con una molécula llamada factor de necrosis tumoral, un nexo de suma importancia en la cadena molecular que causa la artritis.

Los anticuerpos también fueron el centro del escándalo de ImClone. Cuando la FDA rechazó el anticuerpo más prometedor de la firma a fines de 2001 debido a ensayos clínicos torpes, Martha Stewart, una gurú del mundo fashion que es amiga del ex presidente de la empresa, Sam Waksal, fue acusada de compraventa fraudulenta de acciones con información privilegiada. Fue posteriormente condenada y estuvo cinco meses presa. Waksal accedió a pagar una multa cuantiosa.

Independientemente del escándalo, los anticuerpos terapéuticos han demostrado ser una nueva clase exitosa de medicamento. Isis Pharmaceuticals, de Carlsbad, California, ha lanzado otra clase de la cual espera el mismo éxito. Isis controla las patentes críticas de los medicamentos "antisentido" con base de ARN. El primero de éstos, diseñado para encargarse de una infección llamada citomegalovirus (que crece en los ojos de pacientes con sida, causando ceguera a menudo si no se lo trata), se encuentra a la venta ahora. Hay otras catorce que apuntan a fulminar inflamaciones y cánceres en proyecto.

Los medicamentos antisentido funcionan tendiéndole una emboscada a las moléculas de ARN mensajero que transportan las instrucciones para hacer proteínas desde el núcleo celular hasta el aparato de elaboración proteica fuera de éste. Estos mensajeros son copias de una de las hebras de una molécula de ADN en el núcleo. Las hebras mensajeras se denominan hebras de "sentido", de ahí que sus complementos sean de antisentido.

En principio, las moléculas de ARN pueden formar hélices de doble hebra, al igual que las de ADN. La razón por la que no lo hacen es que las células no fabrican las hebras de antisentido adecuadas. Pero dichas hebras pueden ser elaboradas por la mano del hombre. Y si el sentido y el antisentido se juntan, la molécula resultante de doble hebra ya no funciona, por lo que la proteína que la hebra de sentido codifica ya no se produce. Si gran parte de la proteína causa la enfermedad, tomar al mensajero por asalto de esta manera puede frenarla.

El futuro de la tecnología

Plantar una semilla

A pesar de las apariencias, la biotecnología agropecuaria ha sido un éxito. Queda por ver si producirá un cambio drástico.

Quizá la biotecnología médica tenga sus problemas, pero al menos la mayor parte de la gente está a favor del desarrollo de nuevos tratamientos y métodos de diagnóstico. La biotecnología agropecuaria no tiene la misma suerte. Entre 1995 y 1998, las superficies sembradas con cultivos transgénicos crecieron de cero a unas 30 millones de hectáreas, sobre todo en América del Norte. Nadie se dio cuenta. Más adelante, después de un experimento sin sentido que consistía en dar de comer papas transgénicas a ratas para descubrir un veneno, hubo brotes de histeria masiva en partes de Europa. En algunos países, los comestibles que contenían ingredientes transgénicos se volvieron prácticamente invendibles.

Empeoraron las cosas al publicarse poco después los resultados de otro experimento, en el que se alimentaba a orugas de la mariposa monarca con el polen del maíz transgénico. El "transgen" introducido era de un insecticida natural llamado Bt, y varias de las orugas murieron. Según la visión de algunos (que se olvidaron convenientemente de preguntar cuál habría sido el efecto del insecticida en aerosol que reemplaza al Bt), esto sugiere que los cultivos transgénicos dañan el medio ambiente. Otra preocupación era que tales cultivos podrían cruzarse con plantas salvajes y dar lugar a una generación de malas hierbas. No ayudó cuando se hallaron pruebas de tales escapes en México.

En Europa, los campos de experimentación sembrados con cultivos transgénicos fueron criticados por activistas ambientales. La biotecnología ecológica, evidentemente, no es del agrado de los ecologistas. Efectivamente, la paranoia llegó a niveles tan altos que en 2002 algunos gobiernos africanos rechazaron alimentos donados que pudiesen contener granos transgénicos, para que sus propios cultivos no se "contaminasen" con una polinización cruzada que los tornaría inaceptables entre consumidores europeos. En lugar de arriesgarse a esto, prefirieron dejar que la gente se muriera de hambre.

Parecería ser que la biotecnología agrícola está en problemas, pero en realidad no es así. Si bien ha habido un descenso generalizado en el agro últimamente, las ventas de semillas transgénicas ascendieron a más de US$ 4.000 millones en 2002, de acuerdo con el Servicio Internacional para la Adquisición de Agrobiotecnologías Aplicadas (ISAAA, según sus siglas en inglés), que regula la diseminación de cultivos transgénicos. Las superficies plantadas con estos cultivos en 2003 llegaron a casi las 60 millones de hectáreas —que, aunque cabe reconocer que es sólo el 4% de la tierra cultivable del mundo, representa un aumento del 12% respecto del año anterior—. En los lugares en que se encuentran disponibles variedades de especies de cultivos transgénicos, comienzan a dominar las plantaciones de esas especies. La mitad de los cultivos mundiales de soja lo son. Y pese al pánico africano, tres cuartos de quienes cultivan productos transgénicos son agricultores del tercer mundo.

De todos modos, estos cultivos no han llegado a la altura descripta por la labia de vendedores. En 1996, cuando se empezó a presentar estos cultivos en serio, el mercado estaba dominado por sólo dos tipos de manipulación genética. Una era la incorporación de Bt con el objeto de limitar la necesidad de insecticidas. La otra protegía a los cultivos contra un herbicida llamado glifosato, permitiendo que se rocíen de manera más efectiva. Asimismo, sólo cuatro cultivos —la soja, el maíz, la canola (una planta de alto rendimiento, también llamada colza) y el algodón— cubrían casi la totalidad de la superficie sembrada con transgénicos.

Los optimistas afirmaban que esto era sólo el principio. De aquí a unos años, sostenían, el mundo gozaría de cultivos mejores y más nutritivos, resistentes a las sequías, al frío, a las sales y a los virus. Todo esto culminaría en una nueva revolución verde, gentileza de la manipulación genética.

En la práctica, todo lo que ha ocurrido es que la protección que otorga la manipulación genética contra los herbicidas y los insectos se ha efectivizado un poco, y que algunas plantas que antes estaban protegidas de uno, sólo ahora lo están de ambos. No ha habido nuevas modificaciones verdaderas; lo cual es una pena, porque hay muchas ideas buenas circulando, y le vendrían bien al tercer mundo en particular.

Expansión 8.4
Superficie mundial de cultivos transgénicos, en millones de hectáreas

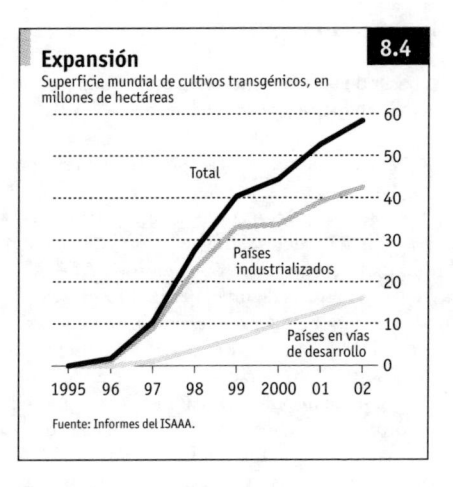

Fuente: Informes del ISAAA.

Círculos de cosechas

Resulta demasiado fácil culpar a los consumidores quisquillosos y a los ambientalistas "ludistas" por esta situación. Han desempeñado su papel, pero la verdadera culpable, como lo observó un premio Nobel, el Dr. Brenner, es la economía.

La genética del maíz permite que el mercado de semillas sea controlado por un puñado de grandes empresas, incluida Monsanto, titular de las patentes de Bt y el transgen de resistencia al glisofato. El suministro de maíz, soja, algodón y canola se entrega a agricultores mediante los denominados híbridos F1, producidos por medio del cruce de variedades parentales puras criadas exclusivamente por las empresas de semillas. Los híbridos F1 no se desarrollan plenamente, por lo cual los agricultores deben volver a pedir a los comerciantes de semillas un nuevo suministro. Desarrollar una variedad transgénica comerciable es casi tan costoso como crear un nuevo medicamento, y esta clase de control sobre el mercado ayuda a hacer que invertir en la manipulación genética valga la pena. Quienes se oponen a los cultivos transgénicos y afirman que esta actividad concentra el poder en las manos de las empresas de semillas se equivocan. En realidad, sólo los cultivos que manejan esas empresas son manipulados.

Otro factor en juego es el tamaño del mercado. Aun cuando éste sea cautivo, debe ser lo suficientemente grande como para justificar la inversión. Valdría la pena manipular genéticamente el trigo, cuya superficie cultivada en América del Norte es aproximadamente dos tercios mayor que la del maíz. De hecho, Monsanto ha desarrollado una variedad de trigo protegida contra el glisofato y espera que sea aprobada pronto. Pero nunca valdrá la pena elaborar versiones transgénicas de los cultivos de escala más pequeña a menos que la tecnología se abarate.

La economía también ayuda a explicar por qué las manipulaciones hechas apuntan más al agricultor que al consumidor. Fue posible por varios años fabricar semillas con un mayor contenido de aceites saludables o vitaminas (por ejemplo, el famoso "arroz dorado" enriquecido en vitamina A). Sin embargo, estas manipulaciones no tienen sentido en términos comerciales, al menos en Occidente, donde la mayor parte de los cultivos se usan para procesar comestibles en lugar de venderse como ingredientes crudos. Si la gente quiere vitaminas extra o aceites específicos, es más fácil y más barato que los productores de alimentos los agreguen en la fábrica. El mercado minorista de los ingredientes crudos es demasiado reducido como para justificar el gasto en el desarrollo y aprobación de versiones transgénicas. Y a quienes les importan los ingredientes en el primer mundo bien podrían resistirse a la idea de una nueva variedad transgénica, por más saludable que fuera.

Los agricultores, por otro lado, comprenden la ventaja de pagar un poco más por sus semillas si eso les permite usar menos químicos. Por lo tanto, no sorprende que ellos sean los únicos interesados en usar manipulación genética para optimizar las calidades nutricionales de los cultivos. También se la busca para el alimento balanceado.

Para obligar a sus clientes, Monsanto ha formado un *joint venture* con Cargill, otra gran compañía agropecuaria, mediante el cual se modificará la composición proteica de la soja y el maíz destinados al alimento balanceado, realzando los niveles de aminoácidos esenciales (que los animales no pueden elaborar por sí mismos pero pueden obtener en su dieta). Una segunda deficiencia del alimento balanceado, su falta de fósforo útil, es afrontada por Diversa, una firma de desarrollo de proteínas con sede en San Diego. Una de sus ideas más prometedoras no es un medicamento de base proteica, sino una versión mejorada de una enzima bacteriana llamada fitasa, aprobada por autoridades estadounidenses en 2003. El alimento es muy rico en fósforo, pero la mayoría, particularmente el de soja, está íntimamente relacionado con una sustancia química llamada ácido fítico, que los mamíferos no pueden digerir y que también inhibe la absorción intestinal de los nutrientes restantes, como el zinc. La fitasa quiebra el ácido, liberando el fósforo y ayudando a la absorción de micronutrientes. Esto conlleva una menor necesidad de suplementos, y hace más barato, por lo tanto, el alimento balanceado.

¿Un futuro estresante?

En los países ricos, donde se les paga a los agricultores para que desafecten sus tierras del sembrado, mejorar la resistencia de los cultivos a la sal, el frío y la sequía no despierta gran interés, pero no ha detenido por completo la investigación. Por ejemplo, Mendel Biotechnology, una pequeña empresa con sede en Hayward, California, ha estado investigando la resistencia a estos "estreses" en una planta denominada Arabidopsis, una herramienta genética multiuso cuyo genoma ha sido secuenciado por completo. Según se sabe, la resistencia al estrés es controlada por redes bioquímicas formadas por varios cientos de proteínas. Es poco probable que la manipulación de estas proteínas una por vez surta demasiado efecto, pero Chris Somerville, que dirige Mendel, creyó que tal vez estas redes podían ajustarse de modo que fueran más o menos activas mediante el uso de factores de transcripción, proteínas que regulan la transcripción del ARN mensajero de genes, y de esa manera controlan cuántas proteínas se producen partiendo de un gen.

Asociada con Monsanto y Seminis, las empresas de semillas más grandes del mundo, los científicos de Mendel estudiaron los 1.900 factores de transcripción que produce la Arabidopsis. Identificaron aquellos involucrados en la protección de las plantas de las sales, el frío y la sequía, y descubrieron que por medio de la alteración de la expresión de estos factores se puede proteger más la planta. Por ejemplo, generaron una variedad de Arabidopsis que toleraba heladas de 17 °C. Esta técnica funciona también para plantas de cultivo. Determinar si alguna vez resultará viable comercialmente es otra cuestión. Pero podría ayudar a agricultores del tercer mundo, donde la sequía en particular suele ser un problema. Mendel se ha comprometido a donar su tecnología de protección contra la sequía a la Fundación Rockefeller, una gran organización filantrópica, para que realice justamente esa tarea.

No obstante, los agricultores ricos podrían interesarse en los genes que hagan lo mismo que los transgenes existentes, pero mejor. Con este fin, los investigadores de Verdia, filial de Maxygen, han extraído genes fungicidas, insecticidas y para la desintoxicación de herbicidas, y han mejorado su eficacia en más de mil veces. Incluso se han involucrado con rubisco, una de las proteínas que forman parte de la fotosíntesis, y lograron acrecentar su productividad.

Manipular la fotosíntesis sería por cierto una idea radical. Pero también puede que la biotecnología traiga consigo el cambio drástico de un nuevo tipo de agricultura. Dejando de lado el algodón, la mayoría de los cultivos transgénicos se cosecha con fines alimenticios. Sin embargo, la biotecnología "blanca" podría revolucionar el uso aplicado en el campo, llevándolo del cultivo de alimentos hacia el de materias primas para la industria.

El agrilaboratorio

Una manera novedosa de elaborar medicamentos.

La oveja Dolly, el primer mamífero clonado de una célula adulta, murió a principios de 2003. Pese a las esperanzas de sus creadores en el Instituto Roslin de Edimburgo, no abrió las puertas a una nueva era de ganadería. Ni la clonación ni la manipulación genética de animales de granja en el comercio han despegado aún. La cría normal, según Harry Griffin, que dirige el instituto, es más efectiva y, además más fácil.

Un puñado de empresas, no obstante, sigue una visión distinta sobre la agricultura. Están diseñando animales (y también plantas de cultivo) que sirvan como fábricas para elaborar proteínas terapéuticas. Dos de estas compañías son líderes en sus campos respectivos. GTC Biotherapeutics, de Framingham, Massachusetts, usa ganado para la fabricación de sus medicamentos. Epicyte, con sede en San Diego, espera armar un truco similar con el maíz.

La técnica de GTC es lograr que los animales secreten la proteína deseada con su leche. El gen de esta proteína se inserta en un óvulo caprino y, para asegurarse de que se active sólo en las células de la ubre, un segmento de ADN adicional, llamado promotor de beta caseína, se agrega a su lado. Dado que la beta caseína sólo se genera en las ubres, lo mismo ocurre con la proteína introducida. GTC cuenta hoy en día con 15 variedades de cabras manipuladas y se está diversificando al ganado vacuno, con un mayor rendimiento lácteo y, por ende, proteico.

Aunque la firma no haya lanzado ningún producto al mercado todavía, tiene grandes esperanzas con una sustancia llamada antitrombina III (AT III). Es un agente anticoagulante utilizado en operaciones de *bypass* y para evitar la trombosis venosa profunda en individuos propensos a tal afección. Ya se aprobó el uso de una versión no caprina en Europa y Japón, reportando ambos mercados 250 millones de dólares por año. GTC espera reducir los costos de proveedores en dichos mercados si su versión resulta pasable, y también incorporar el medicamento en los Estados Unidos.

Los investigadores de Epicyte han logrado que las plantaciones de maíz elaboren anticuerpos terapéuticos y los expresen en grandes cantidades en los endospermas de sus semillas, usando una maniobra con promotores similar a la de GTC, la cual permite la extracción de anticuerpos fácilmente, de manera económica y en su estado puro. Los investigadores eligieron el maíz porque la industria de procesado de alimentos ya tiene experiencia considerable con este cultivo. Otros productos que forman parte del mecanismo incluyen los anticuerpos contra el herpes y el virus sincicial respiratorio, que provoca infecciones pulmonares peligrosas en los niños. Asimismo, la firma desarrolla un anticuerpo para una de las proteínas involucradas en la enfermedad de Alzheimer. Pero, al igual que GTC, no ha presentado nada en el mercado aún.

Además de producir medicamentos en forma económica (US$ 1-2 el gramo, en comparación con los cerca de US$ 150 el gramo con un biorreactor), ambas tecnologías son sencillas y su ampliación es económica. Una fábrica tradicional de fármacos proteicos cuesta de 200 millones a 400 millones de dólares y su construcción tarda entre tres y cinco años. El desarrollo de una nueva variedad de cabras cuesta 100 millones y demora 18 meses. Y si se necesita mayor capacidad, los criadores pueden expandirse rápidamente engordando más animales o sembrando más campos.

Reinventando el ayer

El principal uso de la biotecnología podría ser el de reconstruir las industrias básicas.

Hace mucho tiempo, la mayor parte del mundo hecho por el hombre consistía en cosas que él mismo había cultivado. Las vestimentas, las alfombras, las sábanas y las mantas eran tejidas con lana, lino, algodón o (si se tenía suerte) seda. Los zapatos eran de cuero. Los muebles y utensilios eran de madera, que también servía como combustible para calentar y cocinar. Luego, la humanidad descubrió el carbón, el petróleo y la química. Hoy en día, sólo los más pobres y los más ricos queman madera, y muchos de sus usos han sido absorbidos por el plástico. Las fibras naturales también han cedido gran parte de su mercado a las artificiales. Pero es posible que la biología esté a punto de vengarse del mundo industrial basado en el petróleo y los materiales sintéticos proporcionando nuevos materiales y combustibles. Y bajo esta apariencia, incluso podría resultar aceptable en el movimiento ambientalista.

En realidad, la biotecnología ha estado trabajando sin parar y sigilosamente en aplicaciones industriales desde hace unos años. Empezó con las enzimas. Durante décadas ha existido un negocio de purificación y venta de enzimas bacterianas para usarlas en la elaboración de alimentos, detergentes en polvo, etc., pero en 1988 una empresa danesa llamada Novozymes presentó la primera enzima transgénica, una lipasa para detergentes. Gracias en parte a esta ventaja, ahora Novozymes es la fabricante de enzimas más grande del mundo, buscada afanosamente por muchas otras firmas.

Las enzimas son proteínas, las cuales tienen reputación de moléculas caprichosas. Si se las expone a la temperatura equivocada, a la acidez, a la salinidad o a presión, dejan de funcionar, a veces en forma permanente. Y la temperatura, acidez, salinidad o presión de la química industrial a menudo son muy distintas de las que se encuentran en los seres vivos. Sin embargo, se ha dejado en claro que muchas bacterias crecen mejor en condiciones que solían ser consideradas hostiles para la vida. Una industria bastante artesanal, conocida como "bioprospección", se ha dedicado a recolectar bacterias de aguas termales, *soda lakes*, rocas glaciales, salidas de efluentes industriales, etc. Las compañías de enzimas luego analizan los organismos buscando proteínas que parezcan puntos de partida para la clase de "evolución dirigida" que usan empresas como Applied Molecular Evolution, Genencor y Maxygen para buscar sus medicamentos.

Los procesos catalizados por enzimas siempre han sido una forma más eficiente de elaborar moléculas que la química tradicional. Suelen involucrar menos pasos sintéticos, y el rendimiento de cada uno de éstos es casi siempre cercano al 100%, mientras que las pérdidas acumuladas por el hacer paso a paso en una síntesis tradicional complicada implican que el rendimiento puede acabar fácilmente por debajo del 10%. Pero hasta hace poco, la escala de reacciones para las que podían usarse las enzimas era acotada, y su capricho las limitaba a productos de valor elevado como los medicamentos y las vitaminas. Ahora, gracias a la evolución dirigida, se habla seriamente de utilizar las enzimas para producir químicos baratos a granel. Y no sólo son palabras, ya se han convertido en acciones.

Progreso sustancial

Las aplicaciones más prometedoras de las nuevas enzimas modelo en la próxima década son el plástico y los combustibles. Los dos proyectos más avanzados en plástico son los de DuPont, una de las compañías de químicos más grandes del mundo, y

Cargill-Dow, un *joint venture* entre las dos firmas agropecuaria y química que forman su nombre. El procedimiento de DuPont, desarrollado con la colaboración de Genencor, tomó dos vías bioquímicas a partir de tres microorganismos distintos y los juntó para crear una única bacteria. La materia prima usada para el proceso fue el jarabe de glucosa hecho de maicena. Se convirtió luego en una molécula denominada "1,3-propanodiol", que se usa para fabricar un tipo de poliéster llamado "Sorona". Pero sólo la mitad de éste es biológica, es un copolímero —es decir, compuesto de dos clases de monómero—, y la mitad restante, una molécula llamada tereftalato, debe elaborarse con petróleo, por lo que aún queda trabajo por hacer.

Cargill-Dow está más cerca. Su producto, Ingeo, está hecho de ácido láctico, el cual a su vez proviene de la glucosa. Las técnicas tradicionales se utilizan sólo para la polimerización de monómeros individuales de ácido láctico a ácido poliláctico (nombre químico de Ingeo). Se fabrica en cantidades comerciales en una planta de Nebraska, y está a punto de entrar en el mercado. En este momento es algo más caro que sus competidores petroquímicos, pero Cargill-Dow espera presentarlo como un producto *premium* en el mercado de bienes que respetan el medio ambiente.

Los biopolímeros son el doble de respetuosos del medio ambiente. Dado que en su fabricación se usan pocos hidrocarburos fósiles, no contribuyen al calentamiento global. Y por su biodegradabilidad, no causan contaminación cuando se los desecha. Los peces gordos de las empresas parecen tener esperanzas de que ésta resulte ser una atracción con suficiente importancia como para permitirles obtener frutos de las economías de escala que harán que sus productos sean verdaderamente competitivos en costos.

DuPont y Dow son gigantes, pero los polímeros también pueden ser de pequeñas compañías. Metabolix, una pequeña firma de Cambridge, Massachusetts, lleva su proceso de elaboración a su conclusión lógica; logrando que los seres vivos participen en la polimerización además de producir los monómeros.

Los animales y las plantas almacenan energía de reserva por medio de carbohidratos, aceites y lípidos. Algunas bacterias, sin embargo, usan una molécula distinta, llamada "polihidroxialcanoato" o "PHA". Alrededor de una década atrás, cuando trabajaban en el cercano Instituto Whitehead, James Barber y Oliver Peoples, fundadores de Metabolix, se dieron cuenta de que este material podría usarse como plástico. Han pasado los últimos diez años demostrándolo.

Luego de haber buscado enzimas adecuadas en el mundo bacteriano y de haber juntado las vías enzimáticas de la misma manera que lo hizo Genencor para DuPont, se les ocurrió algo nuevo: bichitos que fabricaran plástico y lo almacenaran dentro suyo, en grandes cantidades (aproximadamente el 80% del peso de la bacteria cultivada es de plástico) y en una amplia variedad. Los PHA no representan una única sustancia, sino una enorme familia molecular. Las diferentes vías enzimáticas pueden generar distintos monómeros, y producir plástico con distintas propiedades. Efectivamente, es posible encontrar dos vías enzimáticas distintas en la misma bacteria. El resultado es un copolímero que expande aún más la escala de propiedades.

Metabolix ha demostrado que sus PHA también pueden producirse a un precio que compite con al menos los más costosos polímeros actuales, como los poliésteres. Tal vez eso no baste para convencer a los fabricantes de que pasen de los materiales probados y confiables a los novedosos de Metabolix, pero la empresa espera que en el gran mercado de artículos descartables el agregado de la biodegradabilidad sea el factor decisivo. Si los fabricantes no llevan a cabo el cambio en forma espontánea, puede esperarse que los entes reguladores les llamen la atención. En la actualidad, el plástico forma parte de los residuos continuamente, mientras que un objeto hecho de PHA desaparece en unas semanas si se lo arroja a un basurero, o incluso al mar.

Si se acierta el precio, las oportunidades son considerables. Según un informe que publicó en 2001 la consultora McKinsey, para el año 2010 la biotecnología será una forma competitiva de producir alrededor de un quinto de la producción química del mundo en términos de valor. Esto significa que la biotecnología "blanca" competirá en un mercado que vale US$ 280.000 millones, de los cuales McKinsey cree que esta tecnología podría absorber aproximadamente US$ 160.000 millones. A medida que los procesos biotecnológicos se abaraten, esas cifras aumentarán.

Todas las empresas que operan en este campo tienen proyectos diseñados para rebajar los costos. Metabolix, por ejemplo, espera poder cambiar de elaborar plástico en bacterias (que deben alimentarse) a hacerlo en las plantas (que lo fabrican con agua, dióxido de carbono y luz solar). Los investigadores de esta firma ya han mostrado que esto es posible en el laboratorio. Ahora estan agrandando el proceso.

Las empresas fabricantes de enzimas, entretanto, están trabajando en una idea que permitiría que plantas enteras se usen como materia prima química para producción. El jarabe de glucosa es un producto refinado, hecho de granos de maíz, que representa sólo una pequeña parte de la planta. Los granos de maíz cuestan alrededor de US$ 80 por tonelada, lo cual es más barato que el petróleo, pero los investigadores creen que pueden encontrar una mejor solución. En lugar de granos, la parte más valiosa de la planta, intentan encontrar formas de utilizar los residuos, cuyo ensilaje reporta sólo US$ 30 por tonelada. Desafortunadamente, está compuesto sobre todo por celulosa, un polímero natural, aunque recalcitrante, de la glucosa.

Sin embargo, hay ayuda al alcance de la mano. El motivo por el que la presencia de las plantas muertas no es indefinida es que las bacterias se las comen. Estas bacterias contienen enzimas para digerir la celulosa, conocidas como celulasas. Genencor y varios de sus rivales usan esto como el punto de partida para construir una mejor celulasa. Verdia, filial de biotecnología vegetal de Maxygen, espera poder hacerlo mejor. Sus investigadores se dedican al desarrollo de una celulasa que la planta elaboraría en sus propias paredes celulares. Para evitar que la enzima digiera la planta viva, se la ajustaría para que funcione de manera más eficiente en condiciones que no se encuentran en el interior de las plantas, sino en los biorreactores.

Si estas ideas salen bien, podría entrarse en una era de suministros ilimitados de glucosa. Eso ayudaría a la producción de no sólo la cantidad de plástico que se desee, sino también de otro producto que puede fabricarse fácilmente con glucosa: el etanol. Éste no es sólo el ingrediente activo del alcohol, sino también un combustible eficaz, que de hecho propulsaba el primer auto de Henry Ford. Hoy en día, parte del combustible automotor que se vende en Brasil es de etanol puro, que puede hacer funcionar los motores modernos mediante ajustes, y el resto contiene 20% de etanol. Incluso en los Estados Unidos, casi la décima parte del combustible automotor a la venta es una mezcla de 90% de gasolina y 10% de etanol. Y como el carbono del etanol fabricado por plantas proviene de la atmósfera, devolverlo no provocaría calentamiento global en ninguna forma.

A esta altura, hay gente idealista de la industria que empieza a hablar de una futura "economía de carbohidratos" que reemplace a la actual "economía de hidrocarburos". Se rejuvenecería el sector rural como una fuente de materias primas. Las tierras que ahora se desafectaron del cultivo se volverían a usar. Aparecerían pequeñas plantas químicas para procesar los cultivos por todas partes. Y los países petroleros se quedarían sin trabajo.

Sorprendentemente, estos visionarios suelen ser empresarios pragmáticos. Lo que es aún más sorprendente, las cifras que intercambian no suenan tan extrañas. El mercado estadounidense del bioetanol ya es de 8.000 millones de litros al año (ver Cuadro 8.5). Los entusiastas de Genencor creen que podría llegar a los 75.000 millones de litros anuales para 2020. Esto bastaría para reemplazar dos tercios de la producción actual de gasolina de los Estados Unidos. En enero, la empresa canadiense Iogen abrió una planta piloto que funcionará con celulosa para convertir la paja en etanol.

La germinación de una idea

Encontrar enzimas como la celulasa involucra, como ya se dijo, la bioprospección. Pero al tiempo que existe esta actividad, también existe el Dr. Craig Venter, quien estuvo detrás de Celera, la empresa que se encargó del Consorcio del Genoma Humano. Esta firma obtuvo su ventaja científica de una técnica llamada "secuenciación aleatoria del genoma completo" (*whole-genome shotgun sequencing*), que había desarrollado para determinar las secuencias genéticas de bacterias en una sola reacción. Usando el dinero recaudado por Celera, el Dr. Venter aplicó la técnica para la tarea mucho más complicada de determinar el genoma humano en una sola reacción. Ahora propone aplicarlo a ecosistemas enteros, determinando el genoma de todas sus criaturas con un enfoque similar en un solo paso. Hay que reconocer que las criaturas serían bacterias, y los ecosistemas muestras de agua del Mar de los Sargazos. Pero es probable que dichas muestras tengan miles de especies dentro, muchas de las cuales no pueden cultivarse en el laboratorio y son por lo tanto inaccesibles para los métodos normales de secuenciación.

La secuenciación aleatoria del genoma completo funciona dividiendo el ADN de un organismo en pequeños segmentos, para luego secuenciarlos y reunir los resultados en un orden apropiado, usando una buena computadora y *software* inteligente. La secuenciación aleatoria de todo un ecosistema pretende hacer lo mismo con el ADN de una muestra, sin importar de cuántas especies provenga. Si el *software* es suficientemente bueno, podrá ordenar los segmentos para determinar los genomas individuales.

Al Dr. Venter no le faltan ideas sobre qué podría hacerse con sus hallazgos, aun antes de que tengan lugar. Pero lo emocionan en particular las posibilidades en cuanto a la generación de energía, por lo cual estableció una organización, el Instituto para Alternativas de Energía Biológica, para investigarlas más a fondo. En su opinión, reemplazar la gasolina con etanol es anticuado. La idea moderna no sería hacer funcionar el mundo con motores de combustión interna, sino con pilas de combustible; las cuales usan hidrógeno.

Una forma de fabricar hidrógeno mediante la biotecnología podría ser con un organismo llamado Carboxydothermus, descubierto en un respiradero hidrotermal (aguas termales volcánicas bajo el mar) frente a la costa rusa. Esta especie se alimenta de la reacción del monóxido de carbono con el agua. Uno de los elementos que elimina es el hidrógeno.

Una ruta más prometedora podría ser interceptar los iones hidrógeno en la primera etapa de la fotosíntesis. Otro de los proyectos favoritos del Dr. Venter, crear una bacteria con un genoma completamente sintético, podría demostrar su valía en este caso. Si se excluyen los genes por las vías de síntesis de azúcares que normalmente usan estos iones hidrógeno, se podría crear una criatura para que dedique todos sus esfuerzos a la producción de hidrógeno. No podría escaparse al mundo exterior (que siempre es una preocupación con los organismos manipulados genéticamente), porque carecería del aparato bioquímico para sobrevivir afuera. Atrapado así, según medita el científico, podría usarse como pila de combustible de energía solar, por ejemplo, para las computadoras portátiles.

Esto apunta al poder de la biotecnología industrial de crear productos totalmente nuevos. La idea de una pila de combustible parcialmente viva podría representar sólo una gota dentro un océano de posibilidades. Otra de estas gotas es la de Nexia Biotechnologies, con sede en Quebec, que utiliza tecnología similar a la de GTC Biotherapeutics para producir seda de araña en leche de cabra. Las arañas, como observó Jeffrey Turner, a la cabeza de la firma, han estado perfeccionando la seda durante los últimos 400 millones de años. Esta seda viene en muchas variedades, que cumplen con distintas funciones para las arañas, por lo que puede ser igual para los humanos. En los productos de Nexia, estas funciones van de frenar balas cuando la seda se usa como blindaje personal a la suturación de globos oculares después de una intervención quirúrgica.

Tanque lleno 8.5
Producción de etanol de EE.UU., en miles de millones de litros

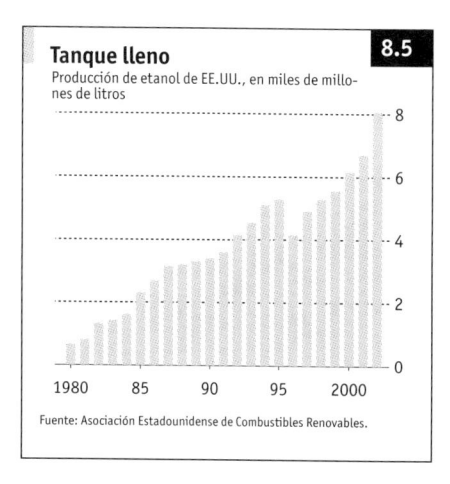

Fuente: Asociación Estadounidense de Combustibles Renovables.

Algunas empresas, como Genencor, empiezan a incursionar en territorio más salvaje. Como los partidarios de la nanotecnología (el campo incipiente de construcción de dispositivos a una escala de la milmillonésima parte de un metro) están dados a observar, la biología es la nanotecnología natural. ¿Para qué, entonces, tomarse el trabajo de crear una nanotecnología artificial de cero? Genencor colabora con Dow Corning, una gran compañía de materiales, en este sector. Entre otras cosas, ambas empresas apuntan a las rodopsinas, moléculas proteicas que actúan como pigmentos fotosensibles en varios organismos, desde las bacterias hasta los seres humanos. Genencor ha criado 21 moléculas al estilo de la rodopsina, cada una de las cuales responde a una determinada longitud de onda luminosa. Estas moléculas podrían tener aplicaciones como interruptores en la fotónica, la idea aún mayormente hipotética de que podrían procesarse datos por medio de la luz en lugar de la electrónica. Constituyen inversiones pequeñas, y puede que no lleguen a nada, pero vale la pena intentarlas.

Sin embargo, hay territorios aun más salvajes que nos esperan, donde las grandes batallas están casi garantizadas. Entre las posibilidades que ofrece la biotecnología se encuentra una reservada hasta ahora a la ciencia ficción: los humanos hechos a la medida.

Bichos belicosos

Es casi seguro que están en camino.

Tarde o temprano, casi todas las tecnologías nuevas se ven forzadas al servicio de la guerra, y es probable que esto suceda también con la biotecnología. En un sentido, esto es trivial. A medida que la biotecnología, como ocurrió con la química antes de que existiera, cree nuevos materiales, combustibles y otros productos industriales, éstos se utilizarán para fabricar materiales militares. Pero la biotecnología, nuevamente como la química, también podría crear nuevas armas.

La mayor parte de los países civilizados han firmado convenios que les prohíben desplegar —y, claro está, fabricar— armas biológicas. Lo mismo vale para las armas químicas, las cuales tampoco se usan en el mundo civilizado.

Pero sí las usan los países no civilizados, así como los terroristas. Si creyeran que las armas biológicas sirven a su causa, probablemente las usarían, especialmente si la biotecnología ayudara a hacer más eficientes dichas armas.

Éste es un sector sobre el cual la gente se muestra comprensiblemente reacia a hablar, pero el acto más terrorífico, sin contar el lanzamiento de un arma nuclear, probablemente sería propagar una plaga mortal. En este momento, hay consenso general sobre la mejor combinación de transmisibilidad y mortalidad de la viruela para cumplir con esta tarea de manera eficaz. Pero puede diseñarse una mejor infección.

Armar un genoma viral de cero no sería tan difícil ni caro (quizá costaría un millón de dólares), y probablemente podría lograrse sin que nadie se diera cuenta. Varias empresas venden pequeños tramos de ADN y ARN, llamados oligómeros, para investigación. En principio, puede montarse un genoma viral con estos oligómeros. De hecho, en el año 2002, Eckard Wimmer y sus colegas de la Universidad de Nueva York en Stony Brook anunciaron que habían creado un poliovirus de la nada de esta manera.

Si los pedidos de oligómeros fueran de, digamos, una docena de firmas distintas, nadie detectaría lo que ocurre. Un grupo de científicos entonces podría confeccionar un genoma viral "personalizado", elegir genes de diferentes virus naturales con distintas propiedades, como la virulencia y la transmisibilidad. Las secuencias genéticas de muchos virus con esas características se encuentran disponibles en bases de datos públicas, y se agregan más constantemente.

En los Estados Unidos, el blanco más probable de esta ira terrorista, la gente comienza a pensar acerca del problema. Un mejor y más rápido relevamiento de la información de síntomas que la gente informa a sus médicos podría permitir la detección temprana de una epidemia; pero si la causara un agente antes desconocido, eso no ayudaría a su tratamiento. Y en la actualidad se tarda años en desarrollar nuevas vacunas. Y la capacidad de la biotecnología de reducir ese tiempo es discutible.

El hombre y el superhombre

La biotecnología puede transformar a la humanidad, siempre que ésta quiera ser transformada.

Advirtiéndonos contra la arrogancia intelectual, Alexander Pope escribió: "Conócete, pues, a ti mismo, no quieras saber tanto como Dios. El estudio propio de la humanidad es el hombre". Pero resulta que estas palabras eran equivocadas. Si bien estudiar al ser humano no ha llevado a los científicos a saber tanto como Dios, por cierto que ha despertado acusaciones de que están usurpando Su papel.

Más medicamentos; alimentos más baratos; una industria respetuosa del medio ambiente. ¿Quién podría oponerse? Pero hay gente que lo hace. La imagen que atormenta a la biotecnología, y quizá la obra literaria más influyente de ciencia ficción de todos los tiempos, es *Frankenstein*, de Mary Shelley. Cuando se publicó el libro en 1818, la mayoría de la gente creía seriamente que era Dios quien creaba la vida. El estudiante de medicina de la novela de Shelley imita este acto de creación divina. Éste ha pasado a encarnar el personaje del científico loco: completamente malvado, o al menos desatento al bien de la humanidad.

El subtítulo de la obra, sin embargo, es contundente: *El moderno Prometeo*. En el mito griego, Prometeo robaba el fuego de los dioses y se lo daba a la humanidad con la intención de hacer el bien. La razón por la que fue castigado por estas deidades particulares fue que le dio poder a la humanidad y, con ese poder, una opción.

La biotecnología no puede crear un ser humano con químicos comerciales, ni siquiera de "repuestos". Pero quizá pronto tenga el poder de manipular la vida humana en formas que pueden generar beneficios, pero que a muchos les parecerán incómodas o aborrecibles. Deberá tomarse una decisión.

¿Clones a mi izquierda...

Nadie ha clonado todavía a una persona, ni manipulado genéticamente a una, al menos a una entera. Pero hay gente que trabaja en tecnologías que podrían ayudar a hacerlo.

Un individuo actual puede ser clonado de varias maneras. La primera sería arreglárselas para que una célula (por ejemplo, una célula epitelial) del individuo que será clonado se vuelva de hecho un óvulo fertilizado. Esto implicaría reactivar unos cuantos genes que las células epiteliales no precisan pero los óvulos sí. Hasta ahora, nadie sabe cómo lograr esto.

La segunda manera es el método de la oveja Dolly, que consiste en extraer el núcleo de una célula adulta e introducirlo en un óvulo al cual se le ha quitado el núcleo. Esto parece desencadenar la reprogramación deseada. O si no, en lugar de introducir el núcleo en un óvulo, puede hacerse esto en un embrión de etapa temprana. Las células madre de embriones pueden convertirse en cualquier otra clase de célula, por lo que quizá puedan ajustarse para que se conviertan en personas.

Independientemente de esta posibilidad, las células madre de embriones son una promesa médica, y varias firmas las estudian hoy en día. Geron, la más avanzada, ha determinado cómo arreglárselas para que las células madre de embriones se conviertan en distintos tipos de célula normal y espera que puedan usarse para reparar tejido dañado. Las células sanguíneas podrían cultivarse en grandes cantidades para las transfusiones. Las células del miocardio podrían ayudar a aquéllos con enfermedad coronaria. Los "islotes" que secretan insulina podrían tratar la diabetes. Las células que fabrican huesos podrían luchar contra la artrosis. Un tipo particular de célula nerviosa podría ayudar a quienes sufren mal de Parkinson. Las células llamadas oligodendrocitos podrían ayudar a reparar las vainas aislantes de las células nerviosas de la gente con lesiones de columna. Geron también trabaja con células hepáticas. En primera instancia, éstas no se usarían para tratar a la gente, sino para probar la toxicidad de los posibles medicamentos, porque la mayor parte de éstos se metabolizan en el hígado.

Tales tejidos transplantados pueden ser considerados extraños por el sistema inmune, pero Geron cruza los dedos para que esto pueda afrontarse. Los embriones tienen formas de engañar al sistema inmune para evitar que no los rechace el útero. Por si acaso esto no funciona, sin embargo, la discusión se ha vuelto hacia la idea de transplantar núcleos adultos a células madre de embriones como un modo de solucionar el problema de rechazo. Esta idea, conocida en el ambiente como la "clonación terapéutica", ha disparado alarmas. La técnica crearía órganos, no personas, y nadie sabe aún si funcionaría. Pero hay países que se ponen nerviosos respecto de la investigación de células madre. Este nerviosismo no se ha calmado con las actividades de Advanced Cell Technology (ACT), una empresa de Worcester, Massachusetts, que anunció en noviembre de 2001 que descubrió la maniobra para transportar núcleos adultos a células madre y logró que las resultantes se dividieran un par de veces. Y, en efecto, ACT ha creado los comienzos de un embrión.

En el año 2002, el presidente estadounidense George Bush emitió un decreto que limitaba los fondos federales a la investigación de células madre ya existentes. Ha habido intentos en el Congreso de ese país de prohibirla directamente. Yendo en contra del tráfico habitual, algunos científicos han levantado campamento y se han trasladado a Gran Bretaña, donde las normas sobre este tipo de investigación son liberales y ya se encuentran consolidadas. Hay países que de hecho tienen normas más que consolidadas. Singapur, por ejemplo, recluta en forma activa gente que quiera trabajar en los aspectos humanos de la biotecnología. China también estaría interesada. Los escépticos tal vez consideren esto oportunismo, pero el código moral de toda la gente no está modelado en función de la ética judeocristiana. Además, los códigos morales cambian.

Actualmente, la clonación de mamíferos es riesgosa. Suelen necesitarse varios cientos de intentos para obtener un clon, y el animal resultante a menudo tiene mala salud, probablemente porque se ha reprogramado el núcleo transplantado de manera muy inadecuada. Tampoco parece haber un mercado tan grande, por lo cual nadie se esfuerza demasiado.

La manipulación genética es otra cosa. Las cabras de GTC que producen medicamentos y las de Nexia que fabrican seda son valiosas, y la gente está invirtiendo mucho trabajo en esta tecnología. Si alguien quisiese agregar uno que otro gen a un óvulo humano, probablemente lo lograría. En efecto, ya se ha hecho algo bastante parecido, aunque con otro nombre: la terapia génica concebida para tratar afecciones como la fibrosis quística de hecho es un tipo de manipulación genética, aunque cabe admitir que no ha pasado del progenitor a la progenie. Pero se está discutiendo la posibilidad de extender la terapia génica a las células germinales para evitar que se herede la enfermedad.

...y comodines a mi derecha?

Una de las escenas de *Blade Runner*, una película que plantea preguntas al mejor estilo de Shelley sobre la naturaleza humana, transcurre en la sede central de una compañía de biotecnología que parece ser exitosa y que fabrica "replicantes", androides de apariencia humana, cuya elaboración de una sola célula describe el directivo de la empresa. Es evidente que los replicantes son personas manipuladas genéticamente y sin derechos. En esta distopía, los humanos inalterados gobiernan. Por el contrario, en *Gattaca*, otra película que se desarrolla en un futuro de manipulación genética, se muestra a los manipulados controlando a los demás. Están dotados de una gran belleza, habilidad e inteligencia. Son los que no toca la manipulación quienes sufren.

Todo esto queda en el reino de la ficción, pero las visiones opuestas de los posibles efectos de la manipulación genética apuntan a una verdad importante respecto de cualquier tecnología. Lo que realmente importa no son las posibilidades, sino lo que la gente hace de ellas. En los mundos fantasiosos de la ciencia ficción, la gente es dominada con frecuencia por la tecnología que ella misma creó, y se vuelven infelices como consecuencia. No obstante, hasta ahora el verdadero futuro tecnológico que comenzó con la Revolución Industrial ha desafiado a los fantasiosos. La distopía no se ha hecho realidad.

Tal vez algún día un tirano intente crear una raza de replicantes esclavos, pero no es muy probable. Se puede predecir con mayor seguridad que los ricos intentarán comprar privilegios genéticos para sí mismos y sus hijos en cuanto estén disponibles. Pero no hay nada nuevo en la compra de privilegios por parte de los ricos. El antídoto no es una prohibición draconiana de la investigación básica, sino la confianza en los equilibrios normales, tanto legales como sociales, presentes en una sociedad liberal. Han funcionado en el pasado, y es probable que lo hagan en el futuro.

La tiranía es incompatible con el liberalismo por definición. Dicho de manera más sutil, el único rasgo casi universal de las tecnologías en las sociedades liberales es que, con el tiempo, las populares se vuelven más baratas a medida que la competencia de mercado hace lo suyo. Puede que la manipulación genética de personas empiece siendo algo aristocrático, pero si resulta ser algo bueno, se volverá popular. Es posible que demuestre ser en efecto la aplicación "de buena onda" de este campo. Y quizá sea un antídoto útil contra la histeria para señalar que las aplicaciones trilladas y divertidas —como cambiar temporalmente la pigmentación de la piel— también se pueden pensar.

Los críticos pueden decir que las decisiones sobre la clonación y la manipulación de la línea germinal son diferentes, ya que afectan a un individuo nonato sin voz ni voto en el asunto. Pero ya se toman decisiones sobre niños que no nacieron en forma habitual, aunque con la mirada vigilante de la ley posada firmemente sobre el que las toma.

Aun cuando la gente no elija alterarse, es probable que la biotecnología se instale. Su potencial es demasiado grande como para ignorarlo. Sus infortunios actuales empezarán como problemas iniciales. El primer paso hacia la omnipresencia probablemente se dé con la ayuda de la industria química. A medida que la gente se muestre más segura sobre la manipulación de enzimas y microorganismos, sectores cada vez más grandes de la química industrial serán controlados por la biotecnología. Aunque como con la química actual, se darán por sentado los resultados en forma casi instantánea.

La biotecnología también revolucionará el sector de la salud, no sólo a través de nuevos medicamentos, sino de la capacidad de utilizarlos de manera precisa y anticiparse a su necesidad con estudios del haplotipo de la persona. La medicina se volverá más una ciencia que un arte. Incluso podría convertirse en un bien de consumo, si se desarrollaran medicamentos pensados para que la gente funcione más allá de sus capacidades naturales. Sin embargo, ésta es otra área plagada de dificultades morales.

Lo que sigue sin quedar claro es el alcance con el que los organismos manipulados genéticamente se convertirán en productos por derecho propio. El abucheo a los cultivos transgénicos, las únicas especies de esta clase en el mercado por el momento, no anima la idea de que se recibirá a los organismos manipulados con los brazos abiertos. Pero los microorganismos cautivos manipulados genéticamente, como los que mantendrían en funcionamiento las supuestas pilas de combustible de energía solar del Dr. Venter, probablemente tengan un gran futuro por delante.

Los grandes organismos también podrían aprovecharse en formas que aún son difíciles de imaginar: muebles cultivados, en lugar de fabricados; ropa que se come la piel muerta que se descama de su dueño; dragones domésticos miniatura como mascota (con aliento de fuego opcional). Pase lo que pase, sin embargo, será porque alguien así lo quiso. Bacon tenía razón: el conocimiento es poder, y generalmente poder para hacer el bien. El siglo de Watson y Crick recién empieza.

9
ENERGÍA

Hablemos de combustible

La pila de combustible comenzó a encantar a políticos en ambos lados del Atlántico. Sin embargo, es demasiado pronto para comenzar a soñar con liberarse de los combustibles fósiles.

En qué parte del mundo se puede encontrar hidrógeno? A simple vista, parecería ser una pregunta ridícula: después de todo, es el elemento más común del universo. El problema radica en que rara vez se lo encuentra en su estado libre en la Tierra. Si se desea obtener hidrógeno, generalmente se lo deberá extraer del carbono, tal como se encuentra en los combustibles de hidrocarburo, o del oxígeno, tal como se encuentra en el agua. En cualquier caso, se requiere energía para producirlo. Y esto, en resumen, constituye la gran desventaja que se esconde tras el revuelo que rodea a los encantos de la energía del hidrógeno.

La conmoción comenzó a fines de 2002, cuando la Comisión Europea reveló una importante "visión del hidrógeno" de € 2.100 millones (US$ 2.000 millones). Romano Prodi, el entonces presidente de la comisión, incluso declaró que deseaba ser recordado únicamente por dos cosas: la expansión hacia el Este de la Unión Europea y la energía proveniente del hidrógeno. En 2003, el presidente de los Estados Unidos, George Bush, realizó su propio plan de hidrógeno de US$ 1.200 millones (incluso examinó un automóvil alimentado con hidrógeno y se aseguró de ser fotografiado mientras lo hacía). En un discurso dirigido a la industria automotriz en Detroit y en otro dirigido a la industria petrolera en Houston, Bush y su equipo se quejaron de que el surgimiento de la pila de combustible haría que el motor de combustión interna se quedase en el tiempo. Y como si esto fuera poco, la oposición demócrata en el Congreso —tratando de mantenerse a la par— reveló su propia iniciativa relativa al hidrógeno.

Las pilas de combustible son dispositivos que funcionan de manera similar a las baterías, convirtiendo la energía química en electricidad y calor. Todas las pilas de combustible combinan hidrógeno con oxígeno para producir energía. Estas formidables plantas de energía se pueden usar para hacer funcionar desde un teléfono móvil hasta una oficina compleja. Su mayor atractivo consiste en que pueden realizar todo lo anteriormente mencionado sin generar emisiones que sean más nocivas que el vapor del agua.

La contracara, sin embargo, radica en que, primero, es necesario encontrar una fuente de hidrógeno. Si se usa la energía renovable para separar las moléculas de hidrógeno de las de oxígeno del agua mediante electrólisis, la energía producida por una pila de combustible estará genuinamente libre de emisiones. Sin embargo, si se usa la energía proveniente de un hidrocarburo, como el petróleo o el carbón, se producirán ciertas emisiones no deseadas. Lo anterior se aplica aun si se realiza un reformado con vapor, en el cual se reacciona el hidrocarburo con vapor de agua para liberar el hidrógeno contenido en ambos, antes que para ser utilizado para generar electricidad para la electrólisis del agua.

No obstante, las emisiones de la reformación con vapor son menos que aquellas generadas cuando se quema la misma cantidad de hidrocarburos durante la combustión actual de motores. Esto se debe a que las pilas de combustible producen electricidad eficientemente, sin necesidad de combustión. Asimismo, si se perfeccionan las técnicas de captura y "secuestro" de dióxido de carbono generado por hidrocarburos, se podría obtener hidrógeno de los combustibles fósiles en estado mucho más puro.

Cómo se aferran los fantasmas

Europa y los Estados Unidos no se ponen de acuerdo acerca de cuál es la mejor forma de generar hidrógeno. Europa pone más énfasis en los recursos renovables; por el contrario, los Estados Unidos prefieren la posibilidad de obtenerlo de los combustibles fósiles.

A la fecha, la utilización de recursos renovables es un modo muy costoso de generar hidrógeno (ver Cuadro 9.1). Entonces, ¿por qué Europa se inclina en esta dirección? Alessandro Ovi, uno de los asesores de Prodi, explicó que la moción de Europa por el hidrógeno está motivada por un profundo deseo de cumplir con sus compromisos de reducir los gases del efecto invernadero, en virtud del Protocolo de

9.1 Aumento de los ahorros
Costo de producir hidrógeno

	US$ por gigajoule
Electricidad proveniente de energía nuclear	10–12
Electricidad proveniente de carbón/gas menos CO2	15–18
Hidrógeno proveniente de carbón/gas/petróleo	1–5
Hidrógeno proveniente de gas natural menos CO2	8–10
Hidrógeno proveniente de carbón menos CO2	10–13
Hidrógeno proveniente de la biomasa	12–18
Hidrógeno proveniente de la energía nuclear	15–20
Hidrógeno proveniente de vientos en la costa	15–25
Hidrógeno proveniente de vientos fuera de la costa	20–30
Hidrógeno proveniente de células fotoeléctricas	25–50

Fuente: Agencia Internacional de la Energía

Kyoto sobre calentamiento global. En tal sentido, la UE ha adoptado objetivos exigentes para aumentar la porción de energía renovable al 22% del suministro de electricidad de la región para el año 2010, más de la mitad de dicha cantidad en 2003.

Tal objetivo de energía renovable resulta bastante inocente; sin embargo, existe un inconveniente: la energía solar y la eólica son intermitentes y, a diferencia de otros *commodities*, ya sean bananas o gas natural, no hay una forma eficiente de almacenarlas para su posterior utilización, a menos que se utilice energía renovable para producir hidrógeno y almacenarlo. Luego se lo puede utilizar cuando la red energética enfrente un pico de demanda y, por lo tanto, aumente el precio de la energía. El Dr. Ovi cree que el hidrógeno podría transformar la economía de los recursos renovables y que tendría un papel esencial en la estrategia de energía limpia de la UE.

Por su parte, el plan de Bush aboga por el hidrógeno derivado de los combustibles fósiles, dado que el aspecto ecológico no es el único atractivo de las pilas de combustible. Bush insiste en que el hidrógeno constituye una buena manera de reforzar la "independencia energética" de su país respecto del petróleo de Medio Oriente. Según John Marburger, principal asesor científico de Bush, se puede producir hidrógeno de las innumerables existencias de carbón de los Estados Unidos y, también, de la biomasa producida a nivel local y de la energía renovable. Por ello, la confianza de los Estados Unidos en el petróleo proveniente de regímenes extranjeros muy inconstantes sufrirá un descenso. Dicha visión de la independencia energética lograda a través del hidrógeno proveniente de combustibles fósiles está ganando popularidad en Cjina un país líder rico en carbón pero sin petróleo.

¿Eso significa que el enfoque de los Estados Unidos no es ecológico? No necesariamente. Aun si se utilizaran combustibles fósiles para producir hidrógeno sin secuestro, los automóviles que funcionan con pilas de combustible no generarían emisiones en la vía pública (los bromistas llaman a esta situación "conduzca aquí, contamine en otro lado"). Asimismo, es probable que se produzca hidrógeno de fuentes ecológicas de todos modos: en el noroeste del Pacífico, la energía hidroeléctrica es muy económica durante la noche, y en las Grandes Llanuras estadounidenses azotadas por el viento, o los recursos renovables o bien la biomasa serán más económicos que los combustibles fósiles.

Si Estados Unidos lleva a cabo su visión sobre el hidrógeno utilizando combustibles fósiles con técnicas tales como el secuestro, una tecnología constantemente aplaudida por Bush, la captura de hidrógeno será de lo más ecológica. Más aún, si las grandes compañías petroleras también fueran tras el hidrógeno —tal como está comenzando a ocurrir debido al empuje del petrolero tejano de la Casa Blanca—, la pregunta engorrosa acerca de dónde se puede extraer hidrógeno sería, finalmente, fácil de responder: a la vuelta de la esquina, en la estación de servicio.

¿No se incluyen baterías?

¿Podrán las versiones diminutas de las pilas de combustibles que están siendo desarrolladas para automóviles servir, en un futuro cercano, para alimentar computadoras portátiles?

Dado que el videoteléfono, los enlaces de Internet de banda ancha y otras características de alta potencia seguirán siendo incorporados en las computadoras portátiles, los asistentes digitales personales (PDA, por sus siglas en inglés) y los teléfonos móviles durante unos pocos años más, las demandas de energía de dichos dispositivos aumentarán considerablemente. El Instituto Avanzado de Tecnología de Samsung, la rama de investigación del *chaebol* coreano de dicha marca, estima que dichos dispositivos portátiles mejorados requerirán fuentes de energía con al menos 500 vatios-hora por kilogramo de energía que se almacene en ellos. Las baterías de iones de litio, actualmente las mejores, pueden suministrar la mitad de dicha cantidad, pero aun los cálculos más optimistas sugieren que solamente una mejora del 30% podría extraerse de dichas baterías.

Sin embargo, puede haber una alternativa. Las pilas de combustible en miniatura, las cuales generan electricidad haciendo reaccionar hidrógeno con oxígeno, podrían ser más efectivas que las baterías, al menos en el laboratorio. La cuestión radica en si son aplicables al mundo real. Tal fue el tema de una conferencia organizada en mayo de 2003 en Nueva Orleáns por la Fundación Knowledge.

No es un gas

La clave de elaborar pilas de combustible pequeñas es reemplazar el hidrógeno, o mejor dicho, entregarlo en estado no gaseoso, dado que los cilindros presurizados apenas son útiles para los dispositivos electrónicos portátiles. A largo plazo, se podrá solucionar esta situación, por ejemplo, mediante la absorción de gas en hidruros metálicos o nanotubos de carbono. Sin embargo, a corto plazo, la solución parece ser la entrega de hidrógeno como parte de un compuesto rico en hidrógeno, como el metanol. Es un líquido, lo cual implica que es fácilmente manipulable. Los sacos de combustible de metanol, que se adquirirían en quioscos de revistas, similares a repuestos de encendedores, se podrían insertar en los dispositivos electrónicos sin demasiadas complicaciones.

Hay dos formas de obtener hidrógeno proveniente del metanol de manera tal que pueda ser utilizado para una pila de combustible. Una de ellas, que se realiza en varias empresas, especialmente en Motorola, se denomina "reformación", e intenta replicar en miniatura las redes complejas de tuberías, calentadores, vaporizadores, intercambiadores de calor y aislantes que utiliza la industria petroquímica para extraer hidrógeno en grandes cantidades del metano, una sustancia química cuya diferencia con el metanol es un átomo de oxígeno. Ésta es una tarea doblemente complicada, dado que la reformación alcanza su máximo rendimiento a 200 °C.

Existen ciertas variaciones al respecto, pero la mayoría de quienes realizan reformadores de metanol en miniatura utilizan un enfoque no muy distinto al usado para las placas de circuito de las computadoras. Realizan hoyos con láser en pequeñas obleas de cerámica para guiar el caudal de los fluidos. Luego, los colocan uno encima del otro, semejante a las capas de un sándwich, los aglomeran a una temperatura de 800 °C y los laminan. Y, abracadabra, se obtiene una planta de miniquímicos.

La alternativa a la reforma consiste en suministrar el metanol directamente a la pila y confiar en que un catalizador lo descompondrá en los electrodos, en donde el hidrógeno se descompone en sus electrones (que conforman la corriente que produce la pila) y protones constitutivos. El inconveniente de este enfoque radica en que el metanol puro tiende a esparcirse en cualquier lugar y, por lo tanto, destruye la pila. Diluirlo con agua reduce este problema, pero también disminuye el resultado de energía.

Sin embargo, por lo menos una empresa considera que puede evitar este problema. MTI Micro-Fuel Cells, con sede en Albany, Nueva York, cuenta con investigadores de primera línea, que provienen del laboratorio Los Alamos National Laboratory, en Nuevo México. Uno de ellos, Shimson Gottesfeld, informó al público de la conferencia que la empresa ha desarrollado una pila que puede utilizar metanol sin diluir. De este modo, sugiere, es posible obtener el triple de la densidad de la energía generada por baterías de iones de litio.

Gottesfeld no brindó detalles. Sin embargo, el secreto pareciera basarse en una geometría interna inteligente, que elimina la necesidad de bombas. Esto, a su vez, reduce la tendencia del metanol a dispersarse en lugares indeseados. Sin embargo, aunque eso era lo que faltaba, MTI presenta prototipos en funcionamiento. A su vez, tiene un contrato. Sus pilas salieron a la venta en 2004 como parte de un paquete de energía híbrida (es decir, que también incluye baterías) creado por una gran empresa de suministros llamada Intermec para ser utilizado en computadoras portátiles.

Sin embargo, estas mejores formas de manejar el metanol no constituyen la única opción. Otra consiste en encontrar más alternativas al hidrógeno elemental. Éste es el camino escogido por Medis Technologies, una empresa israelita-estadounidense. Su combustible es una mezcla de glicerol y borohidrato de sodio. Éstos reaccionan ante la presencia de catalizadores de platino y cobalto, y generan protones y electrones —tal como lo hace el metanol— o, incluso, hidrógeno puro.

A pesar de que muchos en la conferencia se mostraban escépticos, sugiriendo, por ejemplo, que la pila de Medis funciona únicamente cuando se mantiene erguida, la firma confía. Gennadi Finkelshtain, principal científico de Medis, reconoce la debilidad de su dispositivo respecto de su orientación, pero insiste en que se está trabajando para encontrar la solución. El hecho de que ha alentado a General Dynamics, un gran contratista de defensa, a formar juntos una sociedad para proveer a las fuerzas armadas de los Estados Unidos un nuevo dispositivo indica que los problemas no pueden ser tan grandes. Medis ya ha demostrado un prototipo de cargador de un PDA militar más "áspero".

Nada de esto suma a la revolución de la energía portátil; sin embargo, constituye un comienzo tormentoso. Como ocurre a menudo con las nuevas tecnologías, las aplicaciones militares son importantes guías. Las fuerzas armadas de los Estados Unidos desean tener más fuentes de energía más potentes y de mayor duración para temas tales como aparatos controladores del clima, equipos de comunicación móvil avanzados y sensores más sofisticados. Sin embargo, pronto, los consumidores también podrán adquirir pilas de combustible livianas. A pesar de que parece que nunca alcanzarán un tamaño pequeño que permita que sean utilizadas en teléfonos móviles, las pilas podrían actuar como cargadores portátiles de dichos teléfonos. Y en dispositivos apenas más grandes, podrían, incluso, reemplazar a las baterías.

Adictos al litio

Sin la batería de iones de litio, lanzada hace más de una década, los dispositivos portátiles —desde teléfonos móviles y cámaras de video hasta computadoras portátiles y computadoras de bolsillo— hubieran permanecido como objetos con forma de ladrillo, depositados sobre el escritorio o abandonados en el hogar. Sin embargo, la innovación hubiera vacilado si los investigadores de electroquímica en los Estados Unidos no se hubieran unido a una empresa japonesa.

El móvil Mobira Senator, lanzado en 1982 por Nokia, fue el progenitor de los teléfonos móviles actuales. Consistía en un móvil pequeño conectado a un conjunto de baterías con forma de ladrillo, con un mango pesado en el extremo superior —una característica esencial, dado que el aparato completo pesaba 9,8 kg—. Actualmente, un teléfono móvil es una centésima parte de ello (es decir, 100 gramos o menos) y se puede guardar en el bolsillo de una remera sin ser percibido. Esta reducción del 99% en el peso de los teléfonos móviles se logró, en gran medida, debido a los avances en la tecnología de las baterías. Por sobre todo, debido a un gran avance: la llegada de la batería de iones de litio recargable.

Estas baterías son los caballitos de batalla de la revolución digital. Hacen funcionar teléfonos, reproductores de música, cámaras digitales y computadoras portátiles. Son asombrosamente pequeñas y livianas y pueden almacenar más energía en menos espacio que cualquier otro tipo de batería recargable. Un móvil moderno puede funcionar por varios días con una batería de iones de litio del tamaño de diez tarjetas personales apiladas una sobre otra. Una batería de níquel metal hidruro de capacidad equivalente podría pesar el doble e, incluso, tener el doble de tamaño. Las baterías de níquel cadmio y las de ácido plomo también son más pesadas y más grandes.

Las baterías de iones de litio también son superiores en cuanto a que no sufren el "efecto memoria de la batería", una pérdida de capacidad que tiene lugar cuando se recarga una batería sin que se haya descargado completamente. En consecuencia, constituyen, actualmente, el 63% de las ventas de baterías portátiles a nivel mundial, en comparación con un 23% correspondiente a las de níquel cadmio y un 14% a las de níquel metal hidruro.

Pero el proceso de llevar la tecnología de las baterías de litio del laboratorio a millones de personas no fue fácil y llevó varios años. Los ingenieros debieron solucionar unos cuantos problemas. Actualmente, están trabajando en baterías de litio aun más avanzadas que serán incluso más versátiles. A menos que se descubra algo completamente nuevo (como, por ejemplo, pilas microscópicas o fotovoltaicas más eficientes), es probable que los dispositivos en todo el mundo continúen funcionando con baterías de litio por un largo tiempo.

Las baterías recargables funcionan sacando provecho de reacciones electroquímicas en los bornes positivos y negativos de la batería (electrodos). La batería se carga mediante la aplicación de corriente eléctrica, la cual causa una reacción que coloca la batería en un estado de alta energía. Luego, la batería puede ser utilizada como una fuente de energía. Mientras se descarga, la reacción electroquímica opera a la inversa, liberando energía y haciendo que la batería retorne a su estado de descarga y de bajo nivel de energía. Los otros tipos de batería, como las de plomo ácido y níquel cadmio, utilizan diferentes compuestos y reacciones químicas, pero el principio básico es el mismo para todas.

Según Michel Armand, un investigador de la Universidad de Montreal y coautor de un artículo publicado en la revista *Nature* acerca de estas baterías, el litio tiene un atractivo particular para ser utilizado en baterías por dos razones. En primer lugar, es el metal más electropositivo, lo cual significa que se lo puede utilizar para hacer baterías con voltajes en los bornes más altos que otros diseños (en general, 4 voltios en lugar de 1,5). En segundo lugar, es el metal más liviano y tiene capacidad para almacenar 3.860 amp/horas de carga por kilogramo de peso, comparados con los 260 amp/horas por kilogramo del plomo.

Esto significa que las baterías de litio tienen una alta densidad de energía, lo cual les permite almacenar una gran cantidad de energía en un envase pequeño y liviano. Por consiguiente, han sido utilizadas desde la década de los 70 para alimentar relojes, calculadoras e implantes médicos. Sin embargo, dichas baterías no eran recargables. Elaborar una batería de litio que pudiera recargarse no era una tarea sencilla.

Un primer intento, un proyecto de investigación lanzado en 1972 por Exxon, empresa estadounidense líder en energía, utilizó sulfuro de titanio como el electrodo positivo y metal de litio puro como el electrodo negativo. Se escogió el sulfuro de titanio debido a que es un compuesto de "intercalación" (una sustancia con una estructura cristalina en capas) que puede absorber otras partículas entre sus capas, como una esponja absorbe el agua. La descarga de la batería genera átomos cargados (iones) de litio para separarse del electrodo negativo, desplazarse mediante un líquido intermediario (electrolito) y alojarse en el entramado del sulfuro de titanio, liberando energía durante el proceso. La recarga de la batería provoca que los iones de litio se desplacen mediante el líquido nuevamente y vuelvan a adherirse al electrodo negativo.

Sin embargo, la desventaja de este diseño consiste en que, luego de sucesivos ciclos de carga y descarga, el litio no forma un metal perfectamente suave en el electrodo negativo. Por el contrario, toma una forma "dendrítica", irregular, que es inestable y reactiva y que puede provocar explosiones. Este problema nunca fue completamente resuelto, menciona Frank McLarnon, un investigador del laboratorio Lawrence Berkeley National Laboratory de California. Reemplazar el electrodo negativo con una aleación de litio y aluminio redujo el riesgo de explosión, pero provocó que las baterías fueran menos eficientes y acortó su vida útil.

Avance en mecedora

En cambio, se adoptó un nuevo enfoque exitoso en el ámbito de laboratorio a fines de los 80. Éste incluía el uso de un segundo compuesto de intercalación para albergar los iones de litio en el electrodo negativo. Luego, cargar y descargar la batería simplemente provocaba que el litio se desplace entre los dos compuestos de intercalación, liberando energía en una dirección y absorbiéndola en la otra. Esta técnica de ida y vuelta se hizo conocida con el nombre de "*rocking-chair*" (mecedora). El uso del litio en su estado iónico, antes que en su estado metálico, permitió diseños de baterías mucho más seguras que las anteriores; asimismo, dicho uso les dio el nombre de baterías de "iones de litio".

A esta altura, un equipo de investigadores dirigido por John Goodenough, en ese momento en la Universidad de Texas, había descubierto una nueva familia de compuestos de intercalación basados en óxidos de manganeso, cobalto y níquel. La primera batería comercial de iones de litio, lanzada en 1991 por Sony, tenía un diseño de mecedora que utilizaba óxido de litio cobalto para el electrodo positivo y grafito (carbono) para el electrodo negativo.

Cargar la batería hace que los iones salgan fuera del entramado de óxido de cobalto y se deslicen entre las capas de los átomos de carbono en el electrodo de gra-

El futuro de la tecnología

Batería de litio   9.2
Liviano con golpe

Óxido con carga positiva

Iones de litio

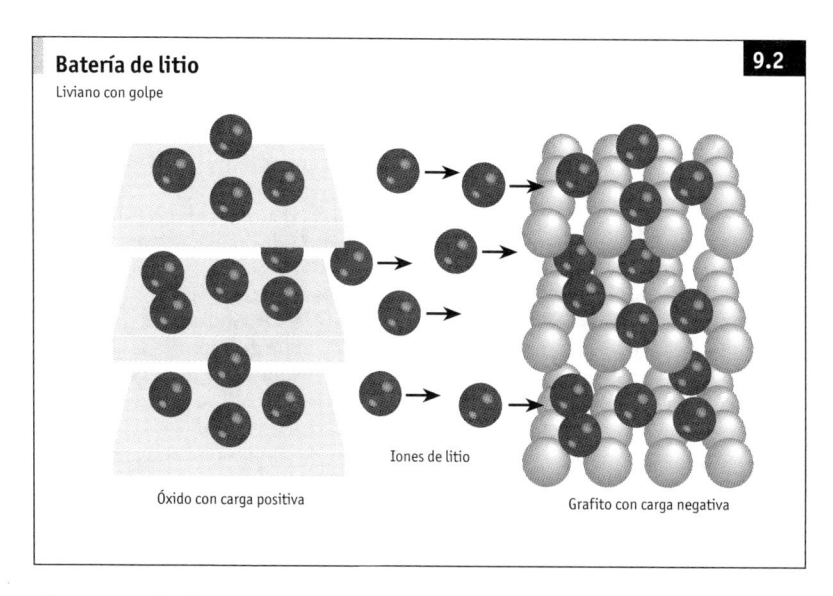

Grafito con carga negativa

fito, un estado de mayor energía potencial. Descargar la batería provoca que éstos regresen, liberando energía en el proceso (ver el Cuadro 9.2). Este tipo de baterías está siendo muy utilizado actualmente, y el Dr. Goodenough recibió el Japan Prize de US$ 450.000 como reconocimiento por su trabajo.

Además de identificar la adecuada combinación de materiales, el aporte clave de Sony, según el Dr. McLarnon, consistió en reconocer que no se debe sobrecargar la batería. Si se extraen demasiados iones de litio del entramado de óxido de cobalto, éste se desintegra. Asimismo, almacenar muchos iones de litio en el entramado de grafito puede provocar la formación de partículas de litio, lo cual podría tener consecuencias peligrosas. Sony implementó una gran cantidad de medidas de seguridad, entre las que se incluye el uso de un polímero poroso que se funde si se sobrecarga la batería, evitando el transporte de iones y apagando la batería. Además, desarrolló un cargador "inteligente" especial con un *software* que evita la sobrecarga. Dichos cargadores son muy comunes actualmente.

Desde el comienzo de la comercialización de las baterías de iones de litio en la década del 90, se han realizado unas pocas mejoras y el costo ha descendido considerablemente. Un cambio esencial, que hizo posible que se usaran las baterías ultrapequeñas para alimentar teléfonos móviles, fue el reemplazo del electrolito líquido entre los dos electrodos de la batería por un separador poroso humedecido con un gel electrolítico. Esto significa que se puede unir la batería al teléfono, como un sándwich, permitiendo diseños angostos y planos.

El siguiente paso consiste en pasar del gel a un electrolito de polímero sólido, que será aun más angosto y liviano. Según el Dr. McLarnon, el problema es que los iones de litio se esparcen mucho más lentamente a través de un sólido que de un gel o líquido, haciendo que la carga y la descarga de la batería sea más lenta, a menos que el polímero sea extremadamente angosto.

Aún en pañales

¿Y después? De acuerdo con el Dr. Armand, las tecnologías basadas en la batería de litio recargable recién están en pañales, y todavía hay mucho campo para la implementación de mejoras. Se está descubriendo una gran cantidad de nuevos materiales prometedores, entre los que se incluyen los compuestos de intercalación y los aerogeles para el electrodo positivo, como así también las nuevas aleaciones para el electrodo negativo. Algunos investigadores han estado trabajando en nuevas formas de evitar el crecimiento dendrítico de las baterías de metal de litio, mediante la utilización de electrolitos especiales.

Si las baterías de iones de litio son livianas y potentes, ¿por qué no utilizarlas para automóviles eléctricos? El gran problema, señala el Dr. McLarnon, quien está trabajando en esta área, radica en el costo. Un conjunto de baterías de iones de litio, capaz de alimentar un auto eléctrico, cuesta alrededor de US$ 10.000 actualmente. Las baterías de ácido de plomo pueden ser cinco veces más pesadas, cuatro veces más grandes y bastante menos eficientes. Por ejemplo, el EV-1 de General Motors funciona con 533 kg de baterías de ácido de plomo que se recargan en ocho horas, pero que son mucho más económicas.

Sin embargo, actualmente, los automóviles eléctricos no han sido muy populares dado que sus supuestos beneficios también se pueden alcanzar con los vehículos híbridos (a gasolina/eléctricos). Por tal motivo, las baterías de iones de litio están nuevamente en carrera. Los vehículos híbridos necesitan un paquete de energía mucho menor, lo cual reduce el costo de una batería de iones de litio adecuada por debajo de los US$ 1.000. De todos modos, destaca el Dr. McLarnon, aún quedan muchas cosas por hacer. Las baterías se pueden desgastar luego de unos pocos años de uso y se debe optimizar su capacidad de entregar y absorber descargas repentinas de energía, antes que grandes cantidades de energía a un ritmo generalmente constante, que es lo que requieren los dispositivos electrónicos de consumo. El Dr. McLarnon considera que esto se puede lograr.

El descubrimiento de la batería de iones de litio es un perfecto ejemplo de cómo las investigaciones teóricas y prácticas, guiadas por intereses comerciales, pueden generar las mejoras graduales de una tecnología que son necesarias para transformarla en un producto útil. En este caso, los compuestos de intercalación fueron una rama de la investigación teórica de la superconductividad. Fueron recogidos por el Dr. Goodenough y otros investigadores que trabajaban en la tecnología de las baterías y los últimos detalles del rompecabezas estuvieron a cargo de Sony (el Dr. Goodenough, quien realizó la investigación original en Oxford, comentó que las empresas de baterías en Occidente rechazaron sus enfoques).

No hubo un único momento para exclamar "eureka", sino una serie de mejoras graduales —y la dirección pasó por distintos grupos—. "Este tipo de cosas van y vienen", afirma el Dr. Goodenough. "Así es como funcionan las innovaciones". Ahora, la dirección ha pasado a nuevos investigadores que intentan realizar nuevas mejoras y aplicaciones, desde videoteléfonos hasta automóviles. Pareciera que aún queda mucho por recorrer en el camino de las baterías de iones de litio.

Construyendo la Internet de la energía

Más y mayores apagones vendrán, a menos que la red ineficiente de la energía eléctrica se pueda transformar en una red digital inteligente, sensible y que se repare a sí misma, en pocas palabras: una "Internet de la energía".

Ya sea a causa de árboles o terroristas, la red eléctrica fallará nuevamente". Este pronóstico desalentador no proviene de ningún sujeto melancólico ni de un teórico, sino de Robert Schainker, un especialista destacado en la materia. Junto con sus colegas del Instituto de Investigación de Energía eléctrica (EPRI, por sus siglas en inglés), la rama de investigación oficial de los servicios públicos de energía eléctrica de los Estados Unidos, está convencida de que las fallas de la gran red eléctrica de 2003 —como la que dejó a 50 millones de estadounidenses y canadienses en la oscuridad en agosto de 2003, y otra unas pocas semanas después, que dejó a toda Italia a oscuras— no ocurrieron de casualidad. Por el contrario, ellos y otros especialistas comentan, son precursoras de malos presagios.

El principal motivo de preocupación no radica en lo que la industria denomina "escasa administración de la vegetación", aunque los dos grandes cortes de electricidad de 2003 fueron causados por árboles dañinos. Nunca se podrá prevenir que las fuerzas naturales afecten las líneas de electricidad. La verdadera prueba de la resistencia de cualquier red se basa en cuán rápida e inteligentemente pueda manejar dichas interrupciones. Piense, por ejemplo, en la capacidad de Internet para redirigir conjuntos de datos de manera veloz y eficiente cuando el vínculo de una red tiene una falla.

Esta analogía puede aplicarse a la industria de la energía eléctrica. Por supuesto que su red nunca se convertirá en Internet, ya que es imposible conmutar paquetes de energía. De todos modos, será necesario transformar la red actual, centralizada e ineficiente, en una inteligente y repartida para brindar un proveedor de energía confiable y hacer posibles servicios innovadores de energía. Los visionarios de la energía imaginan una red que se repara a sí misma con sensores de tiempo real y *software* para "conectar y utilizar" que permita que generadores dispersos o dispositivos de almacenamiento de energía se le incorporen. Es decir, una Internet de la energía

Volando sin radar
Suena sensacional. Pero, en realidad, la mayoría de las redes eléctricas están basadas en la tecnología de los años 50, con comunicaciones poco precisas y anticuados sistemas de control. La investigación acerca del corte de energía de América del Norte ocurrido en 2003 reveló que, durante los pocos minutos posteriores a los primeros apagones en Ohio, cuando debieron tomarse medidas para evitar la masificación de los cortes de energía, los administradores de servicios públicos locales debieron consultar por teléfono al operador del sistema regional qué era lo que estaba ocurriendo con sus cableados. Mientras tanto, la falla se desparramó a las regiones vecinas. "Simplemente, no tienen acceso a la red energética", se lamentaba Clark Gelling, del EPRI.

Aun si los operadores tuvieran sensores inteligentes en todo el sistema, no podrían hacer mucho para evitar que los problemas se esparzan, dado que no hay sistemas de control adecuados. Por el contrario, los bits esenciales de la infraestructura energética están diseñados para apagarse ante el menor signo de problema, desencadenando más apagones y aumentando su impacto económico. Por ejemplo, el costo del apagón de América del Norte para los usuarios de energía fue de

9.3 ¿La forma de las futuras redes de la energía eléctrica?

Red convencional de la energía eléctrica
Las centrales eléctricas centralizadas generan electricidad y la distribuyen a los hogares, fábricas y oficinas.

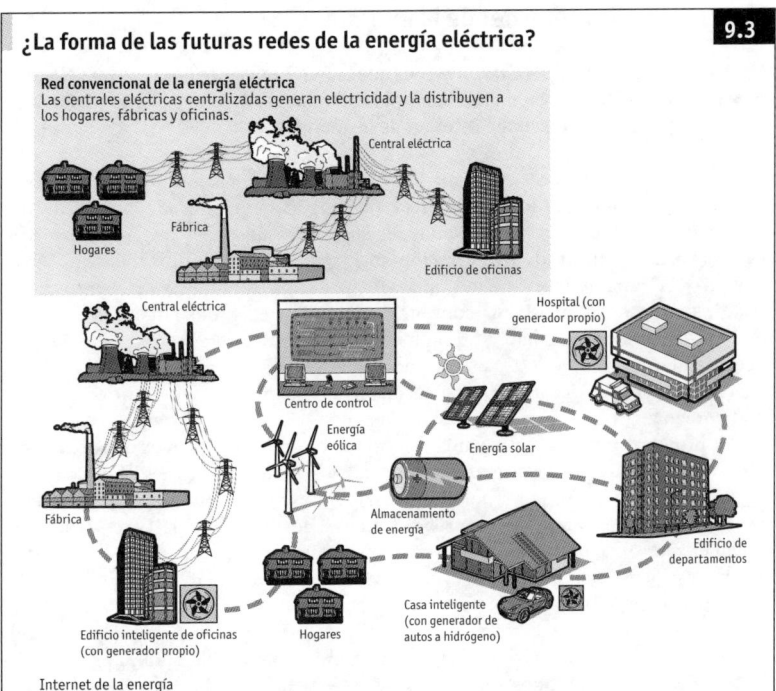

Internet de la energía
- Muchas instalaciones pequeñas generadoras de electricidad, incluso aquellas basadas en fuentes de energía alternativas, como la eólica y la solar, están programadas con sistemas de monitoreo y control en tiempo real.
- Las oficinas y hospitales generan su propia energía y venden el remanente a la red eléctrica. Los automóviles alimentados con hidrógeno pueden actuar como generadores cuando no están siendo utilizados. Las tecnologías de almacenamiento de energía nivelan las fluctuaciones de suministro por las energías solar y eólica.
- Repartir la distribución de energía de esta manera reduce las pérdidas de transmisión, los costos operativos y el impacto sobre el medio ambiente de las líneas de energía aéreas.

Fuente: *The Economist*; ABB

aproximadamente 7.000 millones de dólares.

Los ingenieros deben pasar horas, o incluso días, para volver a poner en funcionamiento las plantas de energía.

La buena noticia es que se están desarrollando tecnologías en cuatro áreas que apuntan a la red inteligente del futuro. En primer lugar, los servicios públicos están experimentando formas de medir el comportamiento de la red eléctrica en tiempo real. En segundo lugar, se están buscando maneras de utilizar la información para controlar el caudal de energía rápidamente, de modo tal que se puedan evitar los apagones. En tercer lugar, se están actualizando las redes para sacarle más jugo a la red principal de modo seguro. Por último, se están buscando maneras de producir y almacenar energía cerca de los consumidores, para reducir la necesidad de enviar mucha cantidad de energía a través de las añejas líneas de transmisión.

Primero, para ver y escuchar. A excepción de algunos sensores simples ubicados en unas pocas subestaciones, hay poca "inteligencia" incorporada en la red actual. Sin embargo, en la región del noroeste de la costa del Pacífico en los Estados Unidos, la Administración de Energía Bonneville (Bonneville Power Administration, BPA), una empresa de servicios públicos regional operada por el gobierno federal, ha experimentado con un sistema de monitoreo de zona amplia. Carson Taylor, especialista en transmisión principal de la BPA, explica que el impulso de este experimento fue un gran apagón ocurrido en 1996. Los sensores instalados a lo largo de la red envían datos relativos a las condiciones lógicas de la red local a una *mainframe*, 30 veces por segundo.

Taylor le atribuye al sistema el hecho de evitar otro gran apagón en su región y afirma que sus colegas en el noreste de los Estados Unidos podrían haber evitado el de 2003 si hubieran contado con dicho sistema. Asimismo, desea que sus vecinos del Sur, en la California carente de energía, que importan energía eléctrica de Canadá mediante líneas de transmisión eléctrica de la BPA, también puedan actualizar sus redes. Si así lo hicieran, considera que toda la región Oeste podría disfrutar de un suministro de energía más confiable. Los datos de tiempo real son, por supuesto, inútiles sin la inteligencia humana para procesarlos y la fuerza física para utilizarlos. Respecto de la inteligencia, hay que dirigirse hacia Roger Anderson y sus colegas de la Universidad de Columbia y del Centro de Energía de Texas. Ellos están desarrollando un *software* que les permita a los administradores de la red entender todos los datos en tiempo real y pronosticar problemas antes de que estos ocurran. Desean utilizar la red energética de Texas, la cual (de manera adecuada, para el estado de la Estrella Solitaria) es la única red a lo largo y lo ancho de América del Norte, como el crisol de sus reformas. ABB, un líder en ingeniería suizo-sueco, también ha desarrollado *software* inteligente que rastrea los flujos de las redes de electricidad varias veces por segundo y envía la información a sistemas de control que responden en aproximadamente un minuto. La firma considera que los apagones serían 100 veces menos probables. El desafío real consiste en responder en tiempo real. Los interruptores electromecánicos actuales tardan 10 segundos o más en desviar la energía, en general mucho más tiempo que el necesario para evitar el problema. Pero varias empresas idearon sistemas que pueden interrumpir la energía en milésimas de segundo. En la estación Marcy, al norte del estado de Nueva York, el Ente Regulador de la Energía de Nueva York (*New York Power Authority*) y el EPRI están realizando experimentos con un dispositivo que puede interrumpir instantáneamente la electricidad entre dos líneas de transmisión, una evidentemente congestionada y otra habitualmente no, que transportan la energía a la ciudad de Nueva York.

Otro avance viene en forma de dispositivos que pueden actuar como "amortiguadores de descargas" y pueden resolver las fluctuaciones en el suministro de energía. Greg Yurek, el presidente de American Superconductor y ex profesor del MIT, sostiene que las tendencias recientes han aumentado la inestabilidad de la red eléctrica y remarcaron la necesidad de este tipo de tecnología. En los Estados Unidos, la desregulación del mercado mayorista de la energía implica que cantidades aun mayores de energía se trasladan a través de distancias más largas, e incluso la inversión en la red se redujo a la mitad desde la década de los 70.

Tradicionalmente, los operadores de la red eléctrica usaban bancos de capacitores, los cuales almacenan y liberan energía para actuar como amortiguadores de descargas de la red. Sin embargo, éstos tienden a ser muy grandes y difíciles de ubicar cerca de los consumidores (quienes adoran consumir energía, pero se quejan de las nuevas líneas de energía o de los soportes rígidos en su vecindario). American Superconductor fabrica dispositivos inteligentes conocidos como D-VAR, los cuales se colocan en camiones con remolque y se pueden estacionar cerca de subestaciones existentes. Un *software* inteligente supervisa la red de electricidad y responde en milésimas de segundo si detecta fluctuaciones.

La tercera gran área de mejoras incluye sacarles más jugo a las líneas existentes.

Podría evitarse la colocación de miles de millas de nuevos cables de cobre para controlar este problema. Dada la falta actual de supervisión y controles en tiempo real, los operadores de sistema insisten en que los servicios públicos transporten sólo el 50% de la carga máxima a través de sus cableados. Dicho margen de seguridad es posiblemente prudente hoy en día. Sin embargo, a medida que la red eléctrica se torne más inteligente en varios sentidos, los funcionarios del EPRI consideran que será posible obtener el triple de beneficios de los cables actuales. Y si dichos cables de cobre se reemplazaran por unos mejores, se podría transportar aun más energía a través de la red. Una alternativa consiste en un cable que utiliza una combinación de aluminio y un compuesto de fibra de vidrio de carbono. Los investigadores de CTC, empresa fabricante de cables que trabaja con la Universidad del Sur de California, consideran que este cable compuesto podría transportar el doble de la energía que transporta uno convencional. Del mismo modo, American Superconductor ha inventado cables superconductores que pueden transportar cinco veces la cantidad de energía que transportan los convencionales.

Volver al futuro
Sin embargo, a largo plazo, la solución seguramente no radique en construir cañerías más anchas para suministrar más energía desde una planta energética central a consumidores distantes. Amory Lovins, director del Rocky Mountain Institute, un comité de especialistas en medio ambiente, explica por qué "cuanto más y mayor sea la carga de las líneas de energía que se construyan, más y mayores serán los apagones".

Una mejor respuesta consiste en la "microenergía" (una gran cantidad de pequeñas fuentes de energía cerca de los consumidores finales, y no una pequeña cantidad de grandes fuentes situadas a una mayor distancia). Esta opinión está avalada por especialistas de las universidades de Columbia y Carnegie Mellon en los Estados Unidos, que han dado forma a las vulnerabilidades (ya sean árboles o terroristas) de la actual frágil red de electricidad. Incluso los gurúes del EPRI, que confían en la financiación de los servicios públicos que operan grandes plantas energéticas, coinciden en que el paso a un modelo distribuido, junto con una red inteligente, reduciría los apagones. Un ejemplo de esto es Dinamarca, que obtiene un 20% de su energía de parques eólicos aislados. Los más escépticos consideraban que dicha confianza en la microenergía podría causar más apagones. Esto no fue así.

A primera vista, el cambio de dirección hacia la microenergía podría parecer una vuelta a los orígenes de la electricidad de cien años atrás. La versión original de Thomas Edison era colocar muchas plantas de energía pequeñas cerca de los consumidores. Sin embargo, una vuelta total a dicho modelo sería un disparate, dado que le quitaría tanto a la red de electricidad como a las plantas de microenergía la posibilidad de vender energía cuando la otra no funcione. Por el contrario, la red de electricidad se transformaría en una red digital capaz de manejar flujos de energía complejos y multidireccionales. Entonces, la microenergía y la superenergía trabajarían en conjunto.

ABB prevé el surgimiento de "microredes" compuestas por todo tipo de generadores distribuidos, incluso pilas de combustible (que combinan el hidrógeno y el oxígeno para producir electricidad de manera ecológica), energía eólica y solar. La Universidad de California en Irvine, al igual que otras empresas en Alemania, está desarrollando uno. "Los servicios públicos virtuales" combinarían, de este modo, la microenergía de varias fuentes en tiempo real y la venderían a la red.

Los dispositivos de almacenamiento de energía serán aun más importantes. La electricidad, a diferencia de casi todo el resto de los bienes, no se puede almacenar de manera eficiente (salvo el caso del agua en represas hidroeléctricas). Esto significa que los operadores de la red deben hacer coincidir el suministro y la demanda en todo momento para evitar apagones. Pero, en caso de que se pudiera almacenar la energía a lo largo de toda la red de manera proporcional, y si se la pudiera liberar de manera poco costosa y eficientemente cuando se la necesite, la red sería confiable y segura. Según el Dr. Schainker, en los últimos años se han realizado grandes avances en este sector. Él considera que las distintas tecnologías de almacenamiento de energía parecen ser prometedoras: baterías mejoradas, volantes de inercia y dispositivos superconductores denominados dispositivos "SMES" (superconductores magnéticos de almacenamiento de energía). Pero la opción de almacenamiento más intrigante incluye hidrógeno, el cual puede ser usado como medio para almacenar la energía proveniente de distintas fuentes.

La mayor parte de la conmoción que rodea al hidrógeno ha concentrado su papel en la alimentación de vehículos a pila de combustible. Sin embargo, su impacto más significativo tendrá lugar en la generación de energía. Esto se debe a que el hidrógeno podría cambiar radicalmente la economía de las fuentes intermitentes de energía ecológica. Actualmente, la mayor parte de la energía eólica está agotada debido a que el viento sopla cuando la grilla no lo necesita o a que no se puede recoger toda la energía de un modo seguro. Si, en cambio, se almacenara dicha energía como hidrógeno (producido con el uso de energía eléctrica para extraer hidrógeno del agua), éste podría ser, luego, convertido en electricidad en una pila de combustible para ser vendida cuando se la necesite.

Geoffrey Ballard, de General Hydrogen de Canadá y ex presidente de Ballard, un productor líder de pilas de combustible, considera que el hidrógeno y la electricidad son intercambiables en la red eléctrica del futuro, que él denomina "hidroelectricidad". Otro beneficio consiste en que el hidrógeno se podría vender para permitir que los automóviles a pila de combustible eléctricos que pasan recarguen sus tanques. Oportunamente, se deberían conectar dichos automóviles a la red eléctrica. Tim Vail, de General Motors, calcula que la capacidad de generación de energía contenida en el capó de los nuevos automóviles vendidos en los Estados Unidos cada año es mayor que todas las plantas de energía nuclear, de carbón y de gas del país combinadas. La mayoría de los autos se utilizan apenas una décima del tiempo. Si se conectaran a la red al menos algunos de ellos (por decir, en una playa de estacionamiento), un "servicio público virtual" podría aprovechar su capacidad de generación, haciéndolos convertir el hidrógeno en electricidad y vendiéndolo a lo largo de la red con una ganancia considerable durante horas pico, cuando se acerca a la sobrecarga.

¿Pronósticos mejores?

Por lo tanto, dados todos los beneficios ambientales, económicos y energéticos de la actualización de la red eléctrica, ¿qué ocurrirá realmente? No contenga la respiración. El EPRI confía en que construir una Internet de la energía costaría más de 200.000 millones de dólares tan sólo en los Estados Unidos. Sin embargo, el obstáculo para el progreso, al menos en ese país, no es el dinero, dado que 200.000 millones no es una suma descabellada cuando se la considera en términos de 20 a 30 años en una industria con utilidades de más de 250.000 millones.

El inconveniente es la política; el intento a medio terminar de los Estados Unidos de desregular el mercado ha drenado todos los incentivos de la industria para invertir en la red eléctrica. La industria energética en los Estados Unidos reinvierte menos del 1% de sus ventas en investigación y desarrollo (menos que cualquier otra industria grande). Aunque Gran Bretaña constituye una excepción relevante, la situación no es mucho mejor en el resto del mundo. La tecnología existe para dar lugar a un ajuste radical del modo en el cual se genera, distribuye y consume la energía (una modificación cuyo impacto en la industria de la energía coincidiría con el impacto de Internet en las comunicaciones). Pero, a menos que los reguladores restablezcan los incentivos económicos a las inversiones, el futuro no es muy alentador. Será momento de encender las velas y las antorchas.

Por qué el futuro será híbrido

Los automóviles híbridos que combinan electricidad y combustible, como el Toyota Prius, son cada día más populares. Sin embargo, ¿son algo más que un descanso en el camino para llegar a los autos de hidrógeno?

Por qué el Toyota Prius se convirtió en el producto de la industria automotriz del cual más se habla? Desde 1997, sólo se han vendido, aproximadamente, 250.000 unidades, un número irrisorio para los parámetros de la industria. El Prius no es ni grande, ni rápido, ni bonito —los atributos que suelen atraer a los comentaristas, aficionados o, para el caso, a los compradores—. Sin embargo, es importante por ser el primer auto híbrido de energía y combustible producido en serie del mundo, alimentado tanto por un motor de combustión interna como por uno eléctrico. El Prius de segunda generación, lanzado en 2003, obtuvo algunos de los premios más prestigiosos de la industria (fue nombrado el Auto Europeo del Año en 2005) y causó una sensación para nada proporcional a la presencia del modelo en las calles.

Al elegir un Prius, los compradores pueden demostrar cuán ecologistas son sin pagar ningún otro adicional más que un precio de compra apenas más elevado. Comparado con un auto estadounidense nuevo del mismo tamaño, el Prius consume casi la mitad de combustible y, por lo tanto, libera la mitad de dióxido de carbono que afecta al cambio climático. Asimismo, sus emisiones de contaminantes que provocan esmog, tales como óxidos de nitrógeno e hidrocarburos, son un 90% menores. Y, como si fuera poco, brinda la misma comodidad y el mismo rendimiento que un auto convencional.

El éxito del Prius tomó a Toyota por sorpresa. La espera promedio en los concesionarios estadounidenses era de seis meses en diciembre de 2004, aunque la empresa aumentó el nivel de sus ventas para América del Norte de 36.000 unidades, su cifra inicial, a 47.000 en diciembre de 2004. Para satisfacer la demanda, Toyota anunció otro aumento, mencionando que incrementaría la producción global en un 50% durante 2005 hasta llegar a los 15.000 automóviles, y duplicaría la cantidad destinada a los Estados Unidos a 100.000 unidades. Mientras que dicho número equivale a un cuarto de las ventas de 2003 en Estados Unidos del modelo de Toyota más vendido, el Camry, muestra que los consumidores desean pagar un precio más alto a cambio de automóviles que no sean nocivos para el medio ambiente (siempre que no se vea comprometido el rendimiento del vehículo).

Otros fabricantes de autos se esfuerzan por no quedarse atrás. CSM Worldwide, una empresa de investigación automotriz, considera que, para 2007, en los Estados Unidos aparecerán, al menos, 20 modelos nuevos de automóviles híbridos. En 2004, además de la presentación de los nuevos híbridos Ford Escape y Honda Accord, Toyota sumó dos vehículos deportivos utilitarios (SUV, por sus siglas en inglés) a su nueva línea de autos híbridos. DaimlerChrysler anunció que lanzaría un Mercedes híbrido para 2009 y Porsche está evaluando una versión híbrida del Cayenne SUV. Incluso General Motors, uno de los defensores más firmes de los autos con hidrógeno, ha incursionado en el campo de los híbridos con dos *pick-ups*, un sedan y varios SUV. Gracias a la convergencia de la geopolítica, la tecnología y la moda, los híbridos están tomando protagonismo.

Una vieja nueva idea

A pesar de que la llegada de autos híbridos producidos en grandes cantidades es nueva, la idea en sí no lo es. En verdad, data de los comienzos de la historia automotriz, cuando los autos con motores eléctricos, a vapor o de combustión interna representaban una gran porción del mercado. El motivo por el cual los híbridos no tuvieron éxito queda demostrado con el ejemplo de un ingeniero estadounidense llamado H. Piper, quien solicitó una patente para un vehículo híbrido eléctrico de combustible en 1905. Su idea era utilizar un motor eléctrico para asistir al de combustión interna, de modo tal de permitirle alcanzar los 40 km/h. Desafortunadamente para Piper, los motores de combustión interna impulsados con combustible alcanzaron dicha velocidad por sí mismos unos pocos años después, lo cual socavó el enfoque híbrido, más complejo y costoso. Los motores a combustible pronto comenzaron a dominar el escenario.

Las prioridades comenzaron a modificarse a principios de los 70, cuando la crisis del petróleo aumentó la demanda de automóviles que consumieran menos combustible. Como resultado, la eficiencia total del combustible de autos y camiones mejoró notablemente (aunque decayó en los Estados Unidos a fines de los años 80, cuando el combustible barato y la laguna normativa alentaron las ventas de SUV y camiones livianos). Asimismo, a finales de la década de los 90, comenzó a crecer la preocupación por el impacto en los cambios climáticos del consumo de combustible fósil.

Durante los 90, los tres fabricantes líderes de autos estadounidenses desarrollaron conceptos de automóviles diésel eléctricos, aunque ninguno llegó a producirlos. Por el contrario, hubo un cambio de enfoque hacia vehículos puramente eléctricos, que son tecnológicamente más simples que los híbridos. Sin embargo, su alto costo y autonomía limitada desalentaron a los consumidores. Aun los modelos más avanzados podrían circular sólo unos 160 kilómetros sin ser conectados y recargados por varias horas. En el año 2000, se dejó de producir la mayoría de los autos eléctricos.

Mientras tanto, Toyota lanzó su primer Earth Charter en 1992, con el objetivo de minimizar su impacto ambiental global. En septiembre de 1993, la empresa comenzó a planificar el desarrollo de un auto para el próximo siglo, llamado Globe 21st Century, o G21. Originalmente, el plan era producir un auto con una economía de combustible un 50% mejor que en los automóviles existentes. Pero, a lo largo del proyecto, dicho objetivo se elevó al 100%, punto en el cual se advirtió que no era suficiente modificar un motor a combustible. En cambio, se necesitaría una solución más radical: un híbrido.

A pesar del alto costo y la complejidad de un sistema híbrido, Toyota decidió seguir adelante con una investigación masiva y una iniciativa de investigación. La tecnología mejorada —que incluye baterías mejores y una electrónica de control más poderosa y económica para coordinar los dos sistemas de propulsión— hizo posible la producción de autos híbridos. En 1997, se lanzó el Prius en Japón, que fue seguido por el híbrido Insight de Honda en 1999.

Cuando en 2000 salió el Prius a la venta en los Estados Unidos, no causó demasiada sensación. En 2003, Toyota y Honda vendieron, aproximadamente, la misma cantidad de híbridos en ese país. Sin embargo, en 2004, Toyota vendió el doble de unidades que Honda. El Prius se vio favorecido por la combinación del aumento del precio del combustible, su aceptación entre los famosos y un diseño futurista (no hay una versión del Prius que funcione con gasolina, por lo cual el auto se destaca, a diferencia del Honda Civic, ya que también se encuentra disponible en su versión a gasolina). Es el primer híbrido de éxito.

Anatomía híbrida

Sin embargo, el Prius no es simplemente una buena estrategia de *marketing*. Para entender el porqué, es necesario analizar cómo funcionan los elementos debajo del capó de los diferentes tipos de híbridos, ya que no todos son iguales. El tipo más simple es el *stop-start* o "micro" híbrido, que no se suele considerar como híbrido puro dado que sólo cuenta con un motor de combustión interna para la propulsión. Tal como lo indica el nombre "*stop-start*", el motor hace un corte cuando se detiene el vehículo. Un generador de encendido integrado vuelve a encender el motor instantáneamente cuando el conductor presiona el acelerador. Todo esto apenas aumenta la eficiencia del combustible, generalmente en un 10%. Pero se requieren pocas modificaciones a un diseño convencional, lo cual no implica un alto costo. En Europa, PSA Peugeot Citroën lanzó una versión *stop-start* del Citroën C3 que se vende a casi el mismo precio que un C3 convencional con las mismas prestaciones.

Luego, llegan los diseños llamados híbridos "suaves", como el Assist con Motor Integrado (IMA, por sus siglas en inglés) de Honda; la configuración híbrida presente en el Insight, el Civic y el Accord. Además de una función *stop-start*, un motor eléctrico le brinda estímulo al motor durante la aceleración. Al momento del frenado, el mismo motor se duplica actuando como generador, capturando energía que, de otro modo, se perdería, y utilizándola para recargar las baterías del auto. Dado que el motor eléctrico se acopla al de combustible, nunca dirige las ruedas por sí mismo. Ésta es la razón por la cual este sistema se denomina híbrido "suave", muy a pesar de Honda.

Según Dan Benjamin, de ABI Research, una consultora con sede en Oyster Bay, Nueva York, el diseño es menos costoso que el enfoque más elaborado de Toyota, pero ofrece la mayoría de sus beneficios. La versión híbrida del Civic alcanza 48 millas por galón, una mejora del 37% respecto de un Civic convencional.

El Hybrid Synergy Drive de Toyota, un sistema híbrido "total", es más complejo (el híbrido Escape de Ford cuenta con un sistema similar; Ford tiene la licencia de algunas patentes de Toyota). Con un dispositivo "división de energía" (*power split*), la salida del motor de gasolina se divide y se utiliza tanto para dirigir las ruedas directamente como para girar el generador, el cual, a su vez, dirige el motor eléctrico y las ruedas.

La distribución de la energía es constantemente variable, lo cual permite que el motor funcione eficientemente en todo momento, explica David Hermance, de Toyota. Cuando no se necesita su máxima energía para dirigir las ruedas, se puede hacer girar el generador para recargar las baterías. Éstas también se recargan totalmente cuando el vehículo está en punto muerto o frenado. Durante la circulación inconstante y a bajas velocidades, cuando el motor de gasolina sería más ineficiente, se corta la distribución de energía y el motor eléctrico, alimentado por la batería, comienza a funcionar. Ésta es la razón por la cual el Prius tiene un mejor índice de economía de combustible para la circulación en ciudades (60 millas por galón), en comparación con la circulación en carreteras (51 millas por galón): lo opuesto a un vehículo convencional.

El siguiente paso sería el híbrido "enchufable" (*plug-in*), el cual no constituye la desventaja que su nombre indica. A diferencia de los autos eléctricos de los 90, ninguno de los autos híbridos actuales necesita ser enchufado (aunque si ésta fuera una opción sería una buena idea). Andrew Frank y su equipo del Centro de Vehículos Híbridos Eléctricos de Davis de la Universidad de California están trabajando exclusivamente sobre vehículos híbridos enchufables, que pueden funcionar como vehículos puramente eléctricos en distancias cortas (hasta 60 millas con un paquete de batería lo suficientemente grande), pero que pueden funcionar como híbridos en

Vigor híbrido
Cómo funciona el Prius

1. Cuando se arranca y se conduce a baja velocidad, el vehículo utiliza únicamente la alimentación proveniente de la batería, la cual alimenta al motor eléctrico.

BATERÍA
UNIDAD DE CONTROL DE LA ALIMENTACIÓN
MOTOR ELÉCTRICO

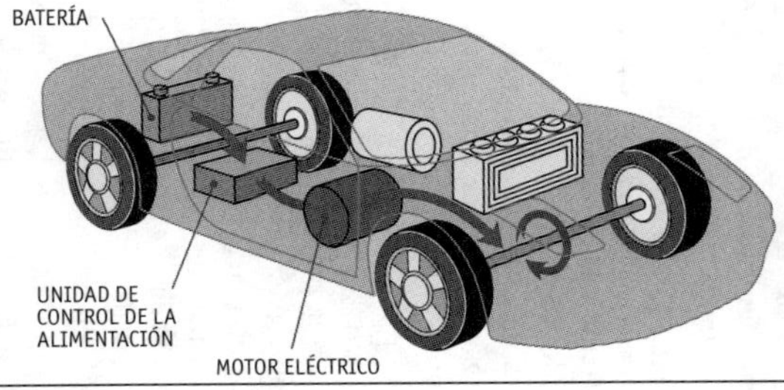

2. En condiciones de manejo normales, la alimentación del motor de gasolina se divide y es usada para dirigir correctamente las ruedas y para girar el generador, el cual, a su vez, alimenta al motor eléctrico.

MOTOR DE GASOLINA
GENERADOR
UNIDAD DE CONTROL DE LA ALIMENTACIÓN
MOTOR ELÉCTRICO

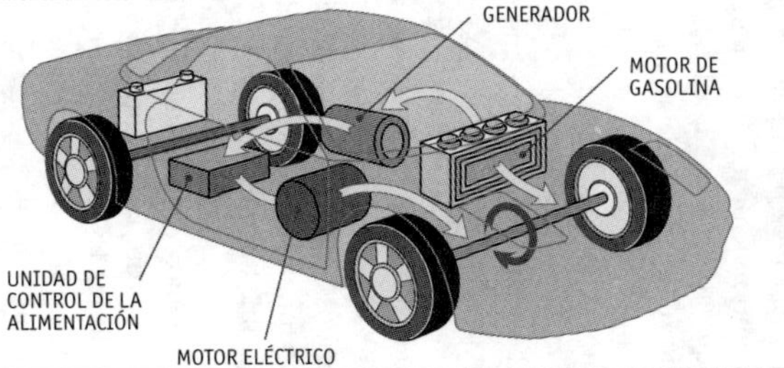

3. Cuando se necesita una aceleración repentina, la batería brinda alimentación adicional al motor eléctrico, complementando la alimentación desde el motor de gasolina.

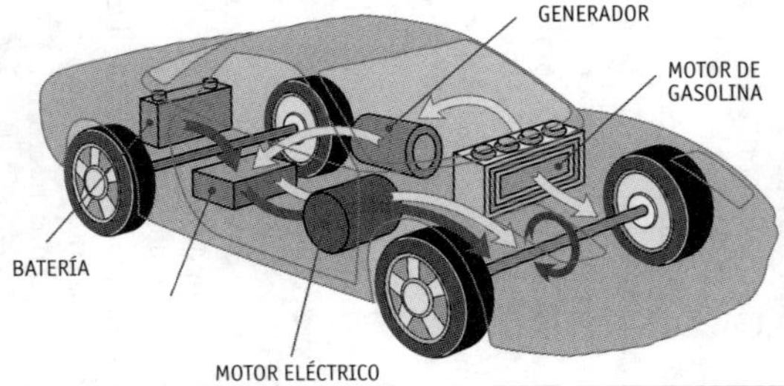

MOTOR DE GASOLINA
GENERADOR
BATERÍA
MOTOR ELÉCTRICO

4. La batería se recarga de dos maneras: cuando se frena, el motor eléctrico funciona como generador, convirtiendo la energía cinética del vehículo en energía eléctrica y almacenándola en la batería. Asimismo, el motor puede recargar la batería directamente cuando sea necesario.

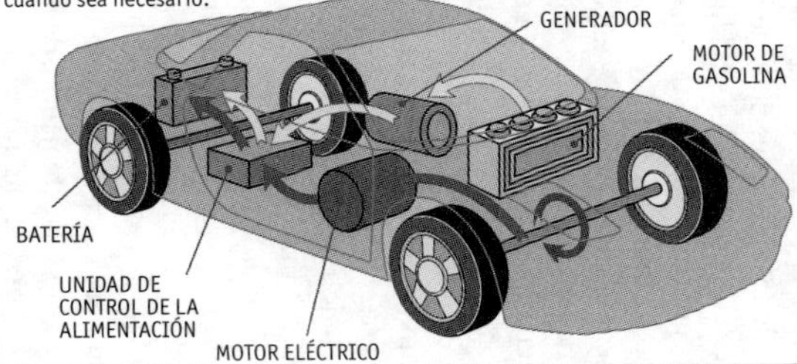

MOTOR DE GASOLINA
GENERADOR
BATERÍA
UNIDAD DE CONTROL DE LA ALIMENTACIÓN
MOTOR ELÉCTRICO

Fuente: Toyota

caso de ser necesario. Dado que en promedio los estadounidenses que conducen recorren hasta 30 millas por día, los híbridos enchufables se podrían recargar durante la noche, cuando se puede producir electricidad a menor costo, y no necesitarían utilizar combustible, salvo en recorridos de larga distancia.

Según estudios realizados por el Instituto de Investigación sobre Energía Eléctrica (EPRI), los híbridos enchufables podrían ser los autos más ecológicos y eficientes. En 2002, el EPRI se unió con DaimlerChrysler para producir cinco camionetas híbridas enchufables, de las cuales la primera se dio a conocer en una exposición en septiembre. Los bloques de batería más grandes hacen que los costos de autos enchufables sean mayores que los de otros híbridos. Pero Bob Graham, del EPRI, considera que los costos adicionales podrían ser más que los recuperados durante la vida útil del vehículo.

No nos pasemos con la nafta 9.5
Promedio anual del consumo de combustible por tipo de vehículo, en galones estadounidenses

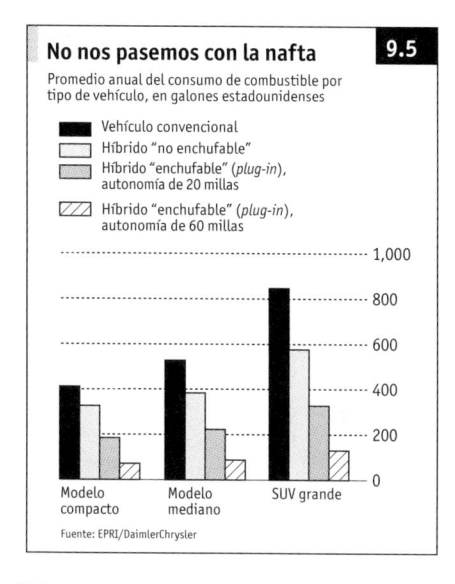

- Vehículo convencional
- Híbrido "no enchufable"
- Híbrido "enchufable" (*plug-in*), autonomía de 20 millas
- Híbrido "enchufable" (*plug-in*), autonomía de 60 millas

Fuente: EPRI/DaimlerChrysler

Sin embargo, no todos se preocupan por el alto consumo de combustible, como lo demuestra el entusiasmo actual por los SUV enormes. Por lo tanto, los híbridos podrían continuar conformando un nicho: ABI Research prevé que, para 2010, menos del 5% de los automóviles vendidos en los Estados Unidos serán híbridos, si se mantienen los precios actuales del combustible. Pero, si Alan Lloyd no se equivoca, los híbridos y otros vehículos de pocas emisiones serán moneda corriente. Lloyd es el director de la Junta de Recursos Aéreos de California (CARB, según el acrónimo en inglés), un organismo estatal que da cumplimiento a las normas de calidad aérea más estrictas del mundo. En California se han sancionado leyes innovadoras para detener las emisiones de gases de efecto invernadero en un 30% a partir de 2009. Dado que las emisiones de dióxido de carbono están directamente vinculadas con el consumo de combustible de los automóviles, las críticas apuntan a que las nuevas leyes son un modo de legislar la economía del combustible, la cual debe ser regulada por el gobierno federal, no el estatal. Como consecuencia, los fabricantes de automóviles deberán poner a prueba la nueva normativa en los tribunales.

Las ventas de híbridos en Europa representan apenas una parte de dichas ventas en los Estados Unidos. En cambio, los autos diésel fueron la solución para reducir el consumo de combustible, detener las emisiones de efecto invernadero y ahorrar dinero en la estación de servicio. Debido a que el combustible diésel contiene más energía por unidad, la economía del combustible de estos autos es un 30% mejor que la de los automóviles que funcionan con gasolina. Asimismo, los autos diésel no son tan ruidosos ni contaminantes gracias a tecnologías como la de los sistemas de inyección de combustible de conducto común (*common rail*) controlados electrónicamente. Los autos diésel constituyen hoy en día aproximadamente un 45% de todos los autos nuevos registrados en Europa.

Aun así, continúan por detrás de los motores a gasolina en términos de ecología. En el proceso de combustión, los diésel generan mucha contaminación, entre la que se incluyen óxidos de nitrógeno que causan esmog y partículas de sustancias que pueden causar problemas respiratorios. Ante esta situación, algunos fabricantes de autos han comenzado a equipar las unidades con filtros de partículas, especialmente PSA Peugeot Citroën. Junto con otras dos empresas británicas, Ricardo y QinetiQ, dicha firma está realizando un híbrido de diesel basado en el Citroën Berlingo de tamaño familiar. El objetivo es lograr una economía de combustible combinada de 70 millas por galón con emisiones de dióxido de carbono de sólo 90 gramos por kilómetro (en comparación, el Prius alcanza 55 millas por galón con 104 gramos de dióxido de carbono por kilómetro).

Aunque es incierto si se producirá el automóvil en serie, sí se sabe que un híbrido eléctrico diésel sería un vehículo extremadamente frugal. Un estudio realizado por el Laboratorio de Energía y Medio ambiente del Instituto de Tecnología de Massachussets, el cual investigó la energía que utiliza un vehículo durante su vida útil, prevé que para el año 2020 los híbridos de diésel podrán alcanzar la misma eficiencia y emisiones de efecto invernadero que los autos de pila de combustible alimentados con hidrógeno proveniente del gas natural. La diferencia radica en que la tecnología de los híbridos de diésel está disponible actualmente.

Entonces, ¿por qué los híbridos tardan tanto en aparecer en las calles? Los automóviles híbridos de diésel imponen una prima de doble precio, indica Lindsay Brooke, analista de CSM Worldwide. Combinar un motor diésel (que cuesta US$ 2.000 más que un motor a gasolina) con un tren de mando híbrido (que suma otros US$ 3.000 como mínimo) constituiría una propuesta muy costosa. Las posibilidades para los automóviles diésel y los híbridos de diésel son particularmente poco prometedoras en los Estados Unidos, en donde las normas de California (y, desde 2007, en toda la nación) requieren que sean tan ecológicos como los autos alimentados con gasolina. Aunque se han alcanzado algunos avances (por ejemplo, los filtros de partículas pueden eliminar más del 90% del hollín de diésel), las trampas para los óxidos de nitrógeno continúan siendo un desafío.

El auto del futuro, hoy

Los vehículos de hidrógeno prometen ser el medio de transporte más ecológico y que, a la vez, elimine las emisiones más nocivas del caño de escape. Pero, a pesar de tanta publicidad y del hecho de que la mayoría de los fabricantes de autos estén trabajando sobre la tecnología, los autos de pilas de combustible no aparecerán en cantidades importantes por el momento. La Academia Nacional de Ciencias de los Estados Unidos, la cual asesora al gobierno respecto de nuevas tecnologías, acaba de calcular que la transición a una "economía de hidrógeno" posiblemente lleve décadas, dado que todavía hay muchos desafíos por resolver; en particular cómo producir, almacenar y distribuir hidrógeno en cantidad suficiente.

Sin embargo, los autos híbridos ofrecen muchos de los beneficios de los vehículos de hidrógeno, con la gran ventaja de que están disponibles actualmente. Asimismo, tal como lo demuestra el éxito del Prius, las personas los compran. La belleza de los híbridos de combustible eléctricos consiste en que no requieren modificaciones en el comportamiento del conductor ni en la infraestructura de entrega del combustible.

Antes que ser escalones en el camino hacia los autos de hidrógeno del futuro, los automóviles de combustible eléctricos parecieran quedarse por un largo tiempo, hasta décadas. Cuando los autos de hidrógeno estén disponibles en el futuro (y si eso ocurre), posiblemente no reemplacen a los híbridos, sino que podrían descender de ellos, dado que requieren muchos componentes en común, desde los sistemas de control hasta los motores. Tal como lo indica Joseph Romm, director del Centro de Energía y Soluciones para el Clima, una organización sin fines de lucro con asiento en Arlington, Virginia, "los híbridos son, casi con certeza, la plataforma sobre la cual evolucionarán todos los vehículos ecológicos del futuro".

El ascenso de la construcción ecológica

Las nuevas construcciones emplean el diseño y la tecnología para disminuir el impacto ambiental, para reducir costos y para brindar mejores lugares de trabajo.

Oficialmente, se conoce al edificio como Swiss Re Tower, o bien por su domicilio, 30 St. Mary Axe. Pero los londinenses denominan en forma universal a la nueva incorporación de su cielo como "el Gherkin" (pepinillo en inglés), dada su característica distintiva de edificio de 41 pisos curvo, el cual, en verdad, se asemeja más a una piña. Lo más notorio acerca de la construcción no es su nombre ni su forma, sino la eficiencia respecto de la utilización de su energía. Gracias a su diseño astuto y a la tecnología compleja, se espera que consuma hasta un 50% menos de energía que un edificio de oficinas convencional similar.

La mayoría de las personas no suelen pensar acerca de los edificios grandes como máquinas vastas, devoradoras de energía. Sin embargo, eso es lo que son. En los Estados Unidos, los edificios son responsables del 65% del consumo de electricidad, 36% del uso total de energía y 30% de las emisiones de gas de efecto invernadero. Por ello, realizar edificios con mayor eficiencia de energía podría tener un impacto significativo sobre la política energética, advierte Rebecca Flora, de Green Building Alliance, un grupo que promueve una arquitectura sustentable. Este último es un objetivo clave del movimiento "arquitectura ecológica", el cual está cambiando el modo en que se diseñan, construyen y utilizan los edificios.

Los defensores de la arquitectura ecológica sostienen que el enfoque tiene muchos beneficios. En el caso de una oficina grande, por ejemplo, la combinación de técnicas de diseño ecológicas y una tecnología inteligente pueden no sólo reducir el consumo energético y el impacto ambiental, sino también disminuir los costos de funcionamiento, crear un ambiente de trabajo más placentero, mejorar la salud y la productividad de los empleados, reducir la responsabilidad legal y aumentar los valores de la propiedad y del rendimiento de las rentas.

La expresión "arquitectura ecológica" comenzó a utilizarse en los años 90, pero los orígenes del movimiento datan de mucho antes. Por ejemplo, para construir el Palacio de Cristal (Crystal Palace) en Londres y la Galleria Vittorio Emanuele II en Milán en 1851 y 1877, respectivamente, se utilizaron ventiladores de techo y cámaras de refrigeración subterráneas para regular la temperatura interior. El entusiasmo actual acerca de la arquitectura ecológica tiene sus orígenes en la crisis de los años '70, cuando los arquitectos comenzaron a cuestionarse respecto de la posibilidad de construir estructuras de acero y vidrio cerradas que requieren enormes sistemas de calefacción y refrigeración. Entre los primeros partidarios de una arquitectura de energía más eficiente se incluían McDonough, Bruce Fowle y Robert Fox en los Estados Unidos; Thomas Herzog en Alemania y Norman Foster y Richard Rogers en Gran Bretaña.

Estos arquitectos progresistas comenzaron a explorar diseños cuyo foco estaba en el impacto ambiental a largo plazo provocado por la operación y el mantenimiento de un edificio, traspasando los límites de los llamados "costos iniciales" para construirlo. Este enfoque ha sido formalizado posteriormente en varios sistemas de evaluaciones e índices, como el estándar BREEAM presentado en Gran Bretaña en 1990 y los estándares del Liderazgo en Energía y Diseño Ambiental (*Leadership in Energy and Environmental Design*, LEED) desarrollados por el Consejo de Construcción Ecológica de los Estados Unidos, en vigencia desde 2000.

Los estándares de LEED pretenden construir "los edificios mejores y más ecológicos del mundo", brindando a los desarrolladores una lista sencilla de los criterios con los cuales se debe evaluar cuán ecológico es un edificio. Se otorgan puntos en distintas categorías, desde uso de la energía (hasta 17 puntos) hasta eficiencia del agua (hasta 5 puntos) y calidad del ambiente interior (hasta 15 puntos). El total determina el índice LEED del edificio. Se pueden obtener puntos adicionales si se agregan características especiales, como generadores de energía renovable o sistemas de control del dióxido de carbono. El edificio que alcanza los 39 puntos obtiene un índice "de oro"; con 52 puntos se obtiene un índice "de platino". Se estima que un edificio con índice "de oro" redujo su impacto ambiental en un 50% en comparación con un edificio convencional, y un edificio con índice de "platino", en más del 70%.

Este tipo de clasificación de los edificios revela la ineficiencia de los edificios tradicionales y de los procesos de construcción. "A veces podemos gastar hasta 30 centavos por dólar", afirma Phillip Bernstein, un arquitecto y profesor de la Universidad de Yale. "No se trata únicamente del consumo de energía, sino del uso de materiales, del derroche de agua, de las estrategias extremadamente ineficientes que utilizamos para escoger el subsistema de nuestros edificios. Es escalofriante". En parte, sostiene, esto ocurre porque la industria de la construcción está muy fragmentada. Los diseñadores, arquitectos, ingenieros y desarrolladores toman, cada uno, sus propias decisiones que satisfacen sus intereses, pero que generan deficiencias globales.

Bendita ecología
Pero las cosas van cambiando a medida que la arquitectura ecológica toma la delantera. En la primavera de 2003, Toyota terminó de construir un complejo de oficinas de 624.000 metros cuadrados en Torrance, California, el cual recibió un índice LEED de oro, gracias a la inclusión de características como células fotoeléctricas que brindan hasta un 20% de la energía que necesitan las oficinas. También en 2003, la ciudad de Pittsburgh abrió las puertas de su centro de convenciones de 1,5 millón de metros cuadrados, el edificio más grande que obtuvo un índice LEED de oro hasta el momento. El USGBC afirma que casi 1.700 edificios en 50 estados intentan obtener la certificación LEED y que 137 han sido construidos y recibieron la certificaciones para fines de 2004. Y la Administración General de Servicios de los Estados Unidos, la cual supervisa todas las obras en construcción no gubernamentales, ha decretado que todos los nuevos proyectos y remodelaciones deben cumplir con los estándares de LEED mínimos.

En Gran Bretaña, mientras tanto, 70 edificios de oficinas construidos durante 2003, que representan un 25% del total por superficie, cumplieron con los estándares BREEAM. Estándares similares fueron adoptados en Nueva Zelanda, Australia y Canadá. En China, el Comité Organizador de los Juegos Olímpicos de Beijing apunta a ser sede de las primeras olimpíadas sin emisiones, lo cual incluye la construcción de todos los edificios y sedes deportivas siguiendo principios de la arquitectura ecológica.

Hay muchas formas de reducir el impacto ambiental de un edificio. Una de ellas es, por ejemplo, la del edificio Condé Nast de 48 pisos ubicado en 4 Times Square, Nueva York, diseñado por Fox & Fowle Architects. Fue uno de los primeros ejemplos en los que se aplicaron principios de la arquitectura ecológica en un edificio de oficina urbano, y revela su aplicación al sistema de puntos de LEED, dado que utiliza casi todas las técnicas de ahorro de energía imaginables.

El vidrio especial permite el paso de la luz solar para reducir la necesidad de iluminación interior, se aísla del calor y de los rayos ultravioletas y minimiza la pérdida de calor en el invierno. Dos celdas de gas natural generan 400 kilovatios por hora de energía, lo suficiente para brindar toda la electricidad necesaria durante la noche, y un 5% de las necesidades de la oficina durante el día. Los gases de combustión de agua caliente producidos por las celdas se utilizan para calefaccionar la oficina y proveer agua caliente. Los sistemas de calefacción y refrigeración, situados en el techo, están alimentados con gas, no con electricidad, lo cual reduce la pérdida de energía asociada con la transmisión eléctrica de energía. Los paneles fotovoltaicos en el exterior del edificio le permiten brindar hasta 15 kilovatios adicionales de energía. Dentro, los sensores de movimiento controlan los ventiladores y apagan las luces en las áreas comúnmente no ocupadas, como los huecos de las escaleras. Los carteles de salida están iluminados por diodos emisores de luz de bajo consumo. Como resultado, el consumo de energía del edificio es entre un 35 y un 40% menor al de un edificio convencional similar.

El edificio 30 St. Mary Axe, diseñado por Foster and Partners, también está equipado con funciones de ahorro de energía. Específicamente, utiliza la iluminación y ventilación natural siempre que sea posible. La fachada está compuesta por dos capas de vidrio (la exterior con vidrio doble) que encierran una cavidad ventilada con persianas controladas por computadora. Un sistema de sensores de temperatura en el exterior del edificio controla la temperatura, la velocidad del viento y el nivel de luz, cerrando las persianas y abriendo las ventanas cuando es necesario. La forma del edificio maximiza el uso de la luz solar, reduciendo la necesidad de iluminación artificial y brindando vistas a larga distancia impactantes, aun desde una posición adentrada en el edificio.

El edificio actual con perfil más alto en etapa de diseño es el Freedom Tower, el cual será construido en la sede del World Trade Center en Nueva York. Los arquitectos Skidmore, Owings & Merrill y el Studio Daniel Libeskind han incorporado funciones de diseño ambiental a lo largo de todo el complejo. La torre principal, que medirá 1.776 m de alto, incluirá paneles solares y un parque eólico, y se espera que las turbinas de dicho parque generen cerca de un megavatio de energía, lo suficiente para brindar hasta el 20% de la demanda que se calcula tendrá el edificio. Al igual que otros edificios ecológicos, contará con luz natural y ventilación, y con una iluminación de uso eficiente de energía.

Los costos elevados de energía, las preocupaciones ambientales y la ansiedad acerca del "síndrome de construcción defectuosa", asociado con las estructuras de caja sellada de los 70, contribuyeron a la formación del movimiento de arquitectura ecológica. Sin embargo, ahora la economía está produciendo un giro hacia diseños más ecológicos, debido a la reducción del precio de los nuevos materiales y técnicas, comenta Michael Crosbie, un arquitecto de Steven Winter Associates, consultora con sede en Norwalk, Connecticut. Éste afirma que sus clientes "son mucho más exigentes, ya que perciben el aumento increíble del precio para el comienzo de una obra de construcción y, por eso, desean un rendimiento para dichas inversiones".

Por qué beneficia más ser ecológico
Los edificios ecológicos ahorran dinero reduciendo los costos de energía a largo plazo: en una encuesta sobre 99 edificios ecológicos en los Estados Unidos se reveló que, en promedio, éstos utilizan un 30% menos de energía que los edificios convencionales de características similares. Por ello, se puede recuperar fácilmente cualquier costo adicional de construcción: de acuerdo con el USGBC, el aumento del 2% en los costos de construcción requerido para alcanzar el índice LEED de oro, generalmente se traduce en menores costos de operación a los dos años. El enfoque tradi-

cional de tratar de minimizar los costos de construcción, por el contrario, puede generar cuentas de luz más abultadas y el desgaste de materiales.

Las técnicas de ahorro de energía no necesitan ser tan exóticas como la instalación de cristal revestido, persianas controladas por computadora o células fotovoltaicas. Según Crosbie, los constructores están aislando los edificios de un modo más eficiente, en algunos casos con materiales como papel reciclado y telas, incluso con jeans viejos y gastados. Es más efectivo que el aislamiento tradicional, agrega, ya que permite el ahorro de dinero y es más favorable para el medio ambiente.

Los edificios ecológicos también pueden tener beneficios económicos no tan evidentes. El uso de la luz solar en edificios de oficina, por ejemplo, no sólo reduce los costos de energía, sino que también pareciera aumentar la productividad de los empleados. Estudios realizados por Rachel y Stephen Kaplan, psicólogos ambientales de la Universidad de Michigan, demostraron que los empleados que tienen vista a un paisaje natural alcanzan una mayor satisfacción laboral, menos estrés y menos enfermedades. Lookheed Martin, una empresa aeroespacial, descubrió que las ausencias se disminuyeron en un 15% luego de trasladar a 2.500 empleados a un edificio ecológico en Sunnyvale, California. El aumento de la productividad justificó los costos de construcción más altos en el transcurso de un año.

Del mismo modo, el uso de luz solar en paseos de compras pareciera aumentar las ventas. Heschong Mahone Group, una consultora californiana que se especializa en tecnologías de construcción de uso eficiente de energía, descubrió que las ventas se incrementaron en un 40% en los locales iluminados con tragaluces. Asimismo, se observó que los alumnos en salones iluminados con luz natural mejoraban su desempeño en hasta un 20%. Los edificios ecológicos también reducen las responsabilidades legales de sus dueños, dado que parecieran dar lugar a menos demandas por "ambiente insalubre". Pero, según Caren Glotfelty, director del Programa para el Medio Ambiente de Heinz Endowments, una ONG manejada por Teresa Heinz Kerry, que financia proyectos sustentables, es necesario realizar más estudios.

A pesar de sus beneficios y su creciente popularidad, la arquitectura ecológica continúa siendo la excepción y no la regla. El mayor inconveniente es la coordinación, destaca Bernstein, también vicepresidente del departamento de soluciones para la construcción de Autodesk, una empresa de *software*. Los edificios ecológicos requieren mucho más planeamiento por parte de los arquitectos, ingenieros, constructores y desarrolladores que para un edificio tradicional. "La industria de la construcción está muy disgregada", continúa, "por eso los patrones de implementación son demasiado lentos". Pero hay nuevo *softwares* que mejora el planeamiento a través de la simulación del rendimiento del edificio antes de su construcción.

El *software* de Autodesk puede crear un modelo tridimensional de un edificio y luego calcular la energía que consumirá, teniendo en cuenta su forma, los sistemas de calefacción y refrigeración, la orientación respecto del sol y su ubicación geográfica. Hay muchas otras herramientas similares: los diseñadores de 4 Times Square calcularon su consumo de energía con un paquete libre llamado "DOE-2", desarrollado por James J. Hirsch & Associates junto con el laboratorio Lawrence Berkeley National Laboratory, con financiamiento del Departamento de Energía de los Estados Unidos.

Más ecológico por su diseño
Anteriormente, comenta Bernstein, evaluar el impacto ambiental de un edificio involucraba hojas de cálculo, calculadoras y conjeturas informadas, y los modelos tri-

dimensionales se usaban principalmente para preparar las presentaciones. Pero actualmente, los modelos computarizados en tres dimensiones se utilizan con herramientas analíticas sofisticadas. "Estamos alcanzado la siguiente etapa en la que se puede analizar y no únicamente representar", agrega. Por lo tanto, es posible predecir la cantidad de energía y agua que consumirá un edificio, cuánto material se necesitará y otros parámetros que determinan su certificación LEED. Todo esto es cosa del pasado para las industrias automotriz y de la aviación, en las cuales los modelos computarizados han sido utilizados desde hace tiempo para calcular costos y racionalizar diseños más eficientes antes del inicio de la construcción. Actualmente, los arquitectos están aplicando la misma tecnología.

Las computadoras también posibilitan diseños completamente nuevos. Por ejemplo, 30 St. Mary Axe no hubiera podido ser construido sin un modelo de computación que especificara la forma exacta de cada uno de sus 5.500 paneles de vidrio, ni se hubiera podido modelar la corriente de aire dentro del edificio y fuera de él. De igual modo, los modelos por computadora hicieron posible que el edificio de oficinas Avax se abriera y cerrara automáticamente, dependiendo de la intensidad y del ángulo del sol, para brindar luz solar y prevenir al mismo tiempo su recalentamiento. El sistema de ventilación del centro de convenciones de Pittsburgh utiliza el "efecto chimenea" natural creado por su techo inteligente para hacer circular el aire a través de los respiraderos desde el río que pasa por debajo, haciendo posible la refrigeración del edificio sin siquiera un ventilador.

Esto es más que una simple moda pasajera, o el uso de la tecnología porque sí, señala Bernstein. La arquitectura ecológica ayudará a rediseñar la industria de la construcción en los próximos años, con construcciones cada vez más innovadoras, con mayor eficiencia de energía y menos perjudiciales para el medio ambiente, agrega. "Nadie hace esto por diversión", comenta. "Hay muchos intereses en juego".

10
PEQUEÑAS MARAVILLAS

Pequeñas maravillas

La nanotecnología dará a los humanos un mayor control de la materia a escalas diminutas, lo cual es muy bueno.

Los átomos son los elementos esenciales que componen la materia, lo cual significa que son realmente muy pequeños. El mundo en la escala de los átomos y moléculas resulta complicado de describir y es difícil imaginarlo. Es tan extraño que incluso tiene una rama propia de la física, la mecánica cuántica, que explica los sucesos singulares que ocurren allí. Si se arroja una pelota de tenis contra una pared de ladrillo, uno tal vez se sorprendería si la pelota atravesase directamente la pared y saliera disparada por el otro lado. Sin embargo, ésta es la clase de cosa que ocurre a una escala cuántica. En las escalas de tamaño muy reducido, las propiedades de la materia, como el color, el magnetismo y la capacidad de conducir electricidad, también cambian en formas inesperadas.

No es posible "ver" el mundo atómico en el sentido normal de la palabra, ya que sus rasgos son más pequeños que la longitud de onda de la luz visible (ver Cuadro 10.1). Sin embargo, allá por 1981, los investigadores de IBM diseñaron el microscopio de efecto túnel (STM, según sus siglas en inglés), cuyo nombre alude al efecto de mecánica cuántica que emplea. Al igual que la púa de un tocadiscos tradicional, podía localizar los plegamientos y surcos del mundo nanoscópico. Esto permitió a los científicos "ver" los átomos y las moléculas por primera vez. Les reveló paisajes tan bellos y complejos como las crestas, depresiones y valles de una ladera peruana, pero a una escala de nanómetro (nm), tan pequeña que era casi inimaginable.

Un nanómetro equivale a la milmillonésima parte de un metro, o aproximadamente la longitud de diez átomos de hidrógeno. Si bien los científicos habían pensado juguetear con objetos tan minúsculos incluso desde fines de los años 50, tuvieron que esperar hasta la invención del STM para que esto fuera posible.

Hay consenso general respecto de que la nanotecnología abarca objetos que miden de 1 a 100 nm, aunque la definición es algo arbitraria. Algunas personas incluyen elementos de dimensiones equivalentes a la décima parte de un nanómetro, más o menos el tamaño del enlace entre dos átomos de carbono. En el otro extremo, en lo referido a los objetos con escala mayor a 50 nm, las leyes de la física clásica se vuelven cada vez más dominantes.

Hay muchos materiales que sencillamente tienen rasgos nanoscópicos —como los *vitreaux*, la mayonesa o las cajas de arena para gatos— pero que no encuadran dentro de la nanotecnología. El carácter esencial de este campo es que se propone aprovechar las extrañas propiedades que se encuentran en estos mundos diminutos.

En la escala nanométrica, según explica George Smith, el afable director de ciencia de los materiales de la Universidad de Oxford, se pueden hallar propiedades "nuevas, emocionantes y diferentes". Si se comenzara con un grano de azúcar, sigue explicando, y se lo cortara en pedazos cada vez más chicos y se terminara simplemente con un grano diminuto de azúcar, eso no sería nada del otro mundo. Pero a medida que un objeto se empequeñece, la relación entre el área de su superficie y su volumen aumenta. Esto es importante, ya que los átomos presentes sobre la superficie de un material suelen ser más reactivos que los que hay en su centro.

Es por eso que el azúcar impalpable, por ejemplo, se disuelve más rápidamente en el agua que el azúcar granulado. Y si se desmenuza la plata en partículas muy pequeñas, se advierten propiedades antimicrobianas que no están presentes en los materiales voluminosos. Una compañía explota este fenómeno fabricando "nanopartículas" del compuesto óxido de cerio, cuyo nivel de reactividad química en esa forma basta para que éstas sirvan como catalizadores.

En este mundo invisible, las partículas diminutas de oro se derriten a temperaturas de varios cientos de grados más bajas que las de una pepita grande, y el cobre, que normalmente es un buen conductor de electricidad, puede volverse resistente en delgadas capas ante la presencia de un campo magnético. Los electrones, como aquella pelota de tenis imaginaria, simplemente saltan (o hacen túneles) de un lugar a otro, y las moléculas pueden atraerse entre sí desde distancias moderadas. Este efecto permite que pequeños lagartos llamados "gecos" transiten por los techos, usando pelos diminutos que tienen en las plantas de sus pies.

Pero encontrar propiedades novedosas en una escala nanométrica es sólo el primer paso. El próximo es hacer uso de este conocimiento. Lo que resultaría más provechoso, la capacidad de fabricar objetos con precisión atómica permitirá que los científicos elaboren materiales con propiedades ópticas, magnéticas, térmicas o eléctricas mejoradas, o incluso nuevas. Y aun sólo conocer los defectos en la escala atómica de un material puede proponer mejores formas de producción.

En efecto, se desarrolla todo tipo de materiales nuevos ahora. Por ejemplo, NanoSonic, de Blacksburg, Virginia, ha creado caucho metálico, que se dobla y estira como el caucho pero conduce electricidad cual metal sólido. El centro de investigaciones de General Electric en Schenectady, en Nueva York, intenta fabricar cerámica flexible. De lograrlo, el material podría usarse en partes de motores a reacción, permitiéndoles funcionar a temperaturas más altas y eficientes. Y hay varias empresas que trabajan con materiales que algún día podrían convertirse en células fotoeléctricas que compongan pinturas.

Dado que la nanotecnología tiene aplicaciones tan amplias, mucha gente cree que podría resultar ser tan importante como la electricidad o el plástico. Como se mostrará en este capítulo, la nanotecnología afectará verdaderamente a todas las industrias a través del mejoramiento de materiales y productos existentes, así como mediante la creación de materiales completamente nuevos. Asimismo, las operaciones en la escala más pequeña generarán importantes avances en sectores como la electrónica, la energía y la biomedicina.

Desde sus inicios

La nanotecnología no proviene de una sola disciplina científica. Aunque probablemente comparta la mayor parte de sus características con la ciencia de los materiales, las propiedades de los átomos y las moléculas dan sustento a muchas áreas de la ciencia, por lo que este campo atrae a científicos de varias disciplinas. A nivel mundial, se

---

10.1 De hormigas a átomos
1 milímetro = 1.000.000 nanómetros (nm)

Objeto	Tamaño en nm
Hormiga colorada	5m
Cabello humano (grosor)	80,000
Diámetro de bacteria típica	1,000–10,000
Longitud de onda promedio de luz visible	400–700
Virus de la inmunodeficiencia humana	90
Longitud de onda de luz ultravioleta extrema	40
Membrana celular	10
Diámetro de ADN	~2.5
Diez átomos de hidrógeno	1
Molécula de agua (ancho)	0.3

Fuentes: Wikipedia; Instituto Estadounidense de Estándares y Tecnología; Intel; Royal Society Británica; R. Smalley

estima que alrededor de 20.000 personas se dedican a la nanotecnología, pero el sector es difícil de definir. Tal vez se ha cambiado el nombre de la electrónica, la óptica y la biotecnología a "nanobiotecnología", "nanoóptica" y "nanoelectrónica", porque agregar "nano" se ha puesto de moda.

Se cree que este prefijo deriva de la palabra griega que significa enano. George Smith, de Oxford, ofrece una explicación alternativa humorística: que "viene del verbo que significa buscar fondos para investigación". Y sin duda hay fondos disponibles a raudales. Lux Research, una consultora de nanotecnología de Nueva York, estima que el gasto total en investigación y desarrollo de nanotecnología por parte de los gobiernos, compañías e inversores en capitales de riesgo fue de más de 8.600 millones de dólares en 2004, más de la mitad invertido por los gobiernos. Pero Lux pronostica que en los años venideros es probable que las empresas gasten más que los gobiernos.

En crecimiento 10.2
Gasto público en nanotecnología, en miles de millones de dólares

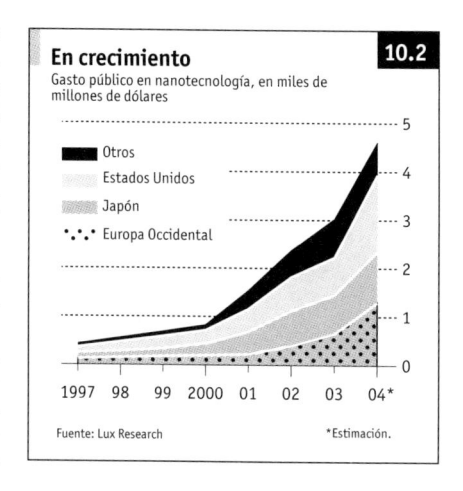

- Otros
- Estados Unidos
- Japón
- Europa Occidental

Fuente: Lux Research *Estimación.

En los Estados Unidos, la nanotecnología es la iniciativa científica que recibe más fondos federales desde que el país decidió enviar al hombre a la luna. En 2004, el gobierno de ese país empleó US$ 1.600 millones en este campo, más del doble de las inversiones en el Proyecto del Genoma Humano en su punto máximo. En 2005, planeaba desembolsar US$ 982 millones más. Japón es el que le sigue en fondos invertidos. Además, otros países asiáticos y Europa han entrado en la contienda de fondos (ver Cuadro 10.2). Lo que quizá resulte sorprendente es que los contendientes incluyen varios países en vías de desarrollo, como la India, China, Sudáfrica y Brasil.

Durante el período de seis años anterior a 2003, las inversiones en nanotecnología anunciadas por organizaciones estatales subieron siete veces su valor, según las cifras que maneja Mihail Roco, asesor senior de nanotecnología de la Fundación Estadounidense de Ciencia. Esta gran cantidad de fondos ha aumentado expectativas que tal vez no se cumplan. A algunos les preocupa que los costos de lanzamiento ayuden a inflar una burbuja que recuerda a la de Internet. Pero hay motivos valederos para creer que se ha exagerado el riesgo. Los inversionistas privados se muestran mucho más cautelosos que en el auge de las puntocom, y gran parte del dinero que emplean los gobiernos se destina a ciencias básicas y al desarrollo de tecnologías que no estarán disponibles hasta dentro de unos años.

Sin embargo, ya se han mejorado unos cuantos productos actuales a través de la nanotecnología, y llegarán más en los próximos años. Se han fabricado vendajes antimicrobianos agregando partículas de plata; se han elaborado telas a prueba de manchas y olores adhiriendo a las fibras de algodón moléculas que crean una barrera protectora; se han reforzado las raquetas de tenis usando partículas diminutas que aumentan la resistencia a la torsión. Otras aplicaciones incluyen revestimientos para cascos de barcos, protector solar, autopartes y heladeras. A largo plazo, la nanotecnología tal vez produzca innovaciones mucho mayores, como nuevos tipos de memoria informática, mejores tecnologías médicas y mejores métodos de producción de energía, como las células fotoeléctricas.

Los defensores más fervientes de esta tecnología sostienen que generará energía ecológica, industria sin desechos y viajes espaciales económicos, si no logra también la inmortalidad. Sus opositores temen que traiga vigilancia universal y perjudique a los pobres, al medio ambiente y a la salud humana; o incluso que destruya todo el planeta con una "sustancia gris" que se autoreplica. Ambos lados exageran sus argumentos, pero, en conjunto, debería darse la bienvenida a la nanotecnología.

"Aplicar aquí"

Cuando los objetos minúsculos marcan una gran diferencia.

Argon! ¡Vamos, arriba! ¡Vamos!" Don Eigler, un investigador del Centro de Investigaciones Almaden de IBM en California, es uno de los expertos mundiales en la manipulación de átomos. En 1989, escribió las siglas "IBM" con átomos de xenón, luego de lo cual se convirtió en la primera persona que moviera átomos en forma individual. Sin embargo, hoy en día tiene problemas para convencer a su gran perro de raza Leonberger para que se levante del suelo de su oficina.

Si los perros fuesen tan fáciles de mover como los átomos, Eigler podría sacar a Argon de la oficina usando el cursor de un mouse para apuntarlo, cliquear y arrastrarlo. Pero si bien la posibilidad de mover átomos es impresionante, no resulta particularmente útil para científicos del área experimental como Eigler. La mayoría de los investigadores considera que mover átomos uno por uno no constituirá una manera práctica de crear nuevos materiales.

Una mejor forma de hacerlo sería aprovechando las tendencias naturales de los átomos y las moléculas a cristalizarse, plegarse, formar capas u otra forma de armarse a sí mismos. Las estructuras moleculares ordenadas surgen en forma espontánea, por ejemplo en la cristalización o la formación de un copo de nieve. Los científicos ya han aprendido a usar este "autoarmado" para construir acumulaciones (*clusters*) de átomos, capas, pilares, tubos, cintas, esferas, barras y anillos, así como ensamblados más complejos que asemejen estructuras naturales, como hélices o incluso flores. Gran parte de la investigación actual se centra en encontrar maneras de configurar tales estructuras nanoscópicas de tal modo que sirvan como dispositivos para, por ejemplo, almacenar información, generar electricidad a partir de la luz o fabricar células fotoeléctricas.

Algunos, como Harry Kroto, un eminente profesor de la Universidad de Sussex en Gran Bretaña, afirman que la nanotecnología no es más que una versión avanzada de la química. Pero si bien hasta ahora gran parte de la nanotecnología se ha parecido a la química tradicional, las fuerzas que la propulsan provienen cada vez más de la física, la ingeniería, la ciencia de los materiales y la tecnología informática. Estas disciplinas han traído consigo nuevas herramientas para trabajar en la escala nanométrica, y para construir allí también. Incluyen a los descendientes modernos del microscopio de efecto túnel, y herramientas para escribir, imprimir e incluso recoger objetos. Las herramientas existentes se han vuelto más útiles, combinadas mediante poderosos métodos de informática, automatización y visualización, como la realidad virtual. Este trabajo permite que los investigadores construyan bibliotecas que contengan materiales nuevos con propiedades distintas y útiles, junto con instrucciones sobre como fabricarlos.

Primero, agarren su tubo

En 1991, un investigador que trabajaba en la empresa NEC Corporation de Tsukuba, Japón, descubrió una nueva variedad de carbono que resultó poseer propiedades extraordinarias. El llamado nanotubo de carbono parece una minúscula lámina de grafito enrollada dentro de un cilindro, con un diámetro aproximado de un nanómetro, y muy fuerte y luminoso. Se ha convertido en la estrella de la nanotecnología. Se han propuesto un sinfín de maneras de utilizarlo, incluidos los sensores, las sondas moleculares, la memoria informática, los televisores, las baterías y las pilas de combustibles. La lista se hace más larga cada vez que se descubre una nueva propiedad en un tubo con forma o tamaño ligeramente distintos. En el año 2003 ,unos científicos de la Universidad de Texas en Dallas hallaron una forma de "tejer" fibras usando nanotubos para así elaborar el polímero más resistente del mundo.

Meyya Meyyappan, director de nanotecnología de la NASA, el organismo espacial estadounidense, sostiene que es probable que durante los próximos años se desarrolle una nueva generación de pantallas planas a base de nanotubos de carbono. Las llamadas "pantallas de emisión de campo" (FED, por sus siglas en inglés), que usan capas de fósforo, se basan en la idea de que los electrones se emiten dentro de una red, en lugar de a partir de una sola fuente, como sucede en un televisor. Dado que los electrones fluyen con facilidad en el interior de un nanotubo de carbono, podría usarse una variedad de estos tubos para trazar los píxeles de una pantalla. Sería plana y más eficiente que las actuales. NEC, una compañía líder en producción de nanotubos de carbono, usa nanocornetas de carbono como electrodos en una computadora *laptop* que funciona con pilas de combustible, la cual se lanzaría en 2005.

Si bien los nanotubos de carbono se están volviendo más económicos y pueden fabricarse en grandes cantidades, sigue siendo difícil controlar su calidad y su pureza, que por el momento limita sus aplicaciones. No obstante, Richard Smalley, profesor de Química de la Universidad Rice en Houston, está convencido de que en la próxima década se superarán estos problemas y los costos de producción caerán.

Sin embargo, hay empresas e investigadores que tienen la esperanza de no tener que aguardar tanto, porque se ha hablado de que se usará una amplia gama de materiales para formar nanotubos con propiedades útiles. Tal vez no posean la versatilidad potencial de los de carbono, pero para ciertas aplicaciones —como los sensores, componentes electrónicos y lubricantes— los nanotubos o incluso los nanohilos hechos de otros materiales pueden resultar ser aún mejores.

Si una sola estructura nanoscópica puede contener tantas aplicaciones posibles, está claro por qué la nanotecnología causa tanto revuelo generalizado. Hay un sinnúmero de otras estructuras, y formas de montarlas, que también ofrecen posibilidades inmensas para elaborar nuevos materiales y dispositivos.

Una nanopartícula que ya se está poniendo en marcha es el punto cuántico, un cristal compuesto por sólo un par de centenas de átomos. Pueden fabricarse con muchos materiales y poseen la propiedad útil de poder fluorescer en casi cualquier color. Debido a su tamaño diminuto —aproximadamente el mismo que una molécula proteica o una secuencia corta de ADN— pueden usarse como sondas para rastrear reacciones en células vivas.

Estos pequeños haces de luz ayudan a investigadores en el descubrimiento de medicamentos, diagnóstico médico y análisis de expresión genética. Como pueden revelar cantidades excepcionalmente pequeñas de moléculas biológicas, podrían usarse dentro de sensores mejores que la tecnología actual basada en sondas de ADN. Por lo tanto, en unos años es posible que los puntos cuánticos empiecen a aparecer entre los productos de diagnóstico de venta libre.

La empresa Quantum Dot Corporation, de Hayward, California, lanzó su primer producto —un punto cuántico adherido a una molécula biológica específica— en 2003. Desde entonces, ha generado ingresos por varios millones de dólares, algunos provenientes de gigantes farmacéuticos como AstraZeneca, Pfizer o GlaxoSmithKline.

Hay varias tecnologías nanoscópicas más que compiten por construir sensores minúsculos, por ejemplo para detectar infecciones, lo que probablemente se vuelva más fácil en los próximos años. Una de estas tecnologías utiliza partículas pequeñísimas adheridas a fragmentos de ADN ligados al material genético de agentes patógenos, como los virus y las bacterias. Cuando una muestra de sangre que contiene al patógeno en cuestión se ubica entre dos electrodos diminutos, unas partículas de oro cierran el circuito entre éstos, revelando la presencia del patógeno.

John Ryan, profesor de física en la Universidad de Oxford, explica que la nanotecnología puede examinar los procesos biológicos a nivel monomolecular. Esto resultará de utilidad en toda clase de actividades, desde la medicina hasta la seguridad, para identificar cantidades diminutas de explosivos, agentes biológicos o hasta armas químicas. Otra aplicación de las nanopartículas podría ser aumentar la nitidez de las imágenes médicas. Por ejemplo, las partículas de hierro pueden mejorar la calidad de las resonancias magnéticas. Las nanopartículas también podrían usarse para administrar medicamentos y genes de los pacientes, permitiendo que la ingesta de remedios sea mucho más conveniente. De hecho, ya hay una lista larga de especialidades de la medicina que podrían beneficiarse con esta tecnología. Después de todo, los componentes de las células humanas también son objetos de tamaño nanoscópico, por lo que probablemente las herramientas y los productos nanotecnológicos demuestren su utilidad.

Otro sector que seguramente salga beneficiado con la nanotecnología es la IT. Dentro de unos años, la nanotecnología podría traer grandes mejoras en la cantidad y los tipos de memoria informática disponibles. Y es probable que las nuevas tecnologías que se están desarrollando generen cambios para los chips de computación lógica.

Moore y más
La gente se ha acostumbrado a la idea de que con cada nueva generación de chips de computadora, tanto el rendimiento como el costo aumentan. Esto se logra reduciendo el tamaño de los componentes y apiñando más transistores por pulgada. Pero desde hace un tiempo que los especialistas sostienen que la Ley de Moore, como se conoce este proceso, no puede seguir de aquí a la eternidad.

Una década atrás previeron que el proceso del semiconductor complementario de óxido metálico (CMOS, por sus siglas en inglés), mediante el cual se fabrican la gran mayoría de los chips de silicio del mundo, llegaría a su límite en 100 nm. Hoy en día, todas las grandes empresas fabricantes de chips, incluidas Intel y Transmeta, en Santa Clara, California, y AMD en Sunnyvale, producen partes con características nanoscópicas. Paolo Gargini, director de estrategia tecnológica de Intel, afirmó que para fines de 2005 esperaba producir partes con componentes de 35 nm, y que sus laboratorios podían elaborar rasgos de hasta 10 nm.

Determinar si ya se encuentran los fabricantes de chips en el reino de la nanotecnología o no es una cuestión debatible. La verdadera nanotecnología debe sacar provecho de las propiedades novedosas que surgen a esa escala. La mera elaboración de objetos más pequeños no vale. Pero Intel ha demostrado una nueva técnica para separar átomos de silicio a fin de acelerar el flujo de electrones, que sin duda daría la talla.

Los fabricantes de chips han sido ingeniosos al lograr que se prolongara la era del chip de silicio, y Gargini cree que pueden seguir haciéndolo por más o menos otra década. El factor limitante no es precisamente la dificultad de fabricar objetos cada vez más pequeños, sino el costo que esto supone, ya que cada generación de elaboración de chips acarrea una inversión mayor de capital para construir herramientas de producción más exactas. Por lo tanto, si el "autoarmado" puede utilizarse para montar chips de lógica y memoria de la nada, la nanotecnología demostrará lo que vale.

Compañías como Intel tendrán una inversión de capital de varios miles de millones de dólares en su equipo de producción. Prefieren usar la nanotecnología para alargar la vida de sus chips antes que elaborar otros completamente nuevos. Una técnica posible podría ser confeccionar tubos y alambres diminutos hechos de silicio, germanio o carbono en la superficie de los chips para dejar que la carga electrónica fluya con menos calor. Esto, según Gargini, podría prolongar la vida del CMOS hasta 2015-25.

Los chips de lógica son mucho más difíciles de fabricar que los que almacenan memoria. Deben hacer operaciones complicadas, como sumar, restar y multiplicar, mientras que la memoria sólo tiene que guardar información en filas ordenadas. Dado que el proceso de elaboración de chips de memoria es más sencillo y que muchas compañías distintas se dedican a encontrar maneras de emplear la nanotecnología con este fin, una revolución en este sector está más cerca que antes. Hewlett-Packard (HP), veterano de Silicon Valley, es sólo una de las empresas que piensa en crear un nuevo tipo de memoria, usando moléculas individuales como componentes de interruptores y transistores.

Philip Kuekes, un investigador de esta firma, cree que sería más económico diseñar y construir dispositivos aprovechando los efectos que se vuelven predominantes en la escala cuántica que intentar vencer esos efectos con dispositivos diseñados a escalas mayores. Está buscando maniobras químicas para establecer una red regular de alambres nanoscópicos con un ancho de sólo unos átomos. Entre las dos capas de estas redes se encontrará una capa de interruptores del ancho de una sola molécula. Si un chip de lógica pudiese fabricarse de este modo, contendría decenas de miles de millones de elementos lógicos, en comparación con los 50 millones de los chips actuales.

Pero ésta es sólo una dentro de un abanico de tecnologías prometedoras. En Zurich, IBM está construyendo un dispositivo de memoria conocido como "Millipede" que puede almacenar tales densidades de datos que podrían introducirse 25 millones de páginas impresas de libros en el tamaño de una estampilla. Este progreso promete una memoria no volátil (del tipo que retiene información aun cuando no hay electricidad) tan grande que quizá las computadoras ya no necesiten disco rígido.

Hora de encenderse

El último sector con mayor proclividad a beneficiarse de la nanotecnología es la energía, tanto a través de su utilización más eficaz (particularmente en la iluminación) como de maneras más efectivas de generar electricidad. Clayton Teague, director de la Oficina Estadounidense de Coordinación de Nanotecnología en Arlington, afirma que las partículas nanoscópicas usadas en una nueva iluminación en estado sólido podrían reducir la electricidad utilizada para iluminación en hasta un 50% para 2025. Se reemplazarían los focos comunes con versiones mejoradas de diodos emisores de luz (LED, según sus siglas en inglés), que emiten una luz blanca intensa.

Los investigadores de General Electric intentan mejorar la estructura del fósforo para hacer que la iluminación fluorescente sea más eficiente en términos de energía. Y Cerulean International, en Oxford, comercializa un aditivo de nanopartículas para gasoil que mejora la economía del combustible hasta un 10%. Varias compañías más buscan mejores catalizadores mediante materiales de estructura nanométrica.

La nanotecnología también debería generar ahorro energético a partir de una producción más racionalizada. Tyler McQuade, investigador de la Universidad Cornell, busca formas de simplificar los complejos procesos de fabricación de medicamentos de varias etapas encapsulando las distintas sustancias químicas involucradas en esferas nanoscópicas. Cree poder elaborar el medicamento Prozac en un solo paso con pocos desperdicios. Pfizer, según él, elimina 25 kg de desechos por cada kilo de productos.

La nanotecnología también puede ayudar a traer tecnologías como las células de combustible al mercado. Las células fotoeléctricas baratas y eficientes parecen estar a nuestro alcance, usando materiales recientemente desarrollados que reemplacen a las frágiles y costosas obleas de silicio que se utilizan actualmente. Los investigadores de empresas como Nanosolar, de Palo Alto, desarrollan materiales que convierten la luz en electricidad y pueden rociarse o estamparse sobre una lámina de plástico flexible.

La nanotecnología está en su infancia, aunque es probable que en los próximos años una cantidad cada vez mayor de productos la incorpore de algún modo. Sin embargo, algunos de los beneficios a largo plazo de los descubrimientos logrados el día de hoy no se volverán evidentes hasta décadas más tarde. Meyyappan, de la NASA, cuenta la historia de Herbert Kroemer, quien hace 40 años trabajaba en su oscura teoría de semiconductores en la empresa estadounidense RCA. Nadie, ni el mismo Kroemer, se imaginaba que un día su trabajo daría lugar a una tecnología que se ha vuelto ubicua en los láseres de objetos cotidianos, como los CD y los DVD.

Miedo y odio

Algunas de las preocupaciones sobre la nanotecnología son racionales, otras no.

Hace poco tiempo, Ella Standage se despertó de un mal sueño sobre los "nanorrobots". La aterrorizaba la idea de que las máquinas nanoscópicas pudiesen replicarse en forma incontrolada y convertir todo el planeta en una gran sustancia gris. Standage no suele preocuparse sobre tales terrores imaginarios, pero al menos cuenta con una excusa: sólo tiene cuatro años.

La idea de la sustancia gris se remonta a una predicción hecha por Eric Drexler, presidente del Instituto Foresight, un grupo de elaboración de políticas sobre nanotecnología en Palo Alto, de que algún día toda la producción industrial sería manejada por robots diminutos. Creía que, con los planes adecuados, estos dispositivos minúsculos podrían producir cualquier artículo —digamos, un motor o un par de jeans— usando nada más que una fuente de suministro de átomos.

Para que este plan funcionara, sin embargo, estos robots tendrían que ser capaces de fabricar más de los suyos, si no, se demoraría demasiado en construir objetos. Drexler imaginó que estos hipotéticos nanobots serían "autorreplicantes" y advirtió que debía tenerse cuidado a fin de garantizar que su replicación no se saliera de control. Esta idea lanzó una ola de agitación pública. Se ha sugerido que si estos nanorrobots comenzaran a hacer copias de sí mismos recolectando materiales de su ambiente, en algún momento se volverían visibles al ojo humano como una masa furiosa de pequeños robots (la "sustancia gris"), que en última instancia arrasaría con todo el planeta.

No es de extrañar que los nanorrobots se hayan convertido en el nuevo malo favorito, desde los dibujos animados para niños (donde los conoció la pequeña Standage) hasta las películas. Vanas son las objeciones de los científicos que dicen que aún nadie sabe cómo construir un robot de cualquier tamaño que se replique a sí mismo. También han expuesto varias razones teóricas por las que nunca podría existir algo así. Se preguntan, por ejemplo: ¿dónde conseguirían estos robots la energía para sobrevivir? Pero la falta de viabilidad no es un obstáculo para la imaginación, y la idea de los *nanobots* encaja bien en los temores contemporáneos de la ciencia fuera de control.

"Frankenpartículas"

Sin embargo, el interés en la sustancia gris parece estar decayendo ante el surgimiento de preocupaciones más serias sobre la posible toxicidad de las nanopartículas. Ya quedó claro que algunas de éstas son nocivas para los ratones y los peces. Ken Donaldson, profesor de Toxicología Respiratoria de la Universidad de Edimburgo, sostiene que es probable que las nanopartículas y los nanotubos sean mucho más tóxicos que su sustancia homóloga de tamaño mayor, ya que las partículas de menores dimensiones tienen una mayor área de superficie y son mucho más reactivas. Al ser tan diminutas, éstas podrían penetrar las células y eludir el sistema inmune humano. Cuando se las inhala, según Donaldson, las partículas finas de carbono pueden entrar en la sangre y en el cerebro. En 2004, Swiss Re, una aseguradora, publicó un informe alarmante sobre los posibles peligros de las nanopartículas y las cuestiones de responsabilidad que podrían surgir a partir de los productos que las usan.

No obstante, un informe del mismo año de la Royal Society en Gran Bretaña sostenía que, en la mayoría de los casos, la exposición de la gente sería limitada: cuando se usasen nanopartículas como materia prima, ingredientes o aditivos en un producto, habitualmente estarían contenidas en un compuesto o sujetadas a una superficie. En efecto, se han usado materiales nanoscópicos durante años, por ejemplo en discos rígidos de computadora, sin causar problemas. Si los gobiernos, la industria y los científicos siguen tomando el asunto en serio, la creación de nuevas nanopartículas no parece ser más riesgosa que la creación de nuevas sustancias químicas.

Además, las nanopartículas ya nos rodean por doquier: el aire está repleto de ellas, desde el caño de escape de los motores diésel hasta el humo de cigarrillo, el *spray* para el pelo, las velas y las tostadas. La gente crea y usa toda clase de sustancias químicas tóxicas y nefastas a diario. Asimismo, ya hay muchos que voluntariamente reciben inyecciones de botox, una sustancia muy tóxica, con la sola intención de satisfacer su vanidad.

De hecho, se encontrarán usos para las nanopartículas tóxicas. Los científicos ya intentan darles coberturas inocuas a fin de que puedan utilizarse para combatir enfermedades o destruir células cancerígenas. La administración personalizada de un nanomaterial tóxico para tratar el cáncer sería mucho más preferible que los métodos actuales que inundan de toxinas el cuerpo de un paciente. La capacidad de las nanopartículas de atravesar la barrera hematoencefálica también podría resultar ser útil, ya que en la actualidad es muy difícil conseguir que los medicamentos la crucen. Sin embargo, se necesita con urgencia más información sobre la toxicología de estos materiales, y, de hecho, ya se está trabajando mucho para obtenerla.

Aun así, un grupo antinanotecnológico pequeño que se hace oír, el Grupo de Acción Sobre la Erosión, Tecnología y Concentración (ETC), ha llamado a una moratoria total al uso de las nanopartículas sintéticas, como los puntos cuánticos, los nanohilos y nanotubos, etc. Tiene su sede en Canadá, y se trata de un grupo radical de activistas que acapararon los titulares cuando sus inquietudes fueron escuchadas por el príncipe Carlos, en Gran Bretaña.

La mayoría de los defensores de la nanotecnología afirman que una prohibición detendría la investigación para evaluar y mitigar los riesgos. En junio de 2004, un grupo de expertos en nanotecnología de 25 países se reunió en Virginia bajo los auspicios de la Fundación Estadounidense de Ciencia para tratar una forma de desarrollar la nanotecnología de manera responsable. La mayoría estuvo de acuerdo en que no se debe imponer una moratoria, ya que no dejaría lugar para la evaluación de riesgos.

Incluso Jim Thomas, director de programas de ETC, en Oxford, considera que este aspecto de la nanotecnología es "una cuestión manejable", y espera que el debate no se limite a la salud. Lo que realmente inquieta a ETC es la "concentración empresarial", es decir, que las compañías que se dedican a la nanotecnología están adquiriendo demasiado poder. Y ETC no es la única. En julio de 2004, un grupo de presión británico, Corporate Watch, lanzó un proyecto para hacer un diagrama de la industria nanotecnológica con el propósito de darle a los activistas "blancos empresariales independientes". En algunos de sus textos, con el título "la Nanotecnología es Godzilla", el grupo habla del "lado oscuro de la nanotecnología: sustancias riesgosas, aplicaciones militares y un salto enorme para el poder de las empresas". La nanotecnología, al igual que los transgénicos, parece haberse convertido en un instrumento útil para que las empresas atesten un golpe fuerte.

¿Inciden tales grupos radicales? La lección que dejó el debate sobre alimentos transgénicos es que pueden resultar decisivos a la hora de influenciar la opinión pública, especialmente donde haya preocupación sobre la salud humana y el medio ambiente. Algunos de los grupos involucrados en protestas exitosas contra los transgénicos siguen con ganas de pelear contra la nanotecnología también.

Presten atención
Asimismo, hay indicios de que algunas de estas preocupaciones serán abordadas por más figuras destacadas. James Wilsdon, jefe de estrategia de Demos, un centro de estudios británico, considera que la nanotecnología debe "abrirse a la discusión", y que deberían hacerse preguntas como: ¿para qué sirve la tecnología; ¿quién la controla?; ¿quién asumirá la responsabilidad si algo sale mal? La Universidad de Cambridge incorporó recientemente un especialista en ética al plantel de su Centro de Nanociencia. El director de este equipo, Mark Welland, sostiene que es un experimento que apunta en parte a asegurarse de que sus científicos adopten preocupaciones éticas. Pero también permite que el equipo se asocie con grupos como Demos y Greenpeace, y le permite astutamente participar del debate en lugar de convertirse en su objeto.

Muchos advierten paralelismos entre los transgénicos y la nanotecnología, y se han lanzado advertencias de que el público podría rechazarla, como lo hiciera con los transgénicos en Europa. Pero hay motivos para creer que esta vez la reacción será diferente.

El principal es que, en lo referido a la nanotecnología, los puntos de vista de los grupos ambientalistas, grupos a favor de los pobres y grupos antiempresariales no son iguales. Por ejemplo, dos grandes grupos ambientalistas, Environmental Defence y Greenpeace, se muestran cautelosamente optimistas sobre la tecnología. Doug Parr, líder científico de Greenpeace, tiene ciertas inquietudes, incluidos los riesgos sanitarios y ambientales de las nanopartículas y su uso potencial con fines militares. Pero el alcance mismo de la nanotecnología dificulta su objeción. Como explica Parr: "Aún no contamos con una política nanotecnológica; y no se puede con un campo tan diverso". Y agrega: "Admitimos cada vez más que puede generar cosas buenas". Una de las predicciones de Parr es que los nuevos materiales podrían rebajar el costo de las células fotoeléctricas y así hacer viable e incluso lucrativa la energía solar.

De hecho, la nanotecnología tiene varios beneficios ambientales en potencia, lo cual complica la oposición por parte de agrupaciones ecologistas desde un principio, como ocurrió con los transgénicos. Además de este ahorro de energía, las nanopartículas especializadas o los materiales porosos podrían usarse para eliminar la toxicidad y contaminación de las aguas, la tierra e incluso el aire. Y los ecologistas difícilmente puedan acusar a la tecnología de intentar hacer algo "antinatural" cuando los humanos han modificado sustancias para crear nuevos materiales desde la Edad de Bronce.

A los grupos a favor de los pobres ya les preocupa que los nuevos materiales podrían suscitar grandes cambios en la demanda de *commodities* como el cobre, el algodón o el caucho, pero a ellos también les costará oponerse a la nanotecnología por los beneficios que podría generar. Por ejemplo, podrían encapsularse vacunas en nanomateriales para que no se necesite refrigerarlas, y la desalinización del agua podría abaratarse.

Los grupos preocupados por los países en vías de desarrollo también están inquietos por mantener el acceso a esta tecnología, señalando la carrera actual para comprar los derechos a sectores clave de la nanotecnología con la esperanza de hacerse de futuras patentes valiosas. Éste bien podría ser un problema, aunque no exclusivo de la nanotecnología. Sin embargo, la batalla no se libra al estilo tradicional de ricos contra pobres. En efecto, varios países emergentes cuentan con una importante actividad nanotecnológica. Entre los países más inesperados de la lista se encuentran China, la India, Corea del Sur, Brasil, Chile, la Argentina, República Checa, México, Rumania, Rusia y Sudáfrica. Incluso la pequeña Costa Rica invierte en este sector.

Dado que la tecnología es tan nueva, todos estos países ven la oportunidad de conseguir una porción del pastel, además de una forma de solucionar sus problemas de larga data. Un grupo de la India está diseñando el prototipo de un kit para detectar la tuberculosis, y los chinos han desarrollado un andamiaje para huesos rotos que ahora es puesto a prueba en hospitales.

Para los grupos a favor de los pobres, la lucha contra los transgénicos era en esencia una lucha contra los Estados Unidos, y más específicamente contra Monsanto, la compañía que luego simbolizó los productos transgénicos. Pero la nanotecnología ya incluye un amplio espectro de participantes, incluidos los gobiernos de varios países pobres. Cualquiera de estos grupos probablemente no podría ejercer mucha presión en contra de la investigación nanotecnológica en un país como China.

Los temores de que el público rechace la nanotecnología han permitido que ciertos grupos incursionen en una nueva táctica: avisar a los científicos, empresas y gobiernos que, si quieren una aceptación generalizada de su tecnología, deben "democratizarla". El significado exacto de esto no queda claro, salvo sus intenciones de servirse de la opinión pública a los efectos de sus propias cuestiones.

De hecho, nadie sabe realmente qué es lo que la gente quiere de la nanotecnología. Según dos encuestas realizadas en los Estados Unidos y Gran Bretaña, la mayoría ni siquiera la conoce. Y aunque es poco probable que la rechacen en el acto una vez que la conozcan, los grupos de presión seguramente podrán cambiar su opinión en algún aspecto. Las compañías que se dedican a las aplicaciones nanotecnológicas de nuevos productos deberán tenerlo en cuenta.

Reducciones

Las empresas de pequeña y gran escala esperan recibir grandes sumas con las diminutas partículas.

En la sede central en Palo Alto de Nanosys, una empresa emergente de nanotecnología, Stephen Empedocles, su director de desarrollo comercial, está haciendo una demostración de una parte de su tecnología genial. Su exposición comprende un disquete, cuya superficie ha sido diseñada de un lado con una estructura a escala nanométrica que repele el agua. El Dr. Empedocles luego agrega unas gotas de agua de una pipeta sobre el lado no modificado. Las gotitas se unen y aferran a la superficie como si se tratara de la de un automóvil lustrado. Del lado hidrófobo, sin embargo, las gotitas rebotan y se deslizan cual rodamientos de bolas de alta velocidad.

Nanosys es una de las compañías de las que más se habla en el entorno de la nanotecnología, pero no por las razones por las que le gustaría. De lo que quiere que la gente hable es de su biblioteca de materiales con características predeterminadas (como la superficie hidrófoba), fabricados con una selección de nanoestructuras de marca registrada. En su lugar, ha obtenido mucha publicidad por su tentativa de pasar a cotizar en la bolsa en 2004. Su oferta del 29% de sus acciones, a US$ 15-17 cada una, habría aumentado el patrimonio de la empresa a más de 300 millones de dólares, pero se canceló la emisión por las condiciones pobres del mercado en esa época.

Uno de los principales activos de Nanosys es su cartera de propiedad intelectual, más amplia que la de la mayor parte de las empresas nanotecnológicas primerizas. Fue esta cartera la que debía ser valuada en el mercado en el verano boreal de 2004. La compañía no cree que los posibles inversores se desanimaran al ver sus papeles presentados a la Comisión de Valores estadounidense, en los que se declaraba que no se esperaba lanzar productos por varios años, o tal vez nunca, y que "quizá jamás se conseguiría la rentabilidad".

No obstante, algunos en Silicon Valley piensan que fue bueno que su oferta pública inicial no tuviese éxito. Scott Mize, del Instituto Foresight, un grupo de especialistas en nanotecnología, afirma que la compañía intentó ofrecer sus acciones al público demasiado pronto y que su ausencia de productos y utilidades no habría respaldado los precios de las acciones.

Vinod Khosla, socio de Kleiner Perkins Caufield & Byers (KPCB), una gran empresa de capitales de riesgo, sostiene que el requisito más importantes que debe cumplirse para lanzar una oferta pública inicial de tecnología es la previsibilidad. Según él, las utilidades son menos importantes siempre y cuando la firma convenza a los inversores de que éstas llegarán con el tiempo. Con todo, sigue Khosla, no se cuenta con suficiente experiencia acumulada en nanotecnología para poder determinar cuánto demorarán en salir productos al mercado.

Un motivo de esta incertidumbre es la enorme proliferación de las patentes. Entre 1976 y 2002, se registraron aproximadamente 90.000 patentes nanotecnológicas sólo en la Oficina Estadounidense de Patentes. Algunos analistas han lanzado advertencias sobre una "expropiación de derechos intelectuales" y pronosticaron que se avecinaban problemas dada la amplitud de las patentes y la superposición entre algunas de ellas.

Matthew Nordan, de Lux Research, una consultora neoyorquina de nanotecnología, advierte sobre una guerra inminente por violación de derechos de patentes en la cual abundarán las demandas. Los sectores que se verán afectados con mayor probabilidad son los nanotubos de carbono y los puntos cuánticos. IBM, por ejemplo, es titular de una parte pequeña y clave de los derechos de un método de producción de nanotubos de carbono. Se rumorea que la compañía tiene más abogados que ingenieros contratados en el área de nanotecnología. Pero por el momento no hay motivos para iniciar demandas, ya que nadie ha ganado mucho dinero todavía con estas nanopartículas.

Atrápenlos rápido 10.3
Selección de patentes nanotecnológicas*
Estados Unidos

*Patentes relacionadas con el Microscopio de Fuerza Atómica, el punto cuántico o dendrímeros
Fuente: Lux Research

Pequeños envases explosivos
Si la oferta de Nanosys hubiese tenido éxito, se podría haber preparado el terreno para varias otras compañías que esperan el momento para actuar. Hay mucha emoción en torno al potencial de la nanotecnología para empresas actuales y nuevas, pero nadie quiere que ese potencial se arruine por un sensacionalismo inicial.

Hay quienes también están nerviosos por la posibilidad de otra burbuja bursátil impulsada por la tecnología a tan poco tiempo de la burbuja de las puntocom. Los factores más básicos que fomentan la especulación —el temor y la codicia— no nos han abandonado. Y parece haber muchos inversionistas privados que ven la era puntocom como una oportunidad perdida y quieren algo, lo que sea, para poder invertir.

Hasta ahora, sin embargo, pese a los miles de millones de dólares que se gastaron en investigación nanotecnológica, hay sólo un puñado de empresas que cotizan en bolsa en el sector, y la mayoría son pequeñas.

Josh Wolfe, cofundador de Lux Capital, una firma de capitales de riesgo, y editor del Informe Forbes/Wolfe sobre Nanotecnología, señala que varias firmas son "nanofarsantes" —empresas que añaden el prefijo "nano" a sus denominaciones pero en realidad se dedican a operaciones a escalas más grandes—. Una de ellas es Nanometrics, ubicada en Milpitas, California, la cual fabrica herramientas a escala microscópica (1.000 veces mayor que la nanoscópica). Otra es Nanogen, de San Diego, que elabora chips genéticos mucho más grandes que los nanoscópicos. Los precios de sus acciones han sido volátiles.

Incluso los inversores profesionales pueden equivocarse de sector. Merrill Lynch, un banco de inversión, quedó avergonzado luego de la presentación de su índice de seguimiento de nanotecnología (*tracking index*) en abril de 2004, cuando resultó que algunas de las empresas que había elegido no eran nanotecnológicas después de todo y debieron ser borradas de la lista. Cuando se anunció este índice, todas las compañías incluidas recibieron un estímulo, pero luego de seis meses los precios de sus acciones bajaron un 25%. Lo mismo sucedió con las acciones de un índice de nanotecnología publicado por Punk Ziegel, otro banco de inversión.

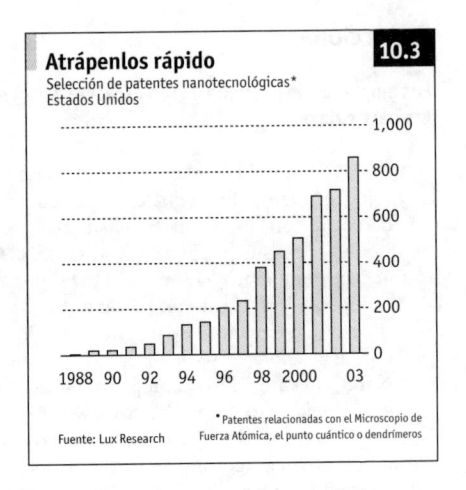

Khosla, de KPCB, está preocupado por los índices. "Cuando entidades como Merrill Lynch empiezan a presentar índices de nanotecnología, todo parece estar entrando en el ciclo que dio unos cuantos problemas a mucha gente durante la burbuja de Internet". Cuando se despierta el interés de la gente, según él, los administradores de fondos consideran que alguna parte de sus inversiones debe destinarse a la nanotecnología. La burbuja sigue adelante cuando todos aportan, intentando comprar acciones que no existen, agrega. "Para mí, un índice es sólo una manifestación más de sensacionalismo".

Si hay algo en lo que están todos de acuerdo, es que la nanotecnología no es ni una industria ni un mercado. Agrupar varias firmas nanotecnológicas podría resultar igual de sensato que juntar las empresas cuyos nombres empiezan con Z. Una compañía que vende telas mejoradas por la nanotecnología tiene poco en común con una que desarrolla células fotoeléctricas. Sumado a estos problemas está el hecho de que estos índices consideran a grandes empresas para las cuales la nanotecnología es sólo una de sus varias actividades.

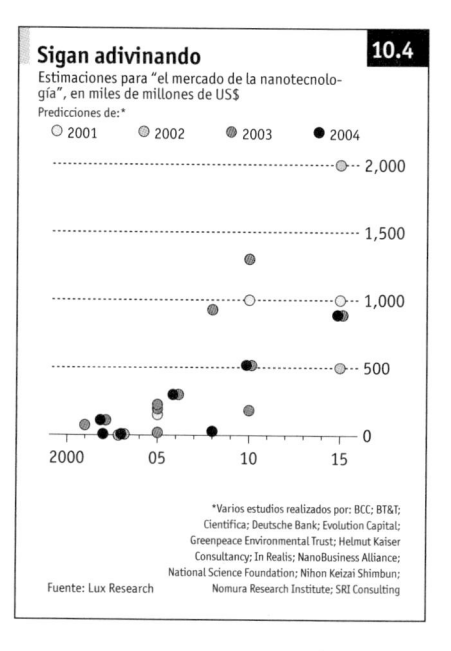

> **Sigan adivinando** 10.4
> Estimaciones para "el mercado de la nanotecnología", en miles de millones de US$
> Predicciones de:*
> ○ 2001   ◎ 2002   ● 2003   ● 2004
>
> *Varios estudios realizados por: BCC; BT&T; Científica; Deutsche Bank; Evolution Capital; Greenpeace Environmental Trust; Helmut Kaiser Consultancy; In Realis; NanoBusiness Alliance; National Science Foundation; Nihon Keizai Shimbun; Nomura Research Institute; SRI Consulting
> Fuente: Lux Research

Es fácil darse cuenta de por qué podría formarse una burbuja nanotecnológica, pero si esto ocurriera, no tendría la magnitud de la funesta que tuvo que afrontar Internet, por varios motivos. Uno de ellos lo sugiere Steve Jurvetson de Draper Fisher Jurvetson, una firma de capitales de riesgo con sede en Menlo Park, California: la cantidad de gente que puede ingresar a esta actividad está limitada a los graduados en especialidades en ciencias que se encuentren disponibles. Se advierte una escasez actual en los Estados Unidos de profesionales con doctorados en ciencias. Los graduados en Administración de Empresas que ahora trabajan en la banca o como consultores no pueden constituir empresas nanotecnológicas del mismo modo en que crearon las nuevas compañías de Internet.

Otro factor "antiburbuja" es el alto costo de capital que supone emprender un negocio nanotecnológico. Las compañías emergentes necesitan varios millones de dólares para financiar su equipo, la prueba inicial de viabilidad y los salarios del personal altamente calificado. La compañía de inversión dirigida por Jurvetson se especializa en las inversiones en empresas de nanotecnología en sus primeras etapas. Todas ellas, según comenta el directivo, se forman en laboratorios universitarios y estatales, no en garajes de Silicon Valley.

Y los capitalistas de riesgo no parecen estar de humor para proveer fondos a propuestas disparatadas. En efecto, la financiación con capitales de riesgo de la nanotecnología descendió entre 2002 y 2003. En un encuentro nanotecnológico de 2004, los capitalistas de riesgo se quejaban de que había más capital de inversión disponible que buenas ideas en las que invertir.

Nanotecnología a-go-go   10.5
Hay empresas nanotecnológicas interesantes que vale la pena observar

Empresa	Tecnología
Konarka, Lowell, Massachussets	Energía fotovoltaica
Nantero, Woburn, Massachussets	Memoria RAM no volátil usando nanotubos de carbono
QinetiQ Nanomaterial, Farnborough, Reino Unido	Sustancias químicas especializadas y "nanopolvos"
Denditric NanoTechnologies, Mount Pleasant, Michigan	Nanopartículas para el encapsulado, administración y liberación de medicamentos
Quantum Dot, Hayward, California	"Nanocristales" para investigación biológica
Frontier Carbon Corporation, Tokio, Japón	Sustancias químicas especializadas y nanotubos de carbono
Molecular Imprints, Austin, Texas	Nanolitografía
NanoInk, Chicago, Illinois	Litografía *dip pen* ("a pluma")
Zettacore, Denver, Colorado	Memoria molecular
Zyvex, Richardson, Texas	Herramientas, materiales y estructuras para investigación y producción

Fuente: sitios web de las empresas

Elijan la que quieran

Uno de los consejos sabios que se repiten con frecuencia en la actividad nanotecnológica es que donde realmente se gana es en la fabricación de "los picos y las palas", como sucedía en una anterior fiebre de oro californiana. Estos fabricantes elaboran para la nanotecnología herramientas como microscopios, manipuladoras de materiales e instrumentos para trabajar a escala nanométrica. Entre ellos se encuentra Veeco Instruments, de Woodbury, Nueva York; FEI, de Hillsboro, Oregon; y compañías más pequeñas, como Infinitesima, de Bristol, Inglaterra.

Todos los que operan con nanotecnología, sentados en un laboratorio o dentro de una compañía fabricante de chips, necesitan ver dónde introducen sus átomos. Pero también están las empresas que desarrollan nuevos procesos litográficos, para escribir e imprimir a escala nanométrica, cuya producción probablemente empiece a cobrar importancia.

Entonces, ¿cuán grande es la industria nanotecnológica en su conjunto? Hay muchas estimaciones, pero las respuestas van de diminuta a gigantesca (ver Cuadro 10.4). Nordan, de Lux Research, explica por qué: "La opinión ortodoxa en este sentido es que existe algo llamado mercado nanotecnológico que contiene organizaciones llamadas compañías de nanotecnología que venden productos nanotecnológicos. Ninguno de estos está en buen estado".

Esto no impidió que intentara cuantificar esta entidad no existente en un informe. La divide en tres partes: nanomateriales (tubos, partículas, puntos cuánticos), nanoproductos intermedios (productos hechos con estos materiales, como láminas, memoria, pilas de combustible, células fotoeléctricas) y productos ayudados por la nanotecnología (como el modelo Impala de Chevrolet con molduras hechas de compuestos nanoscópicos). En 2004, estos tres sectores añadieron US$ 158.000 millones en ingresos de productos, la mayoría en la industria de semiconductores.

En la próxima década, según Nordan, se incorporará la nanotecnología a productos que juntos valen US$ 2,9 billones, y la mayor parte de estas utilidades se generará con nanotecnologías nuevas y emergentes. Pero estas estimaciones deben considerarse con cautela. Incluirían un auto de US$ 30.000 con paneles laterales de US$ 200, todo mejorado por la nanotecnología.

De todas maneras, esta clase de trabajo resulta de utilidad, ya que da un indicio sobre con qué podría ganarse dinero. La mayor parte de los nanomateriales, de acuerdo con Nordan, se convertirán rápidamente en *commodities*, con márgenes de explotación de un solo dígito: cifras habituales para las sustancias químicas especializadas. Dentro de diez años espera que esta actividad reporte unos 13.000 millones de dólares; una minúscula participación en el mercado de materiales en general. El ejecutivo de Lux afirma que no se podrán obtener grandes márgenes con los nuevos materiales, ya que tornaría poco atractivo el aspecto económico para los fabricantes. Según sus predicciones, los márgenes por nanoproductos intermedios y productos ayudados por la nanotecnología serán similares a los de las categorías tradicionales de los productos. Por ejemplo, los márgenes de los medicamentos serán mucho mayores a los de la indumentaria.

¿A cuáles empresas en particular es probable que les vaya bien? La opinión ortodoxa dice que es más probable que las compañías emergentes sean las que descubran las nuevas tecnologías que ofrecerán el mejor rendimiento y los costos más bajos. Se considera que las grandes empresas, como Intel y Sharp, con inversiones de varios miles de millones dólares en bienes de uso, tienen resistencia a los cambios revolucionarios, mientras que las compañías de menor envergadura pueden triunfar utilizando tecnologías totalmente nuevas y disruptivas, que hacen que las grandes inversiones actuales sean superfluas.

Lo que es diferente en lo referido a la nanotecnología es que la próxima idea alborotadora podría provenir fácilmente de una gran compañía en lugar de una más pequeña. Las grandes firmas saben muy bien que la tecnología servirá como base para varios productos nuevos y mejorados en el futuro, y por lo tanto invierten bastante a fin de reclamar su parte. Pero suelen preferir guardar silencio al respecto.

A veces sus programas de investigación en nanotecnología los llevan a territorio desconocido. General Electric, por ejemplo, analiza nanopartículas de hierro que podrían resultar útiles para las imágenes médicas. Los futuros descubrimientos podrían surgir de sitios inesperados, ya que una patente sobre un aspecto de una estructura nanoscópica podría ser ventajosa si se la aplica a fármacos.

Desde la próxima década en adelante, la nanotecnología generará ola tras ola de nuevos descubrimientos. Se han demorado algunas ofertas públicas iniciales debido al traspié de Nanosys, pero no había muchos esperando detrás. A varias de las nuevas e interesantes compañías les faltan varios años para cotizar en bolsa. Y algunas de estas bien podrían ser adquiridas por mayores empresas, en lugar de entrar en el mercado.

Hay quienes opinan que es probable que la nanotecnología suscite cambios enormes de índole social, económica y tecnológica. Si sus efectos pueden resultar tan significativos, ¿deberían los gobiernos controlarla y regular su operatoria?

Manejar con cuidado

La nanotecnología promete grandes beneficios, pero los resguardos serán esenciales.

A principios del siglo XIX, había grupos de obreros ingleses que destruían las máquinas que creían que amenazaban sus trabajos. Se los llamaba "ludistas", en honor a uno de sus líderes (Ludd), un término que ahora se utiliza para referirse a cualquiera que ofrezca resistencia a las nuevas tecnologías. Lo extraño sobre los ludistas de la nanotecnología es que comenzaron a resistirse antes de que ésta se hubiese establecido bien.

A medida que la gente empiece a comprar productos que usan nanotecnología, desde camisas resistentes a los olores hasta vidrios para ventanas que repelen la suciedad, se dará cuenta de que muchos de estos nuevos objetos son útiles e inofensivos. Y mientras crezca el conocimiento sobre la nanotecnología, comenzarán a entender que abarca un espectro de formas distintas de hacer las cosas, de las cuales algunas acarrean un riesgo y otras no. En consecuencia, los detractores de esta tecnología probablemente realicen quejas más sutiles.

La nanotecnología tiene el potencial de provocar agitación industrial, como lo hiciera la electricidad en su momento. Aunque como ésta, tiene muchas y diversas aplicaciones que no es probable que lleguen en una gran ola, lo cual es el temor de sus críticos. En su lugar, se darán una serie de olas pequeñas. Falta mucho para varias de las innovaciones que puede traer esta tecnología, lo cual da a todos bastante tiempo para prepararse.

Algo borroso

Es mejor que sea así, porque a largo plazo deberá responderse a una serie de preguntas incómodas, sobre todo en el sector conocido con el torpe nombre de "la convergencia entre la nanotecnología, la biotecnología, la tecnología informática y las áreas de la ciencia cognitiva" (NBIC, por sus siglas en inglés). Los científicos han notado que los límites entre estas disciplinas están desapareciendo. Por ejemplo, si se inserta una nueva nanopartícula en una célula, ¿es éste un acto biotecnológico o nanotecnológico? Si esta molécula tiene una memoria que puede registrar lo que sucede dentro de la célula, ¿se trata de nanotecnología o de computación?

Si pueden diseñarse moléculas artificiales que cumplan funciones lógicas y de memoria, puede ser posible introducir una computadora en una célula. Esto podría controlar y modificar su funcionamiento; por ejemplo, detectando una molécula que podría ser la causa de una enfermedad, y tomando las medidas necesarias para prevenirla. Los científicos ya han armado una forma primitiva de esta suerte de computadora de ADN en un tubo de ensayo.

Aunque eso también significa que algún día sería posible programar mejoras en los humanos a nivel celular. Es probable que esto genere preocupación. La gente también se inquietará probablemente ante la posibilidad incipiente de formar conexiones directas entre las máquinas y el cerebro humano. Y si la convergencia de estas tecnologías también pudiera aumentar considerablemente el lapso de vida de los seres humanos, podría tener un efecto profundo sobre la naturaleza de la sociedad.

Por el momento, no puede lograrse ninguna de estas ideas futuristas. Las aplicaciones disponibles más banales hasta ahora no requieren nuevas normas en los países que ya cuentan con una legislación estricta en sectores como las sustancias químicas, higiene y seguridad en el lugar de trabajo, fármacos y el medio ambiente. Sin embargo, sería sensato que los gobiernos examinaran la normativa total vigente para asegurarse de que proveen un marco adecuado para los nuevos productos nanotecnológicos.

Por ejemplo, la mayoría de los países exige que se analice cada sustancia química nueva antes de su venta. Pero puede suceder que las nanopartículas tengan propiedades tan distintas de las de los materiales de mayor tamaño que debería tratárselas como si fuesen nuevas sustancias. Las normas quizá partirán del supuesto de que la versión nanoscópica de una sustancia se comporta del mismo modo que cuando su volumen es más grande, cuando tal vez no sea así. Podría equipararse un nanotubo de carbono al grafito, pero también tiene una estructura semejante a la del amianto. Es fundamental averiguar si estos tubos actúan como la mina de un lápiz o como un mineral de alto riesgo.

Otras normas presumirán que la toxicidad de una sustancia se relaciona directamente con la cantidad presente. Nuevamente, podría ser equivocado este razonamiento. Tampoco es seguro confiar en reglas que disponen que las empresas sólo deban informar acerca de los riesgos conocidos de una sustancia. Hay muchas nanopartículas totalmente nuevas para la ciencia. Se desarrollan a un ritmo rápido, por lo que pueden suponer riesgos que nadie ni siquiera busca todavía.

Las ambigüedades presentes en la normativa actual deberán resolverse. Por ejemplo, los dispositivos médicos y los medicamentos podrían estar contenidos en legislaciones independientes y bastante diferentes. Pero ¿una nanopartícula que combate el cáncer es un medicamento o un dispositivo? Aun cuando, técnicamente, se la clasificase como un dispositivo, la mayoría de la gente esperaría que una nanopartícula contra el cáncer que ingieren sea regulada como un medicamento. Los consumidores quisieran creer que los gobiernos están revisando la legislación vigente a fin de garantizar que los temas especiales que plantea la nanotecnología se abarquen de manera apropiada.

Las empresas, por su parte, necesitan mostrarse abiertas en cuanto a las nanopartículas que introducen en sus productos, y sobre la clase de pruebas que realizan. Puede que no haya motivos para preocuparse sobre estos ingredientes, pero la confidencialidad respecto de las pruebas ya despierta sospechas entre los críticos de esta tecnología.

Las patentes son otro sector sobre el que necesita pensarse con cuidado. Si la mayor parte del gigantesco volumen de patentes nuevas viene de las universidades, es razonable preguntarse cómo funcionan las licencias de estos derechos, y si podría otorgarse a los investigadores y posibles usuarios de países en vías de desarrollo un mayor acceso, tal vez cediéndolas en forma gratuita con fines de investigación y a un bajo costo en los países pobres.

También está la cuestión de la privacidad. Los nuevos y más pequeños sensores pueden facilitar mucho el control de factores como la salud y las condiciones ambientales. Por ejemplo, podría posibilitarse la detección de cánceres cuando todavía son diminutos. Todo esto en cuanto a hacer el bien. Pero una generación futura de sensores económicos, altamente eficaces y ubicuos, podría hacer posible el análisis de grandes cantidades de personas para determinar si consumieron mucho alcohol. Estas aplicaciones podrían resultar más polémicas.

No puede votarse para todo
No es probable que la idea de "democratizar" la nanotecnología —darle a la gente común más voz y voto para decidir con qué áreas de la ciencia debe continuarse— resulte de utilidad. Para empezar, es prácticamente imposible desacelerar o controlar algunas áreas de la ciencia en un país determinado cuando el mundo está tan inter-

conectado. Basta con mirar los intentos de llegar a un tratado internacional para prohibir la clonación humana: muchos países no quieren esto si también impide la investigación de clonación terapéutica, y los distintos países pueden adoptar diferentes puntos de vista sobre si algo es útil o ético.

La nanotecnología, como cualquier nuevo descubrimiento, ofrece tanto riesgos como recompensas. Indudablemente, se deberá controlar algo su explotación para minimizar los riesgos, pero también hay argumentos convincentes a favor de dar lugar a la búsqueda sin restricciones del conocimiento: sin ella, la innovación no puede prosperar.

Veinte años atrás, nadie podría haber previsto que la invención de un nuevo microscopio lanzaría una nueva y notable tecnología, y tal vez una revolución. Debería permitirse a los científicos operar con la menor cantidad posible de impedimentos a fin de comprender mejor el objeto de su estudio, sea su tamaño grande o pequeño.

11
ROBOTS E INTELIGENCIA ARTIFICIAL

El leve ascenso de las máquinas

El sueño de la ciencia ficción de que un día los robots pasarían a formar parte de la vida cotidiana fue un absurdo. ¿O quizá no?

Quién hubiera pensado que un artilugio con forma de *Frisbee* que quita el polvo de las alfombras sería la tecnología de punta en robots domésticos en los albores del siglo XXI? Desde su lanzamiento en 2002, Roomba, una aspiradora automática redonda fabricada por una empresa llamada iRobot, se ha llevado millones de dólares de más de un millón de compradores. Firmas rivales, como Electrolux y Karcher, venden aparatos de limpieza similares pero más caros. Al parecer, las "aspiradoras robot" están ganando popularidad.

¿Se trata de simples juguetes, o del comienzo de una nueva tendencia? Roomba es sólo la punta del iceberg, según Helen Greiner, cofundadora de iRobot, empresa que también vende robots industriales y militares. Dan Kara, de la consultora Robotics Trends, concuerda con esto. "El punto de inflexión sería Roomba," afirma.

Aun si esto es cierto, representaría una degradación en comparación con el futuro robotizado que parecía estar a la vuelta de la esquina durante la mayor parte del siglo XX. Desde 1939, cuando Westinghouse Electric presentó a Electro, un hombre mecánico, en la Feria Mundial de Nueva York, los fanáticos de los robots se han imaginado un mundo poblado de incansables asistentes robotizados, siempre disponibles para lavar los platos o la ropa y lidiar con la rutina pesada de las tareas cotidianas.

Sin embargo, hasta ahora estos robots se han multiplicado en la ciencia ficción, pero han demostrado ser más bien esquivos en el mundo real. No obstante, los optimistas ahora sostienen que el éxito de Roomba y de juguetes como AIBO, el robot perro de Sony, junto con los costos que caen en picada de las fuentes de suministro energético de computación, podría significar que el esperado mercado masivo de robots ya se encuentra a nuestro alcance. "Los robots domésticos empiezan a despegar", declaró un informe reciente de la Comisión Económica de las Naciones Unidas para Europa (UNECE, según sus siglas en inglés). ¿Es así, realmente?

Hechos a mano por robots

Aunque el sueño del robot hogareño aún no está muerto, los robots han tenido su mayor impacto en las fábricas. Los robots industriales se remontan a hace 40 años, cuando las automotrices comenzaron a utilizarlos. Unimate, el primer robot industrial, empezó a trabajar en General Motors en 1961. Incluso en una época en la que el suministro energético de la computación era costoso, los robots eran excelentes trabajadores y demostraban que las máquinas controladas por computadoras podían realizar algunas tareas mejor que los humanos. Además, los robots pueden trabajar día y noche y nunca se declararían en huelga.

Existen alrededor de 800.000 robots industriales hoy en día en todo el mundo, y los pedidos de robots nuevos en el primer semestre de 2003 subieron en un nivel récord de 26% respecto del mismo período en 2002, según la UNECE. La demanda aumenta a medida que los precios caen: un robot vendido en 2002 costaba menos de la quinta parte del costo de uno equivalente vendido en 1990, por ejemplo. Hoy en día, en las fábricas automotrices de Japón, Alemania e Italia, hay más de un robot por cada diez obreros de fábrica.

Del mismo modo, los robots agrícolas cosechan miles de millones de toneladas de cultivos cada año. Los hay cortadores de madera de seis patas, recogedores de fruta que trepan los árboles, robots que ordeñan las vacas y otros que lavan ventanas, camiones y aviones. La robótica industrial es una actividad que vende por 5.600 millones de dólares, con un crecimiento anual de aproximadamente 7%. Pero el informe de la UNECE prevé que el crecimiento más significativo en los próximos años será más para los robots domésticos que para los industriales. Las ventas de tales dispositivos —desde juguetes a cortadoras de césped y, claro está, aspiradoras— aumentó diez veces su volumen en lo que va de este siglo y superó así al mercado de robots industriales.

La aplicación más amplia de la robótica se está posibilitando gracias al costo en franco descenso del suministro energético de la computación, según Takeo Kanade, del Instituto de Robótica de la Universidad Carnegie Mellon, quien ha construido robots en ambos lados del Pacífico. Esto permite que los programadores desarrollen *software* con un desempeño más inteligente en robótica. Al mismo tiempo, destaca el académico, el costo de los chips para cámaras y sensores también ha caído. "La capacidad de procesamiento es mucho mejor que antes, por lo tanto, algunas de las cosas aparentemente sencillas que hacemos los humanos, como reconocer rostros, pueden empezar a hacerse", manifiesta el Dr. Kanade.

Mientras los precios bajan y el *hardware* mejora, las investigaciones de visión robótica, sistemas de control y comunicaciones también han dado un salto adelante. Las fuerzas armadas estadounidenses y su agencia espacial, la NASA, han invertido miles de millones en la investigación de robótica y campos relacionados como la visión artificial. Los robots Spirit y Opportunity que exploraron Marte pueden encontrar su camino en una superficie para llegar a un punto específico. Los humanos que los controlan no especifican la ruta, sino que se programa a los robots para que identifiquen los obstáculos y los eviten ellos mismos.

"Los robots de la primera generación ayudaron a generar economías de escala", señala Navi Radjou, un analista de la consultora Forrester. Agrega que ahora una segunda generación de robots más flexibles e inteligentes podrá realizar muchas más tareas. De este hecho provino la indicación del informe de la UNECE de que los robots estarían entrando "en un proceso de difusión similar a los de la PC, la telefonía móvil o Internet en los últimos años". Pero si los robots verdaderamente están ya en la cúspide de la ubicuidad, ¿para qué se los utilizará?

¿Robots al exilio?
Una posible entrada de la robótica al mercado pueden ser los juguetes. En los últimos años, los robots han sido uno de los juguetes más vendidos del mundo. Y pueden ser más que meros objetos de recreo, una vez que se los conecte a una red. Los robots personales, los sistemas inalámbricos y las cámaras de bajo precio, unidos por una PC, podrían permitir que los robots regaran las plantas mientras uno está de vacaciones, o podrían proveer un par ambulante de orejas u ojos. El robot perro de Sony, AIBO, por ejemplo, puede conectarse en forma inalámbrica a una PC, por lo que se puede controlar el hogar a distancia a través de sus ojos mientras se pasea.

Otra posibilidad, que hace rato alaban los fanáticos de robots, es usarlos para brindar asistencia y cuidar a las personas mayores y discapacitadas. Honda, Mitsubishi y científicos del Instituto Coreano de Ciencia y Tecnología diseñan máquinas para ayudar a ancianos o minusválidos a trasladarse de una habitación a otra, ir a buscar un entremés o una bebida, hacer funcionar la televisión e incluso para llamar al médico cuando fuera necesario. Si bien se sabe que ha sido difícil de lograr, Joe Engelberger, inventor de Unimate, cree que el cuidado de los mayores es precisamente la oportunidad que la industria robótica debería proseguir. "Todas las naciones con intensa industrialización tienen ayuda insuficiente para sus grandes poblaciones envejecidas que crecen rápidamente", afirma.

Dado que los hogares están diseñados para habitantes humanos, la mejor forma que deben tomar estos robots sería la de un humanoide. En Japón, el desarrollo de estos robots —por parte de firmas como Honda, Mitsubishi y Toyota— parece haberse convertido en un símbolo de superioridad tecnológica. Pero en última instancia, según Engelberger, que pasó por esto con Unimate, si se pretende que los robots domésticos tengan éxito, deberán ser confiables y demostrar que valen su precio. Se debe poder argumentar, en palabras del inventor, "cómo puede justificarse este maldito aparato".

Ya se encuentran entre nosotros
Sin embargo, pese a todo el progreso informático, no se ha dado el salto correspondiente hacia la robótica. Se habla de robots asistentes para ancianos desde hace años. Sólo un ferviente optimista interpretaría el éxito de Roomba como el comienzo de una nueva era robótica. Pero hay otro modo de ver las cosas: puede que estemos, de hecho, rodeados de más robots de lo que nos percatamos. El problema es que no han adoptado las formas que Hollywood, o los investigadores en robótica, nos hicieron esperar. Las máquinas automatizadas, sin embargo, se han introducido sigilosamente en varios rincones de la vida diaria.

Mucho más corrientes que las aspiradoras robot son las fotocopiadoras que ordenan, abrochan y apilan los documentos, así como los cajeros automáticos que, como su nombre lo indica, le ahorran a los cajeros humanos de los bancos el trabajo de repartir efectivo. Otras máquinas analizan las compras, lavan los platos, hacen pan, clasifican el correo leyendo domicilios manuscritos y entregan boletos de tren. Hay aviones comerciales que vuelan e incluso aterrizan usando radares y sistemas satelitales de posicionamiento para volar con niebla y en una tormenta. Existen trenes autónomos, semejantes a gigantescas serpientes robotizadas, que se conducen a sí mismos. Todos estos dispositivos son máquinas autónomas controladas por computadoras, capaces de reaccionar ante las circunstancias cambiantes en consonancia con las órdenes de sus operadores humanos. Dicho de otro modo, son robots. Pero no son el hombre mecánico multiuso que la mayoría de la gente asocia con el término.

¿Y por qué no? La respuesta, por irónica que parezca, podría radicar en el rápido avance en el suministro energético de computadoras. Allá por la mitad del siglo XX, cuando se divisaba el futuro de la robótica, las computadoras eran enormes y costosas. La idea de que se volverían lo suficientemente económicas como para integrarse a casi cualquier dispositivo especializado, desde una máquina de café hasta un lavavajillas, era difícil de imaginar. En cambio, parecía más probable que esta inteligencia se incorporaría a una cantidad reducida de máquinas capaces de emplear sus manos robotizadas en una gama de diferentes tareas. En lugar del robot doméstico multiuso, sin embargo, estamos rodeados de docenas de pequeños robots que cumplen muy bien con funciones específicas. No hay necesidad de esperar el ascenso de los robots. Las máquinas, al parecer, ya están entre nosotros.

Inteligencia artificial rebautizada

Luego de años en el exilio, el concepto de "inteligencia artificial" parece listo para la reaparición.

Al igual que los grandes peinados y las estrellas de pop dudosas, el concepto de "inteligencia artificial" (IA) fue popular en la década de los 80, desapareció en los años 90, y ahora parece estar intentando volver. La expresión reingresó en la conciencia popular en forma por demás dramática con el estreno en 2001 de *Inteligencia Artificial*, una película sobre un niño robot. Pero también se rescata la voz dentro de la industria de la computación. Los investigadores, los ejecutivos y los encargados de *marketing* usan la expresión sin sarcasmo y sin agregar comillas.

Y no siempre representa sensacionalismo. El concepto se aplica, con cierta justificación, a productos que dependen de la tecnología que idearon en un principio los investigadores en IA. Cabe reconocer que falta bastante para el regreso, y algunas empresas todavía prefieren evitar mencionarlo. Pero el hecho de que otras lo vuelvan a usar sugiere que la IA ya no es considerada un campo de investigación demasiado ambicioso cuyo potencial no se desarrolla.

En una conferencia en 1956 se lanzó el campo y se acuñó la expresión "inteligencia artificial" con la ayuda de un grupo de investigadores, entre los que se contaba a Marvin Minsky, John McCarthy, Herbert Simon y Alan Newell, quienes luego se convertirían todos en luces centrales del tema. Constituye un concepto que suena *sexy*, aunque informativo y abarcativo, de un programa de investigación, que incluía campos anteriormente dispares, como la investigación operativa, la cibernética, la lógica y la informática. El punto en común era un intento de captar o imitar las habilidades humanas usando máquinas. Una vez establecido esto, distintos grupos de investigadores abordaron diferentes problemas, desde el reconocimiento del habla hasta el ajedrez, de modos diferentes; la IA unificaba el campo sólo de nombre. Pero era una expresión que despertó el interés de la gente.

La mayoría de los investigadores están de acuerdo en que el apogeo de la IA tuvo lugar en torno a 1985. Un público inundado de películas de ciencia ficción y emocionado por el poder creciente de las computadoras personales tenía muchas expectativas. Durante años, los investigadores en IA habían insinuado que se acercaba un avance: "En la próxima generación, el problema de la creación de la 'inteligencia artificial' se solucionará significativamente", afirmó el Dr. Minsky en 1967. Los prototipos de programas de diagnóstico médico y *software* de reconocimiento del habla parecían estar progresando. Según recuerda Eric Horvitz, actualmente investigador de Microsoft, miles de personas, incluyendo muchos legos y emprendedores en busca de la próxima gran novedad, concurrieron a la conferencia de 1985 de la Asociación Estadounidense de Inteligencia Artificial (AAAI, por sus siglas en inglés).

Resultó ser un falso amanecer. Las computadoras "pensantes" y los robots domésticos no se materializaron, lo cual fue seguido de un contragolpe. "Había optimismo excesivo", según David Leake, un investigador de la Universidad de Indiana, también el editor de la revista *AI*, publicada por la AAAI. "Cuando la gente se dio cuenta de que éstos eran problemas concretos, hubo reducciones. Fue bueno para el campo, ya que la gente empezó a buscar enfoques menos soberbios". Para fines de los 80, muchos investigadores se abstenían de usar la expresión IA, y preferían en cambio alinearse con subdisciplinas específicas, como las redes neuronales, la tecnología de agentes, la casuística, etc. Las expectativas de principios de la década de los 80, de acuerdo con el Dr. Horvitz, "crearon la idea de que el mismo concepto era exagerado. Es una voz que abarca un sueño a largo plazo, pero que tácitamente promete demasiado. Por varias razones, la gente dejó de usarla".

Irónicamente, en ciertos sentidos, la IA era una víctima de su propio éxito. Cada vez que se solucionaba un problema trivial en apariencia, como construir un sistema que aterrizase un avión sin asistencia humana, o que leyese códigos postales manuscritos para acelerar la clasificación del correo, se consideraba que el problema nunca había correspondido a la IA. "Si funciona no puede ser de IA", lo caracteriza el Dr. Leake. El efecto de cambiar las reglas constantemente de este modo fue que la IA pasó a representar una investigación de índole teórica que no se comercializaría hasta varios años después. Los investigadores bromeaban que la IA significaba "casi implementada" (*almost implemented* en inglés, para representar las siglas AI de inteligencia artificial en ese idioma). Entretanto, las tecnologías que funcionaban lo suficientemente bien como para entrar en el mercado, como el *software* de reconocimiento del habla, traducción de idiomas y apoyo a las decisiones, ya no se incluían dentro de la IA. Sin embargo, las tres encuadraban en gran medida en la investigación en IA.

Respetabilidad silenciosa
Pero tal vez ahora la marea cambie. "Hubo un momento en el que las empresas se resistían a decir 'desarrollamos o usamos IA', pero eso ahora está cambiando", afirma el Dr. Leake. Varias empresas emergentes intentan vender su uso de la tecnología de IA. Predictive Networks, de Cambridge, Massachusetts, centró su publicidad en la utilización de "siluetas digitales basadas en inteligencia artificial" que analizan el comportamiento de la clientela. La firma fue fundada por Devin Hosea, ex profesor de Inteligencia Artificial de la Fundación Estadounidense de Ciencia.

Otra empresa, HNC Software, de San Diego, entre cuyos patrocinadores se cuenta la Agencia Estadounidense de Investigación de Proyectos Avanzados de Defensa en Washington, D. C., considera que este nuevo enfoque de las redes neuronales es el más poderoso y prometedor que se haya descubierto en inteligencia artificial. HNC afirma que su sistema puede usarse para detectar vehículos camuflados en un campo de batalla o identificar una señal de voz en un ambiente ruidoso; tareas que los humanos pueden realizar bien, pero no las computadoras. HNC fue adquirida por Fair Isaac, otra firma de *software*, por 810 millones de dólares en 2002, y su tecnología ahora se utiliza para analizar operaciones financieras y detectar fraudes con tarjetas de crédito.

Las grandes compañías también usan la expresión. El Dr. Leake señala que Bill Gates, de Microsoft, dio el discurso de apertura de la conferencia de 2001 de la AAAI y mostró varias tecnologías Microsoft que serían incorporadas pronto en los productos de la compañía. En febrero de 2001, la empresa pregonó una "aplicación de avanzada que emplea la inteligencia artificial para ayudar a los usuarios a administrar las comunicaciones móviles".

El producto en cuestión era Mobile Manager, que utiliza la investigación del Dr. Horvitz para la toma bayesiana de decisiones para determinar qué mensajes de *e-mail* en la bandeja de entrada de la casilla de una persona tienen la importancia para ser reenviados a un buscapersonas. El Dr. Horvitz dice que le gusta llamar a su trabajo IA.

Su labor actual, que consiste en usar capacidad informática sobrante para adelantarse y prepararse para el siguiente paso más probable del usuario, se basa en la investigación publicada en la revista *Artificial Intelligence*. "Sólo enviamos un ensayo sobre cómo un programa para comprobar teoremas podía aprovechar la incertidumbre para funcionar de manera más eficiente", según él. "Eso es el centro de la IA. Personalmente, me siento mejor usando la expresión. Hay gente, yo incluido, que la usa con orgullo".

Sony también usa la voz IA en forma descarada cuando alude a su perro robot, AIBO (este nombre deriva de la combinación de la sigla inglesa de inteligencia artificial, "AI", y "bot"; además de querer decir "amigo" en japonés). La compañía se jacta de que "la inteligencia artificial avanzada le da a AIBO la capacidad de tomar sus propias decisiones mientras madura con el tiempo". Suena sensacionalista, aunque una vez que se observa el comportamiento asombrosamente natural de AIBO, parece apropiado clasificarlo como IA. La inteligencia de AIBO, en su estado actual, depende de algoritmos genéticos, otra maniobra descubierta entre los recursos de la IA.

En los juegos de computadora, la expresión IA ha sido enunciada con un rostro serio. La comunidad de los juegos se interesó en ésta a fines de los 80, cuando las computadoras personales empezaron a ganar poder, según Steven Woodcock, un programador que ha trabajado tanto en la industria de defensa como en la de los juegos de computadora, y quien tiene un sitio web dedicado al estudio de la IA en los juegos: www.gameai.com. A medida que mejoran los gráficos, afirma, un juego "necesita otros diferenciadores, como ver si funciona en forma inteligente". Las revisiones de los juegos se refieren en forma rutinaria a la calidad de la IA —bueno, ¿de qué otra forma se la puede llamar?—, y algunos son conocidos por la calidad realista de sus adversarios computarizados.

Woodcock sostiene que ahora hay intercambio entre los programadores de IA en el mundo académico y en el de los juegos. Los simuladores militares, destaca, se basan cada vez más en los juegos, y los programadores de éstos son buenos para encontrar formas rápidas y sucias de poner en práctica técnicas de IA que harán que los adversarios computarizados sean más atractivos y realistas. Los juegos también han ayudado a publicitar y popularizar la IA por medio de juegos impresionantes, como *Los Sims*, *Black & White* y *Creatures*.

Sobrecarga de información

Otro factor que puede propulsar las posibilidades de la IA es la desaparición de las puntocom. Los inversores ahora buscan firmas que usen tecnología inteligente, en vez de sólo un modelo comercial ingenioso, para diferenciarse. En particular, el problema de la sobrecarga de información, exacerbado por el crecimiento del *e-mail* y la explosiva cantidad de páginas web, implica que sobran las oportunidades para que las nuevas tecnologías ayuden a filtrar y categorizar la información, problemas típicos de la IA. Esto puede significar que las empresas primerizas de inteligencia artificial —que escasean desde principios de los años 80— empezarán a resurgir, siempre que puedan emplear la tecnología para algo útil. Pero si pueden, no le faltarán las palabras modernas al departamento de *marketing*.

Sin embargo, no todos se apuran por adoptar este concepto que una vez estuvo estigmatizado. IBM, por ejemplo, desarrolla sistemas que se arreglan y se ajustan a sí mismos, más resistentes ante el fracaso y que requieren menor intervención de los humanos que las computadoras actuales. Robert Morris, director del Centro de Investigaciones Almaden de IBM en Silicon Valley, admite que esta iniciativa, llamada "computación autonómica", toma ideas prestadas de la investigación en IA. Pero, agrega, mientras que la IA consiste en solucionar problemas que se resolverían en el lóbulo frontal del cerebro, la computación autonómica tiene más en común con el sistema nervioso autónomo. Hasta cierto punto, la expresión IA le queda grande dada su utilidad. Señala que siempre fue un concepto amplio y confuso, y siempre abarcó campos cuyos practicantes no consideraban su labor como dentro de la IA. Y mientras IBM sigue realizando investigación en inteligencia artificial, el Dr. Morris no vincula la computación autonómica con esa actividad. "Esto es real", sostiene.

De igual manera, Max Thiercy, encargado de desarrollo de Albert, una empresa francesa que fabrica *software* de búsqueda en lenguaje natural, también evita la expresión IA. "La considero algo obsoleta", comenta. "Puede asustar a nuestros clientes". Parece extraño, porque la tecnología de búsqueda de esta firma usa una técnica clásica de IA, aplicando varios algoritmos a los mismos datos, y luego evalúa los resultados para determinar cuál enfoque fue más efectivo. Aun así, la empresa prefiere usar conceptos como el "procesamiento en lenguaje natural" y el "aprendizaje automático".

Quizás el principal cambio de los avatares de la IA se deba simplemente al cambio de fecha. La película *Inteligencia Artificial* se basó en una idea del ya fallecido director Kubrick, quien también trató el tema en otra película, *2001: odisea del espacio*, que se estrenó en 1969. Ésta incluía una computadora inteligente llamada HAL9000 con una voz hipnótica. Además de poder comprender a los humanos y hablar con ellos, HAL podía jugar al ajedrez e incluso aprendía a leer los labios. De esta manera, HAL sintetizaba el optimismo de la década de los 60 de que las computadoras inteligentes serían de uso corriente para 2001.

No obstante, el año 2001 ya vino y se fue, y todavía no hay señales de una computadora al estilo HAL. Los sistemas independientes pueden jugar al ajedrez o transcribir el habla, pero una teoría de la máquina inteligente sigue sin aparecer. Aunque puede ser que ahora que 2001 resultó ser un año más del calendario, la comparación con HAL ya no parece tan importante, y puede juzgarse a la IA por lo que pueda hacer, en lugar de en cuánto coincida con una película de ciencia ficción de hace 30 años. "La gente empieza a darse cuenta de que hay acciones impresionantes que pueden lograr estos sistemas", afirma el Dr. Leake con optimismo. "Ya no buscan a HAL".

Índice temático

2001: Odisea del Espacio (película) 340

A

A.I (película) 337, 340
A.T. Kearney 174, 199
AAAI *ver* Asociación Estadounidense de Inteligencia Artificial
ABB 287, 288
ABI Research 293, 295
Accenture 49, 129-130, 135-136, 138, 141-144, 147, 154
ActivCard 77
Activision 197-198
ADN 207, 241, 247, 249, 251-254, 259, 264, 267, 312-313, 327
Adobe 50
adoptantes tardíos 92, 103
Advanced Cell Technology 268
aerolíneas 48, 131, 142
África 255
agropecuaria, biotecnología 11, 243, 255-259, 270
AIBO 333, 334, 339
AirPort 106, 219
Airvana 149
Alahuhta, Matti 174
Albert 340
Alemania 123, 129, 145, 150-151, 154, 174, 192-193, 233, 284, 299, 333
Algodón 256-258
Alianza de Compatibilidad Ethernet Inalámbrica (WECA) 218
Alianza OFDM de banda múltiple (MBOA) 221-223
Amazon.com 23, 47, 102
AMD 95, 313
American Express 33, 38, 135-136
American Superconductor 287-288
aminoácidos 247-248, 257

analistas de sistemas 146
analógicos *ver* adoptantes tardíos
Anderson, Roger 287
Anderson, Ross 69-70, 81-83
Andreessen, Marc 21-22, 27
anticuerpos 253-254, 259
anticuerpos terapéuticos 253-254, 259
antivirus, software 60-61, 68, 76
AOL 103
Apache 22
aplicaciones médicas 11, 154, 237, 241-245, 251-254, 259-260, 267-270, 310-314, 317-318, 320, 327-329, 334-335, 337
Apple 104, 106, 109-110, 175, 182, 202, 207, 211, 213, 215-216, 219, 225-226, 225, 229-230
Applera 248
Applied Molecular Evolution 250, 261
Arabia Saudita 192
Archos AV 215
Argentina 320
Arima 167
Armand, Michel 282, 284
armas biológicas 267
ARN, moléculas 247, 253, 257, 267
ARPU *ver* ingresos promedio por usuario
arquitectos, edificios ecológicos 299-303
Arthur, Brian 49
artistas 92
ASCII 106
asistentes digitales personales (PDA) 162, 279-280
   ver también computadoras portátiles
Asociación Estadounidense de Inteligencia Artificial (AAAI) 337-338
ASP o proveedores de servicios de aplicación 31-32, 101-102, 118
AstraZeneca 312
AT&T 118-119
ataques internos, cuestiones de seguri-

dad 70-71
atentados terroristas del 11 de septiembre de 2001 45, 53-54, 59, 73, 82
atenuación del riesgo 80-81
átomos, nanotecnología 11, 237, 265, 307-329
Atos Origin 133, 139, 142-143, 151
auditorías 54, 128
"auto-configuración", conceptos 99-100
automóviles eléctricos 284, 289, 291-297
automóviles híbridos "enchufables" (plug-in) 293, 295
Avax, edificio de oficinas 303

B

Baan 40
Babic, Vasa 169
Bacon, Sir Francis 241, 272
Ballard, Geoffrey 289
Balliet, Marvin 39
Ballmer, Steve 107
Bamford, Peter 174-175, 177
banca online 47
bancos 47, 53, 55, 57, 69, 74, 80, 88, 96, 127-129, 136, 151,
banda ancha 10, 44, 62, 103, 105, 113, 177-179, 212, 215, 217, 219, 279
banda "ultra-ancha" (UWB) 106, 221-224
banda "ultra-ancha" de secuencia directa (DS-UWB) 222-223
"bandas basura", radio 217, 222
Bardhan, Ashok 146-147
barreras de ingreso, teléfonos móviles 166-167
bases de datos 29-32, 45, 47-48, 64, 77, 110-111
bases de datos relacionales 110-111
baterías 237, 279-284
baterías de iones de litio 237, 281-284

baterías de níquel cadmio 281
baterías de níquel metal hidruro 281
baterías recargables 281-284
Battat, Randy 149
Baumholtz, Sara 113, 115-116
BEA 33, 95, 97
Bell 118
Bell Labs 218
Bell, Genevieve 103
Bell, Gordon 25
Benioff, Marc 31, 33, 92-93, 102,
Benjamin, Dan 293
BenQ 167
Berliner, Emile 91
Bernstein, Phillip 300, 302-303
Berquist, Tom 48
Bhattacharya, Arindam 141
Bhide, Amar 123, 137
biopolímeros 261-265
biotecnología 11, 241, 241-272
 ver también manipulación genética
 antecedentes históricos 247
 anticuerpos terapéuticos 253-254, 259
 aplicaciones médicas 11, 237, 241-243, 245, 251-254, 259, 269-272
 biotecnología agropecuaria 11, 243, 255-259, 270-272
 biotecnología industrial 261-264
 categorizaciones 243, 247
 células madre de embriones 269-270
 clonación 236, 252, 269-272, 329
 combustibles 11, 237, 261-265, 272, 275-280, 314-315
 concentraciones 245
 conceptos 11, 237, 241-272, 327
 cristalografía de rayos X 251-252
 empresas farmacéuticas 243, 245, 247-248, 312
 enzimas 261-265
 fuentes de ingresos 242-243, 247-248

genómica 243, 247-252, 264-265, 309
guerra 267
manipulación genética 11, 237, 241-243, 245, 255-258, 269-272, 319-321
moléculas de ARN 247, 253-254, 267
plásticos 243, 261-265
posibilidades futuras 241-252, 269-272
problemas 241-243, 245
problemas de financiación 242-243
tejidos virtuales 252
biotecnología ecológica 255-256
BlackBerry, dispositivo para e-mail 162-163, 166, 182
Blade Runner (película) 270
Bloomberg, Jason 101
Bluetooth, enlaces inalámbricos 182, 185, 221-224
BMG 229, 230, 233-234
BMW 169, 187
Boeing 77, 114
boom de las punto-com 9, 31, 48-49, 53, 75, 88, 100, 102, 173, 309
Bosch 150
Boston Consulting Group 130, 141, 149-150, 170, 212, 232
Bowie, David 31
BPA, Administración de Energía Bonneville 286-287
BPO, tercerización del proceso comercial 128, 135-138
branding conjunto, tendencias en teléfonos móviles 169-170
Brasil 124, 263, 309, 320
BREEAM, estándares 299-300
Breese, Jack 110-111
Brenner, Sydney 247, 256
Brillian 123-124
Brin, David 191, 194
Brin, Sergey 22
British Airways 136-137
Broockman, Eric 222-223

Brooke, Lindsay 296
Brown, Tim 110, 115
budismo 31
bugs, software 31-32, 63
Bull, Michael 225-226
Bush, George W. 45, 153, 274, 275-277
Business Engine 39-40
búsquedas de videos, Google 21
Byrnes, Chris 54, 56
byte, la complejidad vista desde la mirada de un 95-97

C

cable transatlántico 47, 49
cadenas de suministros 21, 48-50, 166
Calderone, Tom 231
caídas del sistema, innovaciones 17-19, 21, 49, 117, 143-144
cajeros automáticos 69, 335
calentamiento global 262-263, 276, 303
call centers 88, 123, 131, 135-139, 145, 153
cámaras digitales 87, 104, 182, 191-192, 211, 213, 221, 281
cambio climático 11
Cameron, Bobby 39
Canadá 92, 287, 289, 300, 318
canola 256
Canon 118
capacidad de procesamiento
 ver también chips de computadora
 crecimiento exponencial 17-19, 21-25
capital de riesgo 17, 24, 41, 56, 136, 242
capitalismo 39
Capossela, Chris 87, 103
CARB 301
Cargill 257, 262
Carnegie Mellon 38, 48, 55, 288, 334
Carr, David 203

Carr, Nicholas 9, 92
CBS 47, 231
CDMA2000-1XEV-DO, tecnología 178
CD 99, 102-104, 109, 216, 219-220, 225, 229, 229-234, 315
celebridades que compran teléfonos móviles 185-186
Celera 247, 248, 262
células cancerígenas 253-254, 318, 328
células madre 269-270
células madre de embriones 269-270
células fotovoltaicas 281
Celltech 248
Centrino 23-24
centros de datos 29, 32, 93, 95-97, 99-102, 127-132
Cenzic 63, 77
Chand, Rajeev 224
Carlos, príncipe de Gales 318
Charney, Scott 54, 57, 80-81
Chase, Stuart 145, 147
Chasm Group 24, 47
Check Point Software 61-62, 96
Chi Mei 167
Chile 322
China 21, 49-50, 59, 118, 123, 125, 130-131, 139, 141, 145, 149-150, 153, 165, 167, 170, 182, 247, 272, 276, 300, 309, 320
chips de CMOS 313-314
chips de computadora 17-24, 43-45, 95-97, 103, 127, 144, 166, 207-208, 211-212, 222-223, 313-314
    ver también capacidad de procesamiento
    chips Cell 207-208
    chips UWB 222-223
    costos 23
    nanotecnología 313-314, 324-325, 327
    tipos 207-208, 211-212, 313-314
Christensen, Clayton 21, 117

Chuang, Alfred 97
CIA 29, 44, 64
ciclos de auge y desplome, innovaciones 9-10, 17-50, 91-92, 117, 143-144
ciclos de feedback 36
Cisco 115, 119, 218
Citibank 40, 131, 135-136
Clarke, Richard 54, 83
clientes
    ver también electrónica de consumo
    cuestiones culturales 103, 150-151
    cuestiones de complejidad 103-106
    facultades 38, 39-42, 47-50, 92-93
    necesidades de simplicidad 87-89, 92-93, 96-97, 99-102, 107-119
    satisfacción del cliente 33, 36, 39-42
    vendedores 104-107
"clientes delgados" 111-112
clonación, biotecnología 243, 259, 269-272, 329
clones, PC de IBM 22
Clyde, Rob 75
Coburn, Pip 88-89, 100
Cockayne, Bill 75
Code Red, virus 55, 59-60, 63
Cognizant 135-136, 141
Cohen, Ted 234
Cole, Andrew 174-175, 177
Comber, Mike 229
combustibles 11, 237, 261-265, 272, 275-303, 314-315
combustibles fósiles 11, 237, 275-277
comercio electrónico 34, 79-80, 123-124
    ver también Internet: commoditización, temas y conceptos
Comisión Federal de las Comunicaciones (FCC) 217-220
comités de dirección, informática 41
Compal 167
Company 63

compañías criadoras de moléculas 250-251
Compaq 48
compras online 53
computación autonómica 99-102, 335, 339
computación distribuida, conceptos 25-27
computadoras de red 112
computadoras portátiles 76, 89, 161-163, 201-202, 221
  ver también asistentes digitales personales
  conceptos 161-163, 221
  cuestiones de seguridad 76
Computer Security Institute (CSI) 59-61, 70
Comviq 119
Condé Nast, edificio 300
confiabilidad, necesidades 9, 53-87
conocimiento
  ver también información
  poder 241
consolas de videojuegos *ver* videojuegos
Consorcio de la World Wide Web (W3C) 36
consumidores empresariales 104-106
contaminación 83, 187-188, 193, 262, 276, 291, 295-296, 319
contraseñas 26, 62, 67-69, 73, 76, 96, 106, 137, 192
Convergys 129, 131, 136, 138
conversaciones de voz
  Internet 113-116
  teléfonos móviles 175, 179, 182
Corea del Sur 123, 167, 175, 177-179, 181, 192, 235, 320
Corn, Joe 91
Cornice 216
Corporate Watch 318
correo de voz 114

costos 10, 17-19, 23-24, 26, 40-42, 79-82, 88, 197, 276-277, 283, 292-297, 333-335, 337
  almacenamiento 26
  alternativas energéticas 276-277
  automóviles híbridos 291-297
  cálculos 41-42
  chips de computadora 23-24, 26
  pantallas planas 235-236
  presupuestos de videojuegos 197
  problemas de complejidad 88
  redes 26
  robots 333-335, 337
  seguridad, temas 55-56, 60, 70, 79-82
  tendencias hacia la baja 10, 17-19, 26
  tercerización 123-133, 141-144, 149-152
  virus 60
  VOIP 114-116, 176
costos de envío 131
crecimiento exponencial de la informática 17-19, 21-25, 50
Crick, Francis 241, 251, 272
crisis del "efecto 2000" 81, 83, 137
cristalografía de rayos X 251-252
CRM *ver* gestión de relaciones con el cliente
Crosbie, Michael 301-302
Cruise, Tom 73-74
Crystal Palace 299
CSM Worldwide 291, 296
CTC 288
cuentas públicas 55-56
cuestiones culturales
  tercerización 130-132
  technología 104
cuestiones de dirección, informática 41-42
cuestiones legales 11, 45, 54-55, 70, 82, 131-133, 192, 229-234, 299
  ver también normativa

descargas de música 229-234
cuestiones sociales
reproductores de música 226-227
teléfonos móviles 189-190, 193-194
cultivos transgénicos 254-258, 272
culturas asiáticas 103, 150, 187
Cypress Semiconductor 43
Czerwinski, Mary 110

D

D-VARS 287
DaimlerChrysler 291, 295
Danger 162
Davidson, Mary Ann 64
Davies, Geoff 62, 65, 80, 82
De Felipe, Charles 96
De Vries, Pierre 64
Dean, David 170-171
DeCODE 249
Dedo, Doug 76
Delacourt, Francis 151
delitos
    con teléfonos móviles 192-94
    fraude 61, 69-71, 194
Dell 21-22, 95, 99, 118, 125, 141-142, 161, 211, 235
DeLong, Brad 19, 47
Demos 319
Denman, Ken 219
derechos de autor 10, 44
Dertouzos, Michael 87
desarrollos "desterrados", software 49, 125, 147
desktops (computadoras de escritorio) 109-112
despliegue, período de, ideas revolucionarias 18
destrucción creativa 117-119, 208
Deutsche Bank 131, 136, 171, 174

diésel, automóviles 292, 295-296, 318
Diffie, Whitfield 54, 65
Dinamarca 288
diodos emisores de luz (LED) 214
Dios 269
discos rígidos 10-11, 48, 163, 213-216, 225-226
    conceptos 213-216, 225-226
    teléfonos móviles 216
    tipos 213-214, 216
Dish Network 214
Disney 178, 226
dispositivos para enchufar y usar *"plug-and-play"* 87
Diversa 257
Dobbs, Lou 153
Dobkin, Arkadiy 139, 151
doble clic, peligros, virus 68
Dolly, la oveja, clon 263, 273
Donaldson, Ken 317
Dorel Industries 149
Dow 262, 265
DreamWorks 197
Drexler, Eric 323
DS, Nintendo 201-202
DS-UWB *ver* banda ultra-ancha de secuencia directa
Dun & Bradstreet 135-136
DuPont 261-262
DVD, tecnología 212, 235, 315
DVR *ver* grabadores de video digital

E

E★Trade 47
e-mail 9, 36, 53, 55, 59-62, 67-68, 76-77, 84, 93, 100, 107, 109-110, 113-114, 338-339
    ver también Internet
    antecedentes históricos 115-116

eBay 47, 102
economía, economía vanguardista 29
Economist, The 11, 19, 75
edad de oro, ideas revolucionarias 18-19
edificios ecológicos 299-303
Edison, Thomas Alva 91-92, 294
eDonkey 234
EDS 31, 69, 99, 130, 135, 143
"efecto 2000" 81, 83, 137
efecto de red 101
Eigler, Don 311
electricidad
    automóviles híbridos 237, 284, 91-297
    baterías de iones de litio 237, 281-284
    edificios ecológicos 237, 299-303
    hidrógeno 237, 264-265, 272, 275-280, 288-289, 296-297
    microenergía, conceptos 289
    nanotecnología 314-315
    pilas de combustible 275-280, 281-282, 288-289, 296-297, 315, 324
    problemas de almacenamiento 276-277, 289
    redes de electricidad 237, 285-290
electrificación, era de 9, 18, 31, 35, 49, 91-93, 143
Electronic Arts 197, 199
electrónica de consumo
    ver también clientes; hogares digitales; videojuegos; teléfonos móviles
    chips Cell 207-208
    conceptos 10-11, 104-106, 109-112, 129, 157, 207-208, 211-212, 338-339
    discos rígidos 213-216
electrones 252, 280, 308, 312-313
Ellison, Larry 17, 32-33, 48, 50
emisiones de dióxido de carbono 291, 285-286
EMI 229, 231-234
Emotion Engine, chips 208

Empedocles, Stephen 321
empleados
    amenazas de seguridad 67-71, 77-78
    futuras posibilidades laborales 145-147, 153-155
    problemas de resistencia 41
    tercerización 10, 123-155
    VOIP 114-116
empresas de servicios públicos, amenazas de terrorismo cibernético 83-84
EMS *ver* servicios de fabricación electrónica
encriptación 62, 67, 96
energía, Internet de 285-289
energía, tecnología de la 11, 237, 275-303, 314-315
    automóviles híbridos 237, 284, 291-297
    baterías de iones de litio 237, 281-284
    conceptos 275-303, 314-315
    costos de producción 276-277
    edificios ecológicos 237, 299-303
    energía renovable 276-277, 286, 288-289, 300
    hidrógeno 237, 264-265, 272, 275-280, 288-289, 296-297
    métodos alternativos de producción 276-277, 286, 288-289
    nanotecnología 314-315
    pilas de combustible 275-280, 281-282, 288-289, 296-297, 315, 324
    pronósticos de demanda 279-280
    redes de electricidad 237, 285-290
energía de vapor 11, 18, 143
energía eólica 276, 288-289
energía más limpia 11, 237, 275-277
energía renovable 276-277, 286, 288-289, 300, 311, 315
energía solar 264, 272, 276, 319
enfoque del aeropuerto, cuestiones de seguridad 77
Engelberger, Joe 334-335

Environmental Defence 319
enzimas, biotecnología 261-264, 271
Epicyte 259
EPRI *ver* Instituto de Investigación sobre Energía Eléctrica
equilibrio entre el trabajo y la vida 89, 103
  ver también empleados
Eralp, Osman 231
Ericsson 166, 167, 169-170, 181-182
escalera helicoidal 241-245, 253-254
escándalos 39, 47
escuelas, tecnología de vigilancia 193
Eslovaquia 130
especulaciones 9
estándares
  cuestiones de seguridad 80-82
  edificios ecológicos 300-303
  estándares abiertos 19, 34, 35-38, 54, 95-97, 125, 129, 163
  servicios web 101-102
  W-CDMA, estándar 174, 176, 177, 178
  Wi-Fi 218-220
estrategia 39-40
ETC 318
Ethernet 218
Europa
  pilas de combustible 275
  teléfonos móviles 174-179, 186
  tercerización 149-155
Excel 117-118
EXL 136-137, 153
Exxon 282

F

fabricación, procesos 123-124, 127, 129, 151-152
fabricantes de diseños originales (ODM), teléfonos móviles 166-170
factores humanos
  cuestiones de seguridad 65, 67-71, 77-78
  IA 11, 100, 111, 237, 337-340
  iniciativa de simplicidad 87-89, 92-93, 117-119
Fair Isaac 338
Fanning, Shawn 234
Farrell, Diana 124, 138, 154
faxes 38
FBI 59, 61, 70
FCC *ver* Comisión Federal de las Comunicaciones
FDC *ver* First Data Corporation
Federal Reserve Bank 145
FED *ver* pantallas "de emisión de campo"
FEI 324
fenómeno de "software de estantería" 32
ferrocarriles, era 9, 18-19, 35, 37, 47, 143
Filipinas 139
filtros de partículas 296
Finkelshtain, Gennadi 280
firewalls 61-62, 67-70, 75-76, 79-80, 96
firmas, cuestiones de complejidad 87-119, 127-132
First Data Corporation (FDC) 128-129
Flextronics 123-124, 129, 170
Flora, Rebecca 299
fonógrafo 91-92
Ford 18, 91-92, 114, 124, 127, 263, 291, 293
Foresight, Instituto 317, 321
formas, teléfonos móviles 181-188
Forrester Research 25-26, 39-40, 99, 104, 106, 123, 151, 334
Forward Ventures 242-243
Foster and Partners 301
Foster, Norman 299, 301
fotos 10, 54, 78, 181, 211
Fowle, Bruce 299
Fox & Fowle Architects 300
Fox, Robert 299
France Telecom 167

Francia 150-150, 154, 191
Frank, Andrew 293
Frankenstein (Shelley) 269
Franklin, Rosalind 251
fraude 61, 69-71, 84, 194, 338
Freedom Tower 301
Freeney, Dwight 203-204
Freescale 222-223
Fry's, outlet 22
fuentes de ingresos
biotecnología 241-243, 247
videojuegos 199, 201-202
manipulación genética 255-256
teléfonos móviles 161-162, 165-168, 173-176, 186
nanotecnología 321-326
Fujitsu 67
Full Spectrum Command (videojuego de guerra) 204
"funcionitis" 92
fusiones y adquisiciones 48-50, 96
fútbol americano 203-204

G

Galen Associates 241-242
Galleria Vittorio Emanuele II 299
Game Boy 201-202
ganadería 259
ganancias, perspectivas para el futuro 19, 29-30, 48-50
Ganek, Alan 99-100
Gardner, Chris 39
Gargini, Paolo 313-314
Gartner Group 27, 63, 83, 88, 128, 166, 185
gases del efecto invernadero 276, 295-296, 299
Gates, Bill 53, 56, 63-64, 111, 199, 338
Gateway 211
Gattaca (película) 271

gecos 308
Gelling, Clark 285
Genaissance 249
Genencor 250-251, 261-265
Genentech 253
General Electric 118, 308, 314, 325,
General Motors 38, 41, 54, 77, 284, 289, 291, 333
genómica 243, 247, 249
Geron 269-270
Gerstner, Louis 32
gestión de relaciones con el cliente (CRM) 31
Gherkin (edificio) 299
Gibson, Nick 197-198, 201
Gilbert, George 49
Gillmor, Dan 193
Gingell, Robert 38
GlaxoSmithKline 312
GlobalExpense 129
globalización 10, 123-152
 ver también tercerización
 antecedentes históricos 130, 135-136, 142-143
 conceptos 123-152
 costos 123-132, 141-144
 industria de servicios 124-144
 oportunidades 153-155
Gmail 110
Gnutella 76
gobiernos
industria informática 19, 29-30, 38, 41-45, 53-57, 133, 191-194, 217-218
tecnología de vigilancia 45, 92, 191-194, 310
Goodenough, John 282-284
Google 21-26, 33, 45, 109-110, 119, 193
Gottesfeld, Shimson 280
GPRS 185
grabadores de video digital (DVR) 211, 214-215

grabadores personales de video (PVR) 211, 214-215
Graham, Bob 295
Gran Hermano 191-194
Grand Central Communications 101
Greasley, Brian 199
Greenpeace 319
Greenspan, Alan 145
Greiner, Helen 333
Griffin, Harry 259
Gross, Kenny 97
Grupo de Trabajo de Ingeniería de Internet (IETF) 36
GTC Biotherapeutics 262, 265, 270
guerra
    biotecnología 267
    comparaciones con videojuegos 203-205, 339
    IA 338
    nanotecnología 319
Guerra de las Galaxias, La (película) 197
Guttman, William 38

H

habilidades en el mundo real, comparaciones con videojuegos 203-205
hackers 17, 57, 59, 61-62, 67, 70, 81
Hagel, John 41
HAL 9000 340
haplotipos, compañías 249-250
hardware 19, 21-27, 32-34, 88-89, 95-97, 109-110, 161-163, 201-202, 207-208, 213-216, 221
    ver también chips de computadora; tecnología informática; PC
    chips Cell 207-208
    commoditización, temas 22-27, 142-144, 212
    discos rígidos 9-11, 48, 163, 213-216, 225-226
    firewalls 61-62
    mainframes 36-38, 41, 88-89, 95-97, 118, 128, 161-162
    problemas de complejidad 95-97
Harreld, Bruce 124, 128, 143-144
Harvard Business School 21, 43, 117, 245
Harwood, Duncan 129
Hayes, Victor 218
Heath, Mark 176
Hella 150
Henley, Jeff 32
Henricks, Alan 77
Hermance, David 293
Herzog, Thomas 299
Hewitt 129
Hewlett-Packard (HP) 25, 27, 29-30, 32, 48, 95, 99-100, 105, 135, 161, 211, 223, 235, 314
HEX 106
HGS *ver* Human Genome Sciences
híbridos, automóviles 237, 284, 291-297
híbridos "suaves", automóviles 293
hidroelectricidad, conceptos 289
hidrófobas, superficies 321
hidrógeno, pilas de combustible 264, 275, 279-280, 288-289, 296
HIPAA *ver* Ley de Transferibilidad y Responsabilidad del Seguro Médico
historias médicas 249
Hitachi 95, 99, 216, 248
HNC Software 338
Hodges, Gene 76
Hofmeyr, Steven 56
hogares
    hogares digitales 10, 104-106, 157, 208, 211-236
    procesos de civilización 92
hogares digitales 10, 104-106, 157, 208, 211-236
    ver también pantallas planas; TV;

video...; tecnología inalámbrica
centros de medios 211-212
competidores 211-212
conceptos 157, 208, 211-236
discos rígidos 213-216, 225-226
música 213, 216, 225-226
PC 211-212
posibilidades futuras 211-212
reproductores de música iPod 10, 109-111, 182, 202, 211, 213, 215-216, 225-227, 229, 233-234
UWB 106, 221-224
Wi-Fi 45, 75, 103, 105-106, 163, 217-224
Hoglund, Greg 63
Hollywood 44-45, 197-198, 335
Hombre Araña, El 199
Homebrew Computer, Club 22
Honda 291-293, 335
"honeypots", señuelos, cuestiones de seguridad 70
Hook, Lisa 103
Horst, Peter 68
Horvitz, Eric 337-338
Hosea, Devin 338
Hotmail 47, 76, 114
hotspots, Wi-Fi 219
House, Bob 176
HP ver Hewlett-Packard
HTC 167
HTML 36
Huang, Jen-Hsun 211
Huang, X. D. 111
Huberman, Bernardo 29
huellas digitales 73
Human Firewall Council 68-69
Human Genome Sciences (HGS) 248
Hutchison 3G 176
Hybritech 245

I

I-play 199
i-Sec 62, 80
IA *ver* inteligencia artificial
IA, software de búsqueda en lenguaje natural 340
IBM 9, 18, 22, 25, 27, 29-34, 37, 48-50, 76-77, 89, 95, 99-101, 118, 124-125, 128, 130, 135-136, 138, 141-144, 147, 153-154, 166-167, 207-208, 252, 307, 311, 314, 322, 339-340
  biotecnología 252
  chips Cell 207-208
  computación autonómica 99-100, 339-340
  IA 100, 339-340
  Microsoft, iniciativa en conjunto 76-77, 101
  Millipede, dispositivo 314
  nanotecnología 307, 311, 322
  temas de complejidad 99-101
  tercerización 130, 138, 141-144, 147, 153-155
iBook, computadoras 219
íconos 110, 115
ICT *ver* Instituto de Tecnologías Creativas
IDC 88, 102, 104, 151, 191, 215-216
ideas revolucionarias 9, 18-19, 25, 47-50, 89-93, 117-119, 127, 143, 162-163, 207-208, 241-245, 325, 327-329
IDEC Pharmaceuticals 245, 253
identidad, control de 77-78
Identix 73
IDEO 110, 115, 182, 189
IDS *ver* sistemas de detección de intrusos
IE Music 229, 234
IEEE *ver* Instituto de Ingenieros Eléctricos y Electrónicos
IETF *ver* Grupo de Trabajo de

Ingeniería de Internet
Ihara, Katsumi 170
IM ver mensajería instantánea
Impala 231, 233, 324
impresoras 87, 141, 211
incentivos perversos, cuestiones de seguridad 57, 70
Incyte 248
India 49, 118, 123-126, 130-132, 135-147, 149-155, 165, 309, 320
    perspectivas de dominio mundial 141-144
    problemas de infraestructura 139
    teléfonos móviles 165
    tercerización 123-126, 130-132, 135-144, 145-147, 149-155
individualismo 43
industria automotriz 18, 48, 91-93, 124-125, 127, 129, 129, 142, 154, 169, 187-188, 284, 289-297
    automóviles diésel 292, 295-296, 318
    automóviles eléctricos 284, 289, 291-297
    automóviles híbridos 237, 284, 291-297
    autos híbridos Toyota 291-293, 300
    cuestiones de rendimiento 291-297
    filtros de partículas 296
    teléfonos móviles 169, 187-188
industria de la música
    amenaza de Internet 229-234
    cuestiones de calidad 231-232
industria del acero 143
industrias
    biotecnología 261-266
    robots 333-335
información
    ver también conocimiento
    era de la información 9
    IA, usos 339-340
    necesidad de filtración 110, 339
informática/tecnología informática

ver también chips de computadora; hardware; Internet; cuestiones de seguridad; software
cambios estructurales 17-19
chips Cell 207-208
commoditización, temas 22-27, 142-144, 212
conceptos 9-11, 17-50, 143-144
crecimiento exponencial 17-19, 21-26, 50
cuestiones culturales 103, 150-151
decisiones de inversión 40-42
edificios ecológicos 299-303
IA 11, 100, 111, 237, 337-340
industria de servicios 26, 29-34, 37-38, 41, 47-50, 99-102, 118-119, 212
madurez 9, 17-50
nanotecnología 313-314, 324-325, 327
necesidad de simplicidad 87-89, 92-93, 97, 99-102, 107-119
obsolescencia incorporada 21-22, 40
período post-tecnológico 9, 18-19
posibilidades futuras 9-11, 17-19, 35-38, 47-50, 104-106, 113-116, 118-119, 123-126, 145-147, 161-163, 175-179, 185-186, 211-212
presupuestos 19, 22, 26, 39-42, 55-56, 80, 197
problemas de complejidad 9-10, 25-27, 87-89, 91-119, 127-132
robótica 11, 237, 317, 333-335
tecnología "siempre encendida", perspectivas 104, 212
tercerización 10, 22, 31, 33, 36-37, 77, 81, 99-102, 123-155
vínculos gubernamentales 19, 29, 38, 42-45, 54-57, 133, 191-194, 217-218
virtualización, conceptos 26-27, 99-102

informática orgánica 25, 99
informática "sin costuras" 105
Information Rules 36
Infosys 125, 131, 135-136, 138-139, 141-142, 144, 150
infraestructura, consideraciones
    India 139
    problemas de complejidad 95-97, 127-132
ingresos promedio por usuario (ARPU), teléfonos móviles 167, 173
inmigrantes digitales 89, 103, 118
innovaciones
    chips Cell 207-208
    ciclos de auge y desplome 9-10, 17-50, 91-92, 117, 143-144
    conceptos 9-11, 17-19, 21-25, 43, 50, 117-118, 143, 145-147, 161-163, 207-208, 241-245, 255-258, 275-329
    ideas revolucionarias 9, 18-19, 25, 47-50, 89-93, 117-119, 127, 143, 162-163, 207-208, 241-245, 325, 327-329
    ludistas 327
    tipos 117-118
innovaciones "alborotadoras", conceptos 117-119, 208, 325
Instituto de Ingenieros Eléctricos y Electrónicos (IEEE) 218, 223
Instituto de Investigación sobre Energía Eléctrica (EPRI) 285, 287-289, 295
Instituto de Tecnologías Creativas (ICT) 205
integración vertical, teléfonos móviles 169-171
Intel 17-18, 23-24, 43-44, 95, 103, 105, 118, 129, 168, 171, 207-208, 211, 223, 313, 325
inteligencia artificial (IA) 100, 111, 237, 337-340

Internet 9-11, 17-22, 26, 31-39, 45-57, 59, 53-65, 69-70, 75-76, 79-84, 87-89, 103-105, 129, 131, 147, 191-194, 216, 229-234, 285-290
    ver también comercio electrónico; e-mails; web...
    banda ancha 10, 44, 62, 103, 105, 113, 177-179, 212, 215, 217-220, 279
    boom de las puntocom 9, 31, 48-49, 53, 75, 88, 100, 102, 173, 309
    conversaciones de voz 113-116
    cuestiones de seguridad 45, 53-57, 59-65, 69-70, 75-76, 80-84, 191-194
    escépticos 17
    firewalls 61-62, 67-70, 75-76, 79-80, 96
    industria de la música 229-234
    Internet de la energía 285-290
    manía 17, 22, 39, 48-50, 87-89
    estándares abiertos 19, 34, 35-38, 54, 95-97, 125, 129, 163
    posibilidades de tecnología "siempre encendida" 104, 115
    terrorismo 53-54, 83-84
    vigilancia, facultades 45, 82, 191-194
    VOIP 113-116, 119, 176
    Wi-Fi 45, 75, 103, 105-106, 163, 217-224
Internet Explorer 63
Intersil 218
inversión, decisiones 40-42
inversiones a largo plazo en arquitectura 41
Iogen 264
Iona Technologies 37
iPod, reproductores de música 10, 109-111, 182, 202, 211, 213, 215-216, 225-227, 229, 233-234
Irak 193, 204
iRobot 333
Isis Pharmaceuticals 253

ISO 17799 80
Israel 61, 245, 280
iSuppli 167, 173, 237
Italia 151, 154, 170, 192, 285, 333
Itanium 23
iTunes 104, 106, 109, 175, 225, 229, 234
iValue 39-40

J

J. P. Morgan 96, 185
Jamdat 199
Japón 44, 76, 123, 125, 130, 131, 142, 145, 150, 154, 174-175, 177-179, 181-182, 190, 201-202, 259, 292, 309, 311, 333, 335, 339
Java, lenguaje de programación 33, 37, 96
Johnson & Johnson 245
joint ventures, cuestiones de seguridad 76
Jones, Crispin 189
juguetes
    ver también videojuegos
    robótica 334
Jung, Udo 150
Jurvetson, Steve 323

K

Kagermann, Henning 33
Kahan, Steve 68
Kallasvuo, Olli-Pekka 170
Kanade, Takeo 334
Kara, Dan 333
Karnik, Kiran 138
Khosla, Vinod 321-322
King, Chris 62
Klein, Jordan 55
Kleiner Perkins Caufield & Byers (KPCB) 87, 102, 321

Klepper, Steven 48
Klez, virus 60
Knapp, Julius 220
Kotick, Robert 197-198
KPCB *ver* Kleiner Perkins Caufield & Byers
KPN 133
Krechmer, Ken 37-38
Krewell, Kevin 208
Kroemer, Herbert 315
Kroto, Harry 311
KTF 177
Kubrick, Stanley 340
Kuekes, Philip 314
Kyoto, Protocolo de 276

L

Lane, Ray 87, 102, 107, 117
LAN *ver* redes de área local
laptops
    Bluetooth, enlaces inalámbricos 182, 185, 221-224
    Wi-Fi 217
láser 279, 315
Lazarus, Mitchell 217
LCD *ver* pantalla de cristal líquido
Leake, David 337-338, 340
LED *ver* diodos emisores de luz
LEED, estándares de 299-301, 303
Lenovo 50
Levitas, Danielle 215
Levy, Alain 231
Ley de Transferibilidad y Responsabilidad del Seguro Médico (HIPAA) 55
Ley de Prevención del Voyerismo por Video (*Video Voyeurism Prevention Act*), Estados Unidos 192
LG 168

libertades civiles, cuestiones de seguridad 82
Liberty, Alianza 38
Liga Estadounidense de Fútbol Americano (NFL), Estados Unidos 203
Lilly, Eli 55
Linux 22, 35, 37, 41, 49, 95, 111, 117
Lipner, Steve 64-65
llamadas telefónicas de video 93, 113-116, 175, 177-179
Lloyd, Alan 295
Lofgren, Chris 40, 41
Longhorn 111
LoudEye 175
Love Bug, virus de computadora 55
Lovins, Amory 288
Lucent 218
ludistas 256, 327
Luis XIV, rey de Francia 191
Lux Research 309, 321-322, 324-325
Lynch, Tom 170, 183

M

McCarron, Dean 208
McCarthy, John 337
McDonough, William 299
McKinsey 124-126, 136, 138, 150-151, 154, 263
McLarnon, Frank 282-284
McMillan, Bruce 199
McQuade, Tyler 314
Macromedia 50
madurez, industria informática 9, 17-50
Maeda, John 87
Magenis, Kevin 216
mainframes (computadoras centrales) 10, 25, 36, 41, 88, 89, 95-96, 98, 118, 135, 161-162, 287
maíz 255-257, 259, 263

manipulación genética 11, 237, 241-245, 255-258, 269-272, 319-320
 ver también biotecnología
 conceptos 255-258, 270, 319-320
 fuentes de ingresos 255
 problemas 255-257, 319-320
Mankiw, Gregory 153
Mann, Catherine 142, 146, 149-150
Mann, Steve 193
máquinas 127-132, 145
máquinas de coser 91-92
Marcus, Michael 217
Marley, Bob 231
materiales sintéticos 261-265, 318
Matsumoto, Tsutomu 73
Matsushita 212, 223, 237
Maxygen 250-251, 258, 261, 263
MBOA *ver* Alianza OFDM de banda múltiple
medios, centros 211-212
medios de almacenamiento en estado sólido 213, 215, 227
medios de prensa, teléfonos con cámara 200
Medis Technologies 280
Mendel Biotechnology 257-258
mensajería de texto, funciones 175, 177
mensajería instantánea (IM) 76, 89, 113-116, 147
Mensch, Peter 232
mercado, investigación/estudios 125-126, 167, 173, 175, 191, 199, 213, 235
Mercer 169, 176-177
Mercer, Paul 109-110
Merck 245
Merrill Lynch 25, 35, 39, 41, 88, 322
meta-protocolos 38
Meta Group 62, 67, 114
Metabolix 262-263
metáforas, problemas de complejidad 109-111

metanol 279-280
México 123-124, 130, 255, 280, 320
Meyyappan, Meyya 312, 315
microenergía, conceptos 288-289
microscopio de efecto túnel (STM) 307
Microsoft 25, 27, 33, 36-38, 44, 47-48, 53-54, 56, 59, 63-65, 75-76, 80, 82, 84, 87, 89, 92, 99, 101, 103-105, 107, 110-112, 114, 117-119, 161-163, 168, 171, 189, 199, 211, 215, 223, 234, 337-338
   características incorporadas 63-65, 92
   cuestiones de seguridad 63-65, 82, 84, 87
   hogares digitales 211-212, 223
   IA 337-338
   IBM, iniciativa conjunta 76-77, 101
   metas 161-163
   Nokia 161-3
   "parches" 65, 84
   problemas de complejidad 87-88, 99, 101, 103-107, 110-111, 117
   teléfonos móviles 161-163, 167-168
   Xbox 199, 215
middleware 95, 97
Miettinen, Eero 181
Milbourn, Tony 166
Millennium Pharmaceuticals 248
Millipede, dispositivo de IBM 314
Milunovich, Steve 25, 35, 88-89
MiniDiscs 216
Minor, Halsey 101-102
Minsky, Marvin 337
MIT, Instituto de Tecnología de Massachusetts 41, 87, 245, 296
Mitnick, Kevin 67
Mitsubishi 334-335
Mobile Manager 338
Mobira Senator, Nokia 281
modas, teléfonos móviles 181-183, 185-188
modelos comerciales 10, 18, 27, 47-50, 119
Modoff, Brian 171
Moffat, Laura 153
Mohr, Davidow Ventures 24
moléculas, nanotecnología 11, 237, 265, 307-329
madre, prueba de simplicidad 107
monitoreo controlado de seguridad (MSM) 81
Monsanto 256-257, 320
Moore, Geoffrey 24, 47, 49
Moore, Gordon 17-18, 21, 23, 313
Moore, Ley de 17-18, 21, 23, 313
Morgan Stanley 54
Morris, Robert 68, 339-340
Morse, Samuel 43
Moschella, David 47
Mossberg, Walter 106
Motorola 67, 105, 130, 135, 165-170, 175, 183, 235, 279
MPEG4 215
MPX200, teléfono móvil 167
MSM ver monitoreo controlado de seguridad
MTI Micro-Fuel Cells 280
MTV 178, 231
Mulchandani, Nand 77
multiplexación por división de frecuencias ortogonales (OFDM) 219, 221-223
Murray, Bill 61, 71
Murthy, Narayana 135, 139, 142, 150
música 10, 104-106, 109-110, 175-177, 178, 181-182, 189, 211-216, 219-220, 225-234
MVNO *ver* operadores móviles virtuales
Myriad 248

N

N-Gage, equipo móvil handset 171, 182

nanobots 317
Nanogen 322
nanómetro, definición 11
Nanometrics 322
Nanosolar 315
NanoSonic 308
Nanosys 321-322, 325
nanotecnología 11, 237, 265, 307-329
   aplicaciones 310-315
   chips de computadora 313-314, 324-325
   conceptos 307-329
   cuestiones de toxicidad 317-318, 319, 328
   definición 307
   empresas 321-326
   energía 310
   expectativas de ganancia 321-326
   financiación 309
   fuentes de ingresos 321-326
   guerra 319
   mundo en desarrollo 319-320
   patentes 321-326, 328
   posibilidades futuras 309-315, 321-326
   problemas 317-320, 327-329
   química 311-312
   salvaguardas 327-329
   "sustancia gris" 310, 317
   temores 317-320, 327-329
nanotubos de carbono 279, 312, 317-318, 322, 324
Napster 234
Narayanan, Lakshmi 135, 141
NASA 312, 315, 334
nativos digitales 89, 103
navaja suiza, diseño de teléfonos móviles 175, 182
NBIC (nanotecnología, biotecnología, tecnología informática y áreas de la ciencia cognitiva) 327
NCR Corporation 218

NEC 182, 212, 311-312
.net 33, 48, 96
Netscape 21, 63
Network Associates 76
New York Power Authority, ente regulador de la energía de Nueva York 287
Newcomer, Eric 37
Newell, Alan 337
Nexia Biotechnologies 265, 270
NFL *ver* Liga Estadounidense de Fútbol Americano
Nilekani, Nandan 141
Nimda, virus 55, 59-60, 63
Nintendo 199, 201-202
Nokia 130, 139, 161-163, 165-175, 181-182, 185-187, 216, 218, 223, 281
Nordan, Matthew 321, 324-325
Nordhaus, William 145
Norman, Donald 87, 91-92, 110-111
normativa 45, 54-55, 217-218, 325, 327-329
   ver también cuestiones legales
Novartis 245
Novell 21, 77
Novozymes 261
NTF, mensaje 97
nucleótidos 247, 249
nuevas invenciones *ver* innovaciones
Nueva Zelanda 178, 300
Nuovo, Frank 185, 187
NVIDIA 211

O

Oblix 77
obsolescencia, cuestiones, obsolescencia incorporada 21
ODM *ver* fabricantes de diseños originales
OFDM *ver* multiplexación por división

de frecuencias ortogonales, computación "a pedido" 219, 221-223
O'Neil, David 81
O'Neil, John 39-40
OneSaf 205
operadores móviles virtuales (MVNO) 177-178
operadores, teléfonos móviles 167-171, 173-179
Opsware 21, 27
Oracle 17, 32-33, 44, 48, 50, 56, 64, 70, 95, 248
Orange 167
O'Rourke, Brian 202
O'Rourke, John 105
Orr, Scott 197
Otellini, Paul 23, 105
"overshoot" o demanda creciente, etapa de las industrias 21, 23
Ovi, Alessandro 276
Oxford GlycoSciences 248

P

Pacific Cycle 149
Page, Larry 22
página en blanco 109
Pait, Rob 215
Palladium 82, 84
Palm Pilot 161
Palmisano, Samuel 33
Paltrow, Gwyneth 185
Panasonic 167, 235
pantalla de cristal líquido (LCD) 235-236
pantallas "de emisión de campo" (FED) 312
pantallas de plasma 235-236
pantallas pequeñas 110
pantallas planas 10, 104, 157, 211-212, 235-236, 312
pantallas, tamaños 110
Papadopoulos, Greg 26, 87, 92-93, 101
Papadopoulos, Stelios 242
Parker, Andrew 151
Parks Associates 105-106, 212
Parr, Doug 319
patentes, nanotecnología 319, 328
Patriot Act o Ley Patriota, Estados Unidos 45
PC 21-27, 87-89, 91-119, 162, 211-224
 ver también hogares digitales; hardware
 commoditización, temas 22-27, 142-144, 212
 cuestiones de complejidad 87-89, 91-119
 tamaños de pantalla 110
 UWB 221-224
 Wi-Fi 217-224
PDA *ver* asistentes digitales personales
Peck, Art 212
películas 10, 73, 82, 178-179, 197-199, 201-202, 211-212, 270, 337, 340
PentaSafe Security 67, 69
Pentium, chips 207-208
PeopleSoft 50, 95, 119, 136, 142
Perez, Carlota 18, 143
período "post-tecnológico", industria informática 9, 18
Perlegen 249
perspectivas de informática "siempre encendida" 104, 115
Pescatore, John 63-64
Pfizer 77, 245, 252, 312, 314
 farmacéuticas, empresas 241, 243, 245, 247, 252
PHA, polihidroxialcanoato 262-263
Philips 130, 223
"phishing" 84, 100
Physiome 252
Picardi, Tony 88
Pick, Adam 167

pilas de combustible 275-280, 281-282, 288-289, 296-297, 315, 324
pilas de combustible en miniatura 279
Pink Floyd 231
Piper, H. 292
Pittsburgh, centro de convenciones 300, 303
Pivotal 198
planes comerciales 23
plásticos 243, 261-265
PlayStation 201-202, 208, 215
Polonia 130
policía, participación en fallas de seguridad 81
poliovirus 267
política 43-45
   ver también gobiernos
pólizas de seguro, riesgo 79-81
Pollard, John 168
Pop Idol (TV show) 231
Pope, Alexander 269
Porsche 291
Powell, Michael 107, 214
PowerPoint presentations 17, 117
precios, tendencias hacia la baja 9-10, 17-19
Predictive Networks 338
Presley, Elvis 231
presupuestos 19, 22, 26, 39-42, 55-56, 80, 197
PricewaterhouseCoopers 48, 129
privacidad, temas 38, 53-57, 191-194
   ver también seguridad
   teléfonos móviles 191-194
problemas de adicción a la informática, tecnología 92-93
problemas de almacenamiento, electricidad 276-277, 289
problemas de complejidad
   antecedentes históricos 88-93
   ASP, proveedoras de servicios de aplicación 101-102, 118-119
   conceptos 10, 26-27, 87-89, 91-119, 127-132
   costos 88
   desaparición 91-93
   desktops 110-111
   destrucción creativa 117-119, 208, 325
   "funcionitis" 92
   fusiones 96
   hogares digitales 104-106
   informática 9-10, 25-27, 87-89, 91-119, 127-132
   infraestructura, consideraciones 95-97, 127-132
   metáforas 109-111
   necesidades de consumidores 103-106
   necesidades de filtración 110, 339
   necesidades de simplicidad 87-89, 92, 97, 99-102, 107, 109-112
   pruebas de la madre 107
   servicios web 99-102
   tecnología inalámbrica 103-106, 118-119
   tercerización 128-132
   vista desde la mirada de un byte 95-97
   "WS Splat" 101
problemas de resistencia, empleados 41
proceso de quiebra 48
procesos de civilización 92
Proctor, Donald 115
Prodi, Romano 275-276
producción en serie 9, 35, 96, 124-125, 127, 143
propiedad intelectual 37-38, 44, 61, 321-326, 328
proteccionistas, tercerizacion 149-155
proteínas, biotecnología 237-265
protocolo de inicio de sesión (SIP) 114-115
protocolo de voz sobre Internet ver VOIP

Índice temático

protocolos, cuestiones de complejidad 96
Proxim 218
Prozac 55, 314
PSA Peugeot Citroën 293, 296
PSP, Sony 201-202
Pullin, Graham 189-190
puntos cuánticos 312, 318, 322, 324
PVR *ver* grabadores personales de video

Q

Qualcomm 174
química 243, 311-313

R

radiación, temores, teléfonos móviles 188
radio 44-45, 47, 49, 104, 118, 165-171, 174, 217-224, 230
    ver también tecnología inalámbrica
    "bandas basura" 217, 222
    chips 164-171, 174
    industria de la música 230
    radioespectro 44-45, 104, 217-224
    UWB 106, 221-225
Radjou, Navi 334
Raleigh, Greg 219
RAND 203
racionalización, ejercicios 41
RCA 118, 215-216, 226, 315
RealNetworks 212
reconocimiento del habla 111, 131, 337-338
reconocimiento facial 73-74
reconocimiento óptico de caracteres 131
Recourse Technologies 70
redes
    ver también Internet
    conceptos 18-19, 25-27, 36-38, 53-57, 95-97, 338
    costos 26
    cuestiones de seguridad 53-57, 59-74, 75-78
    estándares abiertos 19, 34, 35-38, 54, 95-97, 125, 129, 163
    hogares digitales s ix, 104-106, 157, 208, 211-236
    problemas de complejidad 95-97
    tecnología inalámbrica 10-11, 23-24, 45, 49, 57, 75-76, 103-106, 119, 157, 161-163, 166, 173-178, 182, 211, 217-220, 334
redes de área local (LAN) 26, 218
redes de electricidad 237, 285-290
redes de telefonía móvil de tercera generación (3G) 157, 162, 173-179, 219
redes energéticas inteligentes 237, 285-290
redes neuronales 337-338
redes virtuales privadas (VPN) 62-63, 76, 96
Reed, Philip 189
religión 31
relojes 91
rendimiento, cuestiones
    ver también capacidad de procesamiento; retornos
    automóviles 297-303
    chips Cell 207-208
rendimiento de la inversión 40
ReplayTV 214
reproductores de música 213, 216, 225-226
    ver también iPod
    discos rígidos 213, 216, 225-226
    temas sociales 225-227
reproductores de video de mano 215
República Checa 124, 130, 320
Research in Motion (RIM) 162-163
resistencia al "estrés", biotecnología 257

resonancias magnéticas 313
retornos 31-32, 40-42, 329
　ver también rendimiento, cuestiones
　riesgo 31-32, 40, 329
Revolución Industrial 9, 11, 143, 241, 271
RFID, etiquetas de radio 49, 104
Rhapsody 212, 234
Ricardo 296
Riley, James, teniente coronel 204-205
RIM *ver* Research in Motion
ringtones, tonos de timbre 175, 234
RISC, chips 208
riesgo
　actitudes 29
　atenuación 79-81
　cuestiones de seguridad 53-57, 59-78, 79-82
　evaluación 79-82, 84
　gestión 79-82
　métodos de manejo 79-80
　pólizas de seguro 79-81
　retornos 31-32, 40, 329
　riesgo tercerizado 79-81, 99-102
Robinson, Shane 27
robótica 11, 237, 317, 333-335
Roco, Mihail 309
Rodgers, T. J. 43
Rofheart, Martin 222-223
Rogers, Richard 299
Rolls, Steve 131
Romm, Joseph 297
Roomba 333, 335
"*root kit*", software 61
Rose, John 232
Roslin, Instituto 259
Roy, Raman 135
RR.HH., departamentos de, tercerización 128-129
Rusia 125, 139, 151, 320
Ryan, John 313

S

S700, teléfono móvil 181
Saffo, Paul 92, 113, 193
Salesforce.com 31-33, 92, 101-102, 119
Samsung 168, 170, 192, 216, 223, 235, 279
Santa Fe, Instituto 49
SAP 33, 49, 95, 129, 136, 142
SCC *ver* Sustainable Computing Consortium
Schadler, Ted 104, 106
Schainker, Robert 285, 289
Scherf, Kurt 105-106
Schmelzer, Robert 101
Schmidt, Eric 21, 45, 47-48
Schmidt, Nathan 75
Schneider National 40-41
Schneier, Bruce 54, 67, 70, 73, 79, 81-82, 191
Schwarz, John 56
Schwinn 149, 152
Scott, Tony 54, 77
Seagate Technology 215
Sears, Roebuck & Co 47
SEC, Comisión de Valores estadounidense 321
seda 261, 265, 270
sedimentación, factores 21
seguridad, temas 9, 37-38, 43-45, 53-57, 59-82, 95-97
　ver también privacidad
　ataques internos 70-71
　computadoras portátiles 76
　conceptos 53-82, 95-97
　contraseñas 26, 62, 67-69, 73, 76, 96, 106, 137, 192
　control de identidad 77-78
　costos 55-56, 60, 70, 79-82
　empleados 67-71, 77-78
　encriptación 62-63
　enfoque del aeropuerto 77

evaluación del impacto 79-80, 84
evaluación del riesgo 79-82, 84
factores humanos 65, 67-71, 77-78
fallas 54-55, 56, 59-61, 70, 81
firewalls 61-62, 67-70, 75-76, 79-80, 96
hackers 17, 57, 59, 61-62, 67, 70, 81
herramientas 59-71, 96-97
honeypots, señuelos 70
IDS, sistemas de detección de intrusos 62, 70, 96
incentivos perversos 69-70
Internet 45, 53-57, 59-65, 69-70, 75-76, 80-84, 191-194
joint ventures 76
libertades civiles 82
malas interpretaciones 56-57
Microsoft 63-65, 82, 84, 87
parámetros 80-81
"parches" 65, 84
policía, participación 81
pólizas de seguro 79-81
principales amenazas 45, 53, 54, 56-57, 59-71, 75-78
propuestas de manejo 69-71, 77-78
puestos vacantes de trabajo 56-57
redes 53-57, 59-74, 75-78
sistemas biométricos 68, 73-74, 80, 82
software antivirus 60, 62, 68, 76, 87
terrorismo 45, 53-54, 59, 73, 82, 83, 267, 285, 288
virus 55, 57, 59-64, 68-69, 76, 82, 96, 100
Wi-Fi 75, 103
segmentación, temas relacionados con teléfonos móviles 177-179
"seis sigma", método 137
Sellers, William 35
Seminis 257
Sendo 170
Senegal 194

servicio público, factores 19, 27, 28, 31-34, 53-57
servicios, industria de 26, 29-34, 37-38, 41, 47-50, 99-102, 118-119, 123-144, 212
  ver también servicios web
  tercerización 123-155
servicios de fabricación electrónica (EMS), teléfonos móviles 166, 169-170
servicios de información, teléfonos móviles 175, 181
servicios de seguros 125-126, 127-128, 135-138, 154
servicios web 32-33, 37-38, 41, 99-102, 118-119, 212
  ver también Internet; servicios
  cuestiones de complejidad 99-102, 118-119
  parámetros 100
servidores 21-27, 48, 70-71, 95-97, 142-143, 212
SG Cowen 242
Shapiro, Carl 36
Sharp 166, 235, 325
Shelley, Mary 269-270
sida 252-253
Siebel 95, 102
Siemens 130, 139, 150, 167, 169, 181-182, 186
SightSpeed 93, 107, 113
SilentRunner 70
Silicon Valley 17, 22-24, 43-45, 47-48, 50, 56, 63, 65, 77, 87, 102, 105, 107, 110, 113, 162, 245, 314, 321, 323, 339
Simon, Herbert 337
simplicidad, necesidades 87-89, 92, 97, 99-102, 107-119
síndrome de construcción defectuosa 301
SIP *ver* protocolo de inicio de sesión
Sircam, virus 55, 59
Sirkin, Hal 130, 149
sistemas antipiratería 44-45

sistemas biométricos 68, 73, 80
sistemas de control
ver también seguridad
amenazas de terrorismo cibernético 83-84
sistemas de detección de intrusos (IDS) 62, 70, 96
sistemas de recuperación ante desastres 54
sistemas de respaldo 54
sistemas de telefonía 92-93, 113-116, 118-119, 219-220, 221
sistemas expertos 337
sistemas operativos 22, 26-27, 29, 35-37, 41, 47-48, 63-64, 81, 87, 95, 111, 117
sistemas operativos industriales 48
sistemas tradicionales 41-42, 88, 95-97, 101, 102, 128
SK 178-179
Skidmore, Owings & Merrill 301
Sky 214
Skype 107, 113, 119
Sloan School of Management, MIT 41
Smalley, Richard 312
dispositivos SMES, superconductores magnéticos de almacenamiento de energía 289
Smith Barney 48
Smith, George 307, 309
Smith, Lamar 83
Smith, Vernon 29
SNP, polimorfismo de nucleótido simple 249
SOAP 37
software
ver también informática
ASP o proveedores de servicios de aplicación 31-32, 101-102, 118-119
bugs informáticos 32, 63
chips Cell 207-208
commoditización, cuestiones 22-27, 142-144, 212
cuestiones de complejidad 26-27, 87-89, 91-119, 127-132
fenómeno de "software de estantería" 32
firewalls 61-62, 67-70, 75-76, 79-80
hackers 61-62, 67-71
Java, lenguaje de programación 33, 37, 96
lanzamiento prematuros 32
"parches" 65, 84
sistemas operativos 22, 26-27, 29, 35-37, 41, 47-48, 63-64, 81, 87, 95, 111, 117
software de búsqueda en lenguaje natural 340
software de gestión 25-27, 31, 107, 128
teléfonos móviles 168-169
tercerización 49, 125, 146-147
virus 55, 57, 59-64, 68-69, 76, 82, 96, 100
software antivirus 60, 62, 68, 76, 87
software para empresas 31-32, 46
soja, cultivos 255-257
Solectron 123-124
SoMo, proyecto, teléfonos móviles 189
Sony 104, 118, 167, 182, 199, 201-202, 207-208, 211, 215, 223, 225, 229, 232-234, 236, 282-284, 333-334, 339
Sony Ericsson 167, 169-170, 181-182
Sony/BMG 229, 233-234
Sood, Rahul 49
soporte técnico 88, 103
Sorrent 197
spam 84, 100, 116
Spar, Debora 43
SPHV5400, teléfono móvil 216
Spinks, David 69, 71
Spitzer, Eliot 230
Sprint 192
SQL 62

@Stake 63
Standage, Ella 317
Steven Winter Associates 301
Stewart, Martha 253
STM *ver* microscopio de efecto túnel
stop-start, motores de automóviles híbridos 293
StorageTek 95
Studio Daniel Libeskind 301
Sturiale, Nick 56
Sudáfrica 309, 320
Suecia 119, 192, 245
Sun Microsystems 22, 25, 54, 65, 67, 87, 92, 95, 112
supercomputadoras 208
Superdome, máquinas 32
"sustancia gris" 310, 317
Sustainable Computing Consortium (SCC), grupo 38
Swiss Re Tower, 30 St. Mary Axe 299, 301, 303
"swivel", diseño giratorio de teléfonos móviles 181
Symantec 50, 56, 60, 70, 75
Symbian 168
Symbol 218

T

T-Mobile 177
Taiwan 123, 130, 167, 170
Talwar, Vikram 136, 153
tarjetas de crédito 48, 127, 129, 138, 192
tarjetas de memoria 213
tarjetas inteligentes 73, 77
tasas de fracaso 40
Taylor, Andy 232
Taylor, Carson 287
TCP/IP 36
TCS 125, 136, 141-142, 144, 154

Teague, Clayton 314
TechNet 33
técnicas, tecnología 29-30
tecnología de alhajas, diseño de teléfonos móviles 182, 186
tecnología
  conceptos 9-11, 17-19, 29-30, 35-38, 43, 91-93, 144-145, 325, 327-329
  cuestiones culturales 103, 150-151
  ludistas 327
  problemas de adicción a la informática 92-93
  tecnología de vigilancia 45, 82, 191-194, 310
  vínculos gubernamentales 19, 29, 38, 42-45, 54-57, 133, 191-194, 217-218
tecnología inalámbrica 10-11, 23-24, 45, 49, 57, 75-76, 103-106, 119, 157, 161-163, 166, 173-178, 182, 211, 217-220, 334
  ver también Wi-Fi
  antecedentes históricos 217-220
  Bluetooth, enlaces inalámbricos 182, 185, 221-224
  conceptos 217-220, 334
tecnología registrada 36, 37, 89, 106
tecnologías frías 41
Tehrani, Rich 115
tejidos virtuales, biotecnología 252
telecomunicaciones 35, 37, 54, 83, 89, 104, 107, 114, 117-119, 124-125, 130-131, 133, 143-144, 149, 163, 173, 217, 222
teléfonos inteligentes 162-163, 167
ver también teléfonos móviles
teléfonos móviles 10, 62, 104-106, 113, 119, 157, 161-194, 197, 199, 201-202, 220, 221, 226, 281-284
  antecedentes históricos 165-171, 173-179, 181, 187-188
  barreras de ingreso 165-166

baterías de iones de litio 237, 281-284
Bluetooth, enlaces inalámbricos 182, 185, 221-224
branding conjunto, tendencias 171
características 161-163, 165-168, 173-179, 181-183, 191-194, 197, 199, 201-202, 226
CDMA2000-1XEV-DO, tecnología 178
celebridades que compran teléfonos móviles 185-186
carácter perjudicial social 189-190, 193-194, 325
conceptos 157, 161-194, 197, 199, 201-202, 219, 221
delito, consideraciones de prevención 191-194
discos rígidos 216
diseños 181-188
Europa 174-179, 186
formas 181-188
fuentes de ingresos 161-162, 165-168, 173-176, 186
industria automotriz 169, 187-188
informática, características 161-163, 165-167, 173-179, 181-183
integración vertical 169-171
iPod, reproductores de música 230
Microsoft 161-163, 167-168
modas 181-188
mundo en desarrollo 165-166, 179-180
navaja suiza, diseño 175-182
ODM, fabricantes de diseños originales 166-170
operadores 165-171, 173-179
pronósticos 175-179, 185-186
redes 3G 161, 173-179, 219
requisitos técnicos 166
segmentación, temas 177-179
servicios de información 175, 181
software 168-169
SoMo, proyecto 189-190
"swivel", diseño giratorio 181
Symbian 168
tecnología de alhajas, diseño 182, 185-186
tecnología de vigilancia 191-194
teléfonos con cámara 166, 181-183, 191-194, 212
temores de radiación 188
tercerización 169-170
transformación industrial 165-171
Vertu, marca 185-186
videojuegos 197, 199, 201-202
W-CDMA, estándar 174, 176, 177, 178
Wi-Fi, amenazas 219-220
telégrafo 43, 118
television por satélite 179, 214
televisores
 ver también videograbadoras
 decodificadores 211, 214-215
 discos rígidos 213-216
 pantallas 211-212, 235-236
 pantallas planas 10, 157, 211-212, 235-236, 315
 UWB 221-224
 Wi-Fi 219-224
Telia 119
tercerización 10, 22, 31, 33, 36-37, 77, 81, 99-102, 123-155, 168-170
 ver también globalización
 acuerdos legales 131-133
 antecedentes históricos 130, 135-136, 142-143
 barreras 131-132, 151-152
 conceptos 123-155
 costos 123-133, 141-144, 149-152
 cuestiones culturales 130-132
 Europa 149-155
 India 123-126, 130-132, 135-144, 145-147, 149-155

motivos 133, 151
oportunidades 153-155
proteccionistas 149-155
servicios 123-139
teléfonos móviles 169-170
tercerización social 151-152
terrorismo 45, 53-54, 59, 73, 82, 83, 267, 285, 288
Tesco 178
Tetris 24
Texas, Centro de Energía de 287
Texas Instruments 135, 223
Thelander, Mike 175-176
Thiercy, Max 340
Thomas, Jim 318
Thomson, Ken 68
Thornley, Tony 174
TIA, Acceso de Información sobre el Terrorismo (*Total Information Awareness*) 45
TiVo 189, 211, 214-215
toma bayesiana de decisiones 338
Tomb Raider (videojuego/película) 198
tornillos 35
Toshiba 167, 207-208, 212
toxicidad, cuestiones en nanotecnología 317-318, 319, 328
Toyota 131, 291-293, 300, 335
transistores 17-18, 23-24, 118, 313-314
 ver también chips de computadora
transistores de valor 23
Transmeta 208, 313
Treat, Brad 93, 107
Tredennick, Nick 23
Treo 161, 163
trigo 256
"Troyano", software 61-62
True Crime (videojuego) 198
TruSecure 61, 68, 71
TTPCom 166
Tuch, Bruce 218

U

UBS Warburg 41, 55, 186
UDDI 37
UMTS *ver* W-CDMA, estándar
"undershoot" o escasa demanda, etapa de las industrias 21
UNECE, Comisión Económica de las Naciones Unidas para Europa 333-334
Ungerman, Jerry 61-62
unidades comerciales 26, 39
Unimate 333-335
Unión Internacional de Telecomunicaciones 173
United Airlines 38
Universal Music 232-233
Universidad de Cambridge 69, 81, 84, 199, 319
Universidad de Stanford 22, 44, 91, 146,
Universidad de Sussex 18, 225, 311
Unix 22, 37, 95, 117
USB, puertos 87
USGBC 300-301
usuarios, nombres 67-68
UWB *ver* banda "ultra ancha"

V

V500, teléfono móvil 168
vacunas 251, 267, 319
Vadasz, Les 43
Vail, Tim 289
valor agregado 18-19, 48-50, 142-143, 147
van Nee, Richard 218
Varian, Hal 36
Veeco Instruments 324
vendedores
 cuestiones de complejidad 92-119
 necesidades del cliente 104-106

Venter, Craig 264, 272
ventajas competitivas 9, 41
Verdia 258, 263
Veritas 50, 95
Vertex 252
Vertu 185-186
Viacom 231
videocámaras 193, 216, 221
videograbadoras
   ver también televisores
   discos rígidos 213-216
   DVR, grabadores de video digital 211, 214-215
   PVR, grabadores personales de video 211, 214-215
   reproductores de video de mano 215
   Wi-Fi 219-220
videojuegos 10, 157, 175, 182, 197-208, 211-212, 215-216, 338-339
   características 197-198
   chips Cell 207-208
   comparaciones con el mundo real 203-205
   conceptos 157, 197-208, 215-216, 338-339
   costos 197
   cuestiones de creatividad 197-198
   discos rígidos 215-216
   DS 201-202
   fuentes de ingresos 199, 201-202
   Game Boy 201-202
   guerra 195–7, 339
   IA 338-339
   Microsoft 199, 215-216
   Nintendo 201-202
   Películas 197-199, 201-202
   PlayStation 201-202, 208, 215
   PSP 201-202
   Sony 201-202, 211, 215
   teléfonos móviles 198, 199, 201-202
   Xbox 199, 215

vidrio, utilización en edificios ecológicos 299-303
VIH 252
Virgin 29, 104,
Virgin Mobile 170, 177
virtualización, conceptos 27, 99-102
viruela 267
virus 55, 57, 59-64, 68-69, 76, 82, 96, 100
   conceptos 59-64, 68-69, 82
   costos 60-61
   doble clic, peligros 68-69
   software antivirus 60-61, 68-69, 76
visión general 9-11, 18-19
Vista Research 56, 70, 76
Vodafone 168, 174-175
VOIP, protocolo de voz sobre Internet 113-116, 119, 176
Vonage 113, 119
VPN *ver* redes virtuales privadas

W

W3C *ver* Consorcio de la World Wide Web
W-CDMA, estándar 174, 176-178
Waksal, Sam 253
Wal-Mart 104, 125, 141, 149, 230, 233
Walkman 202, 225
Warner Music 232-233
Watson, James 241, 251, 272
Webster, Mark 218
WECA *ver* Alianza de Compatibilidad Ethernet Inalámbrica
Weill, Peter 41
Welland, Mark 319
Western Union 43, 118
Westinghouse Electric 333
Wi-Fi 45, 75, 103, 105-106, 163, 217-224
   amenazas 219-220
   antecedentes históricos 217-220

conceptos 217-224
estándares 218-220
hotspots (puntos de acceso) 219
pronósticos 217, 219-220
teléfonos móviles 219
UWB 221-224
Wilkerson, John 241-242
Williams, Robbie 229, 232
Wilsdon, James 319
WiMax 105, 219-220
WiMedia 220
Wimmer, Eckard 267
Windows 27, 36, 64, 87, 95, 105, 107, 111, 117, 163,
Windows Media Center 211
WinFS 111
Wipro 123, 125, 130-131, 135-138, 141, 143-144, 146, 154
Wladawsky-Berger, Irving 9, 18, 31, 34, 36, 49
Wolfe, Josh 322
Wong, Leonard 204
Wood, Ben 166-168, 170, 185
Woodcock, Steven 339
Word 92, 110, 117
worms o gusanos, virus 59, 61, 96, 100
Wright, Myles 128
"WS Splat" 101
WSDL 37

X

Xbox 199, 215
Xelibri, teléfonos móviles 181-182, 186
Xerox 118
XML, lenguaje de marcado extensible 37-38
XtremeSpectrum 222

Y

Yagan, Sam 234
Yanagi, Soetsu 92
Yurek, Greg 287

Z

ZapThink 101